DIE TRADITIONSLÜGE

Vom Kriegerkult in der Bundeswehr

Ralph Giordano

DIE TRADITIONSLÜGE

Vom Kriegerkult
in der Bundeswehr

Kiepenheuer & Witsch

1. Auflage 2000

Umschlaggestaltung: Rudolf Linn, Koln
Gesetzt aus der Garamond Stempel (Berthold)
bei Kalle Giese, Overath
Druck und Bindearbeiten:
GGP Media GmbH
ISBN 3-462-02921-5

Manfred Messerschmidt gewidmet,
dem Nestor der kritischen Militärwissenschaft

Inhalt

Eidgetreu?

I.

Unter diesem Titel und seinem programmatischen Fragezeichen erschien im Herbst 1947 in der Berliner Wochenschrift »Start« ein Artikel, der mit folgendem Zitat beginnt:

»Diese Treue gegen Eure Führer, diese Gewohnheit zu gehorchen, ohne zu bedenken, daß es heiligere Pflichten als den Gehorsam gibt – Pflichten, die allen Eidschwüren vorgehen –, das sind Eure Fehler. Aber es werden Verbrechen sein, wenn ihr nicht am Rande des Abgrunds haltmacht.«

Was da wie eine bittere Bilanz des gerade in einer Katastrophe ohnegleichen untergegangenen Dritten Reichs klang, stammte jedoch nicht aus der Feder von alliierten oder deutschen Anklägern jener ersten Nachkriegszeit, sondern war hundertfünfzig Jahre früher gesprochen worden – von Graf Mirabeau, dem gefürchteten Rhetoriker der Französischen Revolution.

Sätze, die der Autor des »Start«-Artikels angesichts ihrer brennenden Aktualität zum Anlaß nahm, so fortzufahren:

»Die Verbrechen sind geschehen – im Namen Deutschlands und unvorstellbar grauenhafter, als die menschliche Phantasie sie sich bis zur Hitlerära ausmalen konnte. Trotzdem hören wir auch heute, wenn die moralische Einstellung des Einzelnen zum letzten Krieg diskutiert wird, immer wieder: ›Wir hatten einen Eid geschworen, den wir halten mußten!‹ oder ›Wir kämpften nicht für Hitler, sondern für Deutschland‹.

Wer aber auch jetzt noch jene in der Sonne des Hakenkreuzes blühende ›Eidtreue‹ verteidigt, der vertritt unmißverständlich den

Standpunkt: Mag die Sache, mag der Staat, für den gekämpft wird, noch so mörderisch, noch so verbrecherisch, noch so rechtswidrig sein – dem einmal geleisteten Eid muß um jeden Preis die Treue gehalten werden.

Doch diese ›Treue‹ verstieß gegen das elementar Menschliche, das in den Gesetzesbüchern aller zivilisierten Völker als ›die guten Sitten‹ bezeichnet wird. Sie legte vor dem letzten Schrei gemordeter Männer, dem verzweifelten Flehen angstgepeitschter Mütter und den brechenden Augen zerschmetterter Kinder ›eidgetreu‹ die Hände an die Hosennaht.«

Und weiter:

»Der großen Kategorie derer aber, die sich mit der Formulierung ›Diesen Eid schworen wir keinem Menschen, sondern Gott‹ vor der Verantwortung in außerweltliche Sphären flüchten wollen, kann nur erwidert werden: Nicht Gott befahl den Überfall auf Polen, sondern Hitler! Hitler auch den Einfall nach Holland, Belgien und Frankreich! Hitler auch die Angriffe auf Dänemark, Norwegen, den Balkan und die Sowjetunion. Unter seiner Regie wurden überall dort, wo der ›eidgetreue‹ deutsche Soldat seinen Fuß hinsetzte, Menschen wegen ihres politischen oder religiösen Glaubens oder wegen ihrer Rasse getötet.«

Dann der differenzierende Einschub:

»Ein Großteil der deutschen Jugend, der keine innere Verteidigungsmöglichkeit gegen den Nazismus besitzen konnte, führte in der Zwischenzeit Gründe an, weshalb er als den gemeinsamen Gegner nicht die Gestapo, die SS, den SD und die ganze Nazischaft erkannte, sondern fälschlich die Völker als seine Feinde ansah, die sich gegen die deutsche Aggression wehrten.«

Aber:

»Wer aber auch heute noch, trotz mehrjähriger Distanz, die jedem den Charakter des Nazikrieges klargemacht haben konnte, die

›Treue‹ einem Eid gegenüber, der auf Hitler geschworen und in dessen Rahmen der rassische und politische Mord eine Selbstverständlichkeit war, als eine ethisch und ›patriotisch‹ zu rechtfertigende Haltung hinzustellen versucht – den entschuldigt selbst seine Jugend nicht mehr!«

Schließlich eine Art Bilanz:

»Wer kann noch ernsthaft glauben, er hätte ›nur seine Pflicht dem Vaterland gegenüber erfüllt‹, als er Befehle im Namen Deutschlands ausführte, in dem Hitler Häuptling war? Wir wenden uns in aller Schärfe gegen die geschichtsfälschende Demagogie, daß der parierende, marschierende und krepierende deutsche Soldat der Hitlerarmee seine ›Pflicht‹ erfüllt hätte – diesen Gehorsam, diese Marschrichtung, diesen Herdentod kann nur der auch heute noch als ›Pflichterfüllung‹ empfinden, der die wirklichen Interessen Deutschlands immer noch mit den nazistischen identifiziert.«

Welch ein aufschlußreiches Dokument!

So früh geschrieben, vor mehr als fünfzig Jahren, definiert sich in ihm eine geradezu hellseherische Attacke gegen die heilige Kuh deutscher Verdrängungskünste, also jene standardisierte Lebenslüge, die sich als die hartnäckigste von allen entpuppen und die politische Kultur der Bundesrepublik noch bis in unsere Tage hinein mitprägen sollte: die Legende vom »sauberen Waffenrock«, den nahezu kollektiven Versuch, Wehrmacht und Krieg zu entnazifizieren und zu enthistorisieren, sie herauszulösen aus dem Staats- und Gesellschaftsverbund des Dritten Reichs – als hätten Heer, Marine und Luftwaffe in einem geschichtlichen Vakuum, quasi auf einem anderen Planeten, gekämpft, losgelöst von der politischen Schubkraft hinter ihnen und unabhängig von einem Oberbefehlshaber, der Adolf Hitler hieß.

Besonders aufgebracht zeigte sich der Autor des »Start«-Artikels durch die These von der »Pflichterfüllung im Sinne des Gehorsams«, ließ sie doch keinen andern Schluß zu, als daß Widerständler gegen Hitler und Nationalsozialismus eben die Hoch- und Landesverräter gewesen seien, als die sie zu Tausenden auf dem Schafott, am Galgen oder vor den Gewehren der Erschießungspelotons sterben mußten.

Beide Auffassungen von Pflicht – die der hitlerhörigen Militärs und die des Widerstands – schienen ihm nicht vereinbar, nur eine konnte unter den Bedingungen des Staatsverbrechens die richtige gewesen sein – eben jene, zu der sich der Verfasser von »Eidgetreu?« ebenso unverblümt wie glühend bekannte: die zum Ungehorsam.

Obwohl der Autor sich stellenweise hinter der »Wir«-Form verbarg, handelte es sich um einen jugendlichen Einzelkämpfer – als der Artikel erschien, am 21. November 1947, war sein Verfasser 24 Jahre alt, und der Name unter dem publizistischen Fehdehandschuh war der meine.

Im Rückblick heißt das: »Eidgetreu?« war die Initialzündung einer Auseinandersetzung, die nach einem nunmehr fast achtzigjährigen Leben in der Charta dieses Buches mündete. Sie lautet:

»Von Widerstand und Ungehorsam abgesehen, kann es aus der Geschichte des Deutschen Reiches bis 1945 keinerlei Militärtraditionen geben, die von den Streitkräften des demokratischen Deutschlands übernommen werden dürften.

Daß die Bundeswehr sie dennoch auf vielfache Weise in ihr Traditionsverständnis und ihre Traditionspflege einbezogen hat, nenne ich: die Traditionslüge.«

Ihre Zeugung und ihre Geburtshelfer; der zähe Triumph ihres Kriegerkults mit NS-naher Kämpferideologie; ihr nur schrittweiser Rückzug vor den Ergebnissen wissenschaftlicher Forschung, ohne sich zur Stunde dieser Niederschrift davon schon besiegt zu fühlen; aber auch die Kritik an der Traditionslüge innerhalb und außerhalb der Bundeswehr – das ist Gegenstand der Untersuchung.

Dabei liegt das Hauptgewicht zwar auf der Wehrmacht, deren langer Schatten von Anfang an auf die Bundeswehr fiel und immer noch fällt, aber die historische Dimension der falschen Glorie wird, mit dem Ersten Weltkrieg als zweitem Schwerpunkt, über die letzten zweihundert Jahre deutscher Geschichte und Militärgeschichte zurückverfolgt, also bis zu den sogenannten Freiheits- oder Befreiungskriegen, jener Ära, in der nach Ansicht des Autors der deutsche Sonderweg erkennbar wird.

II.

Am 4. Mai 1945, zwei Jahre, sechs Monate und siebzehn Tage vor der Publikation von »Eidgetreu?«, waren wir, meine Familie und ich, in Hamburg von der 8. Britischen Armee befreit worden.

In den langen Jahren der Entrechtung nach 1933, der Bedrohung, Verfolgung und Furcht vor dem jederzeit möglichen Gewalttod (nicht, weil wir uns auf die Straße stellten und riefen: »Nieder mit Hitler!«, sondern weil wir »Nichtarier« waren), während dieser Äonen, in denen sich die Tage mit der Langsamkeit von Eiszeiten abzulösen schienen, war uns *eine* Erkenntnis immer bewußter geworden: Nicht der antisemitische Nachbar, nicht der NS-Haus- oder -Blockwart, auch nicht die Gestapo, die NSDAP oder die SS waren, so seltsam es klingen mag, zu unserem Hauptfeind, zum Zentrum unserer Ängste geworden, sondern *die* Organisation, von der sie alle zusammen abhingen: die Wehrmacht!

Ihr Schicksal würde das Schicksal Hitlerdeutschlands sein.

Und das meiner Familie, also auch meines selbst – eine Frage auf Leben und Tod in dem immer hektischeren Wettlauf zwischen »Endlösung der Judenfrage« und Endsieg der Alliierten – längst waren *Befreiung* und *Untergang der Wehrmacht* zu Synonymen geworden. Von allen historischen Ereignissen war ihre Niederlage das dringlichste und wünschenswerteste, nicht nur für uns, sondern auch für all die Millionen in ähnlicher oder noch schlimmerer Lage – und schließlich auch für die Deutschen selbst, so unerkannt das für die meisten von ihnen damals, und für viele auch später noch, sein mochte.

Erst das letzte Stündlein der Wehrmacht würde auch das letzte Adolf Hitlers, seiner Anhänger und ihrer Macht sein.

Ich war jede Sekunde des Tausendjährigen Reichs davon überzeugt, daß dieses Deutschland den Kampf gegen Europa, gegen die Welt und die Menschheit verlieren mußte und verlieren würde. Aber meine besten Freunde kämpften in der Uniform der Wehrmacht.

Einer von ihnen war Gerhard S., genannt »George«.

Schulfreund auf der Hamburger *Gelehrtenschule des Johanneums*, nicht in der gleichen, sondern in einer Parallelklasse, Bundesgenosse, Antinazi durch und durch, ein sensibler, sanfter Zeitgenosse, nie

auch nur angehaucht von den herrschenden Ideen der Zeit, mit großer Vorliebe für angloamerikanischen Jazz und deshalb eben, eng-
lisch ausgesprochen, »George« genannt – das schiere Gegenstück
des damals erwünschten Prototyps. Kam beim Abspielen einer seiner zahlreichen Schellackplatten von Louis Armstrong, Nat Gonella
oder Jack Hilton eine Tonfolge, die ihn besonders begeisterte, so
pflegte George sich mit dem Finger mehrmals kräftig über die Nase
zu streichen und dabei wiegend hin und her zu wippen, das äußerste
Zeichen von Begeisterung, zu dem sich seine hanseatische Persönlichkeit hinreißen ließ.

Es war Weihnachten 1943, als der Briefträger einen von mir vor vielen Wochen an die Ostfront abgeschickten Feldpostbrief mit dem
Stempel »Empfänger für Führer, Volk und Vaterland gefallen« zu-
rückbrachte. Adressat: Gerhard S.

Ich war wie betäubt.

Seither sind fast sechzig Jahre vergangen, aber der Schrecken, die
Sprachlosigkeit, die Wut und ohnmächtige Empörung angesichts
des aufgestempelten »Empfänger für Führer, Volk und Vaterland
gefallen« sind mir heute noch so gegenwärtig wie damals. Wenn
George dazu noch Zeit gefunden hätte, bevor ihn am 11. November
1943, auf russischem Boden nahezu zweitausend Kilometer von seiner Vaterstadt Hamburg entfernt, die Kugel oder der Granatsplitter
am Kopf traf, dann wäre er nicht »eidgetreu« gestorben, sondern mit
einem Fluch auf den Lippen – gegen den Feind im Rücken.

Ein Dreivierteljahr später, Anfang Herbst 1944, erfuhr ich, daß
Friedrich A., genannt »Fiete«, bei Kämpfen auf Kreta mehrere Finger der linken Hand weggeschossen und die rechte Hüfte und Schulter zerfetzt worden waren.

Wir kannten uns von Kindesbeinen an, da oben in Barmbek,
Hamburgs Norden, Nachbarn von klein auf: Fiete blond, sommer-
sprossig, oft mit dem jüngeren, dem »kleinen« Bruder im Schlepp,
den wir ermunterten, »Grizzlybär« zu sagen, weil er das Wort mit
weichem S so drollig lispeln konnte.

Begierig zu lernen, versessen auf Bücher, auf Lesen und Wissen,
hatten Fiete und ich über das Kindheitserlebnis hinaus geistig zuein-
andergefunden, hatten im Stadtpark neben steinernen Statuen (bei
offenem Kerzenlicht zu Zeiten der Verdunkelung wegen des Luft-

kriegs!) unsere Gedanken auf Papier gekritzelt, uns in Philosophien verloren und – politisch gestritten.

Von zu Hause deutschnational beeinflußt, 1941 eingezogen, hatte Fiete noch im Herbst 1942 den Einmarsch deutscher Truppen in das bis dahin unbesetzte Vichy-Frankreich begrüßt, ohne daß die Indifferenz gegenüber dem Nationalsozialismus, die sich darin ausdrückte, je Auswirkungen auf unsere Freundschaft gehabt hatte. Was immer an solch schizophrener Spaltung, an Schlacken des NS-Zeitgeistes im Seelenhaushalt meines Freundes wirksam war – als er zurückkehrte, gezeichnet und verkrüppelt, waren sie beseitigt, hatte er erkannt, wofür und für wen er seine körperliche Unversehrtheit zu Markte getragen hatte, war es für ihn vorbei damit, die Geschichte der Wehrmacht mit den Augen der Wehrmacht zu sehen. Das Unrecht, daß dieses Deutschland den besetzten Völkern angetan hatte, blieb mit wachsenden Erkenntnissen das große, unerschöpfliche Thema unserer Gespräche bis zum Tod des Freundes im Dezember 1998.

Ich nenne diese beiden Beispiele, denen weitere folgen könnten, hier vorn nicht zufällig, sondern um den Apologeten einer unkritischen Wehrmachtgeschichte gleich in einer Sache den Wind aus den Segeln zu nehmen. Ich meine das gebetsmühlenhaft abgespulte, aber dadurch nicht wahrhaftigere Argument: Kritiker der Wehrmacht stempelten *alle* ihre Angehörigen zu Verbrechern.

Hinter dieser These versteckt sich eine Schule hartnäckiger Erkenntnisverweigerer der Kriegsgenerationen bis heute, um sich traditionelle Wertvorstellungen und unreflektierte Auffassungen über die Wehrmacht und die eigene Rolle in ihr zu bewahren.

Mein Buch geht sehr wohl von einer *subjektiven* und einer *objektiven* Rolle der Wehrmacht aus.

III.

Zunächst zur *objektiven:* Die Wehrmacht war das gefährlichste Instrument in den Händen der verbrecherischen NS-Reichsführung, das Schwert ihres systematisch vom Zaun gebrochenen Angriffskriegs zur Realisierung nie zuvor dagewesener Eroberungs-, Raub-

und Ausrottungspläne mit Weltherrschaftsvisionen. Es war die Wehrmacht, die nach Einverleibung Österreichs, der Tschechoslowakei und des Memellandes als Überfallarmee das NS-System mit Waffengewalt über die Grenzen Großdeutschlands hinauskatapultierte bis an die Wolga und den Polarkreis, an den Nordrand der Sahara und die Küste des Atlantiks. Und es war die Wehrmacht, die vom ersten Schuß an den unterworfenen Völkern unermeßliches Leid gebracht und Millionen von Menschen durch Kugeln, Artillerie, Panzer und Bomben Leben, Gesundheit, Hab und Gut genommen hat. Deshalb lautet die Grundthese dieses Buches: Der Krieg war das Hauptverbrechen Hitlerdeutschlands! Es ist beschämend, daß diese Tatsache bis heute im öffentlichen Bewußtsein immer noch *der* weiße Fleck ist.

Es waren die Waffen, zu Wasser, zu Lande und in der Luft, die den Rahmen des NS-Machtbereichs absteckten, das Territorium für den industriell betriebenen Massen-, Serien- und Völkermord, für das Millionenheer der Zwangsarbeiter und für das Ziehkind des *Kriegs der Waffen*, den ideologisch begründeten *Vernichtungskrieg*. Erst im Gefolge der Wehrmacht konnte er, vor allem in Polen, der besetzten Sowjetunion und auf dem Balkan, unter dem Deckmantel der Bandenbekämpfung gegen die Zivilbevölkerung geführt werden, konnten die Todesschwadronen der SS und der Polizeibataillone ungestört operieren und die Voraussetzungen für den mobilen und den stationären Vernichtungsapparat geschaffen werden – sein Radius war immer identisch mit dem der deutschen Fronten.

Er war kein schicksalhaftes Muß, kein unausweichliches Naturereignis, dieser *Krieg der Waffen* – er war das planmäßig vorbereitete und furios verwirklichte Hauptverbrechen Hitlerdeutschlands, wenngleich es mit einem anderen als dem beabsichtigten Ergebnis endete.

Abgesehen von der Rolle der Wehrmacht als dem entscheidenden Instrument der NS-Kriegführung, waren Armeeführung, Teile des Offizierskorps sowie Unteroffiziere und einfache Soldaten an zahllosen Verbrechen beteiligt. Und das sowohl logistisch wie auch konkret, besonders unter dem Vorwand der Partisanenbekämpfung: durch die offiziell geregelte Zusammenarbeit zwischen der Wehrmacht und den mobilen Mordkommandos der vier SD-Einsatzgruppen A, B, C und D hinter der Ostfront, durch die Schneisen der Verwüstung ganzer Landstriche und durch die Dezimierung der Zivilbevölkerung auf den Vormärschen deutscher Armeen in die Tiefe des baltischen, russischen, weißrussischen, ukrainischen Raums bis hin zum Kaukasus. Dazu kommen Verbrechen der Wehrmacht in Griechenland und im deutsch besetzten Territorium der 1943 abgefallenen »Achsenmacht« Italien – mit bis heute hierzulande so gut wie unbekannten Greueln unerhörten Ausmaßes.

Zusammengefaßt: ohne die Eroberungen der Wehrmacht kein Holocaust, keine Schoah, kein Untergang der europäischen Judenheit, kein Massaker an Millionen Kriegsgefangenen, an Slawen, an Hunderttausenden von Sinti und Roma. Erst ihre Siege erbrachten die Vorbedingung für die monströse Ausweitung des Opferpotentials, und für den eigenen Anteil daran.

Die kritische Bewertung und Beurteilung der Wehrmacht kann also nicht erst bei ihrer Beteiligung an Zivilverbrechen jenseits von Kriegshandlungen beginnen, sie muß mit ihrer Genesis einsetzen, ihrem Ursprung als *Hitler*wehrmacht. Den Oberbefehl über die Streitkräfte hatte Hitler schon am 2. August 1934 übernommen, unmittelbar nach dem Tod des Reichspräsidenten von Hindenburg. An diesem Tag wurden die Soldaten der Wehrmacht auf den »Führer des Deutschen Reiches und Volkes, Adolf Hitler« vereidigt.

Es gab Hitler nicht zweimal, einmal als Bauherrn von Auschwitz und einmal als Schöpfer der Wehrmacht – er war beides in Personalunion.

Soweit zur *objektiven* Seite.

IV.

Zur *subjektiven*: Die Tabuisierung der Wehrmacht und ihrer Rolle im Dritten Reich nach 1945 ist in der leicht erkennbaren Tatsache begründet, daß so gut wie jede deutsche Familie mit der Wehrmacht zu tun bekam. Ging es hier doch nicht um die Angehörigen von elitären Gruppen oder von Sonderformationen, sondern um den eigenen Bruder, Sohn, Vater oder Großvater im Kontext eines Regimes, von dem die größten geschichtsbekannten Verbrechen ruchbar wurden.

Die von den Wehrmachtapologeten ebensooft wie sinnlos beschworene Größenordnung von achtzehn Millionen Soldaten (meist zitiert als Spitze gegen Wehrmachtkritiker mit der ihnen unterstellten Behauptung, sie »alle seien Verbrecher gewesen«), diese Riesenziffer erweist sich eher als Bumerang. Besagt sie doch, daß keine andere Institution im NS-Staatsgefüge auch nur annähernd mit einer vergleichbaren Massenbeteiligung aufwarten konnte.

Diese Inflationierung dürfte der wesentliche Grund für die weitverbreitete Abwehr jeglicher Form kritischer Auseinandersetzung mit der Wehrmachtgeschichte sein, für eine unabgesprochene, aber aus dem gleichen Grundgefühl stammende Massenverweigerung über mehr als fünfzig Jahre deutscher Nachkriegsgeschichte. Und das, obwohl es all die Zeit rumort hat, Publizisten Löcher in die Mauer des Schweigens schlugen und Wissenschaftler zu zahlreichen mythenfeindlichen Erkenntnissen kamen, die auf die Dauer nicht verborgen bleiben konnten und schließlich immer kräftiger gegen die Kruste der Verdrängung pochten. Aber erst die Ausstellung »Vernichtungskrieg – Verbrechen der Wehrmacht 1941–1944« und der Streit um sie haben das neue Zeitalter einer nationalen Auseinandersetzung eingeläutet und dabei jenen Punkt erreicht, von dem aus eine Rückkehr ins Schweigen und Verschweigen ausgeschlossen ist.

Der Durchbruch zum öffentlichen Diskurs und das Ende der Tabuisierung haben also den Zeitraum von zwei Generationen benötigt.

Natürlich war auch persönlicher Schmerz daran beteiligt, daß es bis dahin so lange gedauert hat – wer will das leugnen? Sind in das ungeheuerliche Verhängnis, das der Zweite Weltkrieg bedeutete, doch auch die Empfindungen um die deutschen Gefallenen und Vermißten eingeschlossen, die Trauer der Hinterbliebenen und Freunde, das ganze Ensemble menschlicher Gefühle und Beziehungen. Wenngleich weit mehr gegnerisches Blut vergossen worden ist, deutsches ist ebenfalls millionenfach geflossen.

Wen denn könnte im Dienst Hitlers erlittenes Leid unberührt lassen? Wie vor allem diejenigen ignorieren oder ihnen das Verständnis verweigern, die sich selbst oft genug als Kanonenfutter ihrer Generalität sahen und – siehe die schriftlichen Selbstbekundungen – als »Schütze Arsch« wahrnahmen, die den Krieg nicht wollten, ja, ihn haßten? Wer hat je die Selbstmorde von Soldaten auf der Rückfahrt vom Heimaturlaub an die Front registriert? Und wie konnten bei der Bewertung der Wehrmachtgeschichte zu oft die vergessen werden, die unter Gefährdung ihres Lebens die Knarre weggeschmissen haben und überliefen oder die ihrem Unmut, ihrem Überdruß an Tod und Not verbal Luft machten und dafür zu Zehntausenden von nie zur Rechenschaft gezogenen Wehrmachtrichtern und Standgerichtsexekutoren umgebracht wurden?

Natürlich ist die Verantwortungsskala für den Angriffskrieg und für die in seinem Rahmen erfolgten Massenverbrechen an Zivilisten hierarchisch abgestuft; ganz oben auf dieser Leiter steht die politische und militärische Führung, auf den unteren Sprossen dagegen vor allem die Generation junger Soldaten, die von Kind an ohne jede innere Wahlmöglichkeit einer übermächtigen NS-Indoktrination ausgesetzt war. Gleichwohl herrschte auch bei ihnen ein Defizit an humaner Orientierung, wie es sich zum Beispiel in vielen Feldpostbriefen ausdrückt, bestürzende Zeichen einer expandierenden Entmenschlichung unter den Bedingungen von *Krieg* und *Vernichtungskrieg*, Zeugnisse der oft unbewußten tiefen Verinnerlichung der Naziideologie.

Dennoch wird, trotz aller inneren Deformierungen, die Motivation des deutschen Soldaten in der Regel kaum darin bestanden haben, Himmlers professionellen Mordgesellen Freiraum zu schießen, sondern in dem Fehlschluß, die Interessen Deutschlands mit denen der NS-Herrschaft gleichzusetzen und für Volk und Vaterland zu kämpfen (wenn auch wohl mit immer geringerer Überzeugung, je näher der Krieg auf sein erkennbares Ende zusteuerte).

Aber gerade hier zeigt sich die Hilflosigkeit der *subjektiven* Seite gegenüber der *objektiven*, bestätigt sich, wie irrelevant und irreführend persönliche Auffassungen vom tatsächlichen Geschehen sein können.

Denn für die überfallenen, besetzten, ausgeraubten und ausgemordeten Völker, für die Opfer sowohl des *Kriegs der Waffen* als auch des *Vernichtungsapparats*, war es gänzlich belanglos, wie die Angehörigen der Wehrmacht, in welchem Rang auch immer, die eigene Rolle interpretierten, ob sie sich als Nazis, Indifferente oder Nichtnazis sahen – für die Okkupierten waren sie alle Okkupanten. Waren sie Feinde, die über sie kamen und ihnen Leben, Besitz und Gesundheit nahmen, mit welchen Mitteln auch immer, und das unter dem Oberbegriff »Wehrmacht«, gegen die und ihren Angriffskrieg sich zu wehren sie jedes, aber auch jedes Recht hatten. Man stelle sich die Verehrung deutscher Partisanenhelden vor, wenn die Weltgeschichte einen anderen Verlauf genommen und den Sieg auf die deutschen Fahnen geschrieben hätte.

Wer damals die absolute Bedeutungslosigkeit der *subjektiven* Seite gegenüber der *objektiven* nicht erkannt hat, der hatte später Zeit und Informationsfreiheit genug, seine NS-injizierten Feind-, Freund- und Geschichtsbilder zu korrigieren.

Manche haben das getan, aber viele, nur allzu viele aus der Kriegsgeneration nicht.

V.

Wie jede Legende, ist auch die der Wehrmacht in Kodewörtern geronnen: Neben dem bereits zitierten »sauberen Waffenrock« heißen sie »wertfreier Kampf« und »zeitlose soldatische Tugenden«.

Das dreifaltige Kredo des Mythos blieb jedoch keineswegs auf eine übergroße Mehrheit der Kriegsgeneration beschränkt, sondern hat sich weit über deren Lebensphase hinaus auch eines nicht unbeträchtlichen Teils der Gesellschaft bemächtigt, von seiner Ungebrochenheit an Stammtischen und unter den Mitgliedern der zahlreichen, völlig kritikabstinenten Soldatenverbände und ihrem ideologischen Ambiente einmal ganz abgesehen.

Nirgends aber sind die drei Begriffe so hartnäckig bewahrt worden wie in der Geschichte des Traditionsverständnisses und der Traditionspflege der Bundeswehr.

Wo inzwischen kraft unwiderlegbarer Erkenntnisse über die Verbrechen der Wehrmacht (»als Institution nicht traditionswürdig«) der »saubere Waffenrock« und der »wertfreie Kampf« im offiziellen Sprachgebrauch nach außen hin widerwillig zurücktreten mußten (nach innen aber weiter benutzt werden), wird die Formel von den »zeitlosen soldatischen Tugenden« dagegen ausdrücklich als traditionswürdig anerkannt. Dieser Kriegerkult hat sich nirgendwo so nachhaltig personifiziert wie in den Namen von Kasernenpatronen der Bundeswehr, angefangen bei den Heroen der sogenannten »Befreiungs- und Freiheitskriege« über bekennende Imperialisten des Ersten Weltkriegs bis hin zu hohen und höchsten Dienern Hitlers in Uniform.

Eine Praxis, die so alt ist wie die Bundeswehr selbst. Mit ihr verstößt sie gegen die eigenen Richtlinien zum Traditionsverständnis und zur Traditionspflege, nach denen nur Persönlichkeiten geehrt werden können, »die sich durch ihr gesamtes Wirken oder eine herausragende Tat um Freiheit und Recht verdient gemacht haben. (...) Ein Unrechtsregime, wie das Dritte Reich, kann Tradition nicht begründen.«

Wie noch ausgeführt wird, ist niemals, zu keinem Zeitpunkt der Bundeswehrgeschichte, konsequent nach diesem Grundsatz der *Richtlinien* verfahren worden; statt dessen wurden Traditionsverständnis und Traditionspflege immer vom Gegenteil mit geprägt.

In der schon vor Gründung der Bundeswehr im Jahr 1955, erst recht aber seither schwelenden, ab und zu auch heftig aufflammenden Auseinandersetzung zwischen *Traditionalisten* und *Reformern* sind Wehrmachtapologeten und -nostalgiker unter den Führungs- und Offiziersrängen der Streitkräfte des demokratischen Deutschlands über lange Zeit tonangebend gewesen und auch heute noch nicht ausgestorben.

Das Problem ist durch seine ganze historische Existenz hindurch gekennzeichnet von einem geradezu autistischen Beharren hochrangiger Vertreter der politischen und militärischen Führung auf der Übernahme von Traditionen aus der vordemokratischen Militärgeschichte Deutschlands, mit affekthaft gereizter Bereitschaft, jede Kritik daran als pauschale Verächtlichmachung der Bundeswehr zu diskreditieren und zu kriminalisieren.

Trotz einiger mühsam von außen abgerungener Korrekturen im öffentlichen Bild ist die Bundeswehr auch zu Beginn des 21. Jahrhunderts mit der Epoche Hitlers, seiner Wehrmacht und seiner Vorgeschichte immer noch nicht im reinen, beharren ihr Traditionsverständnis und ihre Traditionspflege auf daraus Übernommenem.

Das nennt der Autor dieses Buches, so sei wiederholt – *die Traditionslüge*.

VI.

Ihr tiefstes Dilemma liegt darin, daß die Bundeswehr nicht von vornherein auf Traditionen aus der vordemokratischen Epoche verzichtete.

Denn die von Deutschland geführten Kriege geben für den Geist der *Richtlinien* nichts her, kein einziger, soweit man sich auf das 19. und die erste Hälfte des 20. Jahrhunderts bezieht, also auf den erst werdenden, dann den geschaffenen und 1945 schließlich untergegangenen deutschen Nationalstaat.

Was ja nicht bedeutet, daß es in jenen eineinhalb Jahrhunderten für eine moderne deutsche Armee nichts Überliefernswertes gegeben hätte – keineswegs. Nur beträfe es Unexemplarisches, Dissonanzen zum Kriegerkult der Zeit und seinem Schwertglauben, ginge es um Diskrepanzen zwischen Beherrschten und Herrschenden, um das offiziell Unerwünschte. Also um Aufruhr – gegen die Forderungen der Mächtigen; um Ungehorsam – gegen staatlichen Autoritarismus und militärische Rigorosität. Überliefernswert wäre zum Beispiel das Zeugnis von Zivilcourage, das pazifistische Offiziere im Kaiserreich mit der voraussehbaren Folge von Ächtung, Ausgrenzung und sozialem Abstieg gegeben haben. Der Aufstand gegen falsche Mythen und gegen den Triumph ihrer widerlegten Historie gehörte in das Traditionsverständnis und die Traditionspflege der Bundeswehr; Aufsässigkeit des Untertanen, wie jenes Hauptmanns von Köpenick, statt, wie massenhaft geschehen, Jasager und Menschenschlächter ihrer Zeit als Kasernenpatrone herauszuputzen.

Bei allem Ungleichgewicht zwischen den antidemokratischen und den demokratischen Kräften innerhalb des oben umrissenen Geschichtsrahmens – es hat, und das nicht nur während der bürgerlichen Revolution von 1848/49, diese Beispiele gegeben, zivil oder in Uniform, mögen die Schul- und Lehrbücher jener Ära auch eine andere Sprache geführt haben.

Nicht, daß davon gar nichts eingegangen wäre in die Bundeswehr – Reformer deutscher Mißstände und Mißverhältnisse, Unterlegene bürgerlicher Aufstände, Widerständler gegen Hitler, wenn auch letztere meist nur im Zeichen des 20. Juli 1944, sehen sich durchaus genannt.

Aber geprägt hat das die Traditionspraxis nicht, sondern nur die Unsicherheit ihrer Auslesekriterien bestätigt.

Und so hat denn die Bundeswehr ihrem verständlichen Wunsch, eine eigene, dem Wesen und der Biographie einer demokratischen Streitmacht gemäße Tradition zu begründen, bisher selbst im Weg gestanden.

Ohne restlose Überwindung der Traditionslüge aber kann und wird es keinen Neuanfang geben.

VII.

Ein Antibundeswehrbuch liegt hier dennoch nicht vor. Ich bin kein Pazifist, war es nicht und werde es nicht sein, solange Aggressoren gestoppt werden müssen. Die Arbeit richtet sich vielmehr gegen Auffassungen in der politischen und militärischen Führung, im Offizierskorps und in der Truppe, die mit grundgesetzlichen und humanen Überzeugungen nicht in Einklang zu bringen sind.

Ebensowenig wird, ohne aber die Warnzeichen zu mißachten, behauptet, die Bundeswehr sei rechtsextremistisch unterwandert oder anfälliger dafür als die übrige Gesellschaft.

Beides sei gleich hier vorn all denen ins Stammbuch geschrieben, die Teilkritik an der Bundeswehr als deren Diskriminierung denunzieren. Selbstverständlich ist Differenzierung notwendig, nur darf die Forderung danach nicht als Waffe mißbraucht werden, um das Exemplarische zu vernebeln oder es gar erschlagen zu wollen. Es muß geforscht werden, was typisch und was untypisch ist – um beidem seine wahren Proportionen zu geben.

Zu den elementaren Erfahrungen meiner lebenslangen Beschäftigung mit dem Stoff gehört jedoch, daß sich gerade die eifrigsten Rufer nach einer differenzierten Sicht auf die Wehrmacht und ihre Geschichte als die eigentlichen Pauschalisierer, die unermüdlichsten Warner vor Kollektivurteilen sich als die wahren Generalisierer entpuppten.

Musterbeispiel dafür bleibt die Anschuldigung gegen Kritiker der Wehrmacht, sie stempelten *alle* ihre Angehörigen zu Verbrechern, und Kritik am Traditionsverständnis und an der Traditionspflege der

Bundeswehr wolle diese insgesamt verächtlich machen. Was aber ebenso falsch wäre wie ihre Dämonisierung oder die Unterstellung von Staatsstreichplänen der Bundeswehrführung – der Primat der Politik war durch keine militärische Führung je in Frage gestellt, selbst zu Zeiten des Verteidigungsministers Franz Josef Strauß nicht. Dennoch wird sich zeigen, daß die relative »Ruhe« zu Lasten von Reformplänen ging und daß ihre Voraussetzung mindestens die Tolerierung, wenn nicht gar Übereinstimmung mit ausgeprägt konservativen bis nationalkonservativen Gesinnungen im Offizierskorps und in der Generalität waren.

Wäre von vornherein gegen alle Versuche, die Wehrmacht in das Traditionsverständnis und die Traditionspflege der Bundeswehr zu integrieren, konsequent angegangen worden, so hätten diese Kreise in der politischen und militärischen Leitung der Bundeswehr mit Sicherheit weit schärfer reagiert, als sie es gegenüber den schwächlichen Halbherzigkeiten getan haben.

Bei der Arbeit an diesem Buch habe ich nicht in erster Linie an die Wehrpflichtigen gedacht – als Akteure der Traditionslüge spielen sie keine Rolle, eher schon als Sorgenkinder, in Gefahr, von ihr infiziert zu werden, und das verbunden mit manchem Primäraffekt aus der Zeit vor der Rekrutierung.

Am wahrscheinlichsten ist, daß ein großer, vielleicht der größte Teil der Eingezogenen der Traditionslüge eher neutral und indifferent gegenüberstand und -steht, ein anderer jedoch in ihrem Sinn durchaus beeinflußbar war und ist.

Dennoch habe ich immer das Gefühl gehabt, daß es sich um ein allgemeines Problem der Bundeswehr handelt, daß da etwas schwebt, unausgesprochen ist, daß auf diese Weise die Traditionslüge in den Dienstalltag gefügt ist, so kurz das Thema »Tradition« im 24-Stunden-Ablauf der Institution auch immer abgehandelt werden mag.

Wie dünn jedoch die Decke ist, die über den widerstreitendsten Emotionen liegt, das hat die Beunruhigung durch die Wehrmachtausstellung nur noch einmal bekräftigt.

Und ein Blick in die Zukunft macht die Sache nicht einfacher.

45 Jahre nach ihrer Gründung ist die Bundeswehr materiell und mental an Haupt und Gliedern reformbedürftig. Nicht allein, daß

ihr Alltag nur allzu häufig gezeichnet ist von veraltetem Material und Schwierigkeiten bei der Ersatzteilbeschaffung – das Zeitalter der Globalisierung wirft auch beim Militär eine Inflation von innen- und außenpolitischen Fragen auf, die dringend gelöst werden müssen.

Steht eine Sinnkrise ins Haus, da die alte Strategie passé, der Feind aus dem Osten verschwunden ist und auch durch den Hinweis auf das »russische Restrisiko« nicht zu revitalisieren angesichts des desolaten Zustands der einst so ruhmreichen Roten Armee? Wie sieht es mit der Legitimation aus, Krisenherde jenseits deutscher und europäischer Grenzen zu löschen, also Kampfverbände in Korpsgröße zum Schutz anderer über Kontinente und Meere in weit entfernte Erdteile zu transportieren? Sind nicht schon mit der langfristigen militärischen Bindung an die Konflikte im Kosovo und in Bosnien-Herzegowina die Grenzen nationaler Kraft erreicht? In welche Turbulenzen könnten erweiterte »Out-of-area-Aktionen« der Bundeswehr geraten angesichts der Tatsache, daß die Deutschen von heute zwar treue Bündnispartner sind, bereit, Menschenrechte überall zu verteidigen, gleichzeitig aber auch die unkriegerischsten Deutschen der Geschichte? Wie sieht es aus mit »Frauen ans Gewehr«? Und sollen Teile der Bundeswehr bei knappen Finanzen betriebswirtschaftlich geführt und damit zahlreiche Standorte geschlossen werden? Schließlich die überfällige Hauptfrage, die der eigentliche Grund war, die sogenannte Weizsäcker-Kommission einzusetzen: Wehrpflicht oder Freiwilligenarmee?

Vom Verteidigungsministerium in Auftrag gegeben und ihm am 23. Mai 2000 offiziell überreicht, fielen die Empfehlungen der »Kommission« anders aus als erwartet. Die Antwort auf die Hauptfrage ist widersprüchlich: Umstrukturierung der deutschen Streitkräfte von der Landesverteidigung auf Interventionsfähigkeit; Verkleinerung von nominal 340 000 Mann um 100 000, bei gleichzeitiger Erhöhung der Krisenreaktionskräfte von 50 000 auf 140 000. Die Zahl der Wehrpflichtigen würde auf 30 000 verringert. Damit wäre die Bundeswehr keine Wehrpflichtarmee mehr, sondern eine Freiwilligentruppe. Dennoch hielt die Kommission am Begriff »Wehrpflichtarmee« fest. Die Reaktion des Verteidigungsministeriums kam prompt, noch im Juni 2000: Gesamtumfang der Bundeswehr 277 000 Soldaten.

Aber die Diskussion über die »Empfehlungen« wird sich über Jahre hinziehen und am Ende eine neue deutsche Streitmacht stehen. Dabei tauchen heute bereits Fragen auf wie: Wird die neue Armee behalten, was für die derzeitige eine, wenn auch mühsam erworbene Errungenschaft ist – nämlich ihre Integration in die Gesellschaft? Wie würde die Ersetzung von Wehrpflichtigen durch Freiwillige die Auswahl der militärischen Führer verändern und damit Haltung, soziales Klima und Motivation der Truppe? Ohne den Teufel an die Wand malen zu wollen – wäre ein politischer Ruck nach rechts nicht programmiert? Schon lange, wenn auch bisher nicht mit dem gewünschten Erfolg, bemühen sich die Demokratieverächter, ihre Kader in der Wehrpflichtarmee zu installieren. Würden ihre Erfolgsaussichten in einer Berufsarmee nicht wachsen? Erfahrungen in Spanien, Belgien oder den USA belegen, daß es problematisch ist, wenn sich eine Armee aus Kreisen rekrutiert, die eher vom Rand der Gesellschaft kommen. Was bleibt von der Wehrgerechtigkeit, da die Auswahl von 30 000 Mann aus einem Jahrgang, der im Durchschnitt 400 000 Mann zählt, das Gleichheitsgebot verletzen muß? Und schließlich, was wird aus dem Heer der Zivildienstleistenden, die doch aus unserem Sozialsystem nicht mehr wegzudenken sind?

Das alles und mehr ist aufgrund der Empfehlungen der nach Altbundespräsident Richard von Weizsäcker benannten Kommission heute schon umstritten und wird es lange bleiben.

Nein, das Thema, das dieses Buch behandelt, ist nicht das einzige Problem der Bundeswehr. Und doch bleibt die Überwindung der Traditionslüge die Seele aller ihrer Reformen. Denn solange sie andauert, solange sie nicht getilgt ist, wird sie das beunruhigende Gefühl nähren, daß die moderne deutsche Streitmacht, wie immer sie auch aussehen und wo immer sie agieren mag, hinter sich eine uneroberte Festung zurückgelassen hat.

VIII.

Mein Buch soll ein Beitrag zur Geschichte dieser Lüge sein – ihrer Entstehung, ihrer Verteidigung, ihrer Bekämpfung. Wobei daran erinnert sei, daß während dieser Zeit die Bundesrepublik meist konservativ regiert wurde, ausgenommen das Patt der Großen Koalition 1966–69, die sozialliberale Koalition 1969–1982 und das derzeitige rot-grüne Regierungsbündnis.

Als nach langen Recherchen (und sechzehn Jahren christlich-liberaler Parlamentsmehrheit) der Beginn der Niederschrift dieses Buches mit dem Regierungsantritt von Rot-Grün im Herbst 1998 zusammenfiel, erhob sich die Frage, ob das Wahlergebnis jene Veränderungen bringen würde, auf die die Kritiker der Wehrmacht und der Traditionspraxis der Bundeswehr so lange schon vergeblich hoffen – nämlich eine härtere Gangart gegen die zivilen und militärischen Horte des trotz aller sonstigen Wandlungen immer noch zementierten Traditionalismus innerhalb der Streitkräfte des demokratischen Deutschlands.

Die Haltung von rot-grüner Regierung und Koalition zu dieser Frage wird bis zur Veröffentlichung des Buches sorgfältig beobachtet und im Schlußkapitel zusammengefaßt werden. Dabei werden sich Macht oder Ohnmacht der Politik gegenüber der Traditionslüge nirgendwo sonst deutlicher erweisen als im Ausgang des bereits lang andauernden Kampfes um jene Namengeber von Kasernen, die Angehörige der Wehrmacht waren – zentraler Dauerskandal der Traditionspraxis der Bundeswehr.

Da er sich in keinem anderen Soldaten so verkörpert wie in dem des Heerführers und mehrfachen Kasernenpatrons der Bundeswehr *Erwin Rommel*, bleibt die Bewertung seiner historischen Rolle der Gradmesser für Bewegung oder Beharrung, für Courage oder Opportunismus unter der veränderten parlamentarischen Konstellation des 14. Deutschen Bundestags.

Doch welchen Weg die Traditionslüge auch immer gehen wird, ob besiegt oder teilbesiegt, darüber soll hier nicht spekuliert werden. Fest steht heute nur eines: Eine Aufarbeitung der NS-Ära, die diesen Namen verdient, kann es nicht geben ohne die ehrliche Abnabelung des Traditionsverständnisses und der Traditionspflege der Bundeswehr von der Hitlerwehrmacht – und ihrer Vorgeschichte.

Von Ehrlichkeit muß aber auch der öffentliche und wissenschaftliche Diskurs bestimmt sein, weil sonst der Blick versperrt wird auf das innere Gesetz des »Zivilisationsbruchs Nationalsozialismus« – seinen kriegerischen Aktionismus, jenen Zwang zur Expansion,

dessen Mißachtung das System binnen kurzem hätte implodieren
lassen. Was den staatlich institutionalisierten Nationalsozialismus so
gefährlich machte für Europa und die Welt, war ja eben diese Obses-
sion zu räuberischer Ausweitung, war der Krieg als einzige Logik –
mit der Wehrmacht als Hauptinstrument und größter aller Bedro-
hungen, in erster Linie für Deutschlands Nachbarn.

Es wird lange noch zu den furchterregendsten Erkenntnissen über
die mentale Befindlichkeit einer großen Mehrheit der damaligen
Deutschen zählen, daß ihre tiefe Identifikation von *Vaterland* mit
einer erkennbar *kriminellen Herrschaft* sie in deren Händen zu
Wachs werden ließ. Mit ihnen, so hat die Geschichte entblößt,
konnte Hitler buchstäblich machen, was er wollte – bis zum Ende.

Die Traditionslüge negiert diese Fusion, koppelt sich ab von deren
politischem und historischem Geflecht, ebenso wie von Kernpunk-
ten der Richtlinien, die das Traditionsverständnis der Bundeswehr
offiziell bestimmen, und drückt sich mit der an sich schon höchst
anfechtbaren Formel von den »zeitlosen soldatischen Tugenden« um
das »Wofür« und »Für wen« herum. Tugenden? Zu keiner Zeit war
von »Treue«, »Ehre«, »Gemeinschaftsdenken«, »Edelmut« und
»Tapferkeit« so penetrant und monoton die Rede wie im Dritten
Reich. Und nie hat es gleichzeitig so furchtbare Verbrechen, so schauerliche Metzeleien gegeben wie damals.

Die Anhänger der Traditionslüge haben nicht nur nicht nach den
ursächlichen Zusammenhängen zwischen beidem gefragt – sie
haben daran auch keinen einzigen Gedanken verschwendet.

Mit ihrer Unbelehrbarkeit suche ich, sonst nachweisbar versöh-
nungsbereit, seit 1945 die Konfrontation; sie beruht auf Gegenseitig-
keit und kennt kein Pardon.

Sollte nun, und das wie üblicherweise abfällig, behauptet werden,
das vorliegende Werk sei das eines Moralisten, so hätte der Autor
dagegen nichts einzuwenden – meint er doch, daß ohne diesen
Standpunkt eine bewohnbarere Welt nicht geschaffen werden kann.

Vorgelegt wird hier die Arbeit eines politischen Publizisten, nicht
die eines Historikers – der selbstverordneten, möglicherweise auch
notwendigen Emotionsverdrängung einer Zunftmehrheit, der Gefühle verdächtig sind, schließe ich mich nicht an. Ein langes Leben

produziert Standorte, und auf diesen Seiten wird der meine gegenüber der Traditionslüge bestimmt.

Dem Genre nach schließt sich das Werk meinem Buch »Die zweite Schuld oder Von der Last Deutscher zu sein« an und nimmt wie dieses Partei, und zwar vorsätzlich. Selbstverständlich sind Unterscheidungen und genaues Hinblicken geboten, aber nicht Neutralität bei elementaren Streitfragen.

Es geht nicht darum, irgendeine deutsche Ehre zu retten, sondern darum, endlich damit aufzuhören, Geschichte allein aus der Binnensicht zu interpretieren. Das Anstößige dieser Position ist ihre Beziehungslosigkeit zur Welt der deutsch verursachten Opfer – von allem Erschreckenden im Kontext der Traditionslüge für mich das Erschreckendste.

Plädiert wird hier also für die Notwendigkeit einer Außensicht: Wer die Geschichte der Wehrmacht auch weiterhin mit den Augen der Wehrmacht sehen will, steht ihr so blind gegenüber, wie Jahrzehnte deutscher Nachkriegsgeschichte in diesem neuralgischen Punkt blind gewesen sind und blind sein wollten.

Für mich bleiben Triumph oder Überwindung der Traditionslüge das Meßmodell für die Auseinandersetzung mit dem Hakenkreuzabschnitt der deutschen Geschichte – und seinem langen Vor- und Nachspiel.

Ist doch die Frage »Wie hältst du es mit der Wehrmacht?« keine andere als »Welche Einstellung hast du zur Geschichte des Dritten Reichs?«.

Von allen denkbaren Antworten darauf ist die Traditionslüge die verkehrteste.

Geburtsfehler Kalter Krieg

»Die Bundeswehr erblickte mit einem Konstrukt,
einem künstlichen Bild von der Wehrmacht
das Licht der Welt«
Detlef Bald, Publizist und Politikwissenschaftler

Erwünscht: Osterfahrungen

Die Gründung der Bundeswehr wird auf den 12. November 1955 datiert, aber der Sündenfall der Traditionslüge hatte schon lange vorher stattgefunden.

»Ich möchte heute vor diesem hohen Hause im Namen der Regierung erklären, daß wir alle Waffenträger unseres Volkes, die im Rahmen der hohen soldatischen Überlieferung ehrenhaft zu Lande, auf dem Wasser, in der Luft gekämpft haben, anerkennen. Wir sind überzeugt, daß der gute Ruf und die Leistung des deutschen Soldaten trotz aller Schmähungen während der vergangenen Jahre in unserem Volk noch lebendig sind und auch bleiben werden. Es muß unsere Aufgabe sein – und ich bin sicher, wir werden sie lösen –, die sittlichen Werte des deutschen Soldatentums mit der Demokratie zu verschmelzen.«

So Bundeskanzler Konrad Adenauer am 3. Dezember 1952 vor dem ersten Deutschen Bundestag – eine pauschale Ehrenerklärung, ohne eine einzige Silbe, wer da welchen Krieg geführt hatte, eine Generalabsolution mit einem populistischen Seitenhieb auf in- und ausländische Kritiker (»trotz aller Schmähungen während der vergangenen Jahre«) und einer nicht mehr meßbaren Distanz zu den Millionen deutsch verursachten Opfern an und hinter den Fronten des bewaffneten Kampfes – der quasi amtliche Freispruch von der Schuld der Deutschen am Zweiten Weltkrieg.

Das Protokoll des konservativ beherrschten Parlaments verzeichnet »stürmischen Applaus«.

Daß der erste Kanzler der 1949 gegründeten Bundesrepublik Deutschland es besser wußte, daß ihm klar war, wie tief die ganze Gesellschaft des Dritten Reichs in die Verantwortung für seine Verbrechen verstrickt war, das geht aus einer anderen Äußerung Adenauers hervor, die er aber im internen Kreis tat:

»Das deutsche Volk, auch Bischöfe und Klerus zum großen Teil, sind auf die nationalsozialistische Agitation eingegangen. Es hat sich fast widerstandslos, ja zum Teil mit Begeisterung (...) gleichschalten lassen. (...) Im übrigen hat man aber auch gewußt – wenn man auch die Vorgänge in den Lagern nicht in ihrem ganzen Ausmaß gekannt hat –, daß die persönliche Freiheit, alle Rechtsgrundsätze mit Füßen getreten wurden, daß in den Konzentrationslagern große Grausamkeiten verübt wurden, daß die Gestapo, unsere SS und zum Teil auch unsere Truppen in Polen und Rußland mit beispiellosen Grausamkeiten gegen die Zivilbevölkerung vorgingen. Die Judenpogrome 1933 und 1938 geschahen in aller Öffentlichkeit. Die Geiselmorde in Frankreich wurden von uns offiziell bekanntgegeben. Man kann also wirklich nicht behaupten, daß die Öffentlichkeit nichts gewußt habe, daß die nationalsozialistische Regierung und die Heeresleitung ständig aus Grundsatz gegen das Naturrecht, gegen die Haager Konvention und gegen die einfachsten Gebote der Menschlichkeit verstießen. Ich glaube, daß, wenn die Bischöfe alle miteinander an einem bestimmten Tag öffentlich von den Kanzeln aus dagegen Stellung genommen hätten, sie vieles hätten verhindern können. Das ist nicht geschehen, und dafür gibt es keine Entschuldigung.«[1]

Noch deutlicher als Adenauer am 3. Dezember 1952 vor dem Bundestag, aber gewiß ohne seine innere Spaltung, wurde der ehemalige Wehrmachtgeneral Rudolf Konrad. Die künftige Bundeswehr im Auge, ruft er am 17. Mai 1953 bei einem Treffen zum »Tag der Treue der Kameraden unterm Edelweiß« in München aus:

»Wir hoffen, daß in der neuen Schale die gleichen Männer, die alten Soldaten stecken, die einst Kraft und Ruhm des deutschen Heeres und der Stolz des deutschen Volkes waren.«[2]

Der Mann wird für lange Strecken der Bundeswehrgeschichte recht behalten. Und was ihm dabei entgegenkam, war der Kalte Krieg.

Als 1950 die Geheimplanungen für den Aufbau der westdeutschen Streitkräfte mit der Einrichtung der nach seinem Leiter Theodor Blank genannten Dienststelle Blank, später Amt Blank, begannen, war die Anti-Hitler-Koalition der Jahre 1941–1945 mit der Schnittlinie quer durch Deutschland längst in die Machtblöcke der rivalisierenden Supermächte USA und UdSSR zerfallen; lag die Stalinsche Drohung, Westberlin auszuhungern, noch nicht lange zurück; war die militärische Aggression des kommunistischen Nordkoreas gegen den Süden des geteilten Landes über den 38. Breitengrad in vollem Vormarsch; hatte sich fast gleichzeitig mit Gründung der Bundesrepublik die DDR innerhalb des sowjetischen Blocksystems staatlich etabliert. Mit anderen Worten: In beiden Lagern des Ost-West-Gegensatzes waren aus Verbündeten von gestern Gegner und aus Gegnern Bundesgenossen geworden. Insgesamt, hüben wie drüben, ideale Voraussetzungen, die jüngste Vergangenheit zu verdrängen und auf bundesdeutscher Seite einen weitgehend NS-indoktrinierten, demokratiefernen, ja demokratiefeindlichen Antikommunismus mit der Formel »In *dem* Punkt jedenfalls hatte Hitler schließlich nicht unrecht« fortzusetzen oder wiederzubeleben.

Das durch die Berliner Blockade 1948/49 und unter dem übermächtigen Eindruck des (bis 1953 andauernden und mit seiner Ausgangsposition endenden) Koreakriegs regenerierte Bolschewismustrauma hatte während der Planungsphase der Bundeswehr 1950–55 zwei in sich verzahnte Forderungen zur Folge: *Aufstellung von westdeutschen Verbänden in kürzester Frist und um jeden Preis* und *Rückgriff auf die Wehrmacht* bei der Rekrutierung des Planungspersonals, inklusive Nutzung von »Osterfahrungen«.

Die Kontinuität ist personell, mental und strukturell. Es gibt keinerlei Anhaltspunkte dafür, daß die überwältigende Mehrheit der reaktivierten Offiziere auch nur die kleinste Distanz zur eigenen militärischen Biographie unter Hitler gehabt hätte. Im Gegenteil, das Postulat vom »sauberen Waffenrock« war für die Planungs- und Ausbildergeneration unanzweifelbar, die Abwehr gegen jede kritische Betrachtung der Wehrmacht von allem Anfang an zäh und die äußere Entkoppelung von der NS-Geschichte, wenn überhaupt, ohne innere Entsprechung – ein ritualisiertes Lippenbekenntnis.

Es spricht für sich, daß der Personalgutachterausschuß des Bundestags im Dezember 1957, also zwei Jahre nach Gründung der Bundeswehr, bei Prüfung der als erste eingestellten über hundert Obristen und Generäle den Schluß zog: Keiner dieser Offiziere war auf seine Vergangenheit, seine innere Überzeugung, seine Demokratiefähigkeit und -willigkeit hin überprüft worden – im Ausleseverfahren seien soziale Offenheit und politische Akzeptanz »nicht genügend zur Geltung gekommen«.

Schon in der Planungsphase wird eine tiefe Unsensibilität gegenüber der nationalsozialistischen Erblast sichtbar. Nicht nur, daß die Anweisungen für die Offiziersausbildung unter den Titel »Endlösung« gestellt werden[3], auch die Vorstellungen von den Aufgaben eines Offiziers entsprechen den traditionellen Leitbildern aus den Hochzeiten deutscher Militärs: überdurchschnittliches fachliches Wissen und Können, hervorragende Bewährung im Krieg (besonders Erfahrungen an der Ostfront), befehlsgemäßes Handeln, Gehorsamspflicht und »einwandfreier Charakter« gemäß den vorstehenden Kriterien. Wer bei alldem das große Vorbild war, läßt sich unter anderem daran erkennen, daß bei der Aufstellung der Truppe für die Bundeswehr Originalvorschriften der Wehrmacht mit NS-Emblemen verwendet wurden. Sie war der selbstverständliche, von den alten Berufsmilitärs und Offiziersanwärtern der neuen Bundeswehr nicht hinterfragte Maßstab in einem Aggregatzustand der Planungs- und Aufbauphase, den der Publizist und Politikwissenschaftler Detlef Bald mit dem Schlüsselsatz beschrieb:

»Die Bundeswehr erblickte mit einem Konstrukt, einem künstlichen Bild von der Wehrmacht das Licht der Welt.«[4]

Charakteristisch für diese Haltung war eine entblößende Einstellung zum Widerstand, besonders dem der Männer des 20. Juli 1944. Über Jahrzehnte hin blieben sie für Führungskreise der Bundeswehr behaftet mit dem Odium des Verrats, der Tradition nicht begründen könne. Die gleichen Leute im Offizierskorps, die mit ihrer Auffassung von »Eidtreue« den Verschwörern eisige Ablehnung entgegenbrachten, fühlten sich dagegen nicht gehindert, längst vergangenen Widerstand und Ungehorsam gegenüber unsinnigen, unrechtmäßigen Befehlen als »preußische Tugenden« zu preisen:

»Warum war ein Widerstand eines von der Marwitz gegen Friedrich II. ehrenhaft, warum wurde der Yorcksche Ungehorsam 1812 in Tauroggen zum Symbol, warum wurden uns Sätze wie: ›Seine Majestät hat Sie zum Stabsoffizier gemacht, damit Sie wissen, wann Sie nicht gehorchen müssen!‹ gelehrt, wenn man gleichzeitig für Stauffenberg, Beck und die anderen Helden des 20. Juli nur Ablehnung empfand?«⁵

So Winfried Vogel, bis Ende 1996 Brigadegeneral der Bundeswehr im Streitkräfteamt Bonn, Stellvertreter des Amtschefs und Leiter der Fachabteilung (über dessen unglimpfliche Behandlung später mehr in einem eigenen Kapitel).

Hofiert dagegen von konservativen und nationalkonservativen Kreisen wurde ein Mann, der in seinen Memoiren die Tat des 20. Juli 1944 als »mit der Würde eines Offiziers nicht vereinbar« erklärte – Erich von Lewinski, genannt von Manstein. Vereinbar mit besagter Würde dagegen hielt der 1949 von einem britischen Militärgericht im Hamburger Curio-Haus wegen Kriegsverbrechen erst zu achtzehn Jahren Haft verurteilte, 1953 aber bereits wieder entlassene Feldmarschall Hitlers und Autor des Buches »Verlorene Siege« folgenden Geheimbefehl vom 20. November 1941 an die Truppe:

»Dieser Kampf wird nicht in hergebrachter Form gegen die sowjetische Wehrmacht allein nach europäischen Kriegsregeln geführt. Auch hinter der Front wird weitergekämpft. Das jüdisch-bolschewistische System muß ein für allemal ausgerottet werden. Nie wieder darf es in unseren Lebensraum eingreifen. Der deutsche Soldat hat daher nicht allein die Aufgabe, die militärischen Machtmittel dieses Systems zu zerschlagen. Er tritt auch als Träger einer völkischen Idee und Rächer für die Grausamkeiten, die ihm und dem deutschen Volk zugefügt wurden, auf.

Für die Notwendigkeit der harten Sühne am Judentum, dem geistigen Träger des bolschewistischen Terrors, muß der Soldat Verständnis aufbringen. Sie ist auch notwendig, um alle Erhebungen, die meist von Juden angezettelt werden, im Keime zu ersticken.«⁶

Nach diesem Plädoyer für die NS-Ausrottungs- und Vernichtungspolitik beschwor der Oberbefehlshaber des Armeeoberkommandos 11 die »soldatische Ehre«.

Es stimmte eben für die Planungs- und Aufbauphase der Bundeswehr nicht, wenn der damalige Verteidigungsminister Volker Rühe am 5. Januar 1995 in Berlin anläßlich der Übernahme und Umbenennung des »Quartier Napoleon« in »Julius-Leber-Kaserne« erklärte: Die Grundwerte der Verfassung seien das »moralische Fundament der Streitkräfte. Der Ethos des deutschen Widerstandes prägt das Selbstverständnis der Bundeswehr.«

Wenn das heute der Fall sein sollte – von Anfang an war es keineswegs so. Was sich in nichts deutlicher bestätigte als im Widerstand gegen den Störfaktor »Innere Führung/Staatsbürger in Uniform«, gegen Pläne, die sich in einem Namen personifizierten: Wolf Graf von Baudissin.

Er hatte die Einstellung zum 20. Juli 1944 zur Gretchenfrage der bundesdeutschen Militärreform gemacht.

»Vollständiges Konzept einer demokratischen Armee«

Als dieser Militärtheoretiker, *die* reformerische Schlüsselfigur, am 7. Mai 1951 die Tribüne der Bundeswehrgeschichte betrat, entstand ein Dualismus der Ausbildungskonzepte. Die Gruppe in der Abteilung Innere Führung des *Amts Blank* unter Baudissin ist klein, der Widerspruch der Traditionalisten zu ihr jedoch von vornherein groß.

Kein Wunder, denn hier werden polar entgegengesetzte Auffassungen sichtbar.

Baudissin verurteilt die Versuche, ein »altes Erbe fortzuführen«, bezeichnet die Beharrung auf charakterlichen Tugenden als »konservatives Relikt aus der Feudalzeit« und stellt der bedarfswidrigen Gesinnungserziehung, dem elitären Gruppenbewußtsein das Konzept einer funktionalen, rationalen und wissenschaftlichen Ausbildung entgegen. Er fordert die bewußte Entscheidung der Offiziere und der Soldaten für die Demokratie und damit politischen und sozialen Pluralismus in der Bundeswehr:

»Unsere im Verlaufe der vergangenen vier Jahrzehnte erschütterte innere und äußere Lage erfordert für den Neuaufbau von Streitkräften eine geistige Orientierung und Grundlegung. Es wäre leichtfertig, ohne Bestandsüberprüfung alles der Entwicklung anzuvertrauen, im Glauben, daß noch genügend Reserven vorhanden seien. Die politische Öffentlichkeit sorgt sich nicht um das Fachwissen der zukünftigen Offiziere. Ihre Besorgnis gilt vielmehr einer geistig-politischen Fehlentwicklung, deren Ursachen weniger in der Böswilligkeit als vielmehr in Mißverständnissen, Unkenntnis und Trägheit der Offiziere gesehen wird.«[7]

Und der Reformer weiter:

»Der Schwerpunkt sollte eindeutig auf der Gewinnung geistig-politischer Grundauffassungen und auf der Bildung des Gemeinschaftsgeistes liegen. Man vertraut im In- und Ausland den zukünftigen deutschen Offizieren zwar im Hinblick darauf, daß sie ihre fachlichen Aufgaben meistern werden. Wohl aber besteht Sorge darüber, welche geistige Entwicklung das Offizierskorps nehmen wird. Es wäre eine schlechte Politik, in unserer ungesicherten wehrpolitischen Lage, mitten im Spannungsfeld des Kalten Krieges, in die Fundamente eines neuen Gebäudes Sprengkörper einzubauen, die sich unschwer vorher entschärfen ließen.«[8]

Baudissin sieht die Legitimationskrise einer Bundeswehr voraus, deren politische und militärische Führungsschicht sich an rückwärtsgewandte Werte klammert, die nicht nur der Modernisierung der Streitkräfte entgegenwirken, sondern in denen sich auch gefährliche Ideologien konservieren.

Die Schriften aus der Abteilung Innere Führung wenden sich gegen traditionalistische Militär- und Expansionspolitik, speziell gegen die Raub- und Mordpraktiken der Nazizeit. Sie weisen hin auf die enge Bindung der Wehrmacht an diese Verbrechen und fordern Berechtigungsnachweise für die Streitkräfte – durch eine Politik der Friedenssicherung, der Abschreckung und der Verteidigung der Freiheit im Geiste des Grundgesetzes.

Baudissins Gruppe entwirft das vollständige Konzept einer republikanischen Armee, vom Grundgedanken der Wehrverfassung und der Wehrgesetze über die Innere Führung und die ihr entsprechende

Lehre bis hin zum politisch-ethischen Bekenntnis von Generalität, Offizierskorps und Truppe zur Demokratie.

Es ist angesichts der fundamentalen Krise soldatischer Existenz nach dem militärischen und politischen Zusammenbruch Hitlerdeutschlands die Forderung, die Ziele der Offiziersausbildung neu zu bestimmen und zu entwickeln. Dazu müßten die Ursachen der nationalen Katastrophe bloßgelegt und unter den völlig veränderten Bedingungen der innen-, außen- und weltpolitischen Lage verarbeitet werden.

Die Vorschläge der Abteilung Innere Führung werden am 30. April 1955 in den Geschäftsgang gegeben: Sie sind eine Kampfansage an eine unreflektierte, antiliberale, antiparlamentarische und antirepublikanische Wiederanknüpfung an das Ausbildungssystem der Wehrmacht, an ihre militärisch engen Standards und die bewußte Ausblendung des kriminellen NS-Systems, dessen bei weitem mächtigste Organisation sie war.

Die mit dem Namen Wolf Graf von Baudissin verbundenen Reformentwürfe für die Aufstellung bundesdeutscher Streitkräfte waren das Gegenprogramm zur Traditionslüge.Entsprechend war die Reaktion ihrer Anhängerschaft auf Baudissins Konzept.

Um es vorwegzunehmen: Das Reformprogramm der Abteilung Innere Führung mit dem korrespondierenden Begriff des »Staatsbürgers in Uniform« wurde nicht angenommen. In diesem ersten Stadium der Bundeswehrgeschichte erwies sich die Befangenheit der politischen und militärischen Führung der neuen Streitkräfte in alten Traditionen als unüberwindbar.

In gemeinsamen Tagungen waren die Vertreter der Abteilung Innere Führung bemüht, Konzepte des inneren Gefüges einer technisierten Wehrpflichtarmee in der Demokratie und die Fragen sachgemäßer Ausbildung Historikern und anderen interessierten Personen vorzustellen und weiterzuentwickeln. Gleichzeitig aber liefen in der Abteilung Ausbildung die Planungen von Lehrgängen, Waffenschulen, Laufbahnvorstellungen gemäß militärhandwerklichen Traditionen alten Stils unbehelligt weiter. Das umfangreiche militäreigene Bildungswesen mit Schulen und Akademien und die politische Bildung wurden nicht wirklich reformiert, allgemeine Lernziele, wie sie sich im zivilen Bildungswesen der Bundesrepublik entfalteten, nicht berücksichtigt, sondern das Verständnis vom *soldatischen Beruf an sich* gefördert. Die Reformer scheiterten an einem Gründungspersonal, das Hitler gehorsam und den ihm geleisteten Eid bis zur letzten Stunde gefolgt war. Der Verdacht, daß die Konzepte der Inneren Führung und vom Staatsbürger in Uniform nur eine legitimatorische Arabeske zur Beruhigung der Öffentlichkeit seien, daß die Arbeit der Abteilung Innere Führung vom Leiter des Amts Blank und danach von Verteidigungsminister Theodor Blank dazu mißbraucht wurde, Gesellschaft und Parlament über die restaurative Wirklichkeit zu täuschen – solcher Verdacht muß sich unweigerlich jedem aufdrängen, der diese Etappe der Bundeswehrgeschichte ernsthaft studiert.

Zwar war es nicht so, daß Baudissin gar keine ministerielle Hilfe erhielt. Aber während der Phase der Planung, der Vorbereitung und des Aufbaus der Bundeswehr wurden permanent Entscheidungen getroffen, die nichts anderes offenbarten als die Mißachtung der Grundsätze der Inneren Führung. Es war dann auch das Zusammenspiel von konservativen Politikern und Militärs, das Baudissin schon Ende 1955 den Gedanken eines Rücktritts nahelegte. In diese Zeit fällt die Warnung des Grafen:

»Erfüllen die Streitkräfte nicht die Erwartungen, die die Öffentlichkeit an sie stellt, wird dem staatlichen Neuaufbau ein bedenklicher, nicht wiedergutzumachender Schaden zugefügt.«[9]

Sie wird sich bewahrheiten.

»Mit Zähigkeit und Ausdauer, aber auch mit Klugheit und Takt«

Obwohl nach außen gebremst mit Blick auf eine kritische, eher wiederbewaffnungsunwillige Öffentlichkeit, drohte die Bundeswehr im Zeichen des Kalten Kriegs und der »Ostfronterfahrungen« personell und mental immer unverhüllter zu einer demokratisch verbrämten zweiten Auflage der Wehrmacht zu werden. Wie weit dabei die Identifikation mit ihr, die innere Bindung an alte Leitbilder ging, läßt sich daran erkennen, daß der Führungsstab des Heeres 1958 vorschlug, den geplanten 36 Brigaden der Bundeswehr die Traditionen von 36 Wehrmachtdivisionen überzustülpen.

Bei so unverblümter Anknüpfung sind heuchlerische Vertuschungsversuche nicht fern – Stichwort »Sonthofen«, ehemals Sitz der gleichnamigen NS-Ordensburg. Wohlwissend, daß der Ort Symbolcharakter hat, werden dort Lehrgänge für das neue deutsche Offizierskorps abgehalten, und es wird vorgeschlagen, den »Lehrstab Sonthofen« in »Lehrstab Süd« umzutaufen. Baudissin, sonst die Mäßigung selbst, geriet über diese Täuschungsabsicht außer sich – und das viele Jahre später noch.

Das Konfliktpotential wächst.

»Offiziersausbildung« wird immer mehr auf das Militärhandwerkliche reduziert, die Bundeswehr geführt von Personen, die ihre militärfachliche Prägung zu Zeiten der Wehrmacht erfuhren, die meisten unter Kriegsbedingungen. Dennoch hielten sie sich für auserwählt, Maßstäbe für eine moderne Armee zu setzen, bei gleichzeitiger Unfähigkeit, sich in der aufkommenden Ära supranationaler Militärallianzen von interkontinentaler Dimension aus den Fängen nationalstaatlicher Denkkategorien zu lösen. So konnte sich, zum Beispiel, der leitende Kopf der militärischen Ausbildungsplanung, von Bonin, ehemals Oberst in Hitlers Generalstab, die Bundeswehr nur als nationale, nicht als Bündnisarmee vorstellen – ihre Einbindung in die schließlich gescheiterte Europäische Verteidigungsgemeinschaft (EVG) und in die NATO blieben ihm fremd.

Dafür war aber eine andere Witterung um so ausgeprägter, nämlich wie das sichtbare Interesse an einer bundesdeutschen Wiederbewaffnung durch die vom Kalten Krieg geschaffenen neuen Bündnis- und Machtverhältnisse zu offenen Erpressungen genutzt werden könnte.

In der geradezu dampfenden Restaurierungsatmosphäre der fünfziger Jahre hatten die ebenso zahlreichen wie üppig gedeihenden Soldatenverbände von vornherein jede Mitarbeit verweigert, solange »die Ehre des deutschen Soldaten« nicht wiederhergestellt sei – eine Forderung, in die die Beendigung der Kriegsverbrecherprozesse und die Rehabilitierung der bereits Verurteilten ganz selbstverständlich eingeschlossen waren.

Hatte Adenauer ihr mit seiner zitierten Ehrenerklärung vom 3. Dezember 1952 bereits entsprochen, so feierten wenige Wochen vor der Wahl des zweiten Deutschen Bundestags im September 1953 dessen Präsident Ehlers (CDU), Vizekanzler Blücher (FDP), Minister Hellwege (Deutsche Partei) und der Sicherheitsbeauftragte Blank ein großes Treffen der Soldatenverbände vor 10 000 ehemaligen Wehrmachtangehörigen als »Tag des offiziellen Friedensschlusses der Soldaten mit unserem Staat«. Ein populistischer Spuk, der acht Monate später, am 30. April 1954, mit dem Besuch Konrad Adenauers im Kriegsverbrechergefängnis Werl und einer Ehrenerklärung für die Waffen-SS weiterging, aber nicht abgeschlossen war.

Wie stark der Druck Bonns auf die potentiellen westlichen Bundesgenossen und ihre Hauptmacht, die USA, für eine kollektive Exkulpierung war, läßt sich besonders klar am Beispiel Dwight D. Eisenhowers erkennen – Oberkommandierender der Invasionsarmeen für Nordafrika, Italien und die Normandie 1942–44, Generalstabschef des Heeres 1945–50, Oberkommandierender der NATO-Streitkräfte 1950–52 und Präsident der Vereinigten Staaten von 1953 bis 1961.

Im Gegensatz zu seinen früheren harten Worten über die Verbrechen der Wehrmacht fand auch er jetzt Floskeln einer opportunistischen Rehabilitierung, an die er, der im April 1945 das eben durch seine Truppen befreite KZ Buchenwald voller Erschütterung besichtigt hatte, in Wahrheit niemals glauben konnte. Wenn einer unter den alliierten Militärführern des Kriegs, dann war es Eisenhower, der sich über den unauflöslichen Verbund zwischen NS-System, SS und Wehrmacht im klaren war. Bezeichnenderweise wurde der volle Wortlaut seiner Erklärung nur intern verbreitet – aus Furcht, der Inhalt könnte neonazistischen Gruppen in der Bundesrepublik Auftrieb geben.

Am 9. Januar 1951 kam es dann zu einem Ereignis, das ein bezeichnendes Licht auf das politische Klima der bundesdeutschen Frühperiode warf.

An jenem Tag empfing der amerikanische Hochkommissar John McCloy eine Abordnung des Deutschen Bundestags, darunter dessen Präsident Hermann Ehlers, den Staatssekretär im Justizministerium Walter Strauß sowie das prominente SPD-Mitglied Carlo Schmid. Sie kamen mit einer Fürbitte, nämlich »auch noch den Rest der ›Landsberger‹ freizulassen«.

Nun sollte man wissen, wer da überhaupt am Lech einsaß, ehe für die meisten von ihnen eine Gnadenpraxis waltete, die die Millionenopfer zum zweitenmal exekutierte: die erste Garnitur der Kriegsverbrecher und Völkermörder nach den Hauptangeklagten von Nürnberg, der innere Kreis des Vernichtungsapparats, hohe Schreibtischtäter der Mordzentrale Reichssicherheitshauptamt und kommandierende Tötungsspezialisten des Holocausts. Unter dem »Rest«, um dessen Freilassung die Bundestagsdelegation bat, befanden sich: Oswald Pohl, Chef des SS-Wirtschafts- und Verwaltungshauptamts, einer der Betriebsführer des Konzentrations- und Vernichtungslagersystems; Otto Ohlendorff, Leiter einer der vier über die gesamte Nordsüdausdehnung der Ostfront verteilten mobilen SS-Todesschwadronen, der Einsatzgruppe D, die nach eigenen *Ereignismeldungen* an das Reichssicherheitshauptamt 1941/42 in ihrem Teilabschnitt auf der Krim und im Kaukasus 90 000 Juden umgebracht hat; Paul Blobel, Chef des Sonderkommandos 4a der Einsatzgruppe C, der den Massenmord an etwa 30 000 Juden in der Schlucht von Babi Yar bei Kiew geleitet hat; SS-Brigadeführer Naumann, unter dessen Befehl in Litauen täglich 5000 Juden getötet worden sind; Werner Braune, Chef des Sonderkommandos der Einsatzgruppe D, das unter anderem 10 000 Juden in Simferopol auf der Krim ermordet hat, damit, wie es in der *Ereignismeldung* hieß, die Wehrmachtangehörigen dort ein »judenfreies Weihnachten« feiern konnten.

Um die Freilassung dieser im Gefängnis von Landsberg am Lech einsitzenden und auf die Vollstreckung ihrer Todesurteile wartenden Großtäter bat die Abordnung des ersten Deutschen Bundestags, und zwar mit der Begründung: Ihre Bestrafung würde »eine schwere Belastung des Wiederbewaffnungsproblems darstellen«.

Dabei konnte sich die Delegation nicht darauf hinausreden, sie habe nicht gewußt, wem ihre Fürsprache galt – die Verbrechen waren Gegenstand breiter Berichterstattung gewesen.

Die westdeutsche Bündnisfähigkeit forderte (und das, wie zu erkennen, mit hohem Parteienkonsens) sofort ihren Preis: Straffreiheit für Kriegsverbrecher, auch für die am meisten belasteten! – ein Akt von selbst für diese Zeit seltener Schamlosigkeit. Die Landsberger wurden dennoch gehenkt, am 7. und 8. Juni 1951. Sonst im Zeichen der neuen Bündniskonstellationen nur zu bereit, sich erweichen zu lassen, blieben die Amerikaner in diesem Fall hart. Die Folge: eine Riesenwelle von Protesten, deren Schaumkrone von Vizekanzler Franz Blüchers öffentlichem Aufschrei gegen »die Ungerechtigkeit der Vollstreckung« gebildet wurde.

Dennoch war die Hinrichtung der Massenmörder nur das Feigenblatt einer revisionistischen Justizpolitik, mit der die US-Administration auf deutschem Boden der eigenen Militärgerichtsbarkeit, die sich wegen ihrer in vielem vorbildlich geführten Ermittlungen und Prozesse verdient gemacht hatte, in den Rücken fiel.

Übermächtig forderte der Kalte Krieg seinen Tribut.

Von nun an trat unter bundesdeutsch-westalliiertem Zusammenspiel Schlag auf Schlag eine Entlassungspraxis in Kraft, die nur als inflationär bezeichnet werden kann.

Als deshalb in den ehemals deutsch besetzten Nachbarländern Unruhe aufgekommen war, erklärte Adenauer am 17. September 1952 in einer Fragestunde des Deutschen Bundestags:

»Die Bundesregierung und auch unsere öffentliche Meinung müssen sich darüber im klaren sein, daß der gesamte Fragenkreis zwar mit Zähigkeit und Ausdauer, aber auch mit Klugheit und Takt behandelt werden muß, wenn man, und das scheint mir das vornehmlichste Ziel zu sein, den in Gewahrsam Befindlichen helfen will.«

Diese offen eingestandene Konspiration des Regierungschefs mit den Schwerverbrechern der NS-Mordmaschinerie (denn niemand anderer befand sich noch »in Gewahrsam«) stieß damals kaum auf Widerspruch – die öffentliche Meinung kam solcher Komplizenschaft eher entgegen. Und so war es denn auch nur eine Minderheit, die daran Anstoß nahm, daß der erste Präsident der Bundesrepublik Deutschland, Theodor Heuss, in die Grüße und guten Wünsche seiner Sylvesteransprache von 1950/51 ausdrücklich »auch die Landsberger« eingeschlossen hatte.

Es war die Zeit, als auf die Frage, welche Staats- und Gesellschaftsform ihrer Meinung nach die beste sei, sich zum Entsetzen amerikanischer Demoskopen eine Mehrheit der Bundesbürgerinnen und -bürger zu einem »modifizierten NS-Regime« bekannte. Europa in Trümmern, die deutschen Städte noch Ruinen, Millionen Flüchtlinge und Vertriebene in Notunterkünften, der Holocaust und andere Massenverbrechen inzwischen weit deutlicher konturiert als 1945 noch – aber in der Vorstellung vieler Deutscher hatte sich unversehrt ein wohlwollendes Bild vom Nationalsozialismus erhalten.

»Etwas ist ausgeblieben«

In dieser Stickatmosphäre konnten die Bemühungen eines Wolf Graf von Baudissin mit seinen Konzepten der Inneren Führung und des Staatsbürgers in Uniform bei der organisatorischen und geistigen Neugestaltung der deutschen Streitkräfte nur scheitern.

Die politische und militärische Führung der Bundeswehr war nie gewillt, die Ideen des brillanten Planers und Organisators zu verwirklichen.

Ein Ränkespiel.

Eineinhalb Dezennien nach Gründung der Bundeswehr, noch zu Zeiten der Großen, der christlich-sozialen Koalition, im März 1969, wird der stellvertretende Inspekteur des Heeres, General Grashey, die Katze aus dem Sack lassen. In der falschen Erwartung einer absoluten CDU/CSU-Mehrheit bei den Bundestagswahlen im September jenes Jahres, spricht er von »der Maske der Inneren Führung«, die man sich habe vorhalten müssen, um die aus verfassungsrechtlichen Gründen notwendige Zustimmung der (lange widerstrebenden) SPD zum Wehrbeitrag zu erhalten.

Innerhalb weniger Jahre der Planungs- und Aufbauphase war es gelungen, den Dualismus der Ausbildungskonzepte zwischen neuem und altem wehrpolitischem Denken zugunsten des letzteren zu beenden; war dem Versuch, das Bild vom neuen Soldaten zu popularisieren und eine wehrmachtferne Tradition innerhalb der Streitkräfte zu begründen, durch ein konservativ bis nationalkonservativ dominiertes Offizierskorps der Garaus gemacht worden. Praktisch wird der Restauration das Feld überlassen, propagiert die Mehrzahl der neuen deutschen Berufsmilitärs ein unkritisches Bild der Wehrmacht und pflegt die Legende vom »sauberen Waffenrock«. Innere Führung fand selbst da nicht statt, wo sie befohlen war, oder wenn doch, dann beschränkt auf das Disziplinarwesen und die Beschwerdeordnung.

Baudissin und seine Konzepte zerschellten an Adenauer, der in Umfang und Tempo den Aufbau der Bundeswehr übermäßig forcierte; an Theodor Blank, der weder in seinem Amt noch als Verteidigungsminister (1955/56) wirkliches Verständnis für die neuen Ideen aufbrachte. Und sie scheiterten an Blanks Nachfolger seit 1956, Franz Josef Strauß, einer durch und durch autoritär strukturierten Persönlichkeit, die 1962 wegen der »Spiegel-Affäre« aus der Regierung ausscheiden mußte, weil sie den Bundestag belogen hatte, ohne daß damit ihre politische Karriere beendet gewesen wäre.

Die Bedenkenlosigkeit, mit der traditionalistische Offiziere von der Bundeswehr übernommen wurden, darunter auch solche, die kein Hehl daraus machten, daß sich an ihrem Welt- und Geschichtsbild zwischen Untergang des Dritten Reichs und Aufstellung der neuen Armee nichts geändert hatte – diese Bedenkenlosigkeit legte den Grundstein für ein konservativ-restauratives Klima im Offizierskorps, von dem sich die Bundeswehr nie wirklich erholt hat.

Zwar hatte Hitler mit seinen pathologischen Ressentiments gegen den Adel, nicht zuletzt durch den Terror gegen diese Kreise nach dem 20. Juli 1944, die feudale Vorherrschaft im Offizierskorps schon im Verlauf des Kriegs verringert, ja einen großen Teil der adligen Führungsspitze vernichtet. Bis Mitte der sechziger Jahre aber kamen immer noch 30 Prozent der Bundeswehroffiziere aus jenen »sozial erwünschten Kreisen«, die seit eh und je den Offiziersnachwuchs gestellt hatten. Das war allerdings ein weit geringerer Anteil als in der Kaiserzeit (74 Prozent im Jahr 1910), in der Reichswehr und über die größere Strecke der Wehrmachtära. Bis 1967 jedoch stammten von den Generälen der Bundeswehr immerhin noch 16 Prozent aus dem Adel.[10] Aber obwohl ihr Anteil im Lauf der Jahre sank, legte dieser Personenkreis das Fundament für rechtskonservative Grundauffassungen, die sich bis in unsere Gegenwart erhalten haben.

Welche Hartnäckigkeit dabei aus der Tiefe deutscher Militärgeschichte wirkte, wird unter anderem daran erkennbar, daß sich die Vorstellungen über die Aus- und Fortbildung zum Stabs- und Generalstabsoffizier verselbständigten, in wesentlichen Einzelfragen sogar gegen den erklärten Willen der militärischen und politischen Bundeswehrführung. Deren Widerstand gegen diese Entwicklung allerdings war in seiner Ernsthaftigkeit fragwürdig, tauchte unter denen, die eine über die eng militärisch eingegrenzten Ausbildungsziele hinausreichende Unterrichtung forderten, doch auch der Name Strauß auf. Verbale Bekenntnisse zu den neuen Konzepten reichten jedenfalls zu ihrer Durchsetzung gegen die Antireformer nicht aus, und solche Bekundungen verloren auch nie den Beigeschmack taktischer Beschwichtigung nach außen.

Denn in der bundesdeutschen Nachkriegsgesellschaft tat sich etwas Seltsames. So restaurativ sie war – die Wiederbewaffnung war höchst unbeliebt, um es vorsichtig auszudrücken. Und das in einer Bevölkerung, deren Mehrheit nicht bereit war, ihre Prägungen aus der Epoche des ersten deutschen Nationalstaats, und besonders die der Jahre 1933–45, ernsthaft zu korrigieren; die längst zur Erhaltung eines möglichst unangetasteten Eigenbilds ein dichtes Abwehrgewebe gesponnen hatte und sich lieber die Zunge abbiß, als über Wehrmacht und Krieg zu reflektieren. Es war die Majorität der Kriegsgeneration, und keineswegs nur die Linke, die nun der deutschen Wiederbewaffnung äußerst skeptisch gegenüberstand, ja der Bundeswehr, bevor sie überhaupt aufgestellt war, schon ihre erste Legitimationskrise verschaffte. Es zeugt von der einzigartigen komplexen Situation in den fünfziger Jahren, daß der Gedanke an die Aufstellung deutscher Streitkräfte in den Massen so unbeliebt war wie die Auseinandersetzung mit der eigenen Rolle im Dritten Reich. Das mag mannigfache Motive, Anlässe und Quellen gehabt haben, darunter ohne Zweifel eine enorme Militär- und Kriegsmüdigkeit, ja Kriegsfurcht. Ganz gewiß aber war, so gegensätzlich es klingt, *ein* Grund für die Ablehnung der Mythos der Wehrmacht, ihr Riesenschatten, der als biographische Erfahrung so vieler ehemaliger Soldaten den Waffenneubeginn innerhalb der ungewohnten demokratischen Strukturen wie eine mickrige Nachgeburt erscheinen ließ

nach einer trotz ihres katastrophalen Endes als heroisch empfundenen Ära.

Was da die Deutschen der Hitlergenerationen mit einer langen
Vorgeschichte zu Mitwissern und Mittätern, zu direkt und indirekt
Verantwortlichen und Schuldigen gemacht hatte, das hatte in diesem
Ausmaß und in dieser Kompression keinen historischen Vorgänger.
Es war das Endprodukt einer langen – nur durch die nicht einmal
fünfzehn Jahre der wackeligen Weimarer Demokratie unterbroche-
nen – Periode autoritär-totalitärer Herrschaft. Der kollektive Verlust
humaner Orientierung erwuchs aus der festen Allianz mit dieser
Herrschaft und ihren Zielen und blieb das prägende Merkmal dieser
Generationen. Nur so erklärt sich, daß, als Verbrechen wieder Verbrechen genannt werden konnten, Millionen Deutsche aus allen
Himmeln ihrer Enthumanisierung fielen – und die Flucht in die falsche Richtung antraten.

»Etwas ist ausgeblieben, was alles ins Maß gerückt hätte. Deutschland hat versäumt, sich sein reinstes, bestes, sein auf ältester Grundlage wiederhergestelltes Maß zu geben. Es hat sich nicht von Grund
an erneuert und umbesonnen, es hat sich nicht jene Würde geschaffen, die die innerste Demut zur Wurzel hat. Es war nur auf Rettung
bedacht, in einem oberflächlichen, raschen, mißtrauischen und
gewinnsüchtigen Sinn, es wollte leisten und hoch- und davonkommen, statt seiner heimlichsten Natur nach zu ertragen, zu überstehen
und für sein Wunder bereit zu sein. Es wollte beharren, statt sich zu
ändern.«

Was sich da liest sich wie ein in die Nußschale weniger Sätze gepreß-
tes Resümee deutscher Massenbefindlichkeit nach 1945, wurde
jedoch nicht nach dem Zweiten, sondern nach dem Ersten Weltkrieg
geschrieben, von Rainer Maria Rilke – am 2. Februar 1923.

In der Tat, der Bonner Staat in der Planungs-, Gründungs- und
Aufbauphase der Bundeswehr war längst zur Republik der *zweiten
Schuld* geworden.

Vom Großen Frieden mit den Tätern

Jede zweite Schuld setzt eine erste voraus – hier gemeint die Schuld der Deutschen oder doch ihrer Mehrheit unter Hitler. Die zweite Schuld: Die Verdrängung und Verleugnung der ersten nach 1945 – aber keineswegs nur moralisch oder rhetorisch, sondern auch tief eingefressen in den Gesellschaftskörper der deutschen Demokratie durch das, was ich den »Großen Frieden mit den Tätern« genannt habe.

Innerhalb eines Jahrzehnts nach dem Ende des Zweiten Weltkriegs und ein halbes Dezennium nach ihrer Gründung war die Bundesrepublik zu einem Land geworden, wo dem größten geschichtsbekannten Verbrechen mit Millionen und Abermillionen von Opfern, die *hinter* den Fronten umgebracht wurden wie Insekten, das größte Wiedereingliederungswerk für Täter gefolgt ist, das es je gegeben hat. Von wenigen Ausnahmen abgesehen, sind sie nicht nur straffrei davongekommen, sondern konnten ihre Karrieren auch unbeschadet fortsetzen – ein unumkehrbarer Prozeß. Er begann 1946 mit einer Entnazifizierung, die 1952 in einer Renazifizierung endete; am Schluß dieser sechs Jahre war manche Behörde der zweiten deutschen Demokratie mit mehr ehemaligen Mitgliedern der NSDAP besetzt als zu Zeiten ihrer historischen Existenz.

Eine Bevölkerung, die sich dumpf schuldig fühlte, ohne die Kraft des Bekenntnisses zu haben, sollte sich, nach kurzer alliierter Ouvertüre, selbst bestrafen – das konnte nicht gelingen. Wer urteilte in den Spruchkammern der Entnazifizierung über wen? Welches Potential von Unbelasteten, von Nazigegnern stand der unübersehbaren Masse von ehemaligen Hitleranhängern gegenüber? Im besten Fall hatten Schuldlose über Schuldige, in der Regel wohl aber weniger Schuldige über Schuldigere und schließlich auch Schuldigere über weniger Schuldige zu befinden. Was sich bestätigte, war, daß es für die ausgebliebene Revolution gegen den Nationalsozialismus, für einen siegreichen Widerstand von innen her, keinen Ersatz gab.

Ich habe als Beobachter und Berichterstatter an zahlreichen solcher Spruchkammersitzungen teilgenommen. Da stand er denn, der PG (Parteigenosse) von gestern, demütig geschrumpft auf einen

Bruchteil seines einstigen Herrenmenschentums, in Würstchenpose, die politische Harmlosigkeit und Verführbarkeit aus »gutem Glauben« in Person, ein Individuum, das seine Unschuld beschwor, winziges Rädchen im Getriebe jenes Systems, das nicht mehr existierte und sich nun auch als ganz unrekonstruierbar erwies. Der Beklagte jedenfalls beteuerte, zur Aufdeckung eigener Beteiligung nichts beitragen zu können.

Bald schon stellte sich heraus, daß die schwerfällige Säuberungsmaschinerie dank eines unauffindbaren Mechanismus genau das Gegenteil von dem hervorbrachte, was mit ihrer Hilfe entstehen sollte – nämlich Rehabilitierung statt politischer Haftbarmachung. Es war die hohe Zeit der »Persilscheine«, von denen die Spruchkammern massenhaft überschwemmt wurden, lauter Bestätigungen blütenreiner Westen und tadelfreien Verhaltens während des »Tausendjährigen Reichs«, ausgestellt von wahren Entlastungsfabriken, nicht zuletzt den Kirchen. Denn nicht unbeträchtliche Teile der Episkopate beider Konfessionen kompensierten fehlenden Widerstand in der Nazizeit nun damit, daß sie unter der Losung, sich diesen Vorwurf nicht zum zweitenmal einhandeln zu wollen, energisch gegen die »neue Verfolgung« protestierten – das allerdings mit dem elementaren Unterschied zu damals, daß sie diesmal keinerlei Risiko eingingen.

Der Entnazifizierung folgte über das sogenannte 131er Gesetz die Eingliederung nahezu des gesamten NS-Beamtenapparats in den Staatsdienst der neuen deutschen Demokratie. Bis Mitte der fünfziger Jahre war fast die gesamte Funktionselite des Dritten Reichs wieder in gleichwertigen oder höheren Stellungen als vor 1945 – ein Zustand, der, so exotisch es klingen mag, bis in die siebziger Jahre reichen wird. Am größten war die personelle Übereinstimmung im Außenministerium, bei den älteren Jahrgängen der Beamtenschaft und, wie wir sehen werden, in der Führung der Bundeswehr. Das heißt, dem demokratischen Staats- und Verwaltungsapparat war nun auch jener Berufsstand eingefügt, der nach den Forschungsergebnissen deutscher Historiker die entscheidende Rolle bei der Planung und Verwirklichung der Unterdrückungs-, Gewalt- und Tötungsmaßnahmen gespielt hatte – der ganz gewöhnliche, der mausgraue NS-Beamtenapparat. Mit seiner Hilfe gelang es, nur *ein* Beispiel, einer Behörde wie der Reichsbahn, mitten im Krieg bei angespanntester Transportlage die Todeszüge der jüdischen Sternträger aus allen Teilen des deutsch besetzten Europas nach Auschwitz und zu den anderen Vernichtungslagern rollen zu lassen, ohne daß je nennenswerte Stockungen eingetreten wären.

Keine NS-Spezies aber hat vom Großen Frieden mit den Tätern so profitiert wie Hitlers Juristen, und keine andere hatte dem Willen des Unrechtsstaats so willig entsprochen wie sie. Es liegen 32 000 aktenkundige Todesurteile aus politischen Gründen vor – »Kopf ab, Kopf ab, Kopf ab« –, was aber nur die Spitze des Eisbergs ist. Aber keiner, kein einziger dieser Mörder in der Richterrobe oder im Gewande des Anklägers ist von der (nie NS-gesäuberten) Justiz der Bundesrepublik je rechtskräftig verurteilt worden. Nicht, daß es keine Verfahren gegen sie gegeben hätte, es gab sie – nur endeten sie alle mit Freisprüchen.

Die Restauration, der Sieg der Beharrungskräfte über alles, was nach 1945 aufgestaut war an Erwartungen und Hoffnungen auf einen wirklichen Bruch mit der Vergangenheit, sie haben denn auch ihre exemplarische Personifikation hervorgebracht: Dr. Hans Globke, erster Staatssekretär Konrad Adenauers, Schöpfer des Bundeskanzleramts, graue Eminenz der bundesdeutschen Frühepoche und – Kommentator der Nürnberger Rassengesetze vom 15. September 1935, Kodifizierung der fortschreitenden Entrechtung deutscher Juden und erste Stufe auf der Treppe in das Inferno der Gaskammern.

»Artfremdes Blut ist alles Blut, das nicht deutsches Blut noch dem deutschen Blut verwandt ist. Artfremden Blutes sind in Europa regelmäßig nur Juden und Zigeuner.«

So Globke unter Ziffer IV seines 300seitigen Kommentars des »Gesetzes zum Schutz des deutschen Blutes und der deutschen Ehre«. Es ist die Einkreisung der beiden Großgruppen, die im Zweiten Weltkrieg dem Serien-, Massen- und Völkermord zum Opfer fallen werden.

Wie ein späterer Bundestagsausschuß ermittelte, war es Hans Globke, der das Auswärtige Amt zu zwei Dritteln mit ehemaligen NS-Diplomaten besetzte.

Von den »131ern«, die über die Entnazifierung zu Ministerialräten, Abteilungsleitern in Ministerien oder zu Präsidenten von Regierungsbezirken wurden, hat es keiner so weit gebracht wie der große Schatten im Rücken des Alten von Rhöndorf. Alle Anklagen und Proteste gegen dieses »Wahrzeichen des CDU-Staats« haben nichts gefruchtet – Adenauer hielt unbeirrt an seinem Intimus fest. Der Rassenkommentator Hans Globke blieb das Denkmal negativer Traditionskontinuität unter wechselnden Staats- und Gesellschaftsformen, sei es Diktatur, sei es Demokratie.

Innenpolitisch hatte die Ära einen exemplarischen Zustand aufgedeckt – die nahezu kollektive Abneigung, sich mit der NS-Vergangenheit auseinanderzusetzen oder gar für sie zu büßen. Hitler hatte sich seiner Verantwortung durch einen Schuß in den Kopf entzogen, aber die NS-infizierten Massen waren geblieben – Achillesferse der deutschen Demokratie, so, wie die Anhänger von Gewaltregimes mit hoher Zustimmungsrate in der Bevölkerung immer eine nachfolgende Demokratie gefährden.

Im Rückblick erscheint die Adenauerzeit bis hinein in die sechziger Jahre als so etwas wie eine gigantische Korrumpierungsofferte der konservativen Herrschaft an ein mehrheitlich auseinandersetzungsunwilliges Wahlvolk: Für die Wiedereinstellung selbst schwerstbelasteter Berufsgruppen, für Pensionsberechtigung unter voller Einbeziehung der NS-Dienstjahre, für andere großzügige Sozialregelungen auf dem während der Nazijahre erreichten Standard, für die Exkulpierungsagitation im Stil der Wehrmacht- und SS-Ehrenerklärungen – für all das und mehr: demokratisches Wohlverhalten! Diese Offerte ist akzeptiert worden, samt ihrer Folge, dem Großen Frieden mit den Tätern.

Er hat die politische Kultur der Bundesrepublik bis auf den heutigen Tag wesentlich mitgeprägt.

Geburtsfehler Kalter Krieg

Wie sehr die großen Konzerne, wehrindustrielles Rückgrat des Dritten Reichs, von diesem profitierten, dafür steht ein klassisches Beispiel: die I. G. Farben.

Zur Vorgeschichte, im Zeitraffer: 1940 suchen die Leiter des Chemie-Imperiums nach einem Großstützpunkt für die Produktion von Buna, kriegswichtigen Kunstkautschuk. Nach längerer Inspizierung finden sie einen Platz dafür im eroberten Polen, an der Weichsel – ohne daß Überschwemmungsgefahr besteht, in lieblicher Landschaft und mit Kohlengruben in der Nähe. Den Ausschlag für die Lokalität aber gibt etwas anderes – ein KZ in der Nähe mit 20 000 Häftlingen, Juden.

Der Ort heißt Oswiecim – Auschwitz.

So entsteht die »I. G. Auschwitz«, ein im Verlauf des Kriegs immer weiter ausufernder Industriekomplex, der vollständig auf Heeren von Sklavenarbeitern beruht – Motor für die Erweiterung des Stammlagers Auschwitz. Bei einem Besuch befiehlt der Reichsführer-SS Heinrich Himmler dem Kommandaten Rudolf Höß den Ausbau für weitere 30 000 Häftlinge.

So entsteht »Auschwitz Buna«.

Es geht um die maximale Verwertbarkeit von Zwangsarbeit, die schrankenlose Ausnutzung von Arbeitskraft, grundlegendes Element für die Kapitalbildung, mit unerschöpflichem Menschenreservoir aus dem deutsch besetzten Europa. Über fast vier Jahre, bis hin zur unfreiwilligen Räumung im Herbst und Winter 1944/45 vor der stürmisch anrückenden Roten Armee, gilt hier das Prinzip »Vernichtung durch Arbeit« – die Lebensfrist der Opfer schwankt zwischen sechs bis acht Wochen und wird in die Bilanz- und Nachschubpläne von »Auschwitz Buna« fest eingeplant.

Hauptopfer sind Juden und Russen. Die Forschung nennt eine Zahl von über 30 000 umgekommenen Zwangsarbeiterinnen und Zwangsarbeitern auf dem Gelände der I. G. Auschwitz (Ziffern, die, so schauerlich sie sind, verblassen gegenüber der Morddimension, an der das Frankfurter Mutterhaus der I. G. Farben seit 1942 mit der Lieferung von Zyklon B für die Gaskammern des inzwischen errichteten Vernichtungslagers Auschwitz-Birkenau beteiligt ist).

Nach 1945 gibt es Bestrebungen der US-amerikanischen Militäradministration und ihrer Justizorgane, technokratische Haupttäter zur Verantwortung zu ziehen, darunter an erster Stelle die der I. G. Farben. Etwa zwei Dutzend von ihnen werden verhaftet und sitzen im Frankfurter Gefängnis Preungesheim ein.

Nach 152 Verhandlungstagen, am 29. Juli 1948, werden die Urteile gefällt: Die meisten Angeklagten werden freigesprochen, die Verurteilten nur bis Anfang der fünfziger Jahre hinter Gittern gehalten.

Der Ausgang des Verfahrens war jedoch nicht der Abschluß, die Verhöhnung der Opfer erfährt noch eine Krönung: Es darf, mit weitgehend gleichem Personal, weitergemacht werden. Im Zug der »Konzernentflechtung« spalten sich die alten I. G. Farben auf in die Nachfolgegesellschaften Bayer, Hoechst und BASF (von denen jede einzelne in nicht allzu ferner Zeit mächtiger sein wird als der ursprüngliche Muttermoloch). Die Aktionäre – untrügliches Zeichen, daß sich der politische Wind gedreht hat – können wieder hoffen.

Und so heißt es denn, unter deren Applaus, am 25. Juli 1955, zehn Jahre nach dem Ende der I. G. Auschwitz, im Jubiläumsbericht der Neugründung:

»Es war das historische Glück des deutschen Volkes, daß sich die so heterogen zusammengesetzten Sieger schon im Moment des Sieges zu entzweien begonnen hatten.«

Mit dieser Quintessenz einer ebenso unbewußten wie verräterischen Selbstentblößung waren die alten und neuen I. G.-Herren endlich einmal ehrlich, bekannten sie sich ohne Umschweife zu dem, was sie waren: Profiteure des Ost-West-Gegensatzes, Nutznießer der deutschen Teilung, entstrafte Dauerzyniker der Geschichte, ihre ewigen Gewinner und – Ausgeburten des Kalten Kriegs.

Das Zusammenspiel der Bußunfertigkeit einer überwältigenden Bevölkerungsmehrheit mit den bündnisopportunistischen Interessen der neuen Westpartner im Zeichen des Ost-West-Konflikts versetzte die Deutschen von damals in jene Rolle, in der sie sich am liebsten sahen – als Opfer! Opfer des »Schandvertrags von Versailles«; Opfer ihrer politischen Verführbarkeit durch den »Führer«; der ausländischen Beschwichtigungspolitik ihm gegenüber, des Appeasement. Dann Opfer der angloamerikanischen Bomberflotten, von Jalta und Potsdam, der Forderung nach »bedingungsloser Kapitulation«, des Massenexodus im Osten, der Vertreibung, der Spaltung Deutschlands, der Entnazifizierung und der »Siegerjustiz«. Nichts als Opfer…

Die Frage nach Schuld und Verantwortung wurde erst gestellt, als es an die eigene Haut ging.

Klassisches Beispiel der Selbstversetzung in die Opferrolle und gleichzeitig ihre unverblümteste Confessio wird ein angebliches *document humain*: die »Charta der Heimatvertriebenen«.

Ihr Kernsatz: »Wir Heimatvertriebenen verzichten auf Rache und Vergeltung.«

Deutsche also Gläubiger der Geschichte, die zuvor besetzten, ausgeraubten und ausgemordeten Völker aber ihre Schuldner.

Als diese dreiste Verkehrung von Ursache und Wirkung veröffentlicht wurde, am 5. August 1950, waren die Massengräber der von den Einsatzgruppen, den Polizeibataillonen und Wehrmachteinheiten unter dem Deckmantel der Partisanenbekämpfung im Osten Ermordeten noch kaum zugeschüttet; hatten sich über den gesprengten Krematorien von Auschwitz-Birkenau die Schwaden von über einer Million Vergasten kaum verzogen; wurde langsam die ungeheuerliche Zahl von Hunderten und Aberhunderten Konzentrationslagern bekannt, die sich wie ein dichtes Spinnennetz im deutsch besetzten Europa ausgeweitet hatten. Aber in dieser »Charta« wird man vergebens fahnden nach einer einzigen Silbe, die wenigstens andeutet, was da lange vor der Vertreibung geschehen war. Ebensowenig wird man darin auch nur einen Buchstaben finden über die *ersten Vertriebenen*, die von 1933, jüdische und nichtjüdische an Leib und Leben bedrohte Hitlergegner – sie, die angeblichen *Emigranten*, existieren nicht in dem Bekenntnis der Heimatvertriebenen. An sie hatten die Urheber dieser Verdrängungsurkunde ebensowenig gedacht, wie es ihnen in den Sinn gekommen wäre, Namen wie Hitler, Himmler, Heydrich, Buchenwald, Dachau oder Neuengamme zu erwähnen.

»Die Völker der Welt sollten die Mitverantwortung am Schicksal der Heimatvertriebenen als der vom Leid dieser Zeit am schwersten Betroffenen empfinden.«

So steht er da, dieser Superlativ des Leids. Aber sooft man auch nachliest und sucht, weil man es nicht glauben will: Über die eigene, die deutsche Verantwortung am Schicksal der Vertreibung findet sich nichts in diesem Dokument totaler innerer Beziehungslosigkeit zur Welt der NS-Verbrechen. Seine wahre, wenn auch unsichtbare Überschrift lautet: »Deutschland – das Opfer der Geschichte«.

Man kann die Haltung einer Mehrheit der Nachkriegsdeutschen, also der Kriegsgenerationen, in einem Satz zusammenfassen: Nachdem sie zur Apokalypse des Nationalsozialismus, zu seinem Triumph und seiner Ausdehnung weit über die Grenzen Großdeutschlands hinaus bis zum schauerlichen Ende so ausdauernd beigetragen hatten, wollten sie nicht nur in Ruhe gelassen, sondern auch noch geliebt werden.

Der Integrationsprozeß der Bundesrepublik und ihre Wiederbewaffnung im Rahmen des atlantischen Bündnisses, so viele Gründe angesichts der stalinistischen Sowjetunion und ihrer Truppen auf ostdeutschem Boden dafür auch angeführt werden können – es war ein Prozeß mit verheerenden Folgen für die Selbstsäuberung und Rehumanisierung der Nation.

Und das nicht zuletzt, weil die Entwicklung dem neben dem Antisemitismus wesentlichsten Teil der Naziideologie ungemein förderlich war. Ich spreche von jenem *nicht demokratisch* und *nicht human* motivierten Antikommunismus, dessen Anhänger den Angriffskrieg gegen die Sowjetunion in einen deutschen Präventivschlag umlogen, den Überfall mit dem Hinweis auf das bolschewistische Gewaltsystem für gerechtfertigt erklärten und im übrigen nicht müde wurden, sich als Bannerträger der Bundesrepublik aufzuführen.

In Wirklichkeit nie etwas anderes als feindlicher Bruder des angeblichen Extremgegners, hat keine andere politische Strömung der Nachkriegsphase die Aufarbeitung der NS-Vergangenheit stärker blockiert als der auch im Aufbau- und Gründungspersonal der Bundeswehr weitverbreitete und tief verankerte Antikommunismus, der sich gegen seine innere Natur als demokratisch legitimiert ausgab.

In jener Hochzeit der Restauration, einer Atmosphäre komprimierter Selbstexkulpierung, in die sich auch die fürchterlichsten NS-Täter einbezogen sehen, also im Herzen der neuen, der *zweiten* Schuld, wird die Traditionslüge geboren. Und das als Kind der Erfinder des »sauberen Waffenrocks« der Wehrmacht, des »wertfreien Kampfs« und der »zeitlosen soldatischen Tugenden«.

Der gleiche Ungeist, der damals pauschal die Kollektivunschuld deutschen Soldatentums unter Hitler verkündete, wird später, in der Gestalt nachgewachsener Apologeten unserer Zeit, in der Auseinandersetzung mit der Wehrmachtgeschichte fortwährend nach Differenzierung rufen. Das aber, notabene, erst, nachdem das von der Forschung zutage geförderte Gegenbild zu seinen traditionalistischen Auffassungen ihm keinen anderen Weg mehr ließ. Wobei, wie zu belegen sein wird, die Forderung nach Differenzierung (wie zuvor die Pauschalisierung) wieder nur dem Wunsch nach Verdrängung und Verschleierung einer Wirklichkeit entspringt, an deren Grauen die Wehrmacht beteiligt war, nachdem sie die Voraussetzungen für dieses Grauen geschaffen hatte.

Das am Bild einer entnazifizierten Wehrmacht orientierte, konservativ bis nationalkonservativ geprägte Traditionsverständnis der politischen und militärischen Bundeswehrführung während der Planungs-, Gründungs- und Aufbauperiode war ein einziger Affront gegen Völker, die an dem deutschen Überfall, der Besetzung und ihren Folgen noch schwer trugen, war die Negierung ihrer Leiden und die Mißachtung der Trauer um Millionen gefallener und ermordeter Bürgerinnen und Bürger – es war eine Traditionspflege, die mit den wachen Erinnerungen der Menschen im kurz zuvor noch deutsch okkupierten Europa unvereinbar war.

Es sollte sich bald zeigen, daß hier eine Zeitbombe tickte.

Im Sommer 1958, am Ende einer Geduld bis an die Grenze der Selbstverleugnung, nimmt Wolf Graf von Baudissin seinen Hut – für jeden, der das Füllhorn der persönlichen und dienstlichen Zumutungen bis dahin kannte, ein später Entschluß.

Seine Konzepte der Inneren Führung und des Staatsbürgers in Uniform, sein Modell der Offiziers- und Stabsoffiziersausbildung, sie bleiben Schimären. Nach Baudissins Weggang war es in der Bundeswehr auf Jahre hinaus vorbei mit einer Bildungsplanung, die die Entwicklung im deutschen Militärwesen des letzten halben Jahrhunderts hätte kritisch reflektieren können. Keine einzige der späteren Vorlagen aus dem Bundesministerium für Verteidigung und der militärischen Führung wird den Grad von Modernität erreichen wie die aus Baudissins Abteilung. Nichts davon ist verwirklicht worden; der Versuch, Militär und Demokratie durch Ausbildung, sorgsame Auslese des Offizierskorps und kritische Durchleuchtung der jüngeren deutschen Geschichte zu versöhnen, ist Papier geblieben. Schnelle Aufstellung war die Devise, nicht neue Strukturen.

Baudissins frühe Mahnung, daß es weniger um fachliche als um politisch-ethische Auffassungen gehe und der Charakter und die Zukunft der Bundeswehr bestimmt würden von der stilbildenden Kraft des Gründungsgeistes, war nur zu berechtigt gewesen. Statt dessen aufs Fachmilitärische verengte, antireformerische und technokratisch bestimmte Lehrgänge als Grundsatzprogramm der Ausbildung.

Die Bundeswehr nach dem Modell der Inneren Führung wäre eine andere geworden – und hätte dieses Buch überflüssig gemacht.

Geburtsfehler Kalter Krieg.

Persönlicher Nachtrag.

Ich hatte die Ehre und das Privileg, Wolf Graf von Baudissin und seine liebenswerte Gattin in ihrem Heim in einem Hamburger Elbvorort über Jahre hin oft besuchen zu dürfen – Stunden, die zu den bereicherndsten meines Lebens zählen. Dabei gab es nur *ein* Thema: Wehrmacht und Bundeswehr, Bundeswehr und Demokratie.

Unsere unterschiedlichen Biographien – Baudissin Jahrgang 1907, Offizier in Reichswehr und Wehrmacht, ich Jahrgang 1923 und Überlebender des Holocausts – verbanden uns eher, als daß sie uns trennten.

Es hat in unseren Zusammenkünften nie eine Dissonanz gegeben. Ich, dem nach allem deutsche Uniformen und ihre Träger nie ganz geheuer waren, sah mich in völliger Übereinstimmung mit dem Entwurf des Grafen von der Bundeswehr und seinen Vorstellungen von Demokratie, immer wieder berührt von der Noblesse dieses Gentlemans deutscher Nationalität und von der Aura einer wunderbaren Ehe.

Wenngleich der Graf später, von 1963 bis 1967, in hohen Kommando- und Stabsfunktionen der NATO wirkte und zwischen 1971 und 1984 in seinem Lehramt als Wissenschaftlicher Direktor des Instituts für Friedens- und Sicherheitspolitik an der Universität Hamburg große Befriedigung und die Verehrung seiner studentischen Zuhörerschaft fand – daß er sich als *Reformer* von der Bundeswehr »weggelobt« fühlte, daran konnte kein Zweifel bestehen. Viel zu stolz, um sich davon etwas anmerken zu lassen, mußte man schon genau und lange hinhören und hinschauen, um Beschädigungen auszumachen.

Als Wolf Graf von Baudissin und seine Frau Anfang der neunziger Jahre starben, waren zwei für mich unersetzbare Menschen gegangen.

Militärreform – Tendenzwende – Lodenmantelgeschwader

»Die Bundeswehr muß gesellschaftlich Schritt halten«

Die zweite Phase in der Geschichte der Bundeswehr beginnt 1966, noch zu Zeiten der Großen Koalition CDU/CSU-SPD, mit Kanzler Kurt Georg Kiesinger und Außenminister Willy Brandt. Sie wird, von der ersten und den beiden folgenden Phasen erheblich unterschieden, die bisher wichtigste in der Geschichte der Bundeswehr werden.

Zunächst aber explodierte das angestaute Konfliktpotential aus dem zurückliegenden Dezennium seit Gründung der Bundeswehr erst einmal in der »Generalskrise«. Als der ehemalige Vorsitzende der IG Bau, Steine, Erden und nunmehrige Bundesverkehrsminister Georg Leber Gleichbehandlung der ÖTV mit dem Bundeswehrverband, der Standesorganisation der Soldaten, und Zutritt der Gewerkschaft zu den Kasernen forderte, nahm der Generalinspekteur, Heinz Trettner, seinen Abschied. Mit ihm und gleicher Begründung ging General Günther Pape, während der Inspekteur der Luftwaffe, Werner Panitzki, zwar ein anderes Motiv nannte, aber ebenfalls abtrat.

Gebeutelt von Defiziten bei Technologiebeherrschung und modernem Management; von den Folgen einer bedenkenlosen Einstellungspolitik mit ihrer unzureichenden Aus- und Weiterbildung der ehemaligen Wehrmachtoffiziere; der ebenso ungenügenden politischen Bildung des nichtgedienten Nachwuchses im Zug eines politisch wie militärisch unsinnig schnellen Aufbaus der neuen Streitkräfte, und nicht zuletzt schwer strapaziert von einem rapiden Anstieg der Kriegsdienstverweigerer in einer sich auf das APO-Jahr 1968 vorbereitenden politischen Wirklichkeit – scheinbar plötzlich, doch in Wahrheit mit langem Vorlauf, war sie da: die erste Legitimationskrise der Bundeswehr!

Das hatte Verteidigungsminister Kai-Uwe von Hassel, obwohl ein bis in die Knochen konservativer CDU-Mann, schon vorher bei einem schüchternen Korrekturversuch zu spüren bekommen. In dem von ihm am 1. Juli 1965 herausgegebenen ersten Traditionserlaß der Bundeswehr erschien zwar das Wort »Wehrmacht« nicht, aber neben wortreichen Gemeinplätzen wie »In der Geschichte nehmen alle Menschen teil an Glück und Verdienst wie an Verhängnis und Schuld« gab es immerhin kritische Töne gegen die »Übersteigerung und Entartung des Nationalbewußtseins«, das »fälschlich die Nation zum Maß aller Dinge gemacht« habe, und ein erstes ministerielles Bekenntnis zu den Verschwörern des 20. Juli 1944.

Obwohl auch hier wieder mit Wendungen wie »Die deutsche Wehrgeschichte umfaßt in Frieden und Krieg zahllose soldatische Leistungen und menschliche Bewährungen, die überliefert zu werden verdienen« das alte Lied gesungen wurde – im Hintergrund war ein Tenor zu vernehmen, der sich, wenn auch immer noch mit großer Distanz zur historischen Realität, von den pauschalen Ehrenerklärungen vergangener Jahre abhob.

Irgendwie, das war zu spüren, ging es mit der Bundeswehr im gewohnten Stil nicht weiter. Vom Verteidigungsministerium der Großen Koalition angeordnete Analysen offenbarten einen desolaten Zustand: Die Rekrutierung des Führungspersonals von den Unteroffizieren bis zum Generalstab weise erhebliche Mängel auf, und die wie selbstverständlich übernommenen Qualifikationsmerkmale der Wehrmacht hätten für die Bundeswehr nur noch »sehr geringen Aussagewert« – sie ließen sich nicht mehr rechtfertigen. Man müsse zu einem modernen Berufsprofil kommen, was bedeute, so von Hassel, daß die soziale Auswahl der Offiziere den pluralistischen Verhältnissen der Zivilgesellschaft anzupassen sei. Mehr als zehn Jahre nach Gründung der Bundeswehr wurde zum erstenmal gerüttelt an Prinzipien, die letztlich auf die Abkapselung des Offizierskorps im Stil vergangener Zeiten hinausliefen.

Wie groß die Abstinenz in der militärischen Bundeswehrführung gegenüber jeglichen Sockelveränderungen war, wie gespalten die Haltungen gegenüber einer längst überfälligen Militärreform der Bonner Republik, das zeigte sich nicht nur an dem demonstrativen Rücktritt des Generalinspekteurs Trettner und in der bereits zitierten Äußerung von Helmut Grashey vor der Hamburger Führungsakademie: Die Zustimmung zur Inneren Führung sei lediglich eine

Maske gewesen, die nun vom wahren Gesicht der Bundeswehr abgestreift werden könne.

Ungeschminkter noch zeigt sich die Reformfeindlichkeit an der Forderung, die General Albert Schnez mit beträchtlicher Unterstützung der Generalität Anfang 1969 im Ministerium stellte, nämlich die »Umformung der zivilen Gesellschaft an Haupt und Gliedern« nach dem Bild des Militärs. Ein Anschlag, dem der traditionalistische Hardliner im Führungsstab des Verteidigungsministeriums und Beauftragte für Bildung und Ausbildung, Heinz Karst, noch einen draufgab mit der Drohung: »Maßstäbe setzen – in der Einstellung zur Zeit, und wenn es sein muß, auch gegen die Zeit.«[11]

Was da sichtbar wurde, war für manche Zeitgenossen ein kaum verhüllter innenpolitischer Bellizismus, parlamentarismus-, pluralismus- und parteienfeindlich, Phantasien mit Bürgerkriegshintergrund, Bereitschaft von Vertretern der Militärbürokratie, am Primat der Politik zu rütteln. Ich bin damals, zu Zeiten des 68er Aufruhrs, solchen Befürchtungen von links bis hinein in die Mitte der Gesellschaft begegnet, ohne sie jedoch geteilt zu haben – schon die Einbindung der Bundeswehr in das Bündnissystem machte sie illusorisch.

Auf jeden Fall aber wurden hier unverdeckt vordemokratische Leitbilder jener Generation ehemaliger Wehrmachtangehöriger bloßgelegt, die das Traditionsverständnis und die Traditionspflege der westdeutschen Streitkräfte geprägt haben.

Ganz offensichtlich waren die unter diesem Einfluß aufaddierten Probleme von innen her nicht mehr zu lösen, die Bundeswehr ohne Anstoß von außen reformunfähig geworden.

Der kam vor allem vom Außenminister der Großen Koalition mit seinem Einfluß bei den Verbündeten – Willy Brandt.

Er hatte die Umwandlung der *massiven Vergeltung* in die neue NATO-Strategie der *flexiblen Reaktion* vorangebracht, weg von den alten Vorwärtsverteidigungsplänen und hin zur Verteidigung mit abschreckenden Risiken für den potentiellen Angreifer: Streitkräfte, darunter die Bundeswehr, als Mittel zur *Kriegsverhinderung*. Das traditionalistisch geprägte Konzept aus den Erfahrungen des Ostkriegs hatte sein Ende gefunden. Es war, mit Einverständnis der Führungsmacht USA, der Beginn einer Umorientierung des westlichen Bündnisses.

Tiefgreifende Auswirkungen auf das innere Gefüge der Bundeswehr aber hatte diese internationale Wende erst nach der Wahl zum 6. Deutschen Bundestag im Herbst 1969. Sie läutete das Ende der Großen Koalition und den Anfang der sozialliberalen Koalition ein, mit Willy Brandt als Kanzler, Hans-Dietrich Genscher (FDP) als Vizekanzler und Helmut Schmidt als Verteidigungsminister. Kern seines Modernisierungskonzepts:

»Die Bundeswehr muß mit der gesellschaftlichen Entwicklung Schritt halten. Sie muß ihre Berufsbilder, ihre Bildungs- und Ausbildungslehrgänge so gestalten, daß die Soldaten daraus für ihren beruflichen Werdegang innerhalb der Bundeswehr und ebenso später im zivilen Leben den größtmöglichen Nutzen ziehen.«[12]

So in den »Leitlinien der Kommission zur Neuordnung der Ausbildung und Bildung in der Bundeswehr« vom 11. Juli 1970 – ein frischer Wind. Und die Quittung an eine konservative Militärhierarchie, daß ihre an Vorbildern und Erfahrungen der Reichswehr und der Wehrmacht geknüpften Auffassungen gescheitert waren.

Was folgte, war eine umfassende Reorganisation des Militärs und der Verwaltung mit berufsqualifizierender Orientierung. Nicht mehr der »Kämpfer« war der Mittelpunkt moderner Ausbildung, da die überwältigende Mehrheit der Soldaten einer technisierten Armee Leistungen zu vollbringen hatte, die eher beruflichen Leitbildern entsprachen als traditionell-militärischen. *Leistungsprinzip* gegen *Gesinnungselite.* Da schien, nach langer Zeit, wieder etwas auf von den Ideen der Inneren Führung, der militärtechnischen Professionalität im Sinn Baudissins – allerdings ohne Berücksichtigung seines politischen Aspekts, der viel weiter ging. Jetzt war die Demokratisierung einfach das überfällige Resultat eines Wechsels der Generationen, wogegen der Graf großes Mißtrauen gehegt hatte gegenüber »naturwüchsigen Abläufen«, die nicht unbedingt auch eine bewußte Entscheidung von Offizieren und Soldaten für die Demokratie mit sich brachten.

Dennoch war der Schmidtsche Eingriff rigoros, die Maßnahmen drastisch – 61 Generäle wurden in den Ruhestand versetzt, ohne daß der Himmel über der Bundesrepublik einstürzte. Es waren gerade die Skandale und Affären der »alten« Bundeswehr gewesen, die diesen Eingriff heraufbeschworen hatten und ihn rechtfertigten.

Tatsächlich konnten einige der wichtigsten Probleme der Bundeswehr gelöst werden, besonders der Personalmangel, gewann ein Umbau Gestalt, der den Namen »Militärreform« verdient hatte, war mit ihr die akute Legitimationskrise beigelegt. Der Politologe Detlef Bald:

»In dieser Phase gewann die Bundeswehr die in der Bonner Republik entwickelte ›normale‹ Gestalt, die sie gesellschaftlich und politisch aus den Schlagzeilen herausholte. Es festigte sich der Eindruck, daß die Vorgaben des Grundgesetzes vermittels der Inneren Führung in einem größeren Umfang im Militär realisiert wurden.«[13]

Diese zweite und wichtigste Phase in der Bundeswehrgeschichte schuf die Kongruenz des Militärs mit staatlichen Institutionen und der offenen Gesellschaft, brachte eine Annäherung an das Konzept der Inneren Führung und nahm zivile Elemente mit auf. Noch einmal Bald:

»Es wurde der Abschied vom Modell der ›erwünschten Kreise‹, des ›Adels der Gesinnung‹, mit dem die Bundeswehr aufgebaut war. Der Eingriff in die Auswahlverfahren wurde als revolutionär empfunden, denn die Umsteuerung der Personalpolitik orientierte sich an den Leistungskriterien der zivil erworbenen Bildung sowie an einer repräsentativen Vielschichtigkeit der Gesellschaft. Das neue Sozialmodell der Bundeswehr wurde mit seiner spezifischen pluralistischen Verteilung ab etwa 1974 stabil erhalten.«[14]

Aber der harte Kern des Widerstands gegen Reformen um die traditionalistischen Spitzenmilitärs und ihre ministeriellen Mitstreiter hatte sich keineswegs aufgelöst. Er wartete vielmehr auf seine Stunde.

Und sie wird kommen, verstörenderweise noch unter der sozialliberalen Mehrheit im Bundestag und eingegangen in die Annalen der Bundeswehr als »Tendenzwende« – die *dritte Phase* ihrer Geschichte. Das Pendel der Restauration schlug zurück. Zwar wird sie das neue

Sozialmodell der Militärreform nicht aufheben, die Errungenschaften der *zweiten Phase* nicht beseitigen können, sie aber wohl verdünnen und zurückdrängen.

Mitte der siebziger Jahre eingeleitet, wird sich die Tendenzwende über die verbleibenden acht Jahre der sozialliberalen Legislaturperiode hinstrecken, um dann nach der konservativen »Wertewende« von 1982 noch mehr an Schwung zu gewinnen. Daß dieser Prozeß schon lange vorher beginnen konnte, wird ein dunkler Punkt in der Nachkriegsgeschichte der deutschen Sozialdemokratie bleiben.

Jede sozialdemokratisch geführte Regierung konnte sich nur gewarnt fühlen, den Traditionalisten ein Reservat zu belassen. Genau das aber war geschehen.

Der Apelsche Tabubruch – und die Folgen

Denn sosehr sie in der zweiten Phase auch aufgemuckt hatten – in ihrer Existenz und ihrem Selbstwertgefühl hatten die konservativen Militärs sich nie wirklich bedroht gefühlt.

»Durch den Verzicht auf eine formelle Abschlußprüfung wird zum Ausdruck gebracht, daß die bloße Feststellung intellektueller Fähigkeit für die Besetzung von Dienstposten mit erhöhter Führungsverantwortung nicht ausschlaggebend sein darf.«

So 1976 General Greiner, jahrelang Direktor für »Ausbildung, Lehre, Forschung« an der Hamburger Führungsakademie. Wieder also wurde die *charakterliche Eignung* herausgestrichen und damit (noch oder schon wieder) auf der Ebene von Wehrmachtkriterien argumentiert – Auffassungen wie diese feierten in Vorträgen, Reden und Aufsätzen Urständ, und die Thesen der alten Gesinnungs- und Werteelite erlebten ihre Renaissance. Seit 1975 wurden Lehrgänge an den Offiziersschulen und der Führungsakademie erneut traditionalistisch bestimmt und Ausbildungsmuster nach den Vorbildern des deutschen Generalstabs alter Schule fortgesetzt. Retrospektiv festigt sich der Eindruck, daß Verteidigungsminister Georg Leber (SPD) der traditionellen Eliterekrutierung indifferent gegenüberstand und nicht durchschaute, was da vor sich ging. Jedenfalls war er in seiner Amtszeit 1972–78 kein Hindernis auf dem Weg der Bundeswehr in die personalpolitische Restauration. *Haltung* und *Einstellung* waren wieder gefragt, und die militärhandwerkliche Ausbildung erhielt abermals den Vorzug vor der als unmilitärisch angesehenen *Bildung*. »Kämpfertum« und »Kriegstüchtigkeit« traten erneut nach vorn, wie auch die Forderung nach einem »realitätsnahen Berufsprofil« des Soldaten – so im August 1979 der Generalinspekteur in seiner Weisung »Ausbildung, Erziehung und Bildung«. An den Rand gedrängt, verpönt, was an das Modell der Inneren Führung erinnern konnte.

Dennoch kommt es am Ende der sozialliberalen Ära zu einem Ereignis, dessen Tragweite und Wirkungen damals noch gar nicht abzuschätzen waren.

Am 20. September 1982 erläßt Hans Apel, seit 1978 Lebers Nachfolger als Bundesminister für Verteidigung, unter dem Zeichen Fü S I 3-Az 35-08-07 einen in dreißig Punkte unterteilten Erlaß »Richtlinien zum Traditionsverständnis und zur Traditionspflege der Bundeswehr«. Kernpunkte darin:

- »Maßstab für Traditionsverständnis und Traditionspflege in der Bundeswehr sind das Grundgesetz und die der Bundeswehr übertragenen Aufgaben und Pflichten. Das Grundgesetz ist die Antwort auf die deutsche Geschichte. Es gewährt große Freiräume, zieht aber auch eindeutige Grenzen.
- Die Darstellung der Wertgebundenheit der Streitkräfte und ihres demokratischen Selbstverständnisses ist die Grundlage der Traditionspflege der Bundeswehr.
- Die Geschichte der deutschen Streitkräfte hat sich nicht ohne tiefe Einbrüche entwickelt. In den Nationalsozialismus waren Streitkräfte teils schuldhaft verstrickt, teils wurden sie schuldlos mißbraucht. Ein Unrechtsregime wie das Dritte Reich kann Tradition nicht begründen.
- Nicht jede Einzelheit militärischen Brauchtums, das sich aus früheren Zeiten herleitet, muß demokratisch legitimiert sein. Militärisches Brauchtum darf aber den vom Grundgesetz vorgegebenen Werten und Normen nicht entgegenstehen.

- In der Traditionspflege der Bundeswehr sollen solche Zeugnisse, Haltungen und Erfahrungen aus der Geschichte bewahrt werden, die als ethische und rechtsstaatliche, freiheitliche und demokratische Traditionen auch für unsere Zeit beispielhaft und erinnerungswürdig sind.

- Begegnungen im Rahmen der Traditionspflege dürfen nur mit solchen Personen oder Verbänden erfolgen, die in ihrer politischen Grundeinstellung den Werten und Zielvorstellungen unserer verfassungsmäßigen Ordnung verpflichtet sind.

- Traditionen von Truppenteilen ehemaliger deutscher Streitkräfte werden an Bundeswehrtruppenteile nicht verliehen. Fahnen und Standarten früherer deutscher Truppenteile werden in der Bundeswehr nicht mitgeführt oder begleitet.

- Dienstliche Kontakte mit Nachfolgeorganisationen der ehemaligen Waffen-SS sind untersagt.

- Nationalsozialistische Kennzeichen, insbesondere das Hakenkreuz, dürfen nicht gezeigt werden.

- Kasernen und andere Einrichtungen der Bundeswehr können mit Zustimmung des Bundesministers der Verteidigung nach Persönlichkeiten benannt werden, die sich durch ihr gesamtes Wirken oder eine herausragende Tat um Freiheit und Recht verdient gemacht haben.«

Obwohl auch hier noch mit der Fehlformel »teils schuldhaft verstrickt, teils schuldlos mißbraucht« mit Blick auf die (wieder ungenannt gebliebene) Wehrmacht taktiert und der Krieg als NS-Hauptverbrechen ausgeblendet wird: Dieser nach dem ersten von Hassels 1965 zweite Erlaß war mit seinem Satz »Ein Unrechtsregime wie das Dritte Reich kann Tradition nicht begründen« eine schallende Ohrfeige, mehr – er war ein Schlag gegen den Solarplexus der seit 27 Jahren vorherrschenden Traditionspraxis der Bundeswehr.

Die Reaktion war entsprechend.

Als elf Tage später, am 1. Oktober 1982, nach dem Sturz der Regierung Schmidt/Genscher und der dadurch vorgezogenen Bundestagswahl, eine christlich-liberale Koalition unter Kanzler Helmut Kohl die parlamentarische Mehrheit errang, verkündete der neue

Verteidigungsministers Manfred Wörner auf einer Kommandeurstagung der Bundeswehr, des Beifalls gewiß, sogleich: Die Traditionsrichtlinien vom 20. September werde er in Kürze kippen.
Aber Wörner hatte den Mund zu voll genommen. Die von ihm
beauftragte Kommission des Generalinspekteurs kam 1984 in ihrem
Bericht unter der Ziffer V.5 zu dem Ergebnis:

»Der Einsatz deutscher Soldaten während der Epoche der nationalsozialistischen Gewaltherrschaft ist mit dem Selbstverständnis des
›Staatsbürgers in Uniform‹ nicht vereinbar.«

Wenn auch relativiert durch den Nachsatz:

»Gleichwohl sind – auch im Hinblick auf den internationalen Aspekt – Haltung und Leistung vieler einzelner aus jener Zeit für die
Bundeswehr überlieferungswürdig.«

Womit dieser Verteidigungsminister ganz gewiß nicht nur Gegner
des NS-Regimes gemeint hatte.
Tatsächlich wurde Apels Erlaß nie geändert, bis heute nicht, aber
auch nie konsequent befolgt – sowenig wie die ihm zugrundeliegenden
Prinzipien zuvor angewendet worden waren. Dennoch war, gegen den
schweren Druck der Soldatenverbände und ihrer Gesinnungsfreunde,
das Dauertabu vom »unbefleckten Schild« und »sauberen Waffenrock« offiziell gebrochen worden – ein Zeitzünder, der aber erst in der
zweiten Hälfte der neunziger Jahre detonieren und dann den heiligen
Kühen »Wehrmacht« und »Krieg« ein Ende setzen wird.
Immerhin aber durfte damals auf der Bonner Hardthöhe, wenn
auch höchst widerwillig, erkannt worden sein, daß das alte Bild der
Wehrmacht durch die zunehmende Zahl wissenschaftlicher Veröf-
fentlichungen und ihre legendenzerstörende Kraft nicht mehr auf-
rechtzuerhalten war. Was allerdings möglichst verborgen bleiben
sollte – der Bericht der Kommission verschwand jedenfalls sang- und
klanglos in den Schubladen des Generalinspekteurs und des Wörner-
schen Ministeriums.
Natürlich bekam die bereits eingeleitete Tendenzwende durch
das Klima der anbrechenden Ära Kohl einen gewaltigen Schwung,

wurden traditionalistische Kräfte aktiviert, stand der Wind hart
gegen die aufklärerischen Errungenschaften der Reformphase, war
der traditionelle Offizierstyp erneut gefragt.

»Praxisnahe« Thesen treten nach vorn, der militärhandwerkliche
Unterricht im Grundlehrgang für Stabsoffiziere wird um ein Drittel
verlängert, und Begriffe wie »Disziplin«, »Loyalität«, »Opferbereitschaft« und »Einfügung des einzelnen« werden favorisiert. Dazu gibt
es tiefe Eingriffe in das Bildungswesen.

Da hinein bricht Mitte der achtziger Jahre der Wandel im Osten,
löst sich unter Michael Gorbatschow von innen her das Machtgefüge
der Sowjetunion mit Auswirkungen auf ihr Welt- und Blocksystem
aus, verliert das atomare Gleichgewicht des Schreckens seine militär-
strategischen und politischen Voraussetzungen. Der Umschlag ist
elementar, der Einsatzplan der NATO mit seiner einseitigen Stoßrichtung Makulatur, das alte Feindbild dahingeschmolzen wie die Doktrin des bisherigen Auftrags – Irritationen, die an die Grundlagen des
Offiziersberufs rühren. Die Reaktionen reichen von Unsicherheit bis
hin zur Hilflosigkeit – das Ende der dritten Phase in der Periodisie-
rung der Bundeswehrgeschichte ist gekommen.

In sie war der 9. November 1989 eingeschlossen.

Vom Triumph des Brigadegenerals Millotat

Der Beginn der vierten Phase wird datiert auf den 3. Oktober 1990,
den Tag der Deutschen Einheit – Europa gewinnt ein neues Gesicht,
aber keines darin verändert sich so sehr wie das Deutschlands. Mit
dem Ende der NVA, der Nationalen Volksarmee der DDR, und der
partiellen Eingliederung ihrer Offiziere und Soldaten mutiert die
Bundeswehr zu einer *Armee der Einheit.*

Nicht nur, daß Deutschland nun an seinen Grenzen ohne Feinde
ist, die Nachbarn im Osten bewerben sich auch um die Mitgliedschaft in der Europäischen Gemeinschaft und der NATO. Zwang
zum Umbau der bisherigen Militärstruktur und Neubestimmung
des Auftrags: »Out of area«-Einsätze in Europa und Übersee kommen in Sicht, Friedenssicherung und Militäraktionen im Rahmen

des atlantischen Bündnisses und möglichst unter UNO-Absegnung.

Der neue Auftrag, die Änderung des bisherigen Grundsatzes der »Kriegsvermeidung durch Abschreckung« hin zur globalen Beteiligung deutscher Soldaten an Kriegsgeschehen, gebiert in den neunziger Jahren ungute Töne. Man liest Wörter wie »Kämpferbild«, »Kriegstüchtigkeit«, »Ethos«, »Erziehung«, »Motivation« – wie unterfüttert? Ein für die Ausbildung im Heer zuständiger General sagt: »Kämpfen können und kämpfen wollen! – treten wieder in den Vordergrund.« Gut, wenn dann, im Fall des Falles, nicht nur amerikanische, britische und französische, sondern auch deutsche Soldaten gegen einen Aggressor und Friedensstörer antreten sollen. Aber wie hält der General es mit dem demokratischen Lackmustest, der Einstellung zur Wehrmacht und ihrer Traditionswürdigkeit? Daran läßt er unter dem Stichwort »Bedeutende Schlachten und Feldzüge« keine kriegsgeschichtlichen Zweifel. Für ihn waren das: »Frankreich 1940, Charkow 1943 oder die Ardennenoffensive 1944«.[15]

Man will es nicht glauben, aber es ist wahr: Ungeachtet der gänzlich anderen Bedingungen und Ausgangssituation für eine Bundeswehr der »Out of area«-Epoche – offene Anknüpfung an die Wehrmacht und ihr Beispiel, ohne ein Wort darüber, für wen und was diese »bedeutenden Schlachten und Feldzüge« geschlagen wurden und wie und wo sie endeten. Dazu der Politologe Bald:

»Die militärischen Operationen der Wehrmacht im Nationalsozialismus, die Überfälle auf die Nachbarstaaten und der Kampf um ›Lebensraum im Osten‹ gerieten zu handwerklich nutzbaren, von jeglichem politisch-normativen Unbill gereinigten taktisch-operativen Vorbildern. Die ›reine‹ militärische Lehre wurde wiedergeboren.«[16]

Ein besonders hervorstechendes Beispiel aus der Leitungsriege der Bundeswehr für eine unkritische Anknüpfung an die deutsche Militärgeschichte – und für die Reaktion des Ministeriums auf solchen Fall – lieferte der Brigadegeneral Christian Millotat. Während Bundeswehrgeneräle im allgemeinen nicht besonders schreibselig sind, ist dieser eine Ausnahme.

Dem General geht es vornehmlich um zwei Hauptthemen: das *Berufsverständnis des Offizierskorps* (für Millotat ein konservatives) und die *operative Führung*, worunter raumgreifende Bewegungen ganzer Armeen verstanden werden – wobei beides miteinander zur Anleitung vor allem des Generalstabs und dessen Nachwuchses verquickt wird.

Eine dieser Schriften, betitelt »Das preußisch-deutsche Generalstabssystem – Wurzel, Entwicklung, Fortwirken«, hat Furore gemacht.

Millotat beginnt mit der Geschichte des Generalstabs von Friedrich II. von Preußen, dann folgt eine Ehrenerklärung für dieses Führungsorgan zu Kaisers Zeiten, wobei die politische Rolle des Generalstabschefs Graf von Schlieffen ebenso unkritisch dargestellt wird wie für die nachfolgende Phase die des Reichswehrchefs und Gegners der Weimarer Demokratie, General Hans von Seeckt. Aber dabei bleibt es nicht, denn:

»In den Schlachten des Zweiten Weltkrieges zeigte der deutsche Generalstab wiederum herausragendes Können.«[17]

Für diesen hochrangigen Ausbilder in der Bundeswehrführung existiert also weder die Forschung der letzten dreißig Jahre noch die Beteiligung des deutschen Generalstabs an der Vorbereitung und Auslösung des Angriffskriegs, der Organisierung und Durchführung seiner Vernichtungspläne im Osten und auf dem Balkan. Beides wird in dem Text genauso unterschlagen wie jene Erlasse, Befehle und Richtlinien der Generalstäbler, die Millionen von gefangenen Soldaten und Zivilisten das Leben kosteten. Dafür sind seine Literaturhinweise aber gespickt mit den Zeugnissen apologetischer Militärmemoiren.

Als der Inhalt des Aufsatzes durchsickert und daraufhin von mehreren Seiten mit präziser Begründung davor gewarnt wird, die Schrift zu verteilen, kommen dem Stellvertreter des Generalinspekteurs, Vizeadmiral Hans Frank, Bedenken – er fordert beim Militärgeschichtlichen Forschungsamt Freiburg ein Gutachten an.

Das trifft ein, in der Sprache gemäßigt, in der Sache vernichtend – es wird eine gründliche Überarbeitung empfohlen. Woraufhin der Vizeadmiral eine Veröffentlichung der mit Steuergeldern finanzierten Schrift ablehnt.

Und nun geschieht etwas, das zeigt, wie relativ das Gehorsamsprinzip sein kann in einer Organisation, die darauf fußt. General Millotat läßt seine Schrift nämlich so gut wie unverändert drucken und unter voller Nennung von Dienstgrad und Funktion an die Teilnehmer des Generals- und Admiralstabslehrgangs 1997 verteilen. Historiker der Hamburger Führungsakademie erfahren erst nach vollbrachter Tat davon, setzen ihre Vorgesetzten in Kenntnis über die Einseitigkeit der Arbeit und warnen vor weiterer Verteilung. Also läßt das Streitkräfteamt die Broschüre noch einmal überarbeiten, ohne daß durch aber ihr Geist korrigiert wird:

»Viele verbündete Streitkräfte in der NATO suchen nach Lösungen, wie zukünftige Führer mit Anlagen zum strategisch-operativen Denken und Handeln zeitgerecht ausgewählt werden können. Das preußisch-deutsche Generalstabssystem bietet einen seit langem erprobten Weg.«[18]

Und so erscheint denn, Hitlers Generalstab in die Empfehlung eingeschlossen, Millotats Werk mit alter Aussage, aber vom Streitkräfteamt äußerlich neu gestaltet – als Buch mit karmesinrotem Einband, der Farbe auf dem Kragenspiegel deutscher Generalstabsoffiziere.

Das geschieht zu einer Zeit, als die Häufung rechtextremistischer Vorfälle in der Bundeswehr an die Öffentlichkeit dringt. Daraufhin stellt die Fraktion von Bündnis 90/Die Grünen im August 1997 eine Kleine Anfrage an die Regierung Kohl »zur wissenschaftlichen Qualität und zum Umgang mit der Studie« Millotats. Die Antwort kommt am 17. September: Die Schrift sei »keine wissenschaftliche Untersuchung«. Außerdem, so weiter, könne die Bundesregierung »in der Studie keine apologetische und unkritische Darstellung der Rolle des preußisch-deutschen Generalstabs erkennen«. Die Verteilung der Studie sei nicht zu beanstanden, da sie »einen Beitrag zur eigenständigen Auseinandersetzung mit dem Berufsbild des Generalstabsoffiziers« darstelle.

Die Unbedenklichkeitsbescheinigung von höchster politischer Führungsstelle läßt Millotat dann noch weiter vorpreschen.

Eine Anfang der zwanziger Jahre vom Chef der Reichswehr und Republikgegner General Hans von Seeckt ausgegebene Devise –

»Die Form wechselt, der Geist bleibt der alte« – zitierend, schlägt der Brigadegeneral der Bundeswehr gegen Ende des Jahrhunderts diesen Bogen:

»Prägnanter kann die Verknüpfung von Vergangenheit und Gegenwart des Generalstabsdienstes in den deutschen Streitkräften kaum ausgedrückt werden. Vielfältig wirkt das Erbe früherer Generalstabsoffiziere in der Bundeswehr fort.«

In der Tat.

Notabene: Sieben Tage vor der Bundestagswahl vom 19. September 1998, die das Ende der Ära Kohl bringt, also gerade noch rechtzeitig, wird Brigadegeneral Christian Millotat an die Führungsakademie in Hamburg, die höchste Ausbildungsstätte der Bundeswehr, als Direktor des Bereichs »Lehre« berufen.

Womit noch einmal bestätigt wurde, daß traditionalistische Ansichten, Einstellungen und Überzeugungen auch in der Armee der Einheit der Karriere eher nützen als schaden können.

Es gibt Biographien von Bundeswehroffizieren anderer politischer Couleur, die das Gegenteil lehren. Davon später.

Es klingt abenteuerlich, trifft aber zu: Auch die völlig gewandelte internationale Konstellation, das Ende eines vierzigjährigen »Auftrags« mit der Auflösung seiner Feindbilder, ja, die sich damals bereits abzeichnende Aufnahme ehemaliger Mitglieder des Warschauer Pakts in die NATO – all das konnte nichts ändern an der Unverwüstlichkeit unreflektierter Anlehnungen an die Militärgeschichte des Dritten Reichs, an der Faszination, die diese Chronik auf die Stehaufmännchen des deutschen Traditionalismus ausübt.

Meinem Kapitel über Kasernenbenennungen der Bundeswehr hier demonstrationshalber einmal vorgegriffen: Als General Johannes Steinhoff – Jagdflieger im Zweiten Weltkrieg, Inspekteur der Bundesluftwaffe, deutscher Vertreter im Militärausschuß der NATO – zum Namenspatron einer Kaserne gemacht wurde, waren es nicht seine reformerischen und organisatorischen Aktivitäten beim Aufbau der Bundeswehr, die man rühmte, sondern die 140 gegnerischen

Flugzeuge, die er gegen Ende des Zweiten Weltkriegs vom Himmel
über Deutschland geholt hatte.

Wen kann es da noch wundern, daß das Heeresamt 1997 Druck-
werke von 1977 vertrieb, in denen der »Geist« der *Leibstandarte
Adolf Hitler* positiv gewürdigt und ihr Kommandeur als »vorbildli-
cher Offizier« herausgestellt wurde?[19]

Und so kommt der Publizist und Politikwissenschaftler Detlef
Bald 1999 zu dem Schluß:

»Das Resultat einer seit 1991 betriebenen Politik des Umgangs mit
der kriegerischen Geschichte ist anachronistisch und restaurativ,
wenn das Ideal des ›Kämpfenwollens‹ – mit einer ›sauberen‹ Wehrmacht als Vorbild – in die Bundeswehr geholt werden soll. Diese
Tendenzen des Neotraditionalismus sind beim Übergang von der
Bonner zur Berliner Republik kaum mehr zu übersehen.«[20]

Zeitgenossen, die nicht vergessen, wie stark der restaurative Macht-
staatsgedanke in der Geschichte der Deutschen liberale, demokratische und humane Werte zurückgedrängt hat, äußern Beunruhigung.
Berechtigte?

»Rechts geht zur Bundeswehr – links in den Zivildienst«

Jeder Versuch eines Resümees der vierphasigen Geschichte der heutigen deutschen Streitkräfte ist schwierig. Dem Betrachter bietet sich
ein Vexierbild dar, und es ist mühsam, die widersprüchlichen Elemente und Entwicklungen zu erkennen und einzuordnen.

Es stimmt, daß sich mit der Bundeswehr in der deutschen Militärgeschichte Grundlegendes gewandelt hat – sie hat, im Gegensatz zur
Reichswehr der Weimarer Republik, nie einen Staat im Staate gebildet, und ihr Militarismus nachzusagen wäre üble Nachrede.

Gleichwohl ist unübersehbar, daß zwar nicht *die* militärische Führung, wohl aber einflußreiche Kader periodisch bestrebt waren, zwi-

schen den Streitkräften und dem Pluralismus der Zivilgesellschaft Trennungsstriche nach alten Mustern zu ziehen, reckte sich militärischer Dünkel in Gestalt sowohl ergrauter wie auch jüngerer Häupter, gab es Höherwertigkeitsgebaren. Ebenso wahr jedoch ist, daß die politische Integration der Bundeswehr in das parlamentarische System nie wirklich gefährdet war, die Eidesformel, der Bundesrepublik »treu zu dienen«, unangetastet blieb.

Trotzdem war ein dominierender Teil des Offizierskorps aus der Kriegsgeneration, waren bedeutende Gruppen der konservativen, mehr noch der nationalkonservativen Eliten nur ruhigzustellen durch hohe Konzessionen in Form von deutschen und alliierten Ehrenerklärungen, in die der Militärdienst unter Hitler ausdrücklich einbezogen war – Labsal für das autoritäre Selbstverständnis und Geburtshelfer der Traditionslüge.

Erpressung durch deutsche Politiker angesichts der von den westlichen Partnern erwünschten Wiederbewaffnung ist unverkennbar, aber ebenso die Grenze des Spielraums durch den entscheidenden Unterschied zu allen vorangegangenen Streitkräften in der deutschen Geschichte: Die Bundeswehr war nie eine nur nationale, sie war von Anfang an auch eine *Bündnisarmee* mit internationaler Befehlshierarchie. Selbst wenn derartige Vorstellungen dagewesen wären – für einen militärischen Alleingang gab es zu keiner Zeit auch nur die geringsten Realisierungsmöglichkeiten.

Die *zweite*, die *Reformphase* in der Bundeswehrgeschichte hatte Anfang der siebziger Jahre unter der sozialliberalen Koalition eine demokratieverträgliche, gesellschaftstaugliche und moderne militärische Binnenstruktur gebracht, die durch den Widerstand von traditionalistischer Seite wohl eingeengt, aber nicht aufgehoben werden konnte.

Die von der Koalition geschaffenen elementaren Änderungen widerspiegeln sich überzeugend in einem veränderten Rekrutierungsschema für das Offizierskorps. 1998 kommt Martin Kutz, ziviler Dozent an der Führungsakademie der Bundeswehr in Hamburg, zu dem Ergebnis:

»In der jüngeren Offiziersgeneration sind über 60 % aus Familien, die bis 1940 nicht einmal Zugang zum Offiziersberuf bekommen hätten.

Weitere 20 % waren auch im Kaiserreich oder nach 1935 nur unter extremen Aufrüstungserfordernissen mühsam geduldet. Zwei Drittel aller jüngeren Offiziere kommen also aus einfachen und einfachsten Verhältnissen. Herkunftsmäßig gehören sie zu den ›kleinen Leuten‹. Die Selbstrekrutierungsrate, also die quasi Vererbbarkeit des Berufs, ist mittlerweile sogar auf 5–7 % gesunken. Und das zeigt am deutlichsten, daß die Exklusivität des Berufs Vergangenheit ist. Wenn heute ein Offizier sagt, sein Vater sei Soldat, so ist der Vater in aller Regel Unteroffizier der Bundeswehr gewesen. Und der hohe Prozentsatz an Arbeitersöhnen in diesem Beruf ist das wichtigste Zeugnis der Demokratisierung des Offizierskorps der Bundeswehr.«[21]

Gerade aus dem Mund eines so kritischen Kenners der Bundeswehrgeschichte ein gewichtiges Wort, dem jedoch die einschränkende Anmerkung folgt:

»Die ideologische Führungsrolle hatte in der Bundeswehr meist der konservativ-traditionale Typ. Er ist seit den achtziger Jahren dominant. Vom historischen Kontext entspricht er dem Offizierstyp der stehenden Heere des 18. Jahrhunderts, modernisiert zwar, aber erkennbar auf den traditionell orientierten Professionalismus eingeschworen. In der Gegenüberstellung von progressiven und konservativen Denkwegen wird das besonders deutlich.«[22]

Entgegen früheren Normen besagt die soziale Herkunft also noch nichts über politische Einstellungen und Positionen.

Die anklingende Besorgnis rührt nicht zuletzt von der Tatsache her, daß die Bundeswehr bei der wachsenden Zahl von Zivildienstleistenden eigentlich kaum noch eine Wehrpflicht-, sondern eher eine Freiwilligenarmee mit Soldaten im Wehrpflichtstatus ist. Einziehen lassen sich meist nur noch die, die eingezogen werden wollen, und das sind junge Männer, die in einem konservativen Ambiente aufgewachsen sind. Kutz lapidar: »Rechts geht zur Bundeswehr – links in den Zivildienst.«

Angesichts der neuen Aufgaben der Bundeswehr – internationale Friedensmissionen, Kriegsverhinderung, aber auch militärische Aktionen – spielt die Frage des Selbstverständnisses der Soldaten und Offiziere eine Schlüsselrolle. Welche Gefahren eine potentielle Wandlung der Bundeswehr von der Wehrpflicht- in eine de facto Freiwilligenarmee mit sich bringen könnte, klingt auch an im Jahresbericht 1999 der Wehrbeauftragten des Bundestags, Claire Marienfeld, wenn darin steht, daß »Abstumpfung und Söldnermentalität in der Bundeswehr weiterhin keinen Platz haben dürfen«.

Gesicherte Daten zur politischen Orientierung des Offizierskorps gibt es nicht, da sich die zivile und militärische Führung der Bundeswehr geweigert hat, systematische Erhebungen über den inneren Zustand der Bundeswehr durchführen zu lassen.

Die einzige Ausnahme bildet die Studie eines Dozenten des militärischen Bildungswesens mit dreißigjähriger Erfahrung, Arwed Bonnemann. Da sich die Arbeit jedoch ausschließlich auf Offiziersstudenten der Jahrgänge 1991–94 in Hamburg und München beschränkt, lassen sich von ihr zwar keine Rückschlüsse auf das gesamte Offizierskorps ableiten, wohl aber schälen sich die Konturen eines politischen Profils heraus, das über den untersuchten Kreis hinaus Aussagekraft haben dürfte.

Dabei werden interessanterweise die Ansichten von Studenten an öffentlichen Hochschulen verglichen mit denen der Offiziersstudenten (die sich selbst zu mehr als der Hälfte rechts von der politischen Mitte sehen, erster signifikanter Unterschied zu den befragten Zivilisten). Groß ist auch die Differenz bei der Einstellung zum christlich-konservativen System, das von drei Vierteln der Offiziersstudenten, aber nur einem Drittel der anderen Gruppe bejaht wird. Bei ihr liegt die Zustimmung zum sozialdemokratischen Politikverständnis bei weit über fünfzig Prozent, wohingegen ihm nur ein Drittel der Offiziersstudenten zustimmt. Noch größer ist die Differenz gegenüber dem grün-alternativen Spektrum, das von fast zwei Dritteln der zivilen Studenten, aber nur wenig mehr als einem Fünftel der Militärs akzeptiert wird. Am größten ist der Unterschied in der Haltung beider Gruppen zum nationalkonservativen Spektrum – während nur etwa jeder zwanzigste Zivilstudent Zustimmung zeigt, ist es bei den Offiziersstudenten jeder fünfte.

Nationalkonservative Offiziersstudenten lehnen Entwicklungshilfe ebenso vehement ab wie den Ausstieg aus der Kernenergie, sie fordern Begrenzung der Zuwanderung von Ausländern, die Abwehr

»kultureller Überfremdung«, harte Bestrafung von Kriminellen und Bewahrung der Familie in ihrer herkömmlichen Form. In diesen Punkten vertreten sie die radikalere Variante christlich-konservativer Orientierung.

Während Kutz die demokratische Grundorientierung des Nachwuchses – Zustimmung zum Demonstrationsrecht, zu Opposition, Streik und Gewaltfreiheit – trotz teilweiser Zurückhaltung insgesamt für eindeutig hält, erklärt er zur nationalkonservativen Gruppe:

»Hier ist der eigentlich problematische Teil des Offiziersnachwuchses zu verorten, denn dort sind die Anknüpfungspunkte für die politische Orientierung außerhalb des demokratischen Spektrums nach rechts. In die andere Richtung ist offenbar kein signifikantes außerdemokratisches Potential festzumachen.«[23]

Die Grenzen nach rechts verschwimmen, es bieten sich »Chancen für Brückenbauer ins außerdemokratische Umfeld«.

Die sich häufenden Fälle rechtsextremistischer Umtriebe in der Bundeswehr mit großer öffentlicher Beunruhigung ließen einen Verdacht aufkommen, der von der politischen und militärischen Führung immer wieder heftig bestritten wird – die Furcht vor neonazistischer Infiltration der Streitkräfte.

Dazu Martin Kutz in seiner Schrift:

»Was ist an diesen Behauptungen wahr? Die Verteidiger der Armee haben recht, wenn sie den Vorwurf brauner Anfälligkeit zurückweisen. Es sind zwar viele Fälle mit solch einem Hintergrund bekannt geworden, und die Vermutung, daß noch mehr aufgedeckt wird, liegt ziemlich nahe. Das können diejenigen als Bestätigung werten, die eh das Schlimmste befürchten. Die Verteidiger übersehen aber – oder verdecken auch – das eigentliche Problem: Die Bundeswehr ist unter der Führung von CDU-Ministern in den letzten 15 Jahren langsam, aber stetig konservativer geworden, und die politische Führung hat diesen Prozeß gefördert und vorangetrieben. Der schon in der Zeit der sozialliberalen Koalition reduzierte Binnenpluralismus der Armee ist immer mehr geschrumpft, wodurch dem rechtskonservativen Spektrum im höheren Offizierskorps immer mehr Spielraum zugestanden wurde. Da über die Wehrpflicht der überwiegend konservativere Teil der Jugend in die Kasernen einzieht, gibt es auch keine politische Herausforderung von unten mehr.«[24]

Je intensiver man sich mit dem Thema beschäftigt, desto dringlicher stellt sich einem die Frage, wo innerhalb der Hierarchie die Grenze zwischen den Noch-Demokraten und jenen Verächtern der Demokratie verläuft, die sich zwar zu Dienstzeiten hüten würden, das Visier ganz aufzuklappen, die ihr undemokratisches Gedankengut jedoch anderswo bei passender Gelegenheit immer mal wieder kundtun.

Wer alles ist da auf die Rekruten, die Truppe, das Offizierskorps losgelassen worden?

Stichwort »Lodenmantelgeschwader«

Diesen Begriff gebrauchte Volker Rühe in einem Interview kurz vor dem Ende der sechzehnjährigen christlich-liberalen Ära im September 1998 und seiner Amtszeit als Verteidigungsminister im Kabinett Kohl: Er, Rühe, sei es gewesen, der das *Lodenmantelgeschwader* rechts- und nationalkonservativer Generäle ihres Einflusses beraubt habe.

Höchst begrüßenswert! – Nur kann das ja nichts anderes bedeuten, als daß diese Leute vorher Einfluß gehabt haben müssen.

Mit dem nicht minder entsetzten Michel Friedman als Talkmaster einer Berliner TV-Runde hatte ich einmal das Pech, einem dieser unverbesserlichen Nationalkonservativen gegenüberzusitzen: Franz Uhle-Wettler, Jahrgang 1927, Noch-Teilnehmer am Zweiten Weltkrieg, seit 1956 bei der Bundeswehr, darin Aufstieg bis zum Drei-Sterne-General, Verteidiger des Wehrmachtrufs, Leugner ihrer Verbrechen (bei gleichzeitiger Aufrechnung »mit den Verbrechen der anderen«) und – sicherheitspolitischer Berater der *Republikaner.*

Zur Zeit der Berliner Runde, Ende der neunziger Jahre, längst pensioniert, machte der Generalleutnant aus seiner Position rechts von Rechtsaußen kein Hehl – vornehmlich durch das, was er bestritt oder nicht gewußt haben wollte.

»Vernichtungskrieg«–»Richtlinien für das Verhalten der Truppe in Rußland« – »Erlaß über die Einschränkung der Kriegsgerichtsbarkeit« – »Mordzentrale Reichssicherheitshauptamt«? Alles Fremdwörter für den Mann mit dem Pokergesicht des Hardliners, weiße Flecken in seiner Bildung. Um so mehr wußte er zu reden von »Mut« und »Kampfgeist des deutschen Soldaten«, der »so etwas nicht getan« habe und dessen »Ehre er nicht beflecken lasse«. Dabei war offensichtlich: Dieser Ex-General der Bundeswehr hatte sich keine Stunde seines Lebens um das gekümmert, was er bestritt, hatte sich niemals auch nur über *eines* der zahllosen deutschen Dokumente gebeugt, die in Unkenntnis des 8. Mai 1945 die größten geschichtsbekannten Verbrechen auflisten, samt dem Anteil der Wehrmacht daran. Enthistorisiert und vom Nationalsozialismus entbeint, war sie offenbar nicht die Kampfformation, die von Hitlers »Wolfsschanze« aus gelenkt wurde, sondern das Phantom aus einem anderen Universum.

Mir drängte sich bei dieser gespenstischen Begegnung immer wieder etwas in Erinnerung, das, wäre es erfunden, dennoch von der großen Zielkraft des Anekdotischen zeugt. Widerfahren sein soll es einem anderen Unverbesserlichen, Hardliner aller Hardliner, der schon Anfang der fünfziger Jahre, als erster Bonner Politiker von Rang, öffentlich mit dem ihm von Hitler überreichten *Ritterkreuz des Eisernen Kreuzes* auftrat: Erich Mende!

Jahrgang 1916, Leutnant und Major der Wehrmacht, nach 1945 Mitgründer der FDP, Mitglied des Bundestags 1949–80, von 1963–66 Vizekanzler, später Mitglied der CDU, hatte Mende zwar das Hakenkreuz aus dem Orden gekratzt, nie jedoch die Dienstzeit unter ihm aus seiner Seele. Berüchtigt dafür, daß er, nach seinen Erfahrungen und Erlebnissen im Zweiten Weltkrieg befragt, ebenso wasserfallartig wie unreflektiert reagierte, soll einer seiner Zuhörer geduldig ausgeharrt und dann die Suada mit dem Satz unterbrochen haben: »Ach so war das, Herr Mende, jetzt begreife ich: Da überschritt die deutsche Wehrmacht unter dem Oberbefehlshaber Adolf Hitler mit Waffengewalt die Grenzen des Großdeutschen Reiches und brachte den besetzten Völker – *die Demokratie*!«

Bei diesem Generalleutnant a. D. da vor mir in der Berliner Runde, Franz Uhle-Wettler, waltete die gleiche lebenslange Abschottung vor einer längst einsehbaren Wahrheit, fehlte die geringste Bereitschaft, sich mit dem unermeßlichen Leid der Menschen in den überfallenen und deutsch besetzten Ländern zu befassen, individualisierte sich nur noch einmal exemplarisch die totale innere Beziehungslosigkeit zur Welt der Opfer.

Kein Honorar hätte das Äquivalent sein können für die Anstrengung und Selbstüberwindung, dem Basiliskenblick dieser personifizierten Traditionslüge volle 45 Minuten Auge in Auge ausgesetzt gewesen zu sein.

Doch es kommt, wenn möglich, noch ärger.

Gibt es doch einen weiteren Uhle-Wettler, den jüngeren Bruder Reinhard, Jahrgang 1932, der sich, ebenfalls seit 1956 bei der Bundeswehr, in der Truppe, den Stäben und im Ministerium bis zum Brigadegeneral hochgedient hat. 1945 erst im zarten Alter von dreizehn Jahren, also kein Wehrmachtveteran wie der Ältere, kompensiert er das kriegerische Defizit auf eigene Weise.

Mir liegt eine Schrift aus seiner Feder mit dem Titel »Brief an einen Oberleutnant« vor, in dem der General a. D. 1997 ein »Brevier für den militärischen Führer« entwirft. Aus dieser denkwürdigen Lektüre einige typische Auszüge:

»Lieber Herr …!

Unser Gespräch über das Bild des Offiziers läßt mich nicht mehr los.

Vor allem soll er ein Ritter gegen Tod und Teufel sein. (…) Er weiß sich in Gottes Hand. Ein wenig gleicht er dem Priester und Ordensmann. (…) Er hat etwas vom Gentleman, vom Kavalier und Herrn. Das bedeutet, er ist sich des Erbes aus Antike, Christentum und europäischem Humanismus bewußt. Sein Ehr- und Pflichtgefühl sind stoisch geprägt. (…) Wo erforderlich, setzt er unerbittlich Grenzen. (…) Er weiß, was sich ziemt, was der Anstand fordert. (…) Er ist Herr über sich selbst und gewohnt, zu befehlen. (…) Das Schöne und Edle verehren, wo immer möglich und angebracht. (…) Als Sportler schafft er Gemeinschaft. Führer und Mannschaft trainieren gemeinsam und stählen den Körper in Spiel und Wettkampf. (…) Vorbilder geben Kraft und Orientierung.«

Vorbilder – welche? Diese:

»Hauptmann Willy Lange, Kommandeur des II. Bataillons des königlich-preußischen Infanterieregiments Prinz Louis Ferdinand von Preußen (2. Magdeburgisches) Nr. 27, der sich sein Christentum in den Materialschlachten des Ersten Weltkrieges bis zum Heldentod bewahrte.

Oberst Werner Mölders, Inspekteur der Jagdflieger und Brillantenträger, ritterlicher, allseits verehrter Soldat und Christ, dessen Andenken in der Bundeswehr besonders gepflegt wird.

Oberst Georg Freiherr von Boeselager, kühner Reiterführer des Zweiten Weltkrieges, gefallen 1944 im Osten an der Spitze seiner Brigade mit 29 Jahren, erfüllt von christlichem Ethos und Widerstand gegen das Unrecht, ausgezeichnet mit dem Eichenlaub und Schwertern zum Ritterkreuz des Eisernen Kreuzes.«[25]

Hilfe!

Man will es nicht glauben, daß dieses Übermenschenbrimborium, dieser Katalog ethiktriefender Worttürmungen tatsächlich so niedergeschrieben worden ist – mit ihrem vergangenheitseingedickten Führer- und Gefolgschaftstenor, der selbstverständlichen Vereinbarkeit von Christentum und Heldentod, der Mystifizierung und Glorifizierung einer dem völkerrechtswidrigen Krieg dargebrachten Tapferkeit, diesem ganzen demokratie-, liberalitäts- und humanitätsfernen Weltbild eines elitären Erzkonservativen mit fließenden Grenzen zum Völkischen hin.

Aber so steht es da, wörtlich, schwarz auf weiß, und viel ausführlicher als hier zitiert.

Angesichts dieses Ergusses drängte sich mir eine andere Erinnerung auf, nämlich an die im August 1955 vom Personalgutachterausschuß des Bundestags herausgegebenen »Grundsätzlichen Richtlinien für die Beurteilung und Auswahl der ehemaligen Offiziere« zwecks deren Wiederverwendung in leitenden Positionen der Bundeswehr.

Hier ihre Kriterien:

»Bewährung im Kriege, Bewährung im zivilen Leben nach dem Kriege, geordnete persönliche Verhältnisse, Verhalten in Gefangenschaft, Wissen um die Aufgabe, Bejahung der demokratischen Lebensordnung, geistige Aufgeschlossenheit, Wahrhaftigkeit, Charakterfestigkeit, Ritterlichkeit, erzieherische Befähigung, außerdienstliche Interessen und körperliche Rüstigkeit.«

»Der Bewerber«, so wurde treffend gefrotzelt, »müßte also eine Mischung aus Albert Schweitzer, Albert Einstein, Dieter Borsche (in Priesterrollen) und Eddi Constantine sein.«
Also noch einmal: Hilfe!
Waren diese Richtlinien mit der Unvereinbarkeit ihrer Einzelteile nicht Ungeist genug? Hätte nicht schon damals dringend gewarnt werden müssen? Welch unheimliche Synchronität zwischen dem amtlichen Schriftstück aus dem Jahr 1955 und dem »Brevier für den militärischen Führer« über vierzig Jahre später, welche Kontinuität bis hinein ins Wortwörtliche.
Wer, um Himmels willen, hat solche Leute wie die beiden Uhle-Wettlers auf die Bundeswehr losgelassen? Welchen Einfluß haben sie während ihrer langen Dienstzeit verströmt, was die Rekruten gelehrt? Was hat jenes Lodenmantelgeschwader ihnen und der Demokratie angetan? Und schließlich: Ist mit diesen Pensionären auch ihr Virus weg aus der Bundeswehr?

Keineswegs, wird die Traditionslüge doch ungebrochen vom Neotraditionalismus fortgeschrieben – und das erschreckenderweise in direktem Zusammenhang mit der »Out of area«-Rolle der Bundeswehr. So etwa, wenn der Leiter des Heeresamtes, Generalmajor Jürgen Reichardt, erklärt, die sittliche Grundlage der Auftragstaktik könne sich im wesentlichen »auf ungebrochene deutsche Militärtraditionen stützen«.[26]
Völlig unverblümt bekennt sich einer der hartnäckigsten Protagonisten des Neotraditionalismus, Generalmajor a. D. Gerd Schultze-Rhonhof, zur Traditionslüge – und bringt das so auf den Punkt:

»Auch die Wehrmacht war keine Neuschöpfung aus dem Nichts. Sie entstand 1935 durch Umbenennung der damals existierenden Reichswehr. Und auch die Reichswehr war aus deutschen Vorgängerarmeen aufgebaut worden. So erhebt sich die Frage nach den zeitlos gültigen Prinzipien und Eigentümlichkeiten deutscher Streitkräfte schlechthin. Genauere Untersuchungen fördern ein überraschend großes soldatisches Erbe aus den vergangenen 350 Jahren zutage, das das Gesicht der Bundeswehr noch heute prägt: preußische Tugenden in den Verhaltensweisen der Soldaten wie Pflichtbewußtsein und Opferbereitschaft, die Anerkennung des Primats der Politik durch das Militär, taktische und operative Führungsprinzipien für das Gefecht, die typisch deutsche Führungsphilosophie der Auftragstaktik, viele Grundzüge des Wehrrechts, zahlreiche militärische Errungenschaften deutscher Herkunft wie die Institution des Generalstabsdienstes und anderes mehr. All dies ist ohne Zweifel von der Wehrmacht an die Bundeswehr weitergegeben worden. Dies zu leugnen, wäre unhistorisch.«[27]

Wie wahr!

Hier wird nicht einmal mehr, wie sonst üblich, in eine große »gute« und eine winzige »schlechte« Wehrmacht geteilt – sie wird vollständig übernommen, makellos.

Welches Hindernis können denn Gesinnungen wie diese gegen potentielle Entwicklungen in ein neues Gewaltregime sein, und wieso behaupten diese Leute, sie stünden auf dem Boden des Grundgesetzes und seien Hüter der demokratischen Republik?

Für mich offenbaren sich hier Haltungen, die postum Hitlers Triumph, den Siegeszug des Nationalsozialismus, verklären. Mir jagt das Angst ein, nicht in einem persönlichen, wohl aber in einem politischen Sinn.

Ungeachtet einer Inflation von Lippenbekenntnissen, hege ich tiefes Mißtrauen gegenüber der Treue solcher Leute zum demokratischen Verfassungsstaat.

»Legte man die Ludwigsburger Maßstäbe an...«

Nachdem am 23. Oktober 1954 in der französischen Hauptstadt die Pariser Verträge unterschrieben worden waren (mit deren Inkrafttreten am 5. Mai 1955 das alliierte Besatzungsregime über die Bundesrepublik endete), wurde der deutsche Unterzeichner auf einer anschließenden Pressekonferenz, nicht ohne süffisanten Unterton, gefragt:

»Herr Bundeskanzler, werden die Generäle Adolf Hitlers auch die Generäle Konrad Adenauers sein?«

Darauf dieser, noch süffisanter: »Ich glaube, daß mir die NATO achtzehnjährige Generäle nicht abnehmen wird.«[28]

Was immer unvermeidbar oder abwendbar gewesen sein mag – die Chronik der Bundeswehr ist fehlgelaufen, und das von Anfang an. Ihre Initiation verdankte sie einer Höllenstunde: der erstmalig aufgekommenen Möglichkeit atomarer Auslöschung der Menschheit – im Fall eines bewaffneten Konflikts zwischen zwei tief verfeindeten Supermächten, deren gemeinsamer opferreicher Anstrengung es, Ironie der Weltgeschichte, gerade kurz zuvor gelungen war, derselben Menschheit den Sieg Hitlerdeutschlands über den Erdball zu ersparen.

Nun waren durch die gewandelten Verhältnisse beide Teile des in West und Ost gespaltenen Landes zu Objekten der politischen und militärischen Begierde ihrer Überwinder geworden. Und das auf Seiten des Westens mit begründetem Schaudern vor einer Sowjetunion, die sich über den siegreichen Widerstand gegen den deutschen Anschlag zur zweiten Weltmacht gemausert hatte, ohne daß auch nur die kleinsten Zeichen eines Demokratisierungsprozesses sichtbar geworden wären.

Das war nicht der Stoff, aus dem Einsicht geboren werden konnte, sondern eher die Versuchung, sich möglichst unversehrt aus dem dicht geknüpften Netz von Schuld und Verantwortung herauszustehlen. Es galt – siehe die I. G. Farben – die Gunst des alliierten Bündniszerfalls so egoistisch wie möglich auszubeuten.

Und die wurde früh genutzt, sehr früh.

Schon im Herbst 1945 durch den ersten Streich, mit der sogenannten »Denkschrift der Generäle«, deren Signaturen sich lesen wie ein Gotha der Höchstverantwortlichen für die Zerstörung Europas, darunter: Generalfeldmarschall Walter von Brauchitsch, Generalfeldmarschall Erich von Manstein, Generaloberst Franz Halder, General Walter Warlimont und General Siegfried Westphal.

Es war die Urkunde einer Selbstexkulpierung, gleichzeitig auch gedacht als Grundlage für die Verteidigung der Generäle und Admiräle in den anstehenden Nürnberger Kriegsverbrecherprozessen und anderen Verfahren der Alliierten gegen hochrangige Angehörige der Wehrmacht.

Der zweite Streich kam mit der »Himmeroder Denkschrift« vom 7. August 1950, benannt nach dem Eifelkloster, in dem sie, lange vor Konrad Adenauers berühmter Ehrenerklärung, von fünfzehn ehemaligen Offizieren der Wehrmacht, darunter wieder Generäle und Admiräle, verfaßt worden ist – mit sichtlich gewachsenem Selbstvertrauen der Autoren übrigens. Wurde darin doch nicht nur öffentlich die kollektive Rehabilitierung der Wehrmachtsoldaten gefordert, sondern auch die Entlassung der noch in Haft befindlichen Kriegsverbrecher. Als hätte es diese Verbrechen gar nicht gegeben, der Vernichtungskrieg im Osten und Süden nicht stattgefunden.

Federführend bei diesen 25seitigen »Gedanken zur äußeren Sicherheit der Bundesrepublik« waren: Generalleutnant a. D. Hans Speidel und Generalleutnant a. D. Adolf Heusinger.

Damit war die Frage der personellen Kontinuität Bundeswehr – Wehrmacht von vornherein entschieden.

Hans Speidel, seit 1930 im deutschen Generalstab, hatte unter Hitler zwischen 1940–44 hohe Stabsstellungen inne, darunter zwischen 1940–42 die eines Chefs des Kommandostabs beim deutschen Militärbefehlshaber Frankreich, General Otto von Stülpnagel. Nach dem Krieg stand Speidel im Ruf, oppositionell gegen das NS-Regime gewirkt und deshalb in Haft gesessen zu haben – womit es allerdings nicht weither gewesen sein konnte.

Denn bei einem Staatsbesuch Adenauers in Frankreich, 1962, kam es zu einem Eklat: Präsident de Gaulle weigerte sich demonstrativ, dem reaktivierten General in der Begleitung des deutschen Kanzlers die Hand zu geben – gefolgt von der ultimativen Forderung an Adenauer, Speidel als Oberbefehlshaber der europäischen Landstreitkräfte der NATO abzulösen. Was dann tatsächlich auch zu dessen vorzeitiger Abberufung führte.

Was veranlaßte den sonst gegenüber Adenauer eher konzessionsbereiten Franzosen, so harsch zu reagieren? Der Freiburger Historiker Elmar Krautkrämer vermutet, daß de Gaulle von Speidels

Rolle als Chef des Kommandostabs zwischen 1940–42 wußte – eine Periode massenhafter Geiselerschießungen und energischer Vorbereitungen, die Juden von Paris nach Auschwitz zu deportieren. Nach dem Krieg war Speidel 1955–57 Leiter der Abteilung Gesamtstreitkräfte im Bundesverteidigungsministerium und 1957–63 Oberbefehlshaber der NATO-Landstreitkräfte in Mitteleuropa. Er hatte in vier Armeen gedient – der kaiserlichen, der Reichswehr, der Wehrmacht und der Bundeswehr.

Adolf Heusinger, Generalstäbler von 1931 bis 1944, war in den Jahren 1940–44 im Oberkommando des Heeres (OKH) Chef der Operationsabteilung – das heißt, im Leitungszentrum des Vernichtungskriegs gegen die Sowjetunion. Nach eigener Aussage war er darüber informiert, daß sich die Wehrmacht unter dem Deckmantel der Partisanenbekämpfung an der »systematischen Reduzierung des Slawen- und Judentums« beteiligt hatte. Nach dem 20. Juli 1944 war Heusinger kurz in Haft genommen worden, ohne sonstige Folgen.

Wie Speidel einer der Gründungsväter der Bundeswehr, wurde er 1955 Vorsitzender des Führungsrats im Bundesverteidigungsministerium, 1957 Leiter des Führungsstabs der Bundeswehr, also ihr Generalinspekteur, und war von 1961–64 Vorsitzender des Ständigen Militärausschusses der NATO in Washington.

Beide Beispiele bestätigen, daß der Große Frieden mit den Tätern auch Hitlers Generalität einschloß.

Nicht, daß es deutscherseits keine Ermittlungsverfahren gegen Wehrmachtangehörige gegeben hätte, im Gegenteil, von der *Zentralstelle der Landesjustizverwaltungen zur Aufklärung nationalsozialistischer Verbrechen* wurden über tausend solcher Verfahren eingeleitet und an die zuständigen Strafverfolgungsbehörden abgegeben. Nur zur Anklage kam es nicht, in keinem einzigen Fall.

Wie die Tatbestände wirklich aussahen, geht unfreiwilligerweise aus dem Brief eines auf die Verteidigung in NS-Prozessen spezialisierten Rechtsanwalts hervor. Das Schreiben stammt aus dem Jahr 1963 und ist gerichtet an Werner Best, den früheren SS-Führer und Stellvertreter Reinhard Heydrichs. Darin heißt es: Die von den Verteidigern in NS-Verfahren gesammelten Unterlagen zeigten,

»daß die Befehle über die Vernichtung von Juden und Partisanen auch über die Wehrmacht gelaufen sind. Legte man die Ludwigsburger Maßstäbe auch gegenüber den ehemaligen Wehrmacht- und heutigen Bundeswehrangehörigen an, so müßten zahllose Verfahren eingeleitet werden, durch die die gesamte Bundeswehr im In- und Ausland erheblich diskreditiert würde.«[29]

Hans Speidel und Adolf Heusinger sind Paradebeispiele für die personelle Kontinuität von Wehrmacht und Bundeswehr in den Frühphasen ihrer Geschichte. Inzwischen verstorben – Speidel 1984, Heusinger 1982 –, ist der Geist, der sie mit seiner Entschuldigungs- und Rechtfertigungsphilosophie in die Streitkräfte holte, hielt und aufsteigen ließ, so lebendig wie eh und je.

Auch andere führende Bundeswehroffiziere, wie Friedrich Ruge, Heinz Trettner, Josef Kammhuber, Friedrich Foertsch, sind beschuldigt worden, von Kriegs- und anderen Verbrechen gewußt beziehungsweise an ihnen mitgewirkt zu haben, ohne daß das, wie bei Speidel und Heusinger, juristisch oder historisch geklärt worden ist.

Doch beginnt die Schuld keineswegs erst bei Wissen oder Beteiligung an Verbrechen jenseits von Kriegshandlungen, sie beginnt vielmehr schon bei der Funktion als Kommandeur in der Wehrmacht, auch wenn einer sonst an keiner einzigen Mordaktion mitgewirkt hat.

Allein auf Grund ihrer damaligen Positionen hätten sie niemals am Aufbau der Armee eines demokratischen Deutschlands teilnehmen dürfen.

Ich habe gesucht und geforscht, bei Speidel, Heusinger und vielen anderen Wehrmachtoffizieren und späteren Repräsentanten der Bundeswehr: Daß der militärische Eingriff Hitlerdeutschlands in das Leben Hunderter von Millionen Menschen, also der *Krieg der Waffen*, Großkiller und Rahmen aller anderen Untaten, das Hauptverbrechen Hitlerdeutschlands war – diesen Gedanken hat keiner von ihnen je geäußert, er befand und befindet sich jenseits ihres Unrechtsbewußtseins. Ein fürchterliches Defizit, ein weißer Fleck, und das nicht nur in diesen Hirnen und im Traditionsverständnis und in der Traditionspflege der Bundeswehr, sondern auch auf der politischen und historischen Bewußtseinskarte der deutschen Öffentlichkeit im Jahr 2000.

Der Skandal der Kasernenpatrone

Kriegerkult I

»Nicht wofür wir kämpfen, ist das Wesentliche,
sondern wie wir kämpfen.«
Ernst Jünger

»Und sauft euch satt in Blut«

Nach aller Übersicht beginnt die Geschichtsspanne des Traditionsverständnisses und der Traditionspflege der Bundeswehr, von Ausläufern ins friderizianische Zeitalter abgesehen, dort, wo die Einheit
des zersplitterten Deutschlands auf die Tagesordnung der europäischen Geschichte kommt: im Zeitalter der Befreiungs- oder Freiheitskriege von 1813–15 und ihrem unmittelbaren Vorfeld.
Mag sein, daß der Ursprung viel weiter zurückliegt, vielleicht
schon im deutschen Bauernkrieg des 16. Jahrhunderts oder im
Dreißigjährigen Krieg – für mich wird der *deutsche Sonderweg* zu
Beginn des 19. Jahrhunderts und nicht erst 1914, 1933 oder 1939
erkennbar.

Die Kriege von 1813–15 bringen zwar das Ende der französischen
Herrschaft über weite Teile Europas und den Untergang des Kaiserreichs Napoleons I., aber, entgegen ihrem Namen, keineswegs
Befreiung und Freiheit für die Völker. Der schließliche Sieg der preu-
ßisch-habsburgisch-russischen Koalition über den Korsen und seine
Heere bei Waterloo mündet in die Metternichsche Heilige Allianz,
ein Europa der Durchlauchten und höchst unheiliger Fürstenvor-
herrschaft, die mittels einer Art Biedermeier-Stasi nichts im Sinn
haben als den Erhalt des Status quo ante.

Dabei kommen in Preußen schon vor 1813 Töne auf, wie sie zuvor
so noch nie vernommen worden waren. Man blättere einmal nach in
Johann Gottlieb Fichtes »Reden an die deutsche Nation«. Da schrillt
nicht nur eine schwer überfrachtete und im Diskant zwischen Hoch-
mut und Weinerlichkeit schwankende Verherrlichung *des* und *der*
Deutschen auf, es artikuliert sich auch ein rigoroser Judenhaß, der
den klerikalen Antijudaismus des vorangegangenen Jahrtausends
weit hinter sich läßt.

Das heißt, gleich am Anfang der Einigungsbestrebungen, nach so
langer und tiefer Zersplitterung, sind jene beiden Elemente da, von

denen die deutsche Geschichte bis in die Mitte des 20. Jahrhundert gezeichnet sein wird: Nationalismus und Antisemitismus.

Damals werden die Weichen falsch gestellt, wendet sich das werdende Deutschland nicht den Mutterländern der Demokratie zu, dem England der bürgerlichen Revolution des 17. Jahrhunderts, der Menschenrechtscharta der Sieger im amerikanischen Unabhängigkeitskrieg von 1775–83 und den Errungenschaften der Französischen Revolution von 1789. Statt dessen entscheidet sich eine ganze deutsche Politik- und Geistesrichtung für die Gegenaufklärung, begräbt unter sich auch die Stein-Hardenbergschen Reformen und ergibt sich einer romantischen Germanisiererei, in die sich früh Stimmen mischen, die eine natürliche Überlegenheit der Deutschen gegenüber welscher Minderwertigkeit behaupten – womit vor allem die Franzosen gemeint sind.

Das Studium der Befreiungs- oder Freiheitskriege ist die Lektüre eines Hasses, wie er sich nie zuvor artikuliert hatte. Das hört sich so an:

Lied von der Rache

Sühnt Blut mit Blut! – Was Waffen trägt, schlagt nieder!
's alles Schurkenbrut!
Denkt unsres Schwurs, denkt an die verratnen Brüder
Und sauft euch satt in Blut!

Und wenn sie winselnd auf den Knien liegen
Und zitternd Gnade schrein,
Laßt nicht des Mitleids feige Stimme siegen,
Stoßt ohn' Erbarmen drein!

Ha, welche Lust, wenn an dem Lanzenkopfe
Ein Schurkenherz zerbebt
Und das Gehirn aus dem gespaltenen Kopfe
Am blut'gen Schwerte klebt!

Gott mit uns! – Der Hölle Nebel weichen,
Hinauf, du Stern, hinauf!
Wir türmen dir die Hügel ihrer Leichen
Zur Pyramide auf!

Diese Verse stammen aus Theodor Körners »Lied von der Rache«, geschrieben im Jahr 1813, das der 1791 Geborene nicht überlebte – er fiel, kaum über zwanzig, am 26. August jenes Jahres bei Gadebusch. Zuvor hatte er, neben vielem Ähnlichen mit der gleichen Ausrufezeichenpathologie, gedichtet:

Gebet während der Schlacht

Vater, ich rufe dich!
Brüllend umwölkt mich der
Dampf der Geschütze,
Sprühend umzucken mich rasselnde Blitze.
Lenker der Schlachten, ich rufe dich!
Vater du, führe mich.

Gott, dir ergeb' ich mich!
Wenn mich die Donner des Todes begrüßen,
Wenn meine Adern geöffnet fließen:
Dir, mein Gott, dir ergeb' ich mich!
Vater, ich rufe dich!

Nun heißt es ja immer wieder, man solle Stimmen und Schriften stets im Zusammenhang mit dem Zeitgeist ihrer Epoche sehen – was zur Erklärung nicht falsch zu sein braucht, aber auch nicht (was solcher Forderung meist zugrunde liegt) bedeuten darf, das Gesagte oder Geschriebene deshalb auch gleich zu billigen. Da braute sich unter dem Vorzeichen der deutschen Einheit zu Anfang des 19. Jahrhunderts das explosive Gemisch einer Todesästhetik aus religiösem und nationalem Pathos zusammen, das sich über die Ära hinaus fortpflanzen und hundert Jahre später, bei Ausbruch des Ersten Weltkriegs, aus den berühmtesten Federn ihrer Zeit ein wahres Blutmeer übers Papier gießen wird.

Niemand weiß, wie Theodor Körner sich entwickelt hätte, wenn er nicht gefallen wäre, und ob er zu mehr fähig gewesen wäre als zu diesen »erbärmlich schlechten Gedichten«, wie Hermann Glaser sie in seinem Buch »Spießer-Ideologie. Von der Zerstörung des Geistes im 19. und 20. Jahrhundert« genannt hat. Daß Körner selbst Zweifel an seinen literarischen Fähigkeiten hatte, geht hervor aus der in seinem typisch gewundenen Sprachstil gefaßten Frage, »ob er, der erst im Anfang seiner Laufbahn Stehende, von den strengen Richtern der Kritik werde des Heldenmahles am Tische der Unsterblichkeit gewertet werden«.[30]

Aber wie die Bewertung auch immer ausfallen mag – Theodor Körner als Vorbild für die Bundeswehr?

Vor mir liegt das Faksimile einer Urkunde, mit dem Text:

»Der Bundesminister der Verteidigung verleiht zur Erinnerung an den sächsischen Dichter Theodor Körner der Truppenunterkunft am Viertelsweg den Namen Theodor-Körner-Kaserne.

07022 Leipzig, 28. 01. 1993

Division und Wehrbereichskommando VII

Der Befehlshaber

Richter

Generalmajor«

Dazu wird mir glaubwürdig versichert: Bei den Neubenennungen nach dem 3. Oktober 1990 hatte das Bundeswehrterritorialkommando Ost verfügt, eine Kaserne in Leipzig nach Carl Friedrich Goerdeler, Kopf des zivilen Widerstands gegen Hitler, zu benennen. In letzter Minute wurde der Vorschlag von Generalmajor Ekkehard Richter gestrichen und handschriftlich durch »Theodor Körner« ersetzt. Welche Gesinnung hier gewaltet hat, dürfte klar sein: Der Barde des Hasses und der Rache mit dem frühen Heldentod stand dem Traditionsverständnis des Zwei-Sterne-Generals allemal näher als der am 2. Februar 1945 in Plötzensee hingerichtete ehemalige Oberbürgermeister und wertkonservative Mitverschwörer des 20. Juli 1944.

Außer in Leipzig ist Theodor Körner Kasernenpatron in Aachen und Lüneburg.

Aber es gibt noch andere Beispiele eines merkwürdigen Traditionsverständnisses der Bundeswehr gegenüber den Sängern des Hasses während der Befreiungs- oder Freiheitskriege.

»Der Gott, der Eisen wachsen ließ«

»Es ist eine unumstößliche Wahrheit, daß alles, was Leben und Bestand haben soll, eine bestimmte Abneigung, einen Gegensatz, einen Haß haben muß; daß wie jedes Volk sein eigenes innigstes Lebenselement hat, es ebenso eine feste Liebe und einen festen Haß haben muß, wenn es nicht in gleichgültiger Nichtigkeit und Erbärmlichkeit vergehen und zuletzt mit Unterjochung endigen will. (...) So muß bei den Deutschen jetzt der Haß brennen gegen die Franzosen, denn sie haben sich die Kühnheit erfrecht, ein Volk unterjochen zu wollen, das stärker und mächtiger wäre als sie, wenn ihre Hinterlist nicht schon lange verstanden hätte, es zu entzweien und zu zerreißen. (...) Dieser Haß wird uns wie ein heller Spiegel sein, worin wir unsere Herrlichkeit und unser Verderben werden sehen können; dieser Haß wird uns und unseren Enkeln und Urenkeln nach uns immer ein Aufschüttler sein, daß wir im Glück und in der Sicherheit des Friedens nicht einschlafen können. (...) Ich will den Haß gegen die Franzosen, nicht bloß für diesen Krieg, ich will ihn für lange Zeit, ich will ihn für immer. (...) Dieser Haß glühe als die Religion des deutschen Volkes, als ein heiliger Wahn in allen Herzen und halte uns immer in unserer Treue, Redlichkeit und Tapferkeit. (...) Ja, führe diese Scheidewand noch höher auf, welche die beiden Völker als Völker voneinander trennt, sie werden sich beide wohl dabei finden.«[31]

Das hat im Herbst 1913 einer geschrieben, der länger lebte als Theodor Körner und der sein ganzes Dasein der obigen Konfession treu blieb – Ernst Moritz Arndt (1769–1860) in seiner Schrift »Über Volkshaß und den Gebrauch einer fremden Sprache«, jener Theologiestudent, spätere Professor der Geschichte in Bonn und Komponist des berühmtesten Liedes der Ära, aus dem hier zwei der sechs Strophen zur Kostprobe folgen sollen, die erste und die fünfte:

Der Gott, der Eisen wachsen ließ,
der wollte keine Knechte;
drum gab er Säbel, Schwert und Spieß,
dem Mann in seine Rechte.

Drum gab er ihm den kühnen Mut,
den Zorn der freien Rede.
Daß er bestände bis aufs Blut,
Bis in den Tod die Fehde.

Laß klingen, was nur klingen kann.
Die Trommeln und die Flöten!
Wir wollen heute, Mann für Mann,
Mit Blut das Eisen röten,
Mit Henkerblut, Franzosenblut –
O süßer Tag der Rache!
Das klinget allen Deutschen gut,
Das ist die große Sache.

Es ist derselbe Ernst Moritz Arndt, der 1813 unter dem Titel »In Frankreich hinein!« dichtete:

Und brauset der Sturmwind des Krieges heran,
Und wollen die Wälschen ihn haben,
So sammle, mein Deutschland,
Dich stark wie ein Mann
Und bringe die blutigen Gaben.
Und bringe das Schrecken und bringe das Grauen
Von all' deinen Bergen, aus all' deinen Gauen,
Und klinge die Losung: Zum Rhein! Übern Rhein!
All-Deutschland in Frankreich hinein.

Eine Vision, die erst 1870/71, dann 1914–18 und schließlich, diesmal über ganz Frankreich hin, 1940–44 Wirklichkeit wurde.

Es ist jener Ernst Moritz Arndt, dessen Haus und Denkmal touristische Dauerziele sind in Bonn, wo er gelehrt hat und wo auch die Ernst-Moritz-Arndt-Medaille verliehen wird; derselbe, nach dem ein Turm auf seiner (damals schwedischen) Geburtsinsel Rügen, seit April 1933 bis heute die Universität in Greifswald und Straßen und Schulen in zahlreichen Orten Deutschlands benannt sind – und zwei Kasernen der Bundeswehr, die in Hagenow und die in Neustadt (Hessen).

Waren die Namensverleiher Analphabeten, oder stellten sie sich nur so? Wußten sie nicht oder wollten sie nicht wissen, daß Ernst Moritz Arndt geschrieben hatte:

»Wer sich, wie die Juden, ein durchaus fremdes Volk, mit Frankreich verbündet und Frankreich um Hilfe anschreit, der meint Tückisches und Verräterisches gegen Deutschland, der ist wie ein Schaf, das dem Wolf die Hürde öffnet; er werde friedlos erklärt über das ganze deutsche Reich, und nimmer möge seine Acht versöhnt werden.«

Und weiter:

»Juden und Judengenossen, getaufte und ungetaufte, arbeiten unermüdlich und auf allen äußersten, radikalen Linken mitsitzend an der Zersetzung und Auflösung dessen, worin uns Deutschen bisher unser Menschliches und Heiliges eingefaßt schien, an der Auflösung der Vaterlandsliebe und Gottesfurcht. Sie sind mit ihrer Rührigkeit, Anstelligkeit und Tätigkeit ein gar nicht ungefährlicher Gärungsstoff bei unserm sittlichen und öffentlichen Leben. Indem sie sich der guten Hälfte unserer Tagesliteratur bemächtigt haben, spielen sie Hohn, Haß und radikale Lüge in alles Spiel des Tages hinein und schauen und lauschen ringsum, wo im Vaterlande noch eine Kraft gesund und stark ist, sie zu mindern und aufzulösen.«

Arndt warnte immer wieder vor »Verbastardung der Nation«, vor ihrer Vermischung mit französischem, vor allem aber jüdischem Blut, »das wie ein betäubendes Gift den edelsten Keim angreift«. Zwar sei durch den Übertritt zum Christentum in der zweiten Generation der »Same Abrahams« kaum noch zu erkennen, aber dafür kämen nun »die Tausende, die unreine Flut von Osten her, welche die russische Tyrannei uns nun noch wimmelnder jährlich aus Polen auf den Hals jagen wird«.[32]

»Fremde Plage« und »Plage und Pest der Christen« hat Arndt die Juden genannt, »ein entartetes und verdorbenes Volk«, das »wie die Fliegen und Mücken und anderes Ungeziefer flattert«. Und weiter: »Wahrlich haben sehr unrecht diejenigen getan, die den Juden die gleichen Bürgerrechte mit Christen bewilligt haben.«[33]

Und wen gruselt es nicht, wenn Arndt schließlich den Mythos eines *nationalen Erlösers* so beschwört:

»Es wird hoffentlich einmal eine glückliche deutsche Stunde für die Welt kommen, und auch ein gottgeborener Held, der mit schwerem Stock, Scepter genannt, das Reich zu einem großen würdigen Ganzen zusammenschlagen kann.«[34]

Brrr!

Wenngleich ich Hitler nicht antizipieren will, da hockt ein Ursprung, der sich mit Fichte trifft und der sich – bei gleichzeitig florierendem jüdischem Emanzipationsprozeß erst in Preußen, dann nach 1871 verstärkt im Reich – fortsetzt über das ganze 19. Jahrhundert, bis hin zu jenem doktrinär-rassistischen Antisemitismus, der sich keine religiöse Maske mehr vorhält, sondern die Juden ganz einfach zum bösen Prinzip der Weltgeschichte erklärt.

Nationalismus, Antisemitismus, völkische Ideen reichen sich früh die Hand, und das ganz gewiß nicht nur in Deutschland, doch dort, wie wir wissen, mit einzigartigen Folgen.

Panorama, Hintergrund, Kulisse ist ein Heldenkult, zu dessen Initiatoren Körner und vor allem Arndt zählen – Sänger, die den Schlachtentod verklären und die Schrecken des Kriegs ausblenden, Propagandisten eines Blut- und Kriegerkults, der von den Befreiungs- oder Freiheitskriegen über Sedan und Mars-la-Tour 1870/71, Langemarck und Verdun 1916 bis hin zu Narvik 1940 und Stalingrad 1942/43 weiter raunen wird. Und dennoch von den Verfechtern »zeitloser soldatischer Tugenden« unserer Gegenwart mühelos in ihr Traditionsverständnis konserviert und integriert werden konnte.

Selbst bei größter Bereitschaft, Haltungen aus dem Zeitgeist zu erklären: Eine Traditionspflege, die diesen beiden Kantoren des Hasses und einer überbordenden, rationalitätsfeindlichen Deutschtümelei Denkmale setzt, die die Kontinuität ebenso mächtiger wie zerstörender Geistesströmungen bis weit in die Zukunft der Nation hinein nicht sieht oder nicht sehen will – eine solche Traditionsauffassung ist demokratiefeindlich.

Damit rede ich keinem Automatismus der Geschichte das Wort, die deutsche hätte auch anders verlaufen können.

Aber sie tat es nicht.

Urkatastrophe Erster Weltkrieg

1937 startete Hitler im Zug seiner Kriegsvorbereitungen eine Traditionsoffensive großen Stils: 200 Kasernen der Wehrmacht erhielten die Namen von Schlachten und Soldaten des »Großen Krieges«, wie der Erste Weltkrieg vor dem Zweiten genannt wurde.

70 dieser Namen sind 1956 von der Bundeswehr übernommen und, von einigen Ausnahmen abgesehen, bis heute beibehalten worden – darunter Kasernenpatrone, deren Ehrung nicht in Übereinstimmung gebracht werden kann mit den Richtlinien des nach wie vor gültigen Apelschen Traditionserlasses, der unter Punkt 29 festlegt:

»Kasernen und andere Einrichtungen der Bundeswehr können mit Zustimmung des Bundesministers der Verteidigung nach Persönlichkeiten benannt werden, die sich durch ihr gesamtes Wirken oder eine herausragende Tat um Freiheit und Recht verdient gemacht habe.«

Und weiter, daß in der Traditionspflege

»solche Zeugnisse, Haltungen und Erfahrungen bewahrt werden sollen, die als ethische und rechtsstaatliche, freiheitliche und demokratische Tradition auch für unsere Zeit beispielhaft und erinnerungswürdig sind«.

So steht es wörtlich da, und wenn man die Hunderte und Aberhunderte von Kasernennamen der Bundeswehr daraufhin prüft, hält ein großer Teil diesen Postulaten nicht stand. Mag der Mitte der fünfziger Jahre waltende Zeitgeist dafür nicht empfänglich gewesen sein, so ist seit der klaren Traditionsvorgabe vom September 1982 inzwischen doch fast eine Generation als Korrektivspanne vergangen, ohne daß anderes als Kosmetik betrieben worden ist, und auch das nicht dem eigenen Antrieb folgend, sondern nur durch Druck von außen.

Ehe auf Einzelheiten eingegangen wird: Das prinzipielle Dilemma der Streitkräfte des demokratischen Deutschlands und ihres Traditionsbedürfnisses besteht darin, daß ihnen dafür nichts anderes zur

Verfügung stand als das historische Vorfeld des einheitlichen deutschen Nationalstaates von 1871 und dessen Werdegang über zwei Weltkriege hin bis zur Apokalypse von 1945, also mit Ausnahme der Exklave Weimarer Republik eine Epoche von antidemokratischer Substanz, zumal während der ersten Hälfte des 20. Jahrhunderts. Aus dieser Ära imperialistischer Ziele bis hin zu den Visionen einer deutschen Weltherrschaft können Vorbilder für die Bundeswehr niemals aus der Sicht des Gehorsams im Sinne der jeweiligen Machthaber erwachsen, sondern nur aus dem nie typischen, wenn auch gerade deshalb um so eindrucksvolleren Widerstand gegen die Herrschaft. Bei der gegebenen Disproportion zwischen atypischem Widerstand und exemplarischem Gehorsam aber würde einer »ausgewogenen« Traditionspraxis etwas Konstruiertes, Aufgesetztes und damit Unwahrhaftiges anhaften – die reale Geschichte der Deutschen ist nicht von Demokraten geschrieben worden. Die Berufung auf die (weitgehend gescheiterten) preußischen Reformer, die mißglückte bürgerliche Revolution von 1848/49 oder die inkonsequente Rebellion von 1918, um im Zeitrahmen dieses Kapitels zu bleiben, kommen gegen das Übergewicht des Undemokratischen und Antidemokratischen nicht an.

Es wäre deshalb ehrlicher gewesen, die Bundeswehr hätte bei der Unwandelbarkeit der militärgeschichtlichen Voraussetzungen entweder auf jeden Traditionsrückgriff verzichtet oder sich, bei allen Bedenken, auf die demokratischen Ausnahmen beschränkt – den großen Georg Forster etwa oder den radikalen Republikaner Friedrich Hecker. Da das nie versucht worden ist, sind entsprechende Lehren ausgeblieben.

Um so mehr Erfahrungen aber hat uns die Traditionslüge geliefert. Sie beschränkt sich, wie an den Befreiungskriegen demonstriert, keineswegs auf die Wehrmacht, das Dritte Reich und seinen Krieg, sondern schließt in ihre Praxis, wie die Übernahme von siebzig Kasernennamen der Hitlerschen Traditionsoffensive zeigt, auch das Großverbrechen der damaligen politischen, industriellen und militärischen Eliten Europas am eigenen Volk und anderen Völkern ein, die Urkatastrophe unseres Jahrhunderts – den Ersten Weltkrieg 1914–18.

Der Autor bekennt sich als Anhänger der Historikerschule Fritz Fischers und seines epochemachenden Standardwerkes »Der Griff nach der Weltmacht – Die Kriegszielpolitik des kaiserlichen Deutschland 1914/18«: das zwar nicht allein-, wohl aber hauptschuldig war. Um die These zu belegen, bedarf es keiner Enzyklopädie der vier Jahre, drei Monate und elf Tage zwischen Ausbruch und Ende – einige wenige, jedoch essentielle Hinweise auf seine Historiographie müßten genügen, den *Großen Krieg* als Quelle für das Traditionsverständnis und die Traditionspflege der Bundeswehr ein für allemal zu verstopfen.

Mit der Vorgeschichte der siegreichen Bismarckschen Kriege gegen Dänemark (1864), Österreich-Ungarn (1866) und das Frankreich Napoleons III. (1871) war innerhalb von wenig mehr als zwanzig Jahren nach der Reichsgründung im Spiegelsaal von Versailles in der Mitte des alten Kontinents ein wirtschaftlicher und militärischer Kraftprotz von gewaltigen Energien gewachsen, ein Gravitationsfeld, wie seit den großen Kaisern des Mittelalters nicht mehr. Nur – als dieses Deutschland sich in den neunziger Jahren seiner Macht von hegemonialer Potenz bewußt wurde, da fand es die Welt bereits unter andere, national längst geeinte und zentral regierte europäische Groß- und Weltmächte mit flottengeschützten Überseebesitzungen aufgeteilt vor – und den Weg zur eigenen Weltgeltung versperrt.

Nun stand an der Spitze der »verspäteten Nation« jedoch keine der karolingischen, salischen, ottonischen oder hohenstaufischen Riesengestalten von einst, sondern Wilhelm II. Während der »Eiserne Kanzler« nach der Einigung des Reichs außenpolitisch zwanzig Jahre lang eine Diplomatie zur Bewahrung des Erreichten betrieb (mit dem Alptraum eines Zwei- oder Vielfrontenkriegs gegen Deutschland), steuert der unberechenbare Kaiser nach Bismarcks Entlassung mit dem Rückenwind nationalistischer und expansionistischer Kräfte andere Ziele an.

Damals fiel das berühmte Wort:

»Die Zeiten, wo der Deutsche dem einen seiner Nachbarn die Erde überließ, dem andern das Meer und sich selber den Himmel reservierte, wo die reine Doktrin thront – diese Zeiten sind vorüber. Wir wollen niemand in den Schatten stellen, aber wir verlangen auch unseren Platz an der Sonne.«[35]

So gesprochen am 6. Dezember 1897 – wenngleich nicht, wie die Legende es wissen will, aus dem Mund Wilhelms II., sondern aus dem seines damaligen Außenstaatssekretärs und späteren Kanzlers Bernhard Graf von Bülow. Wie die Nachwelt weiß, gingen statt dessen am 1. August 1914 in Europa die Lichter aus.

Von allen Kriegsmotiven jener Ära imperialistischer Rivalität bleibt die überzeugendste, daß keine Großmacht an der Veränderung des Status quo interessierter gewesen sein konnte als dieses »nachhinkende«, sich zu kurz gekommen fühlende Deutsche Reich. Keine andere nationale Führung hatte ein so elementares Bedürfnis nach Veränderung wie die deutsche – die ihn wollte, aber nur mit Waffengewalt herbeizwingen konnte.

Das sind einleuchtende Gründe, wenn nicht für die Allein-, so aber doch für die Hauptverantwortung Deutschlands am Ausbruch des Ersten Weltkriegs, auch wenn er durch einen Lokalkonflikt auf dem Balkan ausgelöst wurde.

Daß das kaiserliche Deutschland die europäischen und die Weltkräfteverhältnisse gewalttätig zu seinen Gunsten verändern wollte, blieb nicht geheim und sollte es nicht bleiben. Es war vielmehr mit höchstem Segen von einer Flut publizistischer Bekundungen begleitet, allem voran das 1913 millionenfach gedruckte Buch Friedrich von Bernardis »Deutschland und der nächste Krieg« mit der ultimativen Devise: »Weltmacht oder Untergang«.

Es hatte für diesen absolutistischen Expansionismus und seine wilde Entschlossenheit genug unheilvolle Vorzeichen, viele schlimme Signale gegeben. Ich habe zwei Beispiele dafür ausgesucht, deren Auswahl zurückgeht auf die eigenwillige Bezugnahme eines hohen Bundeswehroffiziers auf sie im Jahr 1995.

Krisen vom eigenen Land ferngehalten?

»Kommt Ihr vor den Feind, so wird er geschlagen, Pardon wird nicht gegeben, Gefangene nicht gemacht. Wer Euch in die Hände fällt, sei in Eurer Hand. Wie vor tausend Jahren die Hunnen unter ihrem König

Etzel sich einen Namen gemacht, der sie noch jetzt in ihrer Überliefe-
rung gewaltig erscheinen läßt, so möge der Name Deutschland in
China in einer solchen Weise bekannt werden, daß niemals wieder ein
Chinese es wagt, einen Deutschen auch nur scheel anzusehen.«[36]

So die als »Hunnenrede« in die Annalen eingegangene Ansprache
Wilhelms II., mit der er 20 000 deutsche Soldaten als Teil eines internationalen Militärkontingents am 27. Juli 1900, vor ihrer Verschiffung
nach China, auf ihre Aufgabe einstimmte. In Peking sollte der Widerstand des Geheimbundes der »Boxer« gegen die Versklavungspolitik
europäischer Kolonialmächte gebrochen werden. Die Soldaten sollten, wie es offiziell hieß, die heiligen Werte des Abendlands verteidigen. Sie errangen auftragsgemäß den Sieg und richteten ein Blutbad
unter Chinesen an.

Im vertrauten Kreis sagten die Urheber der Aktion aber anderes.
General Helmuth von Moltke, später Chef des Generalstabs, in
einem Brief am 11. Juli 1900 an seine Frau Eliza:

»Wenn wir ganz ehrlich sein wollen, so ist es Geldgier, die uns bewo-
gen hat, den großen chinesischen Kuchen anzuschneiden. Wir wollten Geld verdienen, Eisenbahnen bauen, Bergwerke in Betrieb setzen – eben Geld verdienen.«[37]

Dafür mußten Tausende von Chinesen sterben.

Vier Jahre später folgte eine noch weit grausigere Militäraktion, diesmal mit ausschließlich deutscher Beteiligung.

Während der Erwerb von Kolonien seit 1884 in Deutsch-Ostafrika
zu einer Kette von Kleinkriegen und Scharmützeln gegen die einhei-
mische Bevölkerung führte, brach in Deutsch-Südwest ein Aufstand
aus – die Rebellion der Hereros. Die hatten sich erhoben, weil sie mit
ihren Herden so weiterleben wollten wie seit eh und je – was aber
den Plänen der weißen Eindringlinge zuwiderlief. Und so schickte
der Kaiser 1904 einen Mann nach Südwest, der sich schon beim
»Boxeraufstand« bewährt hatte: General Lothar von Trotha.

Der jagte nach der siegreichen Schlacht am Waterberg vom 11.
August 1904 das auf etwa 80 000 Köpfe geschätzte Volk in die Kala-

hari und hielt es dort in Schach – mit einem Wall von Kanonen und Bekundungen wie dieser:

»Erlaß an die Hereros: Innerhalb der deutschen (!) Grenze wird jeder Herero, mit oder ohne Gewehr, mit oder ohne Vieh, erschossen. Ich nehme keine Weiber und Kinder mehr auf, treibe sie zu ihrem Volk zurück oder lasse auf sie schießen. Das sind meine Worte an das Volk der Hereros – Der Große General des mächtigen Kaisers, von Trotha.«

Und daran hielt er sich, Zehntausende in der Wüste Eingeschlossene starben. 12 280 Hereros überlebten in deutschen Gefangenenlagern, 700 als Flüchtlinge im britischen Betschuanaland. Von ehemals 80 000.

Konnte man schon, wenn auch mit Mißbehagen, der »Hunnenrede« Wilhelms II. eine gewisse perverse Poetik nicht absprechen, so wird diese doch in den Schatten gestellt von einem Kommentar, der der Ausrottung von fünf Sechsteln der Hereros – und damit dem ersten Völkermord unseres Jahrhunderts – aus der Feder des Deutschen Generalstabs nach Abschluß der »Strafexpedition« folgte:

»Das Drama spielte sich auf der dunklen Bühne des Sandfeldes ab. Aber als die Regenzeit kam, als sich die Bühne allmählich erhellte und unsere Patrouillen bis zur Grenze des Betschuanalandes vorstießen, da enthüllte sich ihrem Auge das grauenhafte Bild verdursteter Heereszüge. Das Röcheln der Sterbenden und das Wutgeheul des Wahnsinns – sie verhallten in der erhabenen Stille der Unendlichkeit. Das Strafgericht hatte sein Ende gefunden. Die Hereros hatten aufgehört, ein selbständiger Stamm zu sein.«

Nie wieder bin ich in einem amtlichen Papier einer solchen Mischung aus verkommener Poesie und blumiger Rechtfertigung eines Massenmords begegnet, wie sie sich die Kriegsgeschichtliche Abteilung I des Großen Generalstabs mit diesem Text abgerungen hat.

Ganz anders allerdings wurden beide Schlächtereien fast hundert Jahre später, 1995, von Klaus Naumann gesehen. Damals war der spätere Vorsitzende des NATO-Militärausschusses noch Generalinspek-

teur der Bundeswehr. Er erklärte in einem Vortrag: Der deutsche Soldat müsse nunmehr auch weit jenseits der heimatlichen Grenzen versuchen, »Krisen von seinem Land fernzuhalten«, was »in diesem Jahrhundert vor 1945 nur zweimal geschehen« sei.
Richtig gezählt – bis dahin!

Nur, welch geistige Akrobatik ist vonnöten, um den imperialistischen Eingriff vor einem Jahrhundert in Fernost und fünf Jahre später den Völkermord in der Kalahari in Aktionen umzudeuten, mit deren Hilfe Krisen vom eigenen Land abgehalten werden sollten? Und wie steht es um das politische und historische Bewußtsein eines der höchsten Offiziere der Bundeswehr, wenn seine Interpretation beider blutiger Geschehnisse am Ende des 20. Jahrhundert sich nicht von der zur Tatzeit unterscheidet?

Hurrapatriotismus – Ypern – Gaskrieg

Der Große Krieg hat seine Schatten lange vorausgeworfen. Und doch hatte die Menschheit keine Ahnung, was von ihm zu erwarten war. Anders ist die patriotische Raserei bei seinem Ausbruch am 1. August 1914 nicht zu begreifen. An ihr, ein Schandfleck in der Geschichte der deutschen Intellektuellen, waren bis auf wenige Ausnahmen alle berühmten Federn ihrer Zeit beteiligt: Carl Zuckmayer, Gerhart Hauptmann, Thomas Mann; Dehmel, Binding, Wildgans, Bahr; auch solche, von denen es am wenigsten zu vermuten war – Carl Sternheim etwa, der bis dahin kein gutes Haar an preußisch-deutscher Zucht gelassen hatte, sich nun aber nationalistisch überschlug; Ernst Lissauer, mit seinem »Haßgesang auf England«, oder Alfred Kerr, 1914 plötzlich Albion-Schmäher – »Hunde dringen ein ins Haus/Peitscht sie raus!« –, eben jener große, gefürchtete Berliner Theaterkritiker, der dann zwanzig Jahre später vor Hitlers Antisemitismus just in Großbritannien Zuflucht suchte. Bis auf das kleine Häuflein Unerschütterlicher – Hermann Hesse, Karl Kraus, Alfred Polgar, Stefan Zweig – ahmten sie alle Theodor Körner nach, geiferten vor Haß, wateten in Worten bis zum Hals im Blut und verherrlichten den Krieg auf die wollüstigste Weise.

Gegen diese Wüterei bis hinein in die Verblödung (»Serbien muß sterbien«) wirken Stümpereien wie dieser »Soldatenabschied 1914« in seiner schlichten Totenseligkeit fast harmlos:

Laß mich geh'n, Mutter, laß mich geh'n!
All das Weinen kann uns nichts mehr nützen.
Denn wir geh'n das Vaterland zu schützen.
Laß mich geh'n, Mutter, laß mich geh'n.
Deinen letzten Gruß will ich vom Mund dir küssen:
Deutschland muß leben, und wenn wir sterben müssen.

Lange wird der Hurrapatriotismus allerdings nicht anhalten – auch auf der Seite der Gegner nicht.

Mit dem Graben- und Stellungskampf, mit Trommelfeuer und Giftgas, waren die vier Jahre des Ersten Weltkriegs für die Soldaten möglicherweise noch grauenhafter als die fast sechs Jahre des Zweiten mit seinen raumgreifenden Vor- und Rückmärschen.

Trotz einer riesigen Front in Ost- und Südosteuropa, wo, wie im Westen, ein kurzer Bewegungskrieg ebenfalls in einen Stellungskrieg mündete, trotz der für die Kombattanten beider Seiten verlustreichen Schlachten an der italienisch-habsburgischen Alpenfront und an der Front des türkischen Verbündeten Deutschlands – das Schwergewicht der Kampfhandlungen blieb die ganze Zeit über an der Westfront, einer wenige hundert Kilometer langen Feuerlinie auf belgischem und nordfranzösischem Boden.

An Härte gaben sich die Kontrahenten im Kampf nichts nach, ebensowenig wie die Generalität der Hauptquartiere hüben und drüben in ihrer Fähigkeit, Hunderttausende fremder und eigener Soldaten auf kleinstem Raum für territoriale Prestigegewinne verbluten zu lassen.

Wahnsinn!

Langemarck-Ypern, September/November 1914, mit allein 45 000 gefallenen deutschen Soldaten; die Materialschlachten an der Somme zwischen St. Quentin und Arras von Juli bis November 1916; die zehnmonatige Hölle von Verdun, Februar bis Juni 1916, mit 700 000 gefallenen Soldaten auf beiden Seiten; die Panzerschlacht bei Cambrai im

November und Dezember 1917 – dies nur ein Ausschnitt aus dem bis dahin größten Massenschlachten in der Geschichte der Menschheit. Dann der Gaskrieg.

Am 22. April 1915, 18 Uhr, quollen aus den vordersten Linien des deutschen Frontabschnitts Bixschoote–Langemark bei Ypern schwere Wolken: Pioniere der 9. Armee hatten bei Nordostwind fast 6000 Stahlflaschen geöffnet, denen fünfzig Tonnen Chlorgas entströmten – Abfallprodukt der Chemieindustrie. Eine weißgelbe Wand mit einer Breite von mehreren Kilometern und 600 bis 900 Metern Tiefe trieb auf die feindlichen Linien zu.

Am selben Tag ließen Pioniere der 23. und 26. Heeresgruppe bei günstigem Wind aus 6000 Flaschen 160 Tonnen Chlorgas ab.

»Die französischen Soldaten taumelten uns entgegen, sie waren blind, sie husteten, sie keuchten, ihre Gesichter waren blau angelaufen, vor Todesangst waren sie sprachlos. Und hinter ihnen, in den gasgefüllten Gräben, stellten wir danach fest, hatten sie Hunderte von toten und sterbenden Kameraden zurückgelassen.«[38]

So Augenzeugen. Sie berichteten von flüchtenden Soldaten, deren Lungen geplatzt waren und denen rötlicher Schaum aus Mund und Nase quoll. Viele von ihnen hatten ihre Waffen weggeworfen und eilten mit weit geöffneten Uniformröcken wie Irrsinige nach hinten. Dabei schrien sie laut nach Wasser, spuckten Blut, wälzten sich am Boden und rangen vergeblich nach Luft.

Das kaiserliche Deutschland hatte, ein Verstoß gegen das geltende Kriegsrecht, mit dem Gaskrieg begonnen. Es war das erste Mal, daß Gas als Kampfmittel verwendet wurde.

Den ersten Angriffen folgten weitere mit noch weitaus mehr und schrecklicheren Giftgasen (Blaukreuz, Gelbkreuz, Maskenbrecher, Lost).

Der Vater des Gaskriegs, der deutsche Chemiker und Geheimrat Professor Fritz Haber, schwärmte von einer »technisch höheren Form des Tötens«. Eine Eintragung in das Kriegstagebuch der 9. Armee vom 14. Mai 1915 gibt folgende rassistische Rechtfertigung der Anwendung von Giftgas wieder:

»Angesichts des Umstandes, daß unsere Gegner unter Verzicht auf jeden Rassenstolz ein buntes Völkergemisch gegen uns ins Feld führen, ist die Anwendung dieses Mittels voll gerechtfertigt. Wir erreichen auf diese Weise unseren kriegerischen Zweck und sparen an kostbarem Blute.«[39]

Nach dem Auftakt in Ypern führten deutsche Gastruppen, auch an der Ostfront, zahllose Blasangriffe, den letzten am 31. Januar 1917. Dann wurden sie aufgrund ungünstiger meteorologischer Bedingungen an der Westfront und besserer gegnerischer Schutzmaßnahmen eingestellt, aber nur, um den Gaskrieg mit neu entwickelten hochgiftigen Granaten, Minen und Werferflaschen zu vervollkommnen.

Hauptlieferanten von Flüssigchlor waren 1915–18 Bayer Leverkusen und BASF Ludwigshafen.

Was die Deutschen da losgetreten hatten, war fürchterlich und veranlaßte die Gegenseite, ebenfalls Giftgas zu produzieren und die feindlichen Linien damit anzugreifen.

Dem ersten französische Angriff mit Gas am 15. Februar 1916 folgten etwa 50 Angriffe pro Monat, dem ersten britischen Angriff vom 25. September 1915 weitere 300, während das zaristische Rußland erst im Sommer 1916 auf die deutschen Abblasungen mit Chlorgas antwortete.

Insgesamt dürfte es bis Kriegsende an allen Fronten Hunderttausende von Gastoten oder bis ans Lebensende schwer Versehrten gegeben haben.

In Dieter Martinez' Buch »Der Gaskrieg 1914-18«, dem ich diese Einzelheiten entnehme, steht eine Mitteilung, die knapp ist, aber in gewisser Hinsicht weltgeschichtliches Gewicht hat:

»Unter den Lostgeschädigten eines Angriffs vom 14. Oktober 1918 auf das 16. Bayerische Reserveinfanterieregiment befand sich auch der 29jährige Gefreite Adolf Hitler. (...) Verschiedene Historiker führen seine Zurückhaltung beim Einsatz chemischer Kampfstoffe während des Zweiten Weltkrieges zumindestens teilweise auf diese Erfahrung zurück.«[40]

Dazu zwei Assoziationen: Wie wäre wohl die Geschichte Europas und der Welt verlaufen, wenn Hitler damals an der giftigen Inhalation gestorben wäre? Und: Muß man die Tatsache, daß er chemische Kampfstoffe an den Fronten nicht verwendete, nicht eher auf die Erkenntnis zurückführen, daß dann die Alliierten mit ihrer Überlegenheit zu Wasser, zu Lande und in der Luft nahezu unbehindert hätten zurückschlagen können? Wobei als selbstverständlich angenommen werden kann, daß Hitler bei eigener militärischer Übermacht keine Sekunde gezögert hätte, auch Gas zu nutzen.

Einen chemischen Krieg aber hat der gasgeschädigte Gefreite aus dem Ersten Weltkrieg dann im Zweiten dann doch noch geführt, wenn auch nicht im Feld, sondern in den Kammern des Zyklon B – ohne mit Vergeltungsangriffen rechnen zu müssen.

Die große Fabrik künftiger Monster

Die Schlachten des Ersten Weltkriegs als Reservoir für das Traditionsverständnis und die Traditionspflege der Bundeswehr?

Auf den Grab- und Ehrenmalen für die Toten der großen Schlachten steht jedenfalls nicht »geschlachtet«, sondern »gefallen«: »Für Volk und Vaterland«.

Welch Verschleierung, welch Verdrängung!

Auf keinem dieser Gedenkmale wurde beim Namen genannt, für wen und für was sie sterben mußten. Schon damals kündete kein Buchstabe von Machtpolitik, von Hegemonialstreben, von Besitz- und Annexionswut, von Beutegier, von Eroberungsgelüsten und Weltherrschaftsphantasien. Diese Motive werden auf allen Inschriften und Nachrufen ebensowenig genannt wie die Namen derer, die das Blut in klingende Münze verwandelten oder zum eigenen militärischen Ruhm ganze Armeen opferten.

Manchem dämmerte dann doch die Erkenntnis, wenn auch spät – wie in diesem Feldpostbrief vom Juni 1917:

»Ob sich die Völker nicht auf ihre Macht besinnen, um die Fesseln der Knechtschaft zu sprengen, die ihre Regierungen ihnen in unverantwortlicher Weise auferlegt haben? Ob sich dann nicht des größten Teils der Bevölkerung der beiden sich bekämpfenden Mächte-

gruppen eine Ernüchterung bemächtigt, um den gegenseitigen Haß
zu besänftigen und den Weg zu Verhandlungen frei zu machen?«

Und in einem anderen Brief, später, vom August 1918:

»Hoffentlich entgehen die Schuldigen, die das Volk ins Verderben
getrieben haben, nicht ihrer gerechten Bestrafung; denn soviel hat
noch kein Volk leiden müssen für die Hirngespinste einer macht-
hungrigen Gesellschaft, die alle Menschenrechte beiseite stieß. (...)
Wir haben den Krieg verloren, wir können nicht mehr.«[41]

Kein Soldat, weder auf deutscher noch auf gegnerischer Seite,
kämpfte 1914–18 für sein Vaterland, jeder von ihnen tötete und wurde
getötet für Interessen, die nicht die seinen, sondern die seiner Führung waren. Nichts, nicht das geringste war es wert, daß auch nur ein
Tropfen Blut darum vergossen würde – es sei denn das Blut der
Mächtigen für den Fall, daß sie ihre Konflikte unter sich ausgefoch-
ten hätten, statt Millionenheere von Menschen, zwischen denen es
keinerlei Gegensätze gab, sterben zu lassen.

Andacht und Weihe vor diesen Gefallenenmalen 1914–18 im Stil
Theodor Körners und Ernst Moritz Arndts? Nichts da! Zorn und
Verzweiflung vor der eingravierten Lüge »Fürs Vaterland«, vor dem
Totenkultnebel, der Inflationierung von Kriegerdenkmalen und
revanchistischen Trauertagsprogrammen, den Versuchen, Sinnlosem
Sinn zu geben – Zorn und Verzweiflung!

Es ist natürlich, daß Hinterbliebene trauern, um den Vater, den
Bruder, den Sohn, den Gatten – wie denn nicht? Und das ein Leben
lang – wie denn nicht? Selbstverständlich wäre auch in meiner Familie um Kriegstote getrauert worden, wenn es einen gegeben hätte.
Wenn mein Großvater mütterlicherseits, der einzige Teilnehmer am
Ersten Weltkrieg aus unserer Sippe, aus ihm nicht wiedergekehrt
wäre. Aber er kam zurück, wenn auch verwundet. Und so erinnere
ich mich an einen guten, redlichen, immer etwas gebeugt daherkom-
menden Mann, den ich, der 1923 Geborene, geliebt habe. Jahrelang
an der Westfront gewesen, sprach er nie über seine Erlebnisse, mit
einer Ausnahme, die uns Brüdern und Enkeln so gut gefiel, daß wir
den Großvater immer wieder baten, sie zu erzählen. Es war die

Geschichte von einem kleinen französischen Jungen, der, wenn irgend möglich, zu den deutschen Soldaten kam, bei ihnen um Brot bettelte und, nachdem er es ergattert hatte, im Weglaufen rief: »Allemands grand filou!« (»Deutsche große Gauner!«) Was den Jungen keineswegs daran hinderte, am nächsten Tag aufs neue zu erscheinen und das Schauspiel zu wiederholen.

Wenn ich ihn schon damals gekannt hätte, meinen geliebten Großvater, und er wäre im Krieg umgekommen, ich hätte herzzerbrechend um ihn getrauert.

Aber die Lüge –»Gefallen fürs Vaterland«– hätte ich nie akzeptiert und nie geglaubt.

In den vier Jahren von 1914-18 kämpften an allen Fronten 65 Millionen Soldaten, von denen 20 Millionen verwundet und 10 Millionen getötet wurden – darunter 2 Millionen Deutsche, 1,7 Millionen Franzosen, etwa ebenso viele Russen, 950 000 Briten, 115 000 Amerikaner, 1,5 Millionen Untertanen Österreich-Ungarns, eine halbe Million Italiener, und eine unbekannte Zahl von Türken, Bulgaren, Serben und Griechen.

Achtzig Jahre nach seinem Ende, 1998, schrieb die französische Zeitschrift »Libération«: »Der Erste Weltkrieg war der Selbstmord Europas und die große Fabrik künftiger Monster.«

Und tatsächlich, er war die Mutter der grauenvollsten, alle vorangegangenen Schrecken der Menschheitsgeschichte weit überholenden Ismen unseres Jahrhunderts – des Bolschewismus, des Faschismus und des Nationalsozialismus –, in langen Jahrzehnten zuvor schon ausgebrütet unter der trügerischen Decke eines scheinbar unerschütterlichen Fortschritts europäischer Zivilisation und ihres himmelstürmenden Optimismus.

Alle diese Ismen sind inzwischen um einen Menschenopferpreis ohnegleichen ad absurdum geführt worden – von der bolschewistischen Diktatur des Proletariats über den Faschismus als »nationalen Wert an sich« bis hin zur nazistischen Theorie der Höherwertigkeit der »arischen Rasse«. All das ist untergegangen im blutigen Mahlstrom des 20. Jahrhunderts, dessen Hauptopfer nicht mehr der kämpfende Soldat sein sollte, sondern die Zivilbevölkerung, von

Guernica bis Rotterdam, von Dresden bis Hiroshima, von Nagasaki
bis Srebrenica und Pristina im Kosovo.
Ihr gemeinsames, fürchterliches Geburtsbett jedoch war der Erste
Weltkrieg.

»Das Volk gefällt mir aber nicht«

Sosehr sich die politischen Systeme und Ideale der kriegführenden
Staaten voneinander unterschieden, in diesem gigantischen Waffengang hatte keiner von ihnen anderes als Machtpolitik im Sinn – und
doch war Deutschland schon damals die falsche Seite der Weltgeschichte, war in ihrem Sinn seine Niederlage so wünschenswert wie
der Sieg der Entente.

Der Versailler Vertrag, der dabei herauskam, war kein diplomati-
sches Meisterstück, aber ein Kinderspiel gegenüber den Siegplänen
des deutschen Kaiserreichs im Fall seines militärischen Triumphes,
besonders was Osteuropa betraf.

So erschien unter dem Stichwort »Rußland« am 8. Juli 1915 eine
von 1347 Intellektuellen unterschriebene und an Reichskanzler Theo-
bald von Bethmann Hollweg adressierte »Kriegszieldenkschrift«, in
der von »Deutschlands größter Bedrohung durch die Bevölkerungs-
masse des Russischen Reiches« gesprochen, ein »Grenzwall gegen
die vordringende Slawisierung« gefordert und unverhüllt zu gewalt-
samer Landnahme aufgerufen wird:

»Grenzwall und Grundlage zur Wahrung unseres Volkswachstums
aber bietet Land, das Rußland uns abtreten muß. Es muß landwirt-
schaftliches Siedlungsland sein. Land, das uns gesunde Bauern, diesen
Jungbrunnen aller Volks- und Staatskraft, bringt. Land, das einen Teil
unseres Bevölkerungszuwachses aufzunehmen vermag, das die wirtschaftliche Unabhängigkeit Deutschlands vom Auslande durch
eigene Ernährungsmöglichkeiten steigert, Land, dessen Neubesied-
lung und Eindeutschung auch dem geistigen Proletariat neue Lebens-
möglichkeiten schafft. Solches Land für unsere leibliche, sittliche und
geistige Gesundung ist vor allem im Osten zu finden.«[42]

Land, Land, Land – Hitlers These vom »Lebensraum im Osten«, die Vokabel »Eindeutschung«, die Pläne von einem blockadefesten, autarken Deutschen Reich – all das ist schon 1915 da, als der spätere »Führer« noch als Gefreiter Meldegängerdienste an der Westfront verrichtete! Wer den »Generalplan Ost« von 1941/42 kennt, dieses rassentheoretisch geprägte Ausbeutungs-, Unterdrückungs- und Vernichtungsprogramm für Osteuropa und die geschlagene Sowjetunion, der findet dessen Stichworte – Germanisierung, Aussiedlung, Umvolkung – kaum verbrämt schon in dieser »Kriegszieldenkschrift«:

»Mit dem Grund und Boden ist die russische Bevölkerung nicht so wurzelfest verwachsen wie diejenige im westlichen und mittleren Europa. Im gewaltigsten Maßstab hat Rußland vielmehr immer wieder, bis in die Kriegszeiten hinein, große Teile seiner Bevölkerung verpflanzt. Die hier vorliegenden Möglichkeiten dürfen nicht nach den bescheidenen deutschen Kulturmaßstäben bemessen werden.«[43]

Hier wird im Ersten Weltkrieg vorgedacht, was im Zweiten praktiziert wird, treten zentrale Kontinuitäten zwischen Kaiserreich und Drittem Reich zutage, werden die Wurzeln einer Tragödie bloßgelegt, die die Dezimierung ganzer Völker enthält.

Hitler 1941, in einem seiner »Tischgespräche«:

»Ziel seiner Ostpolitik sei – auf lange Sicht gesehen –, etwa hundert Millionen germanischen Menschen in diesem Raum ein Siedlungsgebiet zu erschließen. Man müsse alles daransetzen, mit eiserner Zähigkeit eine Million deutscher Menschen nach der anderen dorthin zu bringen und radikale Volkstumspolitik betreiben. Ebenso wie der Deutschritterorden sich nicht mit Glacéhandschuhen durchgesetzt, sondern mit der Bibel auch das Schwert mitgebracht habe, so müßten auch unsere nach dem Osten abkommandierten Männer als Glaubenskämpfer der nationalsozialistischen Weltanschauung unsere Volkstumsbelange notfalls mit Brachialgewalt durchsetzen.«[44]

Bei solchen Analogien, die die Geschichte der Sphäre des Zufalls entreißen und ihre schamlosen Kausalitäten freilegen, laufen einem kalte Schauder den Rücken herunter.

Es beginnt lange, lange vor 1933.

1914–18 – das ist eine epochale Zäsur. In ihr gewinnt die Hybris des Nationalismus eine neue Dimension, ihrem Schoß entspringt eine Brutalisierung des allgemeinen Umgangs, deren kollektive Durchdringung sich vergangene Zeitalter nicht ausmalen konnten, geschehen Verbrechen, von denen die Täter zuvor keine Ahnung hatten, daß sie ihrer fähig wären. Dieser bewaffnete Zusammenstoß von bis dahin unvorstellbarer Größe und Wucht hat alle Beteiligten entmenschlicht, aber Okkupanten waren die Deutschen.

Wir wissen nicht, wie sich Belgier als Besatzer auf deutschem Boden verhalten hätten, aber wir wissen, was deutsche Truppen in diesem gegen alles Kriegsrecht vom kaiserlichen Deutschland überfallenen neutralen Land belgischen Zivilisten angetan haben.

Es gibt dafür Dokumente.

Am 7. August 1914, kurz nach der Eroberung der Festung Lüttich, schrieb der Kommandierende General des VII. Armeekorps, Generaloberst von Einem, in einem Feldpostbrief an seine Frau über seine Reaktionen auf angeblich hinterhältige Angriffe der Zivilbevölkerung: »Ich habe befohlen, die Dörfer abzubrennen und jeden zu erschießen.« Und am 10. August: »Wir haben leider sehr viel sengen und brennen müssen.«[45]

Ungeachtet dieses Eingeständnisses gibt es in Münster eine »General-von-Einem-Kaserne« und die »von-Einem-Straße«.

Generaloberst von Beseler schreibt am 20. August 1914, nachdem am Tag zuvor in der belgischen Stadt Aerschot 119 Einwohner erschossen worden waren:

»Der Ort hier ist halb verbrannt und schrecklich zugerichtet. Die Einwohner haben sich gestern sehr feindselig gezeigt und sind sehr streng bestraft worden. Viele Unschuldige müssen mitleiden.«

Und derselbe Absender am 23. August 1914:

»Das Volk gefällt mir aber nicht; es sind durchweg Vlamen, aber sie machen den Eindruck einer niedrig gehaltenen Race, sind auch körperlich weniger wie die Deutschen.«[46]

Zwischen dem 25. und dem 28. August 1914 werden in Löwen 209, in Dinant zur selben Zeit 650 belgische Zivilisten von sächsischen Soldaten getötet. Dazu der Soldat Rasch am 25. August an seine Eltern in Dresden:

»Dinant ist gefallen, alles niedergebrannt. Wir dringen immer weiter vor. Die Männer werden erschossen, die Häuser geplündert und niedergebrannt.«[47]

Greuelmeldungen? Die Leugnung solcher »Verbrechen gegen die Menschlichkeit« in Belgien ist nach meinen Erfahrungen das früheste und deshalb dauerhafteste Beispiel in der langen Geschichte deutscher Verdrängungen. Das hat einen spezifischen Mechanismus, den ich über ein Leben hin beobachten konnte, nämlich diese Morde von Soldaten an Zivilisten ohne jede Prüfung so lange als unwahr zu persiflieren, bis vom Tatgeschehen nichts übrigbleibt als seine Persiflage: »Ach ja, die Greuel in Belgien 1914 ... – kennt man doch, diese deutschfeindlichen Stories.«

Wobei die Eindringlinge, die das Kriegsrecht gebrochen hatten, zivilen Widerstand (wenn er tatsächlich das Motiv für die Exekutionen gewesen sein soll) als Bruch eben jener internationalen Bestimmungen betrachteten. Der Begriff »Partisan« oder »Freischärler« (»Franctireur«) setzt, wie wir noch sehen werden, bei deutschen Angreifern jedes Rechtsbewußtsein außer Kraft. Das hat nicht gewartet bis zum Zweiten Weltkrieg, das war schon damals da. Auch hier warfen fürchterliche Ereignisse ihre Schatten voraus.

Urkatastrophe Erster Weltkrieg.

Was soll, was kann für die Armee des demokratischen Deutschlands aus dieser Apokalypse als traditionswürdig übernommen werden? Was aus einem Krieg, der, wie der Leitartikler der »Vossischen Zeitung«, Martin Hobohm, mit dem Abstand von fast zehn Jahren am 12. Juli 1927 schrieb, »durch die Einseitigkeit des Wilhelminischen Systems unvermeidlich geworden war, durch die Trias des reaktionären, militaristischen, alldeutschen Wesens«.

Ja – was?

Nichts, was die Schlachten und Feldzüge, den Graben- und den Gaskrieg, den Kampf in der Luft und zur See, gar den gegen jedes Völkerrecht verstoßenden uneingeschränkten deutschen U-Boot-krieg, kurz den Kriegerkult betrifft – gar nichts kann davon über-nommen werden. Nur die Taten derjenigen, die sich gegen das Mas-senmorden kehrten und dafür bestraft oder gar getötet worden sind, wie jene 48 von Militärrichtern hingerichteten deutschen Soldaten.

Gibt es heute in Deutschland auch nur *eine* Kaserne, die nach ihnen, die überhaupt nach einem Deserteur benannt worden ist? Und hat es je eine gegeben?

Traditionsverständnis und Traditionspflege der Bundeswehr sind nicht diesen, sie sind einen anderen Weg gegangen.

Vom »groben Gottlieb« und anderen Kasernenpatronen

Vor mir liegt eine Liste der Kasernennamen, die die Bundeswehr ab Mitte der fünfziger Jahre aus Hitlers Traditionsoffensive 1937/38 über-nommen hat. Es sind an die siebzig. Inzwischen sind einige Kaser-nen geschlossen worden, andere wurden umbenannt – aber das, wenn überhaupt, erst nach Jahrzehnten und von außen erzwungen.

Die meisten dem Großen Krieg entlehnten Namen jedoch sind geblieben. Sie bestätigen, daß das konservative, im Offizierskorps der Bundeswehr so lange tonangebende Traditionsbild seine An-knüpfungspunkte außerhalb des demokratischen Spektrums sucht und damit nach wie vor gegen die Richtlinien des gültigen Tradi-tionserlasses verstößt. Namen von Schlachten des Ersten Weltkriegs wie »Douaumont« (Hamburg), »Argonnen« (Weingarten), »Cam-brai« (Bremen, Darmstadt, Hannover) oder »Langemarck« (die Kaserne in der Koblenzer Langemarckstraße) widerspiegeln die Geographie sinnloser Massaker. Welches Vorbild sollten sich heutige Soldaten daran nehmen?

Die Ausdehnung der »zeitlosen soldatischen Tugenden« auf die Jahre 1914-18 und ihr historisches Vor- und Nachfeld hat auch Repräsentanten antidemokratischer und antisemitischer Denk- und Verhaltensweisen zu Kasernenpatronen der Bundeswehr gemacht. Mußte eine Kaserne (Amberg) nach Wilhelm II. benannt werden? Oder die in Delmenhorst nach Walter Caspari, Freikorpsführer und Bezwinger der Bremer Räterepublik? Der nationalistische Schriftsteller Walter Flex war Kasernenpatron in Lingen und der Eroberer von Lüttich, Generaloberst Karl von Einem (»Wir haben leider sehr viel brennen müssen«), in Münster. In Lebach und Kassel ist es Graf Gottlieb von Haeseler, der 1914 mit 78 noch freiwillig zu den Waffen eilte und im Volksmund nicht zufällig »der grobe Gottlieb« hieß. Zwanzig Jahre zuvor, 1893, hatte er als Generalfeldmarschall seinen Truppen zugerufen:

»Es ist notwendig, daß unsere Zivilisation ihren Tempel auf Bergen von Leichen, auf einem Ozean von Tränen und auf dem Röcheln von unzähligen Sterbenden errichtet.«[48]

Und während der Hafen in Kiel den Namen »Alfred von Tirpitz« trägt, kaiserlicher Flottenadmiral, Inspirator deutscher Weltgeltung zur See und Befürworter des uneingeschränkten U-Boot-Kriegs, hatte über Dezennien hin eine Kaserne in Hamburg den Karl von Litzmanns.

Diesem General der Infanterie war im November 1914 ein Durchbruch bei Brzeziny in der Nähe von Lodz gelungen, ein Triumph, den der Feldherr für derart bedeutend hielt, daß ihm gerechterweise der Gesamtsieg der deutschen Waffen an allen Fronten hätte folgen müssen. So jedenfalls in seinen von sichtlicher Lebensenttäuschung geprägten »Erinnerungen«, die nicht Ludendorff und Hindenburg als größte deutsche Feldherren des Ersten Weltkriegs ausweisen, sondern keinen geringeren als den Autor Litzmann. Immerhin wurde unter deutscher Besetzung Lodz 1939 seiner Nähe zu Brzeziny wegen in »Litzmannstadt« umgetauft, eine Genugtuung, die der begeisterte Hitleranhänger allerdings nicht mehr erfahren hat, da er 1936 im stolzen Alter von 86 Jahren gestorben war.

Wer in seiner Biographie forscht, der muß sich verstört fragen, was im Dasein dieses Revanchisten und Verfechters der Legende vom »Dolchstoß der Novemberverbrecher« in den Rücken der »im Felde

unbesiegten Armee« so vorbildhaft gewesen sein soll, daß Karl Litzmann im demokratischen Deutschland Namenspatron einer Bundeswehrkaserne werden konnte – ehe sie dann, nach Jahrzehnten,
umbenannt wurde.

Die gleiche Frage stellt sich bei Alfred Graf von Waldersee, Erster
Generalquartiermeister, Chef des Generalstabs, Oberbefehlshaber
der europäischen Expeditionstruppen gegen den »Boxeraufstand« –
»Germans to the front!« – und erklärter Antisemit.

Der einflußreiche Berater erst des jungen Thronfolgers, dann des
Kaisers glaubte an eine Weltverschwörung des internationalen Judentums, das, im Bund mit allen demokratischen Kräften im Inland und
im feindlichen Ausland, ein Ziel verfolgte – die Kriegermonarchie
Preußen-Deutschlands zu zerstören:

»Bei dem kolossalen Einfluß, den die Judenschaft durch ihre Reich-
tümer besitzt, durch den sie sich auch ohne große Zahlen in einflußreichen Stellen stehende Christen dienstbar gemacht hat, ist sie bei
weitem der gefährlichste Gegner.«[49]

Beim Studium von Waldersees Biographie stößt man auf einen Feind
jener Bismarckschen Politik, die nach der Einigung des Reichs auf
Machtbalance in Mitteleuropa ausgerichtet war und Deutschland
territorial für saturiert hielt. Dazu Waldersee im April 1889:

»Wir müssen das große Geschick des Kanzlers und sein Ansehen in
der Welt benutzen, um noch einige Zeit den Frieden zu erhalten,
sobald aber unsere Rüstung fertig ist, den Kampf, dessen Beginn die
Gegner zu bestimmen hoffen, selbst herbeiführen. Bis dahin *mit*
dem Kanzler, wenn es ernst wird, aber *ohne* ihn; wenn es sein muß,
auch *gegen* ihn.«[50]

Im holsteinischen Hohenlockstedt gibt es seit 1964 eine »Alfred-
Graf-von-Waldersee-Kaserne«.

Ein anderer, nicht minder unverständlicher Fall ist der des Generals a. D. Rüdiger Graf von der Goltz.

Nach dem Weltkrieg Anführer der sogenannten »Eisernen Division«, eines im Baltikum kämpfenden Freikorps, und während der

Weimarer Republik einer der führenden Köpfe der antidemokratischen Harzburger Front, schreibt von der Goltz in seinen 1936 veröffentlichten Memoiren »Als politischer General im Osten«:

> »Manches, was 1920 noch nicht öffentlich gesagt werden durfte, habe ich nach der Machtergreifung Adolf Hitlers offen aussprechen dürfen, auch meine letzten Pläne, für welche die Zeit 1919 noch nicht reif war, die aber die Saat des heutigen Staates säen half. (...) Der Gegensatz von schwarz-rot-goldener Erbärmlichkeit geht wie ein roter Faden durch das Buch. Völkische Kameradschaft ist das große Erbe des Weltkrieges und der Schlüssel zur Zukunft des Dritten Reiches, dem wir zu dienen verpflichtet sind.«[51]

Hamburg hatte bis zum 11. September 1994 eine »Graf-von-der-Goltz-Kaserne«.

Eine von den US-Streitkräften übernommene Kaserne der Wehrmacht in Wiesbaden trägt diesen Namen immer noch.

In Garmisch-Partenkirchen heißt eine Truppenunterkunft der Bundeswehr »General-Krafft-von-Dellmensingen-Kaserne«, ein Name, hinter dem ein entsetzliches Datum, der 24. Oktober 1917, und ein grausiges Geschehen steht: der Gaskrieg, diesmal an der österreichisch-italienischen Isonzofront.

Bis zu jenem Herbsttag im vierten Kriegsjahr hatte es dort elf Schlachten gegeben, die bei einem Geländegewinn von zwölf Kilometern 770000 Menschen das Leben kosteten. Nun folgte die zwölfte.

Neben 1900 schweren Geschützen und Minenwerfern wurden 1000 Gasgranaten mit den neuen Kampfstoffen Blaukreuz und Grünkreuz in Stellung gebracht. Nach drei Tagen mörderischer Gefechte durchbrechen die deutschen und österreich-ungarischen Truppen die italienische Front bei Karfreit, Flitsch und Tolmein und erreichen den Tagliamento – das Gift hatte seine Wirkung getan. Der Durchbruch ging in die Kriegsgeschichte als das »Wunder von Karfreit« ein.

In dieser zwölften Isonzoschlacht war Krafft von Dellmensingen Stabschef des Gebirgskorps und an der Verwendung von Giftgas beteiligt.

Wie es an dieser Front aussah, schildert der österreichische Soldat Julius Pölzer so:

»In dem Granattrichter stand dieser scheußliche, mit Leichenteilen wie Handfleischfetzen, Därmen, Schädeln, Rippen und halbverwesten Menschenfleischstücken untermischte Morast oft mannstief. Wenn sich dann, besonders nachts, ein Schwerverletzter mit dem letzten Rest von Kraft zum Hilfeplatz schleppen wollte, fiel er so in den Teich, der wie eine Fallgrube wirkte, und ersoff elendiglich.«[52]

Nach dem Krieg war der General a. D. Anlaufstelle für republikfeindliche Kräfte und der Mittelpunkt eines geheimen Verschwörerkreises, der unter anderem auch den Kapp-Putsch vorbereitete.[53] Aus einer Denkschrift geht hervor, daß nach dem Sturz der Berliner Regierung Dellmensingen zum Diktator von Bayern ausgerufen werden sollte.

Im Frühjahr 1937 erhielt die neue Kaserne in Garmisch-Partenkirchen seinen Namen, aber nur bis zum 25. Juni 1945. An diesem Tag befahl die US-Militärregierung in Bayern, daß alle Straßen, Plätze und Gebäude mit nationalsozialistisch belasteten Namen umzubenennen seien. Daraufhin wurden in Garmisch-Partenkirchen die Bezeichnungen »Ritter-von-Epp-Kaserne« und »General-Krafft-von-Dellmensingen-Kaserne« getilgt.

Für die Bundeswehr kein Grund, letzterer am 9. Juli 1975 nicht wieder den alten Namen zu geben – sozusagen ein Akt später Renazifizierung. Zwar zog die 1. Gebirgsdivision am 30. März 1994 von der »Dellmensingen-Kaserne« in Münchens »Bayern-Kaserne« um, aber da unter dem Dach des in Garmisch nachgerückten US-amerikanischen »George C. Marshall Center« das Gebirgsmusikkorps 8 der Bundeswehr untergebracht ist, blieb der Name der Liegenschaft erhalten. Aber auch das, darf vermutet werden, nicht für immer.

Odyssee eines Kasernenpatrons.

»Am liebsten hätte ich den Führer umarmt«

Ein Sonderfall in dieser Kategorie ist Generalfeldmarschall August von Mackensen, von dem der »Kleine Brockhaus« dürr meldet, daß er, am 6. Dezember 1849 geboren, 1916 mit einer deutsch-bulgarischen Heeresgruppe Rumänien erobert habe, dort bis 1918 Oberbefehlshaber geblieben und am 8. November 1945, also mit fast 96 Jahren, gestorben sei – eine höchst lückenhafte Vita.

Denn von Mackensen, den ich auf Fotos, in Filmen, Wochenschauen und Büchern nie anders erlebt habe als in der troddelbehangenen Uniform der Totenkopfhusaren unter einer turmhohen Fellmütze, konnte mit weit mehr aufwarten.

Doch der Reihe nach.

August von Mackensen, Lebensstationen eines Kasernenpatrons der Bundeswehr, widergespiegelt in seinen Äußerungen.

1915 befiehlt er »rücksichtsloses Vorgehen gegen die serbische Bevölkerung«[54]. Später schreibt er über seine Eindrücke im polnischen Lodz: »Namentlich da, wo die jüdische Bevölkerung sich zusammengefunden hat, ist ein unbeschreiblicher Schmutz.« Über Rawa und Biala: »Schmutz und noch mehr und noch verwahrlostere Juden.«[55]

Mackensen, ein Verfechter des *Siegfriedens* im Ersten Weltkrieg, über den katholischen Zentrumspolitiker Matthias Erzberger, Repräsentant eines *Verständigungsfriedens*:
»Die unheilvolle Figur Erzbergers muß in der Versenkung verschwinden.«

Das korrespondierte trefflich mit dem Inhalt eines Glückwunschschreibens, das Mackensen am 2. Februar 1919 zu seinem 70. Geburtstag aus der Hand des entthronten Wilhelms II. (Kasernenpatron von Amberg) erhalten hatte:

»Die tiefste und gemeinste Schande, die je ein Volk in der Geschichte fertiggebracht, die Deutschen haben sie verübt an sich selbst. Angehetzt und verführt durch den ihnen verhaßten Stamm Juda, der Gastrecht bei ihnen genoß. (...) Kein Deutscher vergesse das je, und ruhe nicht, bis diese Schmarotzer vom deutschen Boden vertilgt und ausgerottet sind. Dieser Giftpilz am deutschen Eichbaum.«[56]

Dazu Mackensens Interpretation vom Ausgang des Ersten Weltkriegs – gleichzeitig unfreiwilliger Beleg dafür, daß offenbar weite Teile des Volkes, trotz seiner fortwährenden Anrufung, von der dünkelhaften »Vaterlandsliebe« dieses preußisch-deutschen Patrioten ausgeschlossen blieben:

»Nicht die Truppen der Entente haben uns besiegt, sondern Deutschlands ärgster Feind, das eigene Volk in seiner Eigenart, hat den Zusammenbruch herbeigeführt. Und jetzt wütet dieses Volk in den großen Städten weiter gegen deutsches Fleisch und Blut. (...) und zieht alles Erhabene und Hervorragende in den schmutzigen Brei der Masse. Der preußische Militarismus erzog, die sozialdemokratische ›Freiheit‹ verdirbt das Volk.«[57]

Dann Mackensens Kommentar, als Erzberger (erst Staatssekretär der Weimarer Republik, dann Reichsfinanzminister) am 26. August 1921 wunschgemäß »verschwunden«, nämlich von rechtsradikalen Offizieren ermordet worden war: Der Anschlag sei zwar »unklug und der guten Sache schädlich, aber wir sind den Schädling los«.[58]

Zwei Tage später, am 28. August 1921, steht der 72jährige bei der ersten großen Frontkämpfertagung im Berliner Stadion, neben Paul von Hindenburg und kaum weniger populär als dieser, im Mittelpunkt der Feiern und Fackelzüge.

Nach Hindenburgs Tod am 2. August 1934 war Mackensen ranghöchster Soldat der alten Armee und nach der Amtseinführung Adolf Hitlers bei dessen Auftritten, wie am »Tag von Potsdam«, oft dabei. Die »Wochenschau« zitiert einen der vielen Kotaus Mackensens:

»Ich erhebe diesen Generalfeldmarschallstab Euch zu Ehren. Auf unser heißgeliebtes deutsches Vaterland und auf unseren mutigen, hochverehrten Führer – Sieg Heil!«[59]

Mackensen, nach den Morden an Hitlers SA-Rivalen Ernst Röhm und anderen Mißliebigen am 30. Juni 1934:

»Was den Tod der Generäle von Schleicher und von Bredow betrifft, so ist festgestellt, daß bei den rein politischen Machtkämpfen, um die es sich handelte, die persönliche Ehre der genannten Offiziere nicht berührt worden ist, daß sie aber Wege beschritten, die als regierungsfeindlich angesehen worden sind und daher zu den verhängnisvollen Folgen führten. Eine Diskussion über die Frage kann ich nicht zulassen, da die Reichsregierung durch einen gesetzgebenden Akt erklärt hat, daß der Tod der am 30. Juni und 1. Juli Gebliebenen als im Interesse des Staates erfolgt zu betrachten sei. Durch weitere Durchforschung der Materie würden wir uns auf das politische Gebiet begeben, das nach unseren Satzungen der Vereinigung Graf Schlieffen verschlossen ist. Im übrigen sind die Kameraden ohne Verletzung ihrer Ehre auf einem Schlachtfeld gefallen, auf das sie ihr Geschick geführt hat.«[60]

Mackensen beim Waffentag der Deutschen Kavallerie im Juni 1937 in einer zündenden Rede auf Hitlers kriegstreiberische Politik: »Am liebsten hätte ich den Führer umarmt!«

Nach dem Anschlag auf Hitler im Münchener Bürgerbräukeller am 8. November 1939 in einer Depesche: »Mit dem gesamten deutschen Volk danke ich Gott, dem Herrscher der Welt, daß er unseren Führer erhalten hat.«

In dieses biographische Konterfei paßt es dann nur zu gut, daß Mackensen Stauffenbergs Anschlag auf Hitler ein »fluchwürdiges Attentat« nannte, eine »Schmähung des preußisch-deutschen Offizierskorps, wie sie der Teufel nicht ärger und nachhaltiger ausdenken konnte«. Er beschuldigte die Verschwörer, sich »an Geist und Ruf der ganzen Armee, ja an der deutschen Geschichte versündigt zu haben«.

Der I-Punkt war der Aufruf des 95jährigen Mitte November 1944 im Sinn der NS-Durchhaltepropaganda an Vierzehn- bis Siebzehnjährige, »Opferbereitschaft und Fanatismus« zu beweisen.

Bis zuletzt blieb Hitler für Mackensen der »Retter«.

Wir haben hier ein Musterbeispiel der fließenden Grenze zwischen Nationalkonservatismus und Nationalsozialismus vor uns, einen Mann, der, schon hochbetagt, zu einem waschechten Nazi wurde – weil Hitlers Ideologie nie etwas anders war als die Übersteigerung von Ideen, die schon lange vor ihm da waren, um zunächst in die Unsäglichkeit der siebenhundert Seiten von »Mein Kampf« und dann in die Praxis umgesetzt zu werden.

Dennoch waren jahrzehntelang Kasernen der Bundeswehr nach August von Mackensen benannt: in Bad Bergzabern (bis Anfang der neunziger Jahre) und in Karlsruhe (bis Januar 1999). Eine Kaserne in Hildesheim trägt seinen Namen bis heute.

Aus der Standortbroschüre der Bundeswehr »50 Jahre Mackensen-Kaserne in Bad Bergzabern«, 1987, also ein halbes Jahrhundert nach der Hitlerschen Traditionsoffensive von 1937/38, diese gewundene Rechtfertigung:

»Der Weimarer Republik stand Mackensen als überzeugter Monarchist ablehnend gegenüber. Deshalb trat er zahlreichen Vereinigungen bei, die eine Restaurierung der alten Verhältnisse anstrebten, und artikulierte seine Unzufriedenheit bei zahlreichen öffentlichen Auftritten. Zum Dritten Reich hatte Mackensen ein gespaltenes Verhältnis. Während er in Hitler den Retter des Deutschen Reiches sah, der die Rückkehr zu einem autoritären Staat und die Wiederherstellung der Großmachtstellung Deutschlands versprach, distanzierte er sich von der NSDAP und ihren Organisationen. Bereitwillig nahm er nach Hindenburgs Tod als ranghöchster Repräsentant der alten Armee an offiziellen Veranstaltungen an der Seite Hitlers teil, ohne den beabsichtigten Propagandazweck zu erkennen. Das fast blinde Vertrauen, das er Hitler entgegenbrachte, führte so weit, daß er für alle Dissonanzen innerhalb des Dritten Reiches die Partei verantwortlich machte, aber Hitler in Schutz nahm.«[61]

Nachdem die Standortbroschüre, wenn auch unvollständig und schönfärberisch, eine Reihe von Gründen aufgeführt hat, die Mackensen als Kasernenpatron disqualifizieren, endet ihr Eiertanz in diesem Rettungsversuch:

»Man kann ihm zugute halten, daß er sich niemals bedingungslos anpaßte, sondern protestierte, wenn er bestimmte Vorfälle mit seinem Gewissen nicht vereinbaren konnte.«[62]

Die Morde beim Röhm-Putsch etwa konnte Mackensen aber durchaus mit seinem Gewissen vereinbaren. Was einem hier begegnet, sind Traditionslüge und Kriegerkult in Reinkultur. Die vor- und antidemokratische Geschichte Deutschlands beginnt eben nicht mit dem 30. Januar 1933. Es hätte also schon hinsichtlich des Ersten Weltkriegs genauer Auslese bedurft, ob ein Name als Kasernenpatron einer demokratischen Armee taugt oder nicht.

»Der letzte für den Kaiser!«

Das gleiche hätte gefragt werden müssen bei Paul von Lettow-Vorbeck, jenem preußischen General und Kommandeur der »Schutztruppe« in Deutsch-Ostafrika, der am 5. November 1914 mit tausend Mann eine achtfache Übermacht der britisch-indischen Truppen vernichtend geschlagen und sich bis ans Kriegsende 1918 militärisch gegen sie behauptet hatte – Vorlage für einen Dauermythos, an dem der Schutztruppler selbst kräftig mitgezimmert hat:

»Die ganze Front raffte sich auf und stürzte mit jubelndem Hurra vorwärts. In wilder Flucht floh der Feind in dicken Klumpen davon, und unsere Maschinengewehre, aus Front und Flanke konzentrisch auf ihn wirkend, mähten ganze Kompanien nieder.«[63]

Als der 94jährige am 13. März 1964 auf dem Friedhof in Pronstorf im holsteinischen Landkreis Segeberg beerdigt wurde, rief CDU-Bundesverteidigungsminister Kai Uwe von Hassel ihm über dem offenen Grab nach: Der General sei einer der Großen unserer Zeit, die mit Recht von sich behaupten könnten, »menschliche Leitbilder der Gegenwart« genannt zu werden.

Das hätte er besser wissen können – aus der Feder des Verblichenen selbst. Hatte Paul von Lettow-Vorbeck doch gerade erst sieben Jahre zuvor, 1957, das Buch »Mein Leben« veröffentlicht, seine Memoiren, an denen der hohe Anspruch des zu Lebzeiten und post mortem so Geehrten hätte gemessen werden können.

Die Lektüre ist das verheerend anachronistische Bekenntnis eines 1870 geborenen kaiserlich-preußischen Offiziers, dessen Weltbild schon vor der Wende vom 19. zum 20. Jahrhundert abgeschlossen war. Darin erscheint der Krieg als etwas Selbstverständliches; wird über die Tötung von Menschen, soweit es sich um »Eingeborene« handelt, im Jargon von Jägern berichtet und die nahezu pausenlose Kriegsgeschichte des deutschen Kolonialismus in Deutsch-Ost-, Deutsch-Südwest- und Deutsch-Westafrika gebilligt. Dazu wird eine erschreckende Empfindungslosigkeit erkennbar gegenüber den Millionen afrikanischer Opfer durch Waffen, Hunger und Krankheit. Die Gleichberechtigung der Rassen wird für die Vergangenheit wie für die Gegenwart – die sechziger Jahre – energisch verneint und die Vorherrschaft des weißen Mannes über die Schwarzen als gottgegeben angesehen.

Dabei wird der Verfasser, eine Art Beschwörungsritual, nicht müde, sich auf die »treuen Seelen« der Afrikaner zur Legitimierung der Kolonialherrschaft zu berufen, besonders der »Askari«, in Uniform gesteckter Krieger, sozusagen die schwarze Variante der *Legende*.

Und tatsächlich, es gab sie noch zu Zeiten einer Attacke auf die unverwüstliche These vom »besseren« deutschen Kolonialismus, meiner im Oktober 1966 ausgestrahlten Fernsehdokumentation »Heia Safari – Die Legende von der deutschen Kolonial-Idylle in Afrika«.

Ich bin während der Dreharbeiten auf die »treuen Seelen« gestoßen. So etwa in Tansania, ehemals Deutsch-Ostafrika, auf den weißhaarigen Samuel Njau und in Kamerun auf den ehrwürdigen Jim Joki, um nur zwei von ihnen zu nennen, deren Loblieder auf ihre ehemaligen Herren ich in meinem Film gezeigt habe – mit Verständnis für diese ehrwürdigen alten Männer und innerem Ekel angesichts ihres Mißbrauchs, den Lettow-Vorbeck in »Mein Leben« seitenlang ausbreitet.

Denn wer ruft da, stellvertretend für viele andere, nach Afrikanern als Kronzeugen deutscher Kolonisationsfähigkeit? Ein Mann, der sich das rassistische Wertesystem der Kolonialepoche bis an sein Ende bewahrt hat; der die Meinung vertrat, daß die betrügerischen Verträge zwischen unwissenden und eingeschüchterten Häuptlingen und dem deutschen Kaiserreich ein Akt des Völkerrechts gewesen seien; der die massenhafte Niedermetzelung von Afrikanern in den Kolonialkriegen als »Befriedung« bezeichnet und sich zu General von Trotha und berserkerhaften Herrenmenschen wie Hans Dominik und Carl Peters bekennt. All das Seite an Seite mit Leuten, die in ihren nostalgischen Publikationen darum feilschen, ob im Sandfeld der Kalahari statt 70 000 nicht doch »nur« 40 000 umgekommen sind (und die sich offenbar besser fühlten, wenn die geringere Zahl zuträfe).

Kein Wort in »Mein Leben« von den großen Kolonialskandalen und ihrer Widerspiegelung im Reichstag vor 1914, von der Entvölkerung und Verödung ganzer Gebiete durch den Arbeitszwang, von der hohen Sterblichkeit unter den Plantagenarbeitern oder dem Lohnbetrug an den nahezu rechtlosen Afrikanern – die angeblich, so das Notabene des Paul von Lettow-Vorbeck, ihre weißen Herren für »streng, aber gerecht« hielten.

Natürlich war der deutsche Kolonialismus nicht »schlechter« oder »besser« als der britische, französische, spanische oder niederländische, sondern beruhte ebenso auf Gewalt und Ausbeutung. Und doch gab es *ein* Gebiet, auf dem die Sendboten Wilhelms II. allen anderen weit voraus waren – dem der Prügelstrafe! Pedantisch verzeichnet, entblättert sich in den von mir für »Heia Safari« eingesehenen Reichskolonialakten eine gigantische, mit deutscher Gründlichkeit lückenlos aufgelistete Statistik: Tausende und Abertausende von Prügelorgien während der kaum mehr als dreißigjährigen Herrschaft in Deutsch-Ost- und Deutsch-Südwestafrika, in Kamerun und Togo. Berge fürchterlicher Archivakten, die während der Dreharbeiten so gespenstisch wie unerwartet lebendig wurden.

In einem tansanischen Dorf an der Küste des Indischen Ozeans, nahe dem alten Sklavenumschlagsplatz Bagamoyo, tauchte plötzlich ein uralter Mann auf, näherte sich vorsichtig der Kamera, fragte nach unserem Thema und begann unaufgefordert, in seiner Sprache aus der Zeit der deutschen Herrschaft zu berichten, offenbar über damalige Erlebnisse. Bis er unvermittelt weit ausholende, heftige Schlagbewegungen machte, ehe er in deutlich verstehbarem Deutsch ausrief: »Der letzte für den Kaiser!«

Nach mehr als fünfzig Jahren war ihm das obligatorische Ende der Prügelstrafe akustisch in Erinnerung geblieben.

Dann lief er in ein Haus und holte das Schlagwerkzeug der Prügelstrafe – den *Kiboko*, die Peitsche aus Nilpferdhaut, ein Mordinstrument.

»Ich habe lange Jahre im Westen von Nordamerika und zehn Jahre im Innern von Australien mir mein tägliches Brot als Frontiersmann ehrlich verdient und manches Grausige gesehen und erleben müssen. Aber nichts hat meine Seele so mit Abscheu und Entsetzen erfüllt als wie der Eindruck, den ich nach Ankunft in der Kolonie empfing, als ich täglich sehen mußte, mit welcher Brutalität in unserm schönen Deutsch-Ostafrika die Prügelstrafe mit der Nilpferdpeitsche ausgeübt wird.«

So ein deutscher Kolonist aus Kirondatal vor 1914 an den Direktor der Kolonialabteilung des Auswärtigen Amtes, Bernhard Dernburg.

Das Studium der amtlichen Dokumente über die Prügelstrafe in den Kolonien des kaiserlichen Deutschlands ist schrecklich, die Reihe der Zeugen und Zeugnisse endlos.

In dem Buch Paul von Lettow-Vorbecks wird man vergeblich danach fahnden, um so häufiger aber auf das Loblied für »seine« Askari stoßen. Noch einmal: Unfähig, das Wertesystem der Kolonialepoche zu überwinden, verwandeln die Herren von damals die einst von ihnen Beherrschten in ihre Fürsprecher.

Als die Nazis an die Macht kamen, war Paul von Lettow-Vorbeck 63 – und, wie die Leser seiner Memoiren erfahren, ein großer Bewunderer des »frühen Hitler« – was allerdings nicht bedeutete, daß er ein Gegner des späteren wurde. Vielmehr verurteilt der General a. D. den Anschlag vom 20. Juli auf den »Führer« und erhofft dessen Sieg noch, als die 8. Britische Armee des Feldmarschalls Montgomery schon vor den Toren des kapitulationsbereiten Hamburgs steht: »Die Truppe hat immer dem Vaterland zu dienen.«

Selbst hat der Patriot sich allerdings nicht an diese Maxime gehalten: Das Reichwehrministerium mußte den General im Sommer 1920 wegen seiner Beteiligung am Kapp-Putsch entlassen. Also nicht

die Weimarer Republik, wohl aber das Deutschland unterm Hakenkreuz war Vaterland – und bewaffneter Widerstand gegen die Demokratie, nicht jedoch gegen Hitler legitim.

»Ein menschliches Leitbild der Gegenwart«, wie Verteidigungsminister Kai Uwe von Hassel am Grab dieses Mannes tönte?

Was wir hier vor uns haben, ist die Biographie eines Antidemokra-
ten, lebenslangen Anhängers der »Dolchstoßlegende« und beken-
nenden Rassisten. Dennoch hat die Bundeswehr Lettow-Vorbeck als
Vorbild aus Hitlers Traditionsoffensive übernommen und mehrere
Kasernen nach ihm benannt: in Hamburg, in Bad Segeberg, in Bremen und im ostfriesischen Leer.

Dort trägt die Kaserne zur Stunde dieser Niederschrift nach wie
vor seinen Namen.

»Zum Glück gewannen wir ihn nicht«

Der Große Krieg, erst nach dem Zweiten Weltkrieg der Erste
genannt, ist im Herbst 1918 verloren für das kaiserliche Deutschland
und seine Bundesgenossen – zu gewaltig war die gegnerische Übermacht.

Die Entscheidung fällt an der Westfront, wobei die am 6. April an
der Seite der Entente in den Krieg eingetretenen USA den Ausschlag
geben. Den frischen, bestens ausgebildeten amerikanischen Divisionen und den Tanks der Alliierten hatte Generalquartiermeister Erich
Ludendorff, Leiter der Gesamtkriegführung, nach drei vergeblichen
Frühlings- und Sommeroffensiven nichts mehr entgegenzusetzen:
Deutschlands zähneknirschendes Waffenstillstandsangebot wird
angenommen. Am 11. November 1918 um 5 Uhr früh unterzeichnet,
tritt es um 11 Uhr desselben Tags in Kraft.

Die Donau-Monarchie zerfällt in ihre Ethnien, das Haus Habs-
burg dankt ab, der deutsche Kaiser entschwindet wie ein Dieb ins
neutrale Holland – der Griff nach der Weltmacht war gescheitert.

Dennoch meinen manche Historiker, daß Deutschland eindeutiger besiegt worden wäre, wenn der Gegner sich nicht auf den Waffen-
stillstand eingelassen hätte, solange deutsche Truppen noch auf frem-

dem Boden standen, sondern den Krieg auf sein Gebiet getragen und die Kampfhandlungen in Berlin beendet hätte.

So blieb, gegen die historische Wahrheit, genug Platz für jene bekannten Mythen von der deutschen Unbesiegtheit, die auch zu Hitlers Grundthesen und propagandistischen Helfershelfern werden sollten. Deutschland hat den Ersten Weltkrieg nicht geführt wie den Zweiten. Zwar hat das Heer beim Rückzug auf die Waffenstillstandslinie noch Vorratslager gesprengt, Dörfer angezündet, Fabriken in die Luft gejagt und Bergwerke absaufen lassen. Aber davon und von schlimmen Greueln, vor allem auf belgischem Boden, abgesehen, richtete sich die militärische Energie weder notorisch gegen die Bevölkerung, noch gab es spezielle Mordkommandos.

Und dennoch ergibt sich eine Bilanz des Wahnsinns: In den 52 Monaten zwischen dem 1. August 1914 und dem 11. November 1918 hatte Frankreich jeden zehnten Mann im waffenfähigen Alter verloren, Deutschland jeden zwölften, Großbritannien und Rußland jeden zwanzigsten. Die materiellen Schäden, vor allem in dem von Granaten umgepflügten Nordfrankreich und in Belgien, waren unermeßlich.

Aus dieser Blutorgie und ihrer Vorgeschichte, den nationalen Zielen und Motiven, kann es nichts, aber auch gar nichts geben, was für die Armee eines demokratischen Deutschlands als traditionswürdig übernommen werden dürfte.

Aber, so höre ich auch jetzt wieder, es sei doch eine andere Zeit gewesen, mit einem anderen Zeitgeist, anderen Wertungen. Wer bestreitet das? Doch selbst wenn dem zugestimmt werden könnte: Nationalisten, Rassisten, frühe Nationalsozialisten – Vorbilder für die Bundeswehr?

Diesem Traditionsverständnis, dieser Traditionspflege können nur zwei Auslesemuster zugrunde liegen, und ich weiß nicht, welches von beiden das bedenklichere ist: Ignoranz gegenüber den Biographien deutscher »Kolonialhelden«, unkritische Aneignung und Weitergabe generationenlang gehätschelter Mythen – oder Hinwendung zu Lettow-Vorbeck und Kameraden in Kenntnis ihres Lebens und ihrer Denk- und Verhaltensweisen.

Doch egal, ob nun das eine oder das andere zutrifft: Beide Auslesemuster sind inakzeptabel für Kasernenpatrone und sonstige Ehrungsriten, weil weder mit demokratischen Grundsätzen noch mit den Richtlinien der Traditionspflege vereinbar, und das von Anfang an nicht.

Wenn aus dieser Ära etwas traditionswürdig war, dann allein der Widerstand gegen jenes ungeheuerliche Verbrechen der europäischen Eliten am eigenen Volk und an den anderen Völkern. Was, zum Beispiel, auf eine »Karl-Liebknecht-Kaserne« hätte hinauslaufen können – ein Schritt, zu dem sich die Traditionspfleger der Bundeswehr jedoch nicht durchringen konnten.

Da hatten es Recken wie von der Goltz und Dellmensingen, Makkensen und Lettow-Vorbeck leichter, Repräsentanten »zeitloser soldatischer Tugenden«, einer vierjährigen Millionenabschlachtung, nach deren Ende der unvergessene Erich Kästner unter dem Titel »Die andere Möglichkeit« schrieb:

Wenn wir den Krieg gewonnen hätten,
mit Wogenprall und Sturmgebraus,
dann wäre Deutschland nicht zu retten,
und gliche einem Irrenhaus ...

Ich bin erst nach 1945 auf sie gestoßen und kannte sie bald alle auswendig, diese unheilvoll prophetischen Verse: von dem Sergeanten, vor dem alle Zivilisten erst vom Trottoir flüchten und dann strammstehen mußten, von Deutschen, die noch im Bett die Hand an die Hosennaht preßten, und den Frauen, die jedes Jahr ein Kind zu gebären hätten. Sogar die Pfarrer trügen Epauletten, »wenn wir den Krieg gewonnen hätten«. In den neun Vierzeilern ist die Rede von der Grenze, die dann ein Schützengraben, und vom Mond, der ein Gefreitenknopf wäre – »Ein Volk der Laffen und Lafetten, und die Vernunft, die lag' in Ketten, wenn wir den Krieg gewonnen hätten«. Doch dann – welche Erlösung! – die letzte Zeile: »Zum Glück gewannen wir ihn nicht.«

Leider jedoch hat die Mehrheit der damaligen Deutschen das Jahr 1918 und die Zeit danach keineswegs so empfunden – und bald auch schon einen Sündenbock dafür ausgemacht.

Versailles oder: Deutschland, das Opfer der Geschichte

»Es gibt nicht wenige ausländische Persönlichkeiten, die das ganze Elend der europäischen Entwicklung nach dem Ersten Weltkrieg der Behandlung der Deutschen durch den Versailler Vertrag zuschreiben.«

So steht es in einem Leserbrief, den ich vor Jahren ausgeschnitten habe und seither als eine Art Warnzeichen bewahre, weil er ein inflationär verbreitetes und dennoch verfehltes Denkmuster widerspiegelt.

Wer bei uns fragt, wem Hitler und die Folgen zu verdanken seien, der wird, ich spreche von einer Lebenserfahrung, in neun von zehn Fällen die Antwort bekommen: dem Versailler Vertrag und, ein wenig abgestuft, der Massenarbeitslosigkeit. Das heißt dem »Schanddiktat« der Sieger des Ersten Weltkriegs und den USA, wo bekanntlich der Schwarze Freitag an der Wallstreet, der New Yorker Börsenkrach vom 25. Oktober 1929, eine bis dahin beispiellose Weltwirtschaftkrise auslöste, in deren Strudel dann auch Deutschland mit Millionen von Arbeitslosen geriet.

Auffälliges Charakteristikum der These: Die Verantwortung für den Untergang der Weimarer Republik und den Aufstieg Hitlers wird nach außen delegiert. Nicht an die Generäle, die blieben, während der Kaiser ging; nicht an die nahezu unversehrt von der Weimarer Republik übernommene wilhelminische Staatsbürokratie; nicht an den Ungeist der Freikorps und ihrer Femebanden; nicht an eine bis ins Mark reaktionäre Justiz und auf Linkshatz gedrillte Polizei. Ebensowenig an eine in monarchisch-preußischen Ehrbegriffen befangene und heimlich aufrüstende Reichswehrführung; nicht an die rüstungslüsternen Eigentümer der Montan- und Chemieindustrie; nicht an einen hemmungslos an die Öffentlichkeit tretenden Antisemitismus und klirrenden Militarismus, und auch nicht an das vehement nationalistisch-antirepublikanisch gesteuerte Presse-, Nachrichten- und Filmimperium des Alfred Hugenberg.

Nein, nach weitverbreiteter Auffassung, und das bis heute und weit über rechte Kreise hinaus, waren vor allem Versailles und die große Depression die Geburtshelfer Hitlers. Statt nach den tief im Erdreich des ersten deutschen Nationalstaats steckenden Wurzeln seines Erfolgs zu forschen, werden Daten und Ereignisse bemüht, die nahe an 1933 und angeblich jenseits deutscher Verantwortung liegen.

»Der verlorene Krieg ist bis heute mit dem idealisierten Selbstbildnis der privilegierten deutschen Rasse nicht zu vereinbaren.«

Dieser inhaltsschwere Satz aus dem Mitte der sechziger Jahre erschienenen Standardwerk der Mitscherlichs »Die Unfähigkeit zu trauern« bezog sich zwar auf eine Haltung nach 1945, traf in hohem Maß aber auch schon auf die Zeit nach 1918 zu – auch damals stand die militärische Niederlage Deutschlands im Gegensatz zum Selbstverständnis der Mehrheit. Deshalb der Sog, die Annexion der Geschichtslügen vom »Dolchstoß« und von »Im Felde unbesiegt«; deshalb die erschreckende Unfähigkeit, schmerzhafte Wahrheiten zu akzeptieren und auf Mythen zu verzichten, und deshalb auch die Weigerung, den eigenen Anteil am Ausbruch des Weltkriegs zu erkennen, anzuerkennen und sich ihm zu stellen.

Das nationale Ego hatte die Tarnkappe gefunden, mit der es sich vor sich selbst verstecken konnte: Verdrängung.

Schon damals, und nicht erst 1945, beginnen ihre Annalen, schon damals hat das Verdrängungsbedürfnis eine Losung gefunden, die, in fünf Worte geronnen, wie ein roter Faden durch das Jahrhundert hindurchgeistern wird: Deutschland – das Opfer der Geschichte!

Und Versailles ist sein Altar.

Kein Zweifel – der am 28. Juni 1919 unterzeichnete und am 10. Januar 1920 in Kraft getretene Vertrag zwischen dem Deutschen Reich und den Ententemächten hat es seinen Gegnern leichtgemacht. Ein Reifezeugnis politischer Vernunft hatten seine Väter – Woodrow Wilson (USA), Lloyd George (Großbritannien), Georges Benjamin Clemenceau (Frankreich) – damit nicht geliefert. Allerdings war dieses Herzstück der *Pariser Vorortverträge* aber auch eine keineswegs unverständliche Reaktion auf die Ausdauer, die Wildheit und die Leidensfähigkeit, mit denen die Deutschen versucht hatten, die Weltkräfteverhältnisse zu ihren Gunsten zu verändern. Wobei die Alliierten natürlich informiert waren über die deutschen »Siegpläne«, die

Versailles noch übertroffen hätten und nach der Niederlage von den Besiegten nicht zufälligerweise totgeschwiegen wurden. Wie der »Frieden« von Brest-Litowsk mit Lenins sowjetrussischer Regierung vom 3. März 1918, der dank der deutschen Niederlage zwar schon am 11. November für ungültig erklärt wurde, dessen Territorial- und Kriegsentschädigungsforderungen jedoch ein Schlaglicht auf das Los warfen, das die Besiegten unter deutscher Knute zu erwarten gehabt hätten.

Der Grundgedanke von Versailles war, Deutschland als Großmacht auszuschalten und unter langanhaltende Kontrolle zu stellen, um eine Wiederholung des gigantischen Kraftakts von 1914-18 zu verhindern. Wie tief die Furcht davor saß, wird erkennbar an den Mitteln, durch die sie aufgehoben werden sollte: Entmilitarisierung und Entwaffnung, Demontagen, Verlust der Kolonien und Überseebesitzungen, ein stehendes Heer mit einer Truppenstärke von nicht mehr als 100 000 Mann, Gebietsabtretungen in einer Größenordnung von über 70 000 Quadratkilometern – an Frankreich (Elsaß-Lothringen und, bis zu einer Volksabstimmung nach fünfzehn Jahren, das Saarland), an Polen (Korridor und Teile Oberschlesiens), an Litauen (das Memelland) und an Belgien (Eupen-Malmedy). Dazu Reparationszahlungen, die bei Einhaltung des Vertrags erst in den achtziger Jahren des 20. Jahrhunderts ausgelaufen wären – von allen absurden Bestimmungen vielleicht die absurdeste.

Erkenntlich daran wird das Trauma, das der deutsche Griff nach der Weltmacht ausgelöst hatte. Versailles war in den Augen der Sieger die angemessene Antwort darauf.

Aber Versailles hatte ein Doppelgesicht.

Denn gleichzeitig gab es neben den begreiflichen und berechtigten Bestimmungen andere, denen nur allzu deutlich die Absicht anzumerken war, nun auch die wirtschaftlichen Früchte des bitter errungenen Siegs einzuheimsen und sich eines mächtigen Konkurrenten zu entledigen – was übrigens niemanden verwundern konnte, der sich über den imperialistischen Charakter der Hauptkriegsmächte keinen Illusionen hingegeben hatte.

Was das »Siegerdiktat« jedoch vor allem kennzeichnet, ist etwas, das im Fall eines deutschen Siegs unwahrscheinlich gewesen wäre: nämlich die eigene Aufhebung nicht verhindert zu haben!

Die Geschichte des Versailler Vertrags ist vor allem die Geschichte seiner Revision, und das lange, bevor Hitler ihn durch einseitige Kündigungen und Gewaltakte ganz aufhob. Streichung von Reparationsleistungen, vor allem gegenüber Frankreich; Mengenreduktionen und Terminaufschübe, so auf der Konferenz von Lausanne mit kaum verhüllten Konzessionen zur Stärkung der bedrängten demokratischen Kräfte gegen die revanchistischen; die formale Anerkennung der militärischen Gleichberechtigung Deutschlands; der außenpolitische Erfolg seines Eintritts in den Völkerbund – Ende der zwanziger Jahre war der Vertrag nur noch ein Schatten seines Originals. Das »Schanddiktat« hatte in der Praxis eben nicht jene Härte, bösartige Ausdauer und zerstörerische Energie, die ihm von seinen lautstarken Kritikern zugesprochen wurden (und die ein kaiserlicher Sieg für die Unterworfenen ganz gewiß gehabt hätte).

Aber wie der Vertrag auch immer bewertet werden mag, das politische Deutschland von damals wäre auch ohne Versailles kein anderes gewesen als jenes, vor dem eine wagemutige und bedrohte Minderheit von demokratischen Kritikern und Humanisten, für die Namen wie Carl von Ossietzky und Kurt Tucholsky stellvertretend sind, zu warnen nicht müde wurde. Auch ohne Versailles wäre die militärische Niederlage im Ersten Weltkrieg von der Mehrheit nicht anerkannt worden; wären der deutsche Nationalismus und Nationalsozialismus nicht gesitteter ausgefallen; wären liberale Traditionen und republikanische Haltungen verachtet und bekämpft worden.

Dieses Deutschland des Vorkriegs nach dem Krieg mit seiner schweren Schlagseite nach rechtsaußen hätte auch ohne Versailles auf der Lauer gelegen, um einen abermaligen Sprung zur Groß- und Weltmacht zu wagen. Unverblümt, wenn auch nur für einen Kreis Vertrauter ausgesprochen hat das ironischerweise der Leiter der Abrüstungsabteilung im Reichswehrministerium, Joachim von Stülpnagel, am 26. März 1926: Es sei klar, »daß es sich für Deutschland in den nächsten Stadien seiner politischen Entwicklung nur um die Wiedergewinnung seiner europäischen Stellung handeln kann, und viel später erst um das Wiedererkämpfen seiner Weltstellung«.

Noch offener zu diesem Ziel bekannte sich General Hans von Seeckt (1866–1936), 1920 als »Chef der Heeresleitung« an die Spitze der

Reichwehr berufen und bis zu seiner Entlassung 1926 ihr politischer und militärischer Kopf. In der Frühphase der Weimarer Republik, damals Generalmajor und Chef des Allgemeinen Truppenamts, sagte Seeckt in einer Rede an die Generalstabsoffiziere:

»Ruft erneut das Schicksal das deutsche Volk zu den Waffen – und unausbleiblich kommt einmal wieder dieser Tag –, dann soll er kein Volk von Schwächlingen, sondern von Männern finden, die kraftvoll zur schnell vertrauten Waffe greifen. Die Form dieser Waffe ist nicht so wichtig, wenn Hände von Stahl und Herzen von Eisen sie führen. Tun wir alles, was wir können, daß der Zukunftstag beide findet, arbeiten wir unermüdlich an der eigenen Wehrhaftmachung von Geist und Körper und an der der Volksgenossen.«[64]

Es blieb nicht bei solchen Appellen.

1923 stellt Seeckt dem Truppenamt die Planungsaufgabe, eine Streitkraft von 2,8 bis 3 Millionen Mann aufzustellen: 102 Divisionen, aufgeteilt in 39 bodenständige Grenzschutzdivisionen und 63 bewegliche Felddivisionen – das Zukunftsprojekt vom »Großen Heer«.[65]

Der Plan wird ausgearbeitet und im Februar 1924 von Oberst Joachim von Stülpnagel, damals Leiter der Heeresabteilung (T1) im Truppenamt der Reichswehr, in einer Geheimstudie vorgestellt. Bei diesen »Gedanken über den Krieg der Zukunft« ist nichts vergessen worden: Ob es sich um den Personalbedarf des »Großen Heeres«, der Feld- und Ersatztruppen handelt, um ihre Ausbildung und ihre Marschbereitschaft, die Verwendung von Angehörigen des alten, kaiserlichen Heeres oder um den Einsatz der Land-, Luft- und Seestreitkräfte in einem »Krieg der neuen Formen« – alles wird bis in Einzelheiten berücksichtigt. Eine »geheime Bedarfsrechnung« schlüsselt in endlosen Tabellen das benötigte Geld für Waffen, Munition und Nachschub auf, für Kampfwagen, Scheinwerfer, Tag- und Nachtflugzeuge, für Benzin, Heiz-, Treib- und Schmieröl, für Zink, Zinn und Nickel, für Kupfer- und Eisenerze, für Hafer, Flachs und Hanfgarn. Kurz, hier wird der nächste Krieg vom deutschen Boden aus bis in seine Kapillaren vorgedacht.

(Das Verblüffende, ja Unheimliche an der »Geheimstudie«: Am 1. September 1939 steht die Wehrmacht bereit – mit 102 Divisionen!

Die Reichswehr – 42 Generäle – hatte für das »Große Heer« 252 Generäle vorgesehen, genau die Etatstellen bei Kriegsausbruch, und acht Armeen, der exakte Umfang des Feldheeres beim Überfall auf Polen.) Das ist das Programm des deutschen Revanchismus, noch ehe der Pulverqualm über den Millionengräbern des Ersten Weltkriegs verflogen war; ist die Sprache des »Schwertglaubens«, der für den zweiten Griff Deutschlands nach der Weltmacht keiner äußeren Anstöße bedurfte – Versailles waren am Anfang der Rede Seeckts nur wenige Bemerkungen gewidmet.

General von Seeckt in einer 1923 an Reichskanzler Joseph Wirth und andere führende Politiker gerichteten Denkschrift: Noch immer finde der törichte Ruf »Nie wieder Krieg!« Widerhall. Was statt dessen benötigt werde, sei ein politischer Führer, dem das Volk folgen werde in den zukünftigen »Kampf um seine Existenz«.[66] Das ist die Vorwegnahme Hitlers. Weder seine noch Seeckts »Wertewelt« wäre ohne Versailles eine andere gewesen, um kein Jota. Deutschlands Rechte hatte nur eines im Sinn: Rache für den verlorenen Krieg und für den November 1918.

Dabei gab es einen geradezu unheimlichen Gegensatz zu dieser martialischen Seite der Republik, einen Widerspruch, wie man ihn sich elementarer nicht vorstellen kann: die »Goldenen Zwanziger«! Glanzleistungen der Künste und der Architektur; Expressionismus, Neue Sachlichkeit, Bauhaus; eine explodierende Literaturszene mit Namen von Weltgeltung; am Filmhimmel leuchtende Sterne, Theater mit höchstem Renommee, blühende Wissenschaften; Berlin gleichrangig neben den Weltmetropolen Paris und London – und Deutsche jüdischen Glaubens zum erstenmal im Vollbesitz aller bürgerlichen Rechte. Ein Deutschland, das es in Kürze nicht mehr geben wird.

Autoritäres Denken und Aggressionen hinter den Kulissen der ersten deutschen Demokratie waren immer stärker als alle republikanischen Ansätze, die den Geschichtsabschnitt letztlich bestimmenden »Ordnungsmächte« nie wirklich in der Defensive. Natürlich haben sie Versailles propagandistisch ausgebeutet – aber auch ohne das »Schanddiktat« wären sie und ihre Ziele um keinen Deut anders gewesen.

Und so hat denn der Vertrag Deutschland keineswegs bloß gedemütigt, er hat es auch für eine gewisse Dauer vor sich selbst bewahrt und die Feinde der Republik in Schach gehalten. Wäre er das gewesen, als was seine Dauerbeschimpfer ihn bis heute denunzieren, so hätten seine Gegner nie gesiegt. Mag der Vertrag einen Anteil gehabt haben am Aufstieg des Nationalsozialismus – es gab Kräfte, die Versailles erfunden hätten, wenn es nicht schon da gewesen wäre. Hitler war nur ihr konsequentester und abgründigster Verfechter.

Ich wiederhole an dieser Stelle meine Überzeugung, daß Deutschlands zweiter Anlauf auf die Weltherrschaft auch ohne Versailles unternommen worden wäre – nur früher.

Ein Wort im Zusammenhang mit der großen Depression, dieser zweiten Exkulpierungskrücke: Die Berufung auf ihre Mitverantwortung für den 30. Januar 1933 bliebe selbst dann eine Vernebelungsthese, wenn ihr ein Teil Wahrheit zukäme – denn nie und nimmer war das Massenelend ein Hauptgrund für den unseligen Stichtag.

Wahr ist, daß die Schlußjahre der Republik verdüstert waren durch Not, deren Hauptlast die bis zu sechs Millionen Erwerbslosen zu tragen hatten – von denen mein Vater einer war, und das für lange Zeit. Ich weiß also, wovon ich rede. Das Barmbek im Norden Hamburgs, wo wir damals wohnten, war ein vorwiegend proletarischer Stadtteil, in dem es bei gegebenen Anlässen von Fahnen und Emblemen der Sozialdemokratie und der Kommunistischen Partei – Schwarz-Rot-Gold, Drei Pfeile, Hammer und Sichel – derart wimmelte, daß die wenigen Hakenkreuzflaggen um so mehr auffielen. Dieses rote Fahnenmeer ist mir, Enkel eines sozialdemokratischen Großvaters, in Erinnerung geblieben.

Was immer sich nach dem 30. Januar 1933 wandelte, es ist unwahrscheinlich, daß in den Wahlen davor die Masse der Erwerbslosen, soweit sie sich überhaupt daran beteiligte, für die NSDAP statt für KPD oder SPD gestimmt hatten. Bei der letzten freien Wahl zum Reichstag, am 6. November 1932, verzeichnete die kommunistische Fraktion einen Anstieg, während die NSDAP, gemessen am Ergebnis der Wahlen vom 31. Juli 1932, von 37 auf 33 Prozent zurückging. Die große Depression als zweite Triebkraft des Untergangs der Weimarer Republik und des Erfolgs des Nationalsozialismus zu betrachten müßte selbst dann umstritten sein, wenn Hitler partiell tatsächlich von ihr profitiert hat, maßgeblich jedenfalls kann es nicht gewesen sein. Schon die zeitliche Begrenzung der Wirtschaftskrise, ihr Episodencharakter, könnten gar nicht erklären, warum sich, bewußt oder unbewußt, Ideologien aus der ersten Hälfte des 20. Jahrhunderts so hartnäckig in den Köpfen vieler Deutscher bis ins 21. gehalten haben. Das muß dauerhaftere Ursprünge haben als ein vorübergehendes Sozialtief.

Es gibt übrigens, sozusagen in einer Nebenkammer der Verdrängung, ein drittes Argument, die eigentlichen Wegbereiter des Nationalsozialismus zu entlasten, und zwar mit der Behauptung: Der »Bruderkampf« der Linken und ihre Zersplitterung, die Auseinandersetzungen zwischen SPD und KPD hätten der Nazidiktatur erst in den Sattel verholfen. Kommt dieses Argument, wie so oft, aus dem Mund von Konservativen, dürfte damit der Gipfel politischer Unaufrichtigkeit erklommen sein.

Denn abgesehen davon, daß die Rechte damals die Spaltung der verhaßten Linken begrüßt hat, da sie ihr nur zustatten kommen konnte; daß sich diese Rechte nur zu gern der »vaterlandslosen Gesellen« bedient hatte, als der in das Kriegsinferno gefahrene Karren aus dem Dreck von 1918 gezogen werden mußte (um die SPD danach wieder zum »inneren Feind« zu stempeln); abgesehen schließlich auch davon, daß die Demokratiefeindlichkeit der deutschen Rechten keine Spur geringer war als die der moskauhörigen KPD, die für die SPD kein Partner sein konnte: Für die Geburt, die vorstaatliche Etappe und den Triumph des Nationalsozialismus ist niemand mehr verantwortlich als der deutsche Konservatismus – er vor allen anderen hat Weimar den Todesstoß versetzt.

Den Zeitgenossen der Jahre 1918–33 stand eine grauenhafte Erfahrung bevor: nämlich daß selbst eine geschmähte, halbherzige, bürokratisch verkrustete und ungeliebte Republik immer noch unvergleichlich erträglicher war als ihre »heroische« Ablösung durch das Regime des Hakenkreuzes.

Zwar war die Herrschaft des Nationalsozialismus kein Naturgesetz der Geschichte, es hätte, wie gesagt, auch anders kommen können – ein Zufall aber war sie auch nicht.

Alle drei Etappen des deutschen Nationalstaats 1871–1945 – Monarchie, Demokratie, Nationalsozialismus – sind in seinem Katastrophenablauf verwoben. Das mißglückte parlamentarische Interregnum zwischen Kaiserreich und Drittem Reich brach nach fünfzehn Jahren zusammen unter dem Druck korrespondierender Traditionen aus der Vor- und Nachetappe des Ersten Weltkriegs. Gerade die »Anknüpfungsmöglichkeiten an ihre Vorgeschichte« (so die Mitscherlichs) seien es gewesen, die die Überzeugungskraft der nationalsozialistischen Ideologie so stark gemacht hätten.

Diese Vorarbeit, die vor allem von der Periode des Wilhelminismus geleistet wurde, ergab sich jedoch nicht aus einer Gleichheit der beiden Herrschaftssysteme. Nichts wäre verfehlter als solche Dämonisierung des Kaiserreichs und Bagatellisierung des NS-Staats.

Sie bestand vielmehr in zahlreichen »unvollendeten« ideellen und strukturellen Entsprechungen, die knicklos übernommen und weiterentwickelt werden konnten, darunter das Großziel der deutschen Weltvorherrschaft. Die Steigerung ins Irrationale und Wahnhafte der NS-Ideen und -Praktiken mag die Vorstellungskraft vorangegangener Epochen überfordert haben – ohne ihre prägenden Vorstadien aber wäre solche Steigerung niemals möglich gewesen.

In seinem Buch »Die gescheiterte Großmacht. Eine Skizze des Deutschen Reiches 1871–1945« schreibt der Historiker Andreas Hillgruber:

»Je weiter wir uns von der weltgeschichtlichen Zäsur des Jahres 1945 entfernen, die den Untergang der Großmacht Deutsches Reich markiert, um so stärker erscheint dem Historiker das Dreivierteljahrhundert ihrer Geschichte als eine in sich geschlossene Einheit. Die durchgängigen Linien, die verbindenden Elemente über die Epocheneinschnitte hinweg, welche Bismarck-Zeit, Wilhelminische Ära, Erster Weltkrieg, Weimarer Republik, schließlich Drittes Reich und Zweiten Weltkrieg voneinander trennen, treten viel deutlicher heraus, als es den meisten Zeitgenossen bewußt war, die, namentlich in Deutschland selbst, gerade die vielen auch zu verzeichnenden Brüche und Neuansätze als das Charakteristische der jüngsten deutschen Geschichte ansehen.«

Schon lange vor 1933 waren viele Menschen bereit, völkische Ideen zu verinnerlichen. Wie groß diese Aufsaugbereitschaft war, zeigte sich unmittelbar nach der NS-Machtetablierung in dem vorauseilenden Eifer, mit dem sich die Massen gleichschalten ließen – ein rauschhaftes Aufgehen des schwachen Massen-Ichs im Über-Ich des omnipotenten »Führers«. Eine derartige kollektive Identifikation des Individuums mit der Herrschaft hatte es in der Geschichte der Deutschen noch nie gegeben. In diesem Stadium war die nazistisch infizierte Mehrheit in zweierlei Hinsicht eine große Gefahr – innenpolitisch für jene deutsche Minderheit, die sich ihr entzog, und außenpolitisch für die potentiellen Angriffziele Hitlerdeutschlands, allen voran die europäischen Nachbarn. Gerade das, was die Demokratie ausschließt, die allgemeine Nivellierung, wurde hier zum Unterpfand des Verhängnisses: die Kettung fast eines ganzen Volkes an eine Führung, der niemand nachsagen konnte, sie hätte sich auch nur die kleinste Mühe gegeben, ihr wahres Gesicht zu verbergen: Schon in den zwanziger Jahren hatten die NSDAP und ihr »Führer« keine Zweifel an ihren Zielen zugelassen.

Bei aller politischen Zersplitterung der Ära, dieser Vorkriegsgeschichte nach dem Krieg, bei allem Chaos einer ungleichgewichtigen, zerstrittenen und in Sozialgruppen zerfallenen Gesellschaft, gab es dennoch, weit über ihr rechtes Spektrum hinaus, ein dominierendes Schlüsselwort, einen nationalen Einheitsnenner: Versailles! Von nun an sind immer »die anderen schuld«, ist Deutschland Opfer. Opfer der Einkreisungspolitik gegnerischer Mächte vor 1914 (eigentliche Ursache des Ersten Weltkriegs); danach Opfer von Versailles und der großen Depression (die wahren Gründe für Hitlers »Machtergreifung«); nach 1933 Opfer des Appeasement, der Beschwichtigungspolitik der Westmächte gegenüber Hitler (der eigentliche Grund des Zweiten Weltkriegs), des Vernichtungskriegs gegen Deutschland 1939–45, der alliierten Luftüberlegenheit, der Konferenzen von Jalta und Potsdam, der bedingungslosen Kapitulation, der Vertreibung, der Siegerjustiz, der Entnazifizierung und schließlich der Spaltung in zwei Staaten – alles »uns angetan«.

Der Katalog endet allerdings nicht kurz nach 1945, er setzt sich vielmehr in mannigfachen Variationen fort, bis hin zum sogenannten Historikerstreit, dessen konservativer Auslöser Ernst Nolte Mitte der achtziger Jahre, also mehr als vierzig Jahre später, erklärt, daß es ohne den Gulag, das sowjetische Arbeitslager- und Repressionssystem, Auschwitz nicht gegeben hätte.

Was sich hier zeigt, ebenso erschreckend wie weit verbreitet im Deutschland vor und nach 1945, ist die einzigartige Fähigkeit, die Verantwortung für die nationale Geschichte, besonders aber für ihre Katastrophen, an fremde Mächte zu delegieren, darin eingeschlossen selbst das genuin deutsche Verbrechen Auschwitz.

Über allem aber steht seit dem Ausgang des Ersten Weltkriegs, Menetekel des Zeitalters, ideologische Fluchtburg konservativer Unbelehrbarkeit und Hitlers Katechismus, Grundtenor seiner Agitation und Sauerstoff seiner Demagogie – der Logos, der ihn in einen »Erlöser« umlügt: Deutschland – das Opfer der Geschichte. In seinem Zeichen wird die größte Täterschaft aller Zeiten vorbereitet.

Hitlerdeutschland –
die falsche Seite der Weltgeschichte

»Der Krieg gegen die Sowjetunion, ein Angriffskrieg, wie alle
anderen deutschen kriegerischen
Unternehmungen seit 1939, muß über den allgemeinen
Unrechtsgehalt des Angriffskrieges hinaus als
ein von der Wehrmacht-, Heeres-, Luftwaffen- und
Marineführung mitgeplantes kriminelles Ereignis
gewertet werden, das den absoluten Tiefpunkt der
deutschen Militärgeschichte darstellt.«
Manfred Messerschmidt

Globalherrschaft hatten nur die Deutschen anvisiert

»Seit 5 Uhr 45 wird jetzt zurückgeschossen!« So Adolf Hitler in feldgrauer Uniformjacke vor dem Reichstag am 1. September 1939. Tatsächlich aber hatte das deutsche Linienschiff »Schleswig-Holstein« schon eine Stunde zuvor das Feuer auf die Westerplatte im Hafen von Gdingen/Danzig eröffnet, ohne daß die polnische Seite einen Schuß abgegeben hatte. Es wurde also nicht zurückgeschossen, sondern angegriffen. Um den Überfall zu rechtfertigen, war ein Anschlag von Deutschen in polnischer Uniform auf den Rundfunksender Gleiwitz inszeniert worden. Und wie der Zweite Weltkrieg begonnen hatte, so wird er auch enden, mit einer Lüge – das Oberkommando der Wehrmacht am 2. Mai 1945:

»An der Spitze der heldenmütigen Verteidiger der Reichshauptstadt ist der Führer gefallen. Von dem Willen beseelt, sein Volk und Europa vor der Vernichtung durch den Bolschewismus zu erretten, hat er sein Leben geopfert.«

In Wahrheit hatte Hitler sich drei Tage zuvor, am 30. April, erschossen.

Der erste polnische Tote, Frau oder Mann, den im Morgengrauen des 1. September 1939 eine deutsche Bombe, Granate oder Kugel umbrachte, wurde *ermordet* – genauso wie alle anderen, denen danach das gleiche widerfuhr. Von der Ursachenkette her hat der Aggressor Hitlerdeutschland die Primärverantwortung für jeden militärischen und zivilen Toten des Zweiten Weltkriegs.

In den fünf Jahren, acht Monaten und acht Tagen bis zum 8. Mai 1945 in Europa, und zum Ende des Kampfes in Fernost am 2. September jenes Jahres, sollten es mehr als 50, eher noch an die 60 Millionen werden. Davon nach neuerem Forschungsstand allein in der Sowjetunion – 1700 Städte und 70 000 Dörfer zerstört – 25 Millionen, darunter etwa dreieinhalb Millionen Kriegsgefangene und über eine Million Menschen in dem zwischen September 1941 und Januar 1943 eingeschlossenen Leningrad. Den prozentual höchsten Substanzverlust, gemessen an der Gesamtbevölkerung von rund 25 Millionen, hatte mit 6 Millionen Toten Polen, davon die Hälfte Juden, was wiederum der Hälfte aller Holocaustopfer entspricht. Deutschland hatte insgesamt 4 Millionen, Japan 2 Millionen Tote zu beklagen, wogegen die Verluste Chinas sich schwerer abschätzen lassen, doch nicht unter 15 Millionen gewesen sein sollen.

Dazu kommen Verwundete und Verkrüppelte an und hinter allen Fronten des Zweiten (und diesmal wirklich globalen) Weltkriegs, Zahlen, die den genannten kaum nachstehen dürften.

Von den Opfern, diesem gigantischen Universum des gewaltsamen Ablebens, starb höchstens ein Drittel bei militärischen Operationen, die Verluste der Zivilbevölkerung waren also mehr als doppelt so hoch wie die des Militärs. Das ist ein charakteristisches Merkmal dieses Kriegs überhaupt.

Das Ausmaß der materiellen Verwüstungen des zweiten Kriegs, der mit weit wirksameren Waffen zehn Monate länger als der Große 1914-18 geführt wurde, war an seinem Ende unübersehbar. Am schwersten getroffen waren Ost- und Südosteuropa, große Teile Italiens, nach der anglo-amerikanischen Invasion vom Juni 1944 und dem stürmischen Vormarsch der Alliierten nach Osten auch Frankreich, und nicht zuletzt Deutschland selbst. Hatten die Kampfhandlungen des Ersten Weltkriegs, von einer rasch zurückgeschlagenen Besetzung bestimmter Gebiete Ostpreußens durch russische Truppen abgesehen, fast ausschließlich außerhalb des eigenen Territoriums stattgefunden, so schlug der Gegner diesmal durch die Zerstörung der deutschen Städte vom Himmel aus mit übermächtiger Wucht auf das Ursprungsland des Luftkriegs zurück. Und das Jahre, bevor die Truppen der Anti-Hitler-Koalition von Ost und West her deutschen Boden betreten hatten. Die Erfahrungen, die dabei vor allem der weibliche Teil der Zivilbevölkerung im Osten machen mußte, waren furchtbar.

Auf den Ozeanen, vor allem dem Nordatlantik, waren in einem immer gnadenloser geführten U-Boot-Krieg gegen die Mannschaften von Handelsschiffen und Geleitzügen Millionen Tonnen an Schiffsraum versenkt worden, während in den Schlachten im Pazifik zwischen der amerikanischen und der japanischen Marine, den schwersten der See- und Luftkriegsgeschichte, auf beiden Seiten Hunderttausende von Soldaten starben und weitere Millionen an Tonnage zerbombter, torpedierter oder zerschossener Kriegsschiffe auf den Meeresgrund geschickt wurden.

Ein anderes Merkmal aber, wahrscheinlich das fürchterlichste überhaupt, war der Bruch mit zivilen und militärischen Traditionen, die bis dahin als selbstverständlich gegolten hatten. Normen, die auch das Deutschland des Ersten Weltkriegs, von Ausnahmen abgesehen, anerkannt hatte, die sich im Zweiten jedoch auf eine zuvor undenkbare Weise außer Kraft gesetzt sahen.

Das galt, mit eigenen Vorzeichen, auch für Japan, das sich im Russisch-Japanischen Krieg 1904/05 ebenso wie im Ersten Weltkrieg noch an solche Regeln hielt, mit Beginn seiner imperialistischen Aggression gegen China ab 1937 und ihren Massakern gegen die Zivilbevölkerung aber eine Praxis der Entmenschlichung an den Tag legte, die von bisherigen Traditionen abwich und sich in der grausamen Behandlung alliierter Kriegs- und Zivilgefangener nach 1941 fortsetzte. Zwar hatte es in der Geschichte Deutschlands und Japans dafür unheimliche Vorzeichen gegeben, vergleichbare Beispiele aber nicht. Ein Unterschied zwischen beiden bleibt gleichwohl, wenn auch das Vergleichen des Schreckens dubios ist. Ungeachtet der nahezu kollektiven Verdrängungsleistung ihrer Geschichte durch die Kriegsgeneration nach 1945, dieser zweiten Schuld Japans, hat die Welt eine ziemlich klare Vorstellung von dem grausamen, ultraautoritären Charakter des japanischen Militarismus und den Manifestationen seiner Entmenschlichung in der Hochphase imperialistischer Eroberungspolitik – es liegen dafür Berge von chinesischen und alliierten Dokumenten vor. Weder in Japan noch anderswo aber wird etwas sichtbar von dem organisierten Bemühen, ganze Völker, bürokratisch geplant, auszurotten, und das als Konsequenz einer bestimmten Ideologie: nämlich Menschen nicht wegen ihres Geschlechts, Alters oder Verhaltens zu töten, sondern als Strafe dafür, daß sie geboren waren. Was vor allem für Juden, Sinti und Roma galt – bestand ihr »Verbrechen« doch eben darin, daß sie auf der Welt waren. Für diese deutsche Manifestation des Bösen gibt es in der Geschichte, bei allem, was Menschen davor und danach Menschen angetan haben, kein weiteres Beispiel.

Ein anderer Unterschied zwischen Hitlerdeutschland und seinen Bundesgenossen bestand in den Zielen: Globalherrschaft hatte nur das Dritte Reich anvisiert –»Erst Europa, dann die Welt!«. Mit exakt ausgearbeiteten Plänen einer Neuordnung der eurasischen Kontinentalmasse und einem riesigen afrikanischen »Ergänzungsreich«, Gegenküste zum verbliebenen Hauptgegner in der westlichen Hemisphäre, den USA, die durch Seeblockade, innere Zersetzung und wachsende Gegnerschaft auf dem lateinamerikanischen Subkontinent sowie durch Vervollkommnung ballistischer Waffentechnik in die Knie gezwungen werden sollten. Wer diese braunen Weltherrschaftsvisionen studiert hat (und das habe ich für mein Buch »Wenn Hitler den Krieg gewonnen hätte. Die Pläne der Nazis nach dem Endsieg«), der erkennt schnell, was die begrenzten imperialen Ziele des faschistischen Italiens und selbst die weitgesteckten Eroberungs- und Ausbeutungspläne des kaiserlichen Japans unterscheidet von den schlußgeschichtlichen Vorstellungen einer deutschen Herrschaft im Zeichen des Hakenkreuzes mit dem in »Germania« umgetauften Berlin als Zitadelle des »Großgermanischen Weltreiches«.

Pläne, die zum Glück – auch für die Deutschen – Konjunktiv der Geschichte geblieben sind.

Ein Merkmal des Zweiten Weltkriegs war, daß er wahre Völkerwanderungen verursacht hat, im deutsch besetzten Europa, aber auch im Stalinschen Machtbereich erzwungen, ehe sich am Ende dann gewaltige deutsche Flüchtlingsströme vor der näher rückenden Roten Armee nach Westen bewegten, Entwurzelungen, die sich nach Beendigung der Kampfhandlungen in der Vertreibung von Millionen fortsetzten. Die Verpflanzungen ungeheurer Massen blieben jedoch nicht auf Deutsche begrenzt – Millionen Polen mußten aus den seit dem Hitler-Stalin-Pakt der Sowjetunion zugeschlagenen östlichen Teilen ihres Landes in Gebiete ziehen, die Deutschland abgenommen worden waren. Im Fernen Osten und in Südostasien hatten nach

1945 etwa sieben Millionen Japaner eroberte Gebiete in Richtung Heimat zu verlassen – der totale Rückzug eines aggressiv-nationalistischen Expansionismus auf seinen geographischen Ausgangspunkt, wie ihn in solcher Konsequenz die Geschichte nur selten zu verzeichnen hat. Der Tenno-Staat hatte mit dem Angriff auf Pearl Harbour vom 6. Dezember 1941 eine historische Fehlentscheidung sondergleichen getroffen. Ob sich aber Japan ohne den mit Hitlerdeutschland und dem faschistischen Italien Mussolinis abgeschlossenen Dreimächtepakt von 1940 (Achse Berlin–Rom–Tokio) je allein auf einen Waffengang mit dem schon damals mächtigsten Land der Welt, den USA, eingelassen hätte, ist mehr als unwahrscheinlich.

Auch für die (nie als gleichberechtigt empfundenen) Bundesgenossen erweisen sich Hitler und seine Anhänger als Weltveränderer, wenn sie auch das Gegenteil ihrer Absichten erreichen – gehen doch beide, das militaristische Japan und das faschistische Italien, mit diesem Deutschland unter. Und daß ausgerechnet der »Führer«, mit seiner Endvorstellung von einer ihm kolonial unterworfenen Menschheit, durch die Schwächung der Kolonialmächte zum Helfer des Dekolonisierungsprozesses in der Nachkriegszeit werden sollte, darf zu den großen Ironien der Geschichte des 20. Jahrhunderts gezählt werden.

Die Sowjetunion bietet ein anderes, dem Mechanismus der antiken Tragödie entsprechendes Beispiel dafür, daß gerade durch die Maßnahmen, mit denen ein Schicksal abgewendet werden soll, es nur um so eher herbeigeführt wird. Es war die von dem deutschen Anschlag auf ihre historische, staatliche und biologische Existenz erzwungene Kollektivanstrengung, die ihr zum (wenn auch zeitlich begrenzten) Status einer zweiten Supermacht nach den USA verhalf – an Stelle ihrer Auslöschung durch Germanisierungspläne. Und schließlich, statt daß die Welt von einem waffenstarrenden Siegerdeutschland in Schach gehalten wird, folgte, mit dem spät vereinten Deutschland als Unterpfand, eine der längsten Friedensepochen, die der alte Kontinent je erlebt hat – auch die furchtbare Hypothek des zerfallenen Jugoslawiens wird die Ausnahme bleiben von einer Regel, die mit Fug und Recht den Namen »Europa« trägt.

»Wir haben nicht zwei verschiedene Kriege geführt«

Eines der schrecklichsten Symptome deutscher Befindlichkeit vor und nach 1945, mit Ausläufern bis hinein in unsere Gegenwart, besteht darin, daß der Krieg behandelt wird wie ein Naturereignis, dem keinerlei Unrechtsgehalt zukommt. Millionen überlebende Angehörige der Wehrmacht haben ihren archaischen Irrglauben von der Schicksalhaftigkeit des Kriegs auch Jahrzehnte nach seinem Ende nicht korrigiert, trotz all der Tatsachen, die seither bekannt wurden über ihn. Das Bewußtsein der meisten Wehrmachtsoldaten war, damals und später, weit entfernt von der Rolle, die sie tatsächlich gespielt haben. Womit natürlich auch die Distanz zu den militärischen und zivilen Opfern des deutschen Angriffskriegs konserviert wurde – einer Welt, zu der jede innere Beziehung fehlte und fehlt. Auch da bestätigen die wohltuenden Ausnahmen nur exemplarische Haltungen. Anstelle von Scham, Entsetzen und Trauer über die eigene Geschichte – Kontinuität der Lebenslügen: Kritische Beurteilung der Wehrmacht, wenn überhaupt, soll das NS-System ausklammern. Wer nicht in Verbrechen jenseits von Kriegshandlungen involviert war, darf sich unschuldig fühlen.

»Wir vorne an der Front haben unsere Pflicht ehrenvoll und tapfer erfüllt. Nämlich den Kampf gegen den Gegner zu führen, wie es uns als Soldaten befohlen worden war. Aber hinter uns wüteten die Kolonnen Hitlers, dafür tragen wir keine Verantwortung.«

Auf diese fast klassisch zu nennende Artikulation der Traditionslüge in einer 1996 erschienenen Divisionsgeschichte der Wehrmacht entgegnete im Februar 1997 der Bonner Historiker Hans-Adolf Jacobsen auf einer Fachtagung zur Eröffnung der Reemtsma-Ausstellung in Bremen unter dem Titel »Zur Rolle der deutschen Wehrmacht im Rußlandfeldzug 1941–1944«:

»Ich weiß nicht, ob den Autoren dabei klargeworden ist, daß die Soldaten vor und die SS hinter der Front denselben Krieg geführt haben.

Es war – leider – fast eine Art Arbeitsteilung. Der eine hatte die Aufgabe, den militärischen Gegner niederzuhalten, das waren wir Soldaten, oder sogar zu versuchen, ihn zu schlagen, und der andere hatte den Auftrag, zum Teil unterstützt von einzelnen Einheiten des Heeres, den ideologischen Gegner zu vernichten. Wir haben nicht zwei verschiedene Kriege geführt.

Wenn wir also den Gesamtzusammenhang von Politik und Kriegführung ernst nehmen, müssen wir bekennen – ich beziehe mich da mit ein –, daß wir letzten Endes historisch gesehen Mittäter gewesen sind. Mittäter nicht an den Verbrechen als solchen, denn dafür kann man nur denjenigen zur Rechenschaft ziehen, der aktiv oder in anderer Weise mitgewirkt hat.

Diese historische Mittäterverantwortung gilt es schweren Herzens – aus heutiger Sicht – einzusehen, weil wir als Angehörige der Wehrmacht diesen Krieg für Hitler und nicht etwa für Deutschland oder für unsere Heimat, wie wir das geglaubt haben, geführt haben. Und noch tragischer, das ist mir eigentlich jetzt erst in den letzten Jahren mehr und mehr deutlich geworden vor dem Hintergrund des neuen Materials: Die Mitverantwortung, die wir sehen müssen, im Kontext der Wechselwirkung von Politik und Kriegführung, liegt auch darin: Hätten wir vorne an der Front nicht so hervorragend gekämpft oder wären unsere Fronten schneller zusammengebrochen, dann hätten die Mordakteure gar nicht das tun können, was sie getan haben. Mit anderen Worten: Ob wir wollten oder nicht, wir haben die SS-Sonderkommandos abgeschirmt. Hier zeigt sich also jene unabdingbare Wechselwirkung des Rollenspiels: auf der einen Seite der Militärs und auf der anderen Seite der Sonderkommandos, zum Teil direkt oder indirekt auch unterstützt von Soldaten.«[67]

Bei allen »kameradschaftlichen« Stockungen, die in diesem Text sichtbar werden, allen vorsichtigen Formulierungen und Rücksichtnahmen – heraus schält sich darin doch etwas vom Begriff des *Kriegs der Waffen* als Vater des *Vernichtungskriegs*, oder, könnte man sagen, von der Erkenntnis, daß sie zwei Seiten ein und desselben Verbrechens waren. (Ich komme an anderer Stelle auf Jacobsens Argumente und ihren Anlaß zurück.)

Das ist jedoch weit entfernt von vorherrschenden Auffassungen, auch vom langjährig praktizierten Traditionsverständnis der Bundeswehr.

Hier dräut die unbesiegte Festung im Rücken eines durch die Beteiligung der Bundeswehr am Kosovokrieg eingeleiteten neuen Zeitalters deutscher Militärgeschichte, nämlich Bündnispartner internationaler Friedens- und Ordnungsmächte zu sein, um Menschenrechtsverletzungen zu verhindern oder Menschenrechte wiederherzustellen, wenn nötig auch bewaffnet.

Glaubwürdigkeit kann es dabei so lange nicht geben, wie die Deutschen von heute und morgen, ob Soldaten, ob Zivilisten, mit ihrer Kriegsgeschichte von gestern nicht wirklich im reinen sind.

Ein Beispiel dafür innerhalb des Entlastungs- und Irreführungsschemas unentwegter Wehrmachtapologeten ist die Behauptung, Generalstab und Oberkommando der Wehrmacht (OKW) seien »bekanntlich im Hauptkriegsverbrecherprozeß 1946 nicht verurteilt worden« – was lediglich formal, nicht aber inhaltlich stimmt. Denn abgesehen davon, daß sich hier Kreise auf etwas berufen, was sie sonst als »Siegerjustiz« zurückweisen: Tatsächlich hat der Internationale Militärgerichtshof nur deshalb so geurteilt, weil weder die Offiziere des Generalstabs noch des Oberkommandos der Wehrmacht nach dem Wortlaut des Statuts des Nürnberger Gerichts eine »Gruppe« gewesen sind und »Einzelprozesse gegen sie den hier verfolgten Zweck besser erreichen würden«.

In der von interessierter Seite stets unterschlagenen Erklärung des Gerichtshofs heißt es weiter:

»Diese Offiziere sind in großem Maße verantwortlich gewesen an der Planung und Führung des Angriffskriegs und für die Leiden und Nöte, die über Millionen Männer, Frauen und Kinder gekommen sind. Sie sind der Schandfleck für das ehrenhafte Waffenhandwerk geworden, eine rücksichtslose militärische Kaste. Ohne ihre militärische Führung wären die Angriffsgelüste Hitlers und seiner Nazikumpane akademisch und ohne Folgen geblieben.

Wenn es ihrer Verteidigung zweckdienlich ist, so sagen sie, sie hätten gehorchen müssen; hält man ihnen Hitlers brutale Verbrechen vor, deren allgemeine Kenntnis ihnen nachweisbar wurde, so sagen sie, sie hätten den Gehorsam verweigert. Die Wahrheit ist, daß sie an all diesen Verbrechen teilgenommen haben oder in schweigender Zustimmung verharrten, wenn vor ihren Augen größer angelegte und empörendere Verbrechen begangen wurden, als die Welt je zu sehen das Unglück hatte.«[68]

Dies zitiert zur Aufhellung verdrängter Tatsachen, verfochten von jenen, die nichts im Sinn haben, als ständig irgendeine deutsche Ehre zu retten, wo es doch gilt dahinterzukommen, wie an und hinter den Fronten ein wahrer Leichenhimalaya aufgetürmt werden konnte.

Die von der Haltung der westalliierten Mitglieder des Internationalen Militärgerichtshofs in Nürnberg abweichende Meinung der Sowjetunion zum Urteil über den Generalstab und das Oberkommando der Wehrmacht formulierte ihr Vertreter, Generalmajor L. T. Nikitschenko, am 1. Oktober 1946 so:

»Unrichtige Entscheidung über den Generalstab und das OKW.

Der Verzicht, den Generalstab und das OKW für eine verbrecherische Organisation zu erklären, widerspricht der wirklichen Lage der Dinge und den Beweisdokumenten, die im Laufe des Verfahrens vorgelegt worden sind.

Es unterliegt keinem Zweifel, daß die Führung der Wehrmacht des nationalsozialistischen Deutschland zusammen mit dem Parteiapparat und den Dienststellen der SS eines der wichtigsten Organe zur Vorbereitung und Verwirklichung der aggressiven und menschenhassenden Pläne war.

In der Veröffentlichung der nationalsozialistischen Partei ›Offizier und Politik‹ wurde ohne Umschweife gesagt, daß das nationalsozialistische Regime von zwei ›Säulen‹ geführt und unterstützt wird: der Partei und der Wehrmacht – in unlösbarer gemeinsamer Verantwortung – auf Gedeih und Verderb aufeinander angewiesen. Die Führung der Wehrmacht bestand nicht etwa aus Offizieren, die bestimmte Stufen der Militärhierarchie erreicht haben. Sie war vor allem eine geschlossene Gruppe, der besonders geheimgehaltene Pläne der Hitlerschen Führung anvertraut wurden. Die vorgelegten Dokumente bestätigen in vollem Ausmaß, daß die militärischen

Führer dieses Vertrauen vollkommen rechtfertigten und daß sie überzeugte Anhänger und leidenschaftliche Vollzieher von Hitlers Plänen
waren.

Die Tatsache, daß sie schwerste Verbrechen gegen den Frieden,
Kriegsverbrechen und Verbrechen gegen die Humanität verübt
haben, wird nicht nur nicht bestritten, sondern ganz besonders im
Urteil des Gerichtshofes betont. Alle diese Behauptungen des
Urteils sind gerecht und auf zahlreiche glaubwürdige Urkunden
gestützt. Es ist nur nicht klar, warum diese ›hundert höheren Offiziere‹, die der Welt und ihrem eigenen Land soviel Leid angetan
haben, nicht für eine verbrecherische Organisation erklärt worden
sind.«[69]

Hier eine Assoziation, die naheliegt und mich seit eh und je beschäftigt hat: Wie hätten Briten und Amerikaner in Nürnberg geurteilt,
sich als Besatzungsmächte benommen, wenn sie von deutscher
Besetzung nicht verschont geblieben wären und die Apokalypse des
Bodenkriegs das eigene Land ganz oder teilweise heimgesucht hätte,
wie es von Norwegen bis El Alamein, von Kursk und Orel bis Warschau der Fall war?

In seinem Standardwerk »Eine Welt in Waffen. Die globale
Geschichte des Zweiten Weltkriegs« schreibt Gerhard L. Weinberg,
Professor für Geschichte an der Universität von North Carolina,
1928 in Hannover geboren, 1939 vertrieben und heute US-Bürger,
im Kapitel »Schlußfolgerungen – Kosten und Wirkungen des
Krieges«:

»Die Verluste an Menschenleben, das Leiden, die Zerstörung und die
wirtschaftliche Entwurzelung erreichten noch nie dagewesene Grö-
ßenordnungen. Wird jedoch die Frage gestellt, ob der Sieg solch
gewaltige Anstrengungen und den Preis des Erfolges wert war, so
muß man sich die Konsequenzen vor Augen führen, die ein Sieg der
Achsenmächte gehabt hätte. (...)

Die Kosten des Sieges mögen gewaltig gewesen sein, die Kosten
eines andersartigen Ergebnisses wären jedoch noch viel entsetzlicher
gewesen und hätten nicht nur die Verlierer des Kriegs betroffen. Wie
der große Theologe Dietrich Bonhoeffer und einige andere deutsche

Gegner Hitlers schon seinerzeit erkannten, war selbst für die Völker der Achse eine Niederlage noch immer besser als eine vom Bösen beherrschte Welt.«[70]

Hitlerdeutschland – die falsche Seite der Weltgeschichte.

Was kam bei dieser Überprüfung heraus?

»Ich schwöre bei Gott diesen heiligen Eid, daß ich dem Führer des Deutschen Reiches und Volkes, Adolf Hitler, dem Oberbefehlshaber der Wehrmacht, unbedingten Gehorsam leisten und als tapferer Soldat bereit sein will, jederzeit für diesen Eid mein Leben einzusetzen.«

Was war das für ein Deutschland, in dem ein Eid mit diesem Text abgelegt wurde?

Bei Kriegsausbruch waren seit dem 30. Januar 1933 sechs Jahre und sieben Monate vergangen, Zeit genug, um den Charakter des NS-Systems bis in seine Kapillaren zu erkennen. Gleich nach Machtantritt waren alle Freiheitsrechte und demokratischen Institutionen aufgehoben, alle Parteien außer der NSDAP verboten, Bücher öffentlich verbrannt, jüdische Geschäfte schon am 1. April 1933 boykottiert worden und Zehntausende aus berechtigter Furcht um Leib und Leben geflüchtet. Aus den zunächst provisorisch eingerichteten Haft- und Folterkellern der Geheimen Staatspolizei entstand bald ein System von KZ-Haupt- und Nebenlagern, in denen viele Tausende tatsächlicher oder angeblicher Regimegegner eingesperrt wurden. Daß mit Widersachern in den eigenen Reihen nicht anders umgegangen wurde als mit politischen Gegnern, zeigte Ende Juni 1934 die Ermordung von Hitlers SA-Rivalen Ernst Röhm und etlichen anderen »Unliebsamen«. Presse, Funk und Film, Teile des von Joseph Goebbels gesteuerten Propagandaapparats, standen im Dienst des Antisemitismus, der im September 1935 mit den sogenannten »Gesetzen zum Schutze des deutschen Blutes und der deutschen Ehre« (Nürnberger Gesetze) die längst eingeleitete bürgerliche und moralische Entrechtung der Juden in zahlreichen Bestimmun-

gen kodifizierte. Mit dem im Volksmund als »Reichskristallnacht«
verniedlichten Pogrom vom 9. auf den 10. November 1938 wurde ein
neues und bis dahin nicht vorstellbares Kapitel der Entzivilisierung
im Europa des 20. Jahrhunderts aufgeschlagen – zehn Monate, bevor
der Krieg begann.

In jener Novembernacht wurden 91 Juden erschossen, erstochen
oder mit Knüppeln erschlagen, Hunderte und Aberhunderte ihres
Eigentums beraubt, aus Fenstern geworfen, die Treppen hinunterge-
stürzt und weit über tausend Synagogen angezündet. Manche der
Überfallenen begingen, nach unvorstellbaren Demütigungen und
Mißhandlungen, Selbstmord, darunter Ehepaare und ganze Familien. Auf Anweisung Reinhard Heydrichs, des Chefs der Sicherheitspolizei – damit auch der Gestapo – und des SS-Sicherheitsdienstes
(SD), wurden 30 000 jüdische Männer verhaftet und in die Konzentrationslager Dachau, Buchenwald und Sachsenhausen verschleppt,
wo ein Teil von ihnen umkam. Alle Mörder blieben unbestraft, so
auch der 26jährige Adolf Heinrich Frey, Landwirt und NS-Orts-
gruppenleiter in Eberstadt, Kreis Heilbronn, der die jüdische Witwe
Stern mit drei Revolverschüssen getötet hatte.

Der Volkszorn? Der war es nicht gewesen, jedenfalls nicht in dem
Sinn, wie die Goebbelsche Propagandamaschine am nächsten Tag
der Welt weiszumachen versuchte – das organisierte Verbrechen
erfolgte durch die SA, und es waren Hitler und Goebbels, die es
befohlen hatten. Dennoch wäre mit dieser Feststellung die allgemeine Situation von damals nur unzureichend analysiert. Denn die
Pogromnacht ereignete sich in einem Deutschland, dessen überwältigende Bevölkerungsmehrheit in den fünfdreiviertel Jahren seit 1933
längst für den Nationalsozialismus gewonnen war, ihm nach der
Annexion Österreichs im März und der Einverleibung des Sudeten-
landes im September 1938 begeistert, ja, inbrünstig zustimmte.

Aber nun hatte etwas Beispielloses, Unerhörtes stattgefunden,
etwas, das es weder vor noch nach diesem Datum gegeben hatte.
Während sonst das Staatsverbrechen hinter den Zäunen der Konzentrationslager, isoliert von der Öffentlichkeit, wütete und Häftlinge bei Entlassung schriftlich versichern mußten, draußen nichts
zu berichten, wenn sie nicht wieder eingeliefert werden wollten,
tobte in jener Nacht die Mord-und-Brand-Furie unter freiem Him-

mel, trat der Terror auf die offene Bühne, konnte niemand mehr sagen, er habe »von nichts gewußt«. Dafür waren im Großdeutschen Reich zu viele Scheiben zu Bruch gegangen, hatten die Schreie der Mißhandelten und Sterbenden zu schrill in die Nachbarschaft gegellt, die Feuer der brennenden Gotteshäuser zu hoch gelodert und die Rauchschwaden zu lange über den Ruinen gewabert. Die Nacht vom 9. auf den 10. November 1938 zwang alle Deutschen in die Mitwisserschaft am Großverbrechen, machte jeden zum Zeugen, wozu die Herrschaft fähig war, auf die sich die Mehrheit eingeschworen hatte. Die Machthaber hatten die Schamschwelle der Nation geprüft, und das war ihnen wichtiger als die Gewißheit, mit der Pogromnacht Deutschland endgültig außerhalb der gesitteten Menschheit gestellt zu haben.

Was kam bei dieser Prüfung heraus, wie reagierten die damaligen Deutschen darauf, und welche Schlüsse lassen sich aus ihrem Verhalten ziehen?

Es gibt eine endlose Kette von Beispielen für Empörung, Zorn, Trauer und Sprachlosigkeit über die Barbarei jener Nacht und ihre Folgen – wie die Massenverhaftungen von Juden und die ihnen auferlegte »Buße« von einer Milliarde Reichsmark für die Schäden, die ihnen zugefügt worden waren. Das wurde meist nicht offen bekundet, sondern hinter vorgehaltener Hand geäußert und in manch internem Bericht der Sicherheitsorgane über die Reaktion der Bevölkerung unverblümt nach oben berichtet. Ebenso aber hatte es die Gegenbeispiele gegeben, offen bekundete Genugtuung über den Pogrom, wie auch aktive Beteiligung an ihm, massenhafte Zustimmung johlender Zuschauer, Roheit und Grausamkeit.

Nach allen Ermittlungen neigt die Forschung heute dazu, die Gruppe der Ablehnenden für die größere zu halten – was zutreffen dürfte. Komplizierter wird es schon bei der Frage, welche Motive dafür vorherrschten – ob natürliches Mitleid oder das von der Führung wahrgenommene Unbehagen, ja die Verstörung über die aufgezwungene Mitwisserschaft, ein Faktum, durch das sich die ganze Nation in die Rolle eines Komplizen gestellt sah, der nicht gefragt worden war, ob er mitmachen wolle oder nicht.

Wie immer die Antwort darauf ausfallen könnte – es gibt keine Anhaltspunkte dafür, daß die Reichspogromnacht der Popularität des Nationalsozialismus oder gar des »Führers« auch nur graduell geschadet hätte. Nein, der Volkszorn war nicht die Initialzündung der Schreckensnacht – aber er hat sich auch keineswegs gegen das System gekehrt, das sie ausgelöst hatte. Wenn darauf eingewendet würde, daß ein äußerer Bruch nicht oder nur unter großen Risiken möglich gewesen wäre – auch der innere Bruch blieb aus, und damit jede moralische Konsequenz.

Verwundern sollte der Tatbestand allerdings niemanden, hatte es doch auch keine vernehmlichen Gegenreaktionen auf all das Unrecht und die Gewalt bis zur Nacht des Pogroms gegeben, nichts, was die Reichsführung hätte beunruhigen können.

Wenn also der Schluß zuträfe, daß viele Deutsche die Verbrechen der Novembernacht ablehnten und ihr Mitgefühl den Opfern galt, die bereits eingegangenen ideologischen und organisatorischen Bindungen an die bestehenden Herrschaftsverhältnisse wurden dadurch nicht gelockert. Die Gleichsetzung von Vaterland und Obrigkeit – dieser tragische Grundirrtum über die größere Strecke des einheitlichen deutschen Nationalstaats von 1871 bis 1945 – war bereits zu tief verinnerlicht, als daß die Nacht vom 9. auf den 10. November 1938 an ihm rütteln konnte. Obwohl sich die verbrecherischen Energien des NS-Staats nach Ausbruch des Kriegs ins Unermeßliche potenzieren werden – sein hochkriminelles Wesen wird keineswegs erst dann sichtbar. Es war lange vorher, ja, von vornherein zu erkennen gewesen. Daß die Majorität der damaligen Deutschen dennoch hinter dem Regime stand und Hitler verehrte, kennzeichnet die politische und ethische Befindlichkeit der Deutschen – vor dem Stichdatum des 1. September 1939.

Zwei unvergeßliche Bilder.

Das erste: Hitler auf dem Balkon des Hamburger Rathauses, unten eine dichtgedrängte Menge, helle Gesichter hochgereckt, fünfzigtausend wohl, doch hingegeben wie *ein* Körper – ein Meer von Köpfen, in sich wellenförmig hin- und herwogend, ständig zwischen stoßatmigem Zuruf und atemloser Verstummtheit, selbstverloren an den einzigen da oben, zum Greifen nah fast und doch hoch in den Wolken.

Das zweite Bild: Hitler beim Stapellauf eines Kriegsschiffes im Hamburger Hafen auf der Werft von Blohm & Voß – die Gesichter der Werftarbeiter und Schiffsbauer, Nahaufnahmen, Physiognomien, die nicht lügen können – die gleiche Hingerissenheit, die gleiche Gläubigkeit, von Bildrand zu Bildrand, Arbeiter dicht an dicht, ein Wald von ausgestreckten rechten Armen – bis auf einen. Der hat seine beiden Arme, man will es nicht glauben, vor der Brust verschränkt, trotzig, hochgefährdet und ungeheuer verlassen: Ein Held, durchfährt es einen unwillkürlich bei dem erschütternden Anblick, ehe man mit der Hand darüberstreicht, weil es vielleicht doch nur eine Halluzination, eine Wunschvorstellung ist – aber die Hand weggezogen, hat sich nichts geändert. Warum nur er, warum nicht auch die anderen?

Ich vergehe mich nicht an meiner Vaterstadt, wenn ich sage, daß ich mich immer gegen die Legende von Hamburg als angeblich hitlergegnerischster Stadt Deutschlands gekehrt habe. Gewiß, Widerstand, todesmutigen Widerstand hat es gegeben, besonders von links, aber Berufsverbände und -stände wurden hier so rasch gleichgeschaltet wie überall, jüdische Beamte ohne Verzug aus den Ämtern gestoßen und Bücher öffentlich verbrannt; das Heer der Denunzianten war nicht kleiner als in anderen Großstädten, und die Gier der Arisierer nach jüdischen Vermögen nicht geringer.

Mag es auch stimmen, daß in dieser Stadt, dem Tor zur Welt, der Widerwille gegen die Braunen zunächst stärker war als in den Hochburgen des Nazismus; daß die überseeischen Traditionen der Kaufmannschaft eine offenere Atmosphäre erzeugt hatten, die es Deutschtümeleien schwerer machte als etwa in den Regionen des Ostens, wo die Menschen in Volkstumskämpfe verwickelt waren – an der exemplarischen Kraft der Bilder läßt sich nicht deuteln, zeigt sich erschreckenderweise, daß auch die lange, eindrucksvolle Geschichte der organisierten Hamburger Arbeiterschaft Hitlers gewaltigen Sympathiezuwachs nicht aufhalten konnte. Die durch staatliche Arbeitsbeschaffung und Aufrüstung verschwundene Massenerwerbslosigkeit, gern angeführt als Hauptmotiv des Zustimmungsgewinns, kann ihn allein nicht erklären.

Die Zeit hat verräterische Spuren hinterlassen. Ungezählte Filmmeter und Fotodokumente entlarven die These von der passiv geschobenen Masse als das, was sie ist: spätere Versuche, Millionen von Jubeldeutschen in perfekte Schauspielerinnen und Schauspieler zu verwandeln,»die mußten«, weil sie angeblich»nicht anders konnten«. Solche Hingerissenheit und Verlorenheit, so viele bebende Unterlippen und tränenblanke Augen beim Anblick des Führers hätten aber selbst die Koryphäen der Schauspielkunst nicht mimen können. Das Verhältnis zwischen Hitler und den damaligen Deutschen, oder genauer: zwischen ihm und dem»nationalen Kollektiv seiner Anhänger« (die Mitscherlichs), bleibt der Schlüssel für ihre Befindlichkeit in den Jahren 1933–45 (und für Haltungen weit später noch). Es ist die Beziehung vom Massen-Ich zum Ich-Ideal des Führers. Sie ist das Zentrum der kurzen, aber apokalyptischen Geschichte des staatlich instituierten Nationalsozialismus, seines Werdens, seines Triumphes und seines Untergangs fünf Minuten nach zwölf. Ohne ihre Kenntnis wären weder die übermenschlichen zivilen und militärischen Anstrengungen und Opfer noch die inflationäre Bereitschaft und Fähigkeit zu bis dahin undenkbaren Verbrechen erklärbar.

Massen-Ich und Ich-Ideal

Wie nennt man eine Diktatur, hinter dessen Diktator die Mehrheit des Volks steht?

Wenn Demokratie nicht eine verfassungsrechtlich verankerte, freiheitliche und pluralistische Staatsform wäre, sondern plebiszitäre Akklamation, dann hätte sich Hitlerdeutschland über beträchtliche Phasen seiner Geschichte hin als *die* Demokratie der Ära bezeichnen können: Nirgendwo sonst auf der Welt gab es solch überwältigende Zustimmung zur Herrschaft wie hier, selbst zu Stalins besten Zeiten nicht.

Hitler trifft mitten ins Schwarze. Er war die entscheidende integrative Kraft im nationalsozialistischen Herrschaftssystem, viel stärker als Organisationen und Ideologien.

Unerreichbar über allem, gottähnlich für viele, fordert er Vorrechte für die Deutschen, verkündet ihre rassische Höherwertigkeit, verspricht Geborgenheit unter dem schützenden Dach der Volksgemeinschaft und zeigt mit selbstbewußter Sprache Stärke gegenüber dem Ausland. Was nach der Niederlage im Großen Krieg 1914–18 dem angeschlagenen Selbstwertgefühl guttut. Daß er härteste Maßnahmen gegen innere Feinde androht, rechtfertigt sich aus einer Situation, die allein der Führer in seiner Omnipotenz übersehen kann.

Er ist, wie der Untertan nur zu gern wäre, wie dieser sich selbst in Träumen und Wachphantasien vorstellt, jedoch ohne die Fähigkeit, tatsächlich so zu sein. Nun aber bietet sich die Möglichkeit, von diesem Stärksten zu zehren und an seinem entrückten Dasein teilzuhaben:

»Im Zustand ihrer Hörigkeit erniedrigen sich die Massen vor Führerfiguren, um neues Selbstgefühl zu erlangen. Was die deutsche Szene betrifft, leistete die hier übliche Gehorsamskultur solcher Verdrehung Vorschub.«

So die Mitscherlichs.

Maßstäbe der Ästhetik sind außer Kraft gesetzt. Gerade das Bizarre der Erscheinung des »Führers«, seine unsägliche Gewandung, das Stakkato und der Diskant der Stimme, die eine Normallage nicht kennt; das permanente Pathos, die unappetitliche, verklemmte, abschreckende Gestalt, all das gebiert Attraktion, nicht Widerwillen (eine Haltung, die den nachfolgenden Generationen das Verständnis für den Jubel, die Hingabe und die Verfallenheit der Eltern und Großeltern an Hitler so schwermachen wird). Dazu kommt das perfekt inszenierte Ritual der Einzigartigkeit und Herausgehobenheit bei öffentlichen Aufzügen unter Beteiligung Zigtausender von uniformierten Statisten – ein vergottetes Objekt, an das sich das eigene Ich anlehnen und dem es alle Verantwortung übertragen kann. Wieder die Mitscherlichs:

»Die Wahl Hitlers zum Liebesobjekt erfolgte auf narzißtischer Grundlage, das heißt, auf der Grundlage der Selbstliebe. Die akute Verliebtheit in den Führer steigerte die masochistische Lustbereitschaft ebenso wie die Neigung zum aggressiven Ausagieren gegen die Feinde des Führers.«

Hier beginnen sich die Wolken zusammenzuziehen, schälen sich aus der Beziehung zwischen Massen-Ich und Ich-Ideal jene psychologischen Konturen heraus, die spätere Verbrechen erklären können.

Lange vorher, 1921, hatte Sigmund Freud in seinem wegweisenden Werk »Massenpsychologie und Ich-Analyse« geschrieben:

»Das Gewissen findet keine Anwendung auf alles, was zugunsten des Objekts geschieht. In der Liebesverblendung wird man reuelos zum Verbrecher. Die ganze Situation läßt sich restlos in die Formel bringen: Das Objekt hat sich an die Stelle des Ich-Ideals gesetzt.«

Natürlich war diese – uns »geschichtsklügeren« Heutigen unheimliche – Analyse Freuds gemünzt auf die sexuelle Libido des Menschen als Hauptantrieb seines Verhaltens und noch ohne Ahnung ihres historisch-politischen Gewichts in künftigen Zeiten. Solche Kenntnis aber hatten die Mitscherlichs – und ergänzten Mitte der sechziger Jahre:

»Wenn sich dieser Vorgang millionenfach gleichzeitig wiederholt, sind nach statistischer Wahrscheinlichkeit genügend Extremvarianten darunter, die bedenkenlos agieren, was der Führer befiehlt.«

Ich habe alle Ingredienzien dieser Befindlichkeit empirisch erlebt, lange, bevor ich imstande gewesen wäre, sie in Begriffe zu fassen. Nur für eine bestimmte Facette davon hatte ich schon damals die Formel gefunden: *Die Spaltung des Individuums in eine privat humane und eine politisch inhumane Hälfte.*

Was heißt das?

Es heißt, daß Menschen, die jedem Nachbarn, sobald er in Not gerät, sofort zur Hilfe eilen oder zur Rettung eines fremden Kindes große Risiken auf sich nehmen; daß Männer und Frauen, auf deren Wort Verlaß war, zärtliche Väter oder Mütter, treusorgende Ehegatten, Leute mit Humor und Witz – daß die gleichen Menschen, sobald sie die private Ebene verließen und die politische betraten, sich von einem auf den anderen Augenblick in Verfechter wüster Gewaltideen verwandelten, in Ideologen des Rassismus, voller Haß auf alles Nichtdeutsche und überzeugt von der edleren Abkunft der eigenen Nation. Diese charakteristische und verbreitete Spaltung ist mir damals in unzähligen Varianten begegnet, und noch jedesmal hatte sie mich angesichts ihres Verlusts an humaner Orientierung erregt und erschüttert. Gewiß war die innere Teilung in so entgegengesetzte Haltungen nicht allein auf Deutsche beschränkt, aber unter dem Vorzeichen des Nationalsozialismus hatte sie spezifisch deutsche Züge. Es war gespenstisch, was sich da tat. In diesem isolierten Deutschland war ein großes Volk auf dem Weg, sich in Gegensatz zur Welt zu stellen, ein für viele damals vielleicht unbewußter Vorgang, der sich bis zum Ende des Dritten Reichs immer mehr ausprägen wird. Und so fielen die Deutschen danach, als Verbrechen wieder Verbrechen genannt werden konnten, aus allen Himmeln ihrer Enthumanisierung.

Die lange aufbereitete, enge mentale Bindung an die NS-Herrschaft, eine bis auf Reste hergestellte Übereinstimmung zwischen »Führer« und willig folgender Mehrheit, zunächst allein eine Bedrohung für innere Gegner, mußte bei militärischer Aggression und Expansion des Systems zu einer ungeheuren Gefahr für die Angegriffenen werden.

Hitlerdeutschland – die falsche Seite der Weltgeschichte.

Wehrmacht – der große Unglücksbringer

»Sämtliche kommunistischen und jüdischen Organe
sind mit sofortiger Wirkung ihres Amtes enthoben.
Alle Juden beiderlei Geschlechts haben sich durch weiße
Armbinden mit dem Davidstern auf beiden Armen
zu kennzeichnen.
Alle Juden beider Geschlechter haben sich umgehend beim Führer
der Gemeinde ihres letzten Wohnortes zu melden.
Die Freizügigkeit für Juden ist mit sofortiger Wirkung aufgehoben.
Juden, die sich ohne schriftliche Genehmigung des Führers der
Gemeinde bzw. einer deutschen Dienststelle aus den Ortschaften
entfernen, setzen sich härtester Bestrafung aus. *Alle Juden* beider
Geschlechter von 16 bis 50 Jahren *stehen dem Führer der*
Gemeinde zu Arbeitsleistungen zur Verfügung. Alle Juden haben
die in ihrem Besitz befindlichen Rundfunkgeräte beim Führer
der Gemeinde abzuliefern.

Der Oberbefehlshaber der deutschen Armee«

(Großformatige Plakate der Wehrmacht in Ortschaften der Sowjetunion.
Hervorhebungen im Original)

»Dieser Schandfleck der Armee«

Gleich nach dem Sieg über Polen kam es im Operationsgebiet des Heeres, zynisch als »völkische Flurbereinigung« umschrieben, zu furchtbaren Massakern an Juden durch Einheiten der SS. Darüber schrieb Major Hellmuth Stieff, ein Verschwörer des 20. Juli 1944, am 21. November 1939 an seine Frau:

»Die blühendste Phantasie einer Greuelpropaganda ist arm gegen die Dinge, die eine organisierte Mörder-, Räuber- und Plündererbande unter angeblich höchster Duldung dort verbricht. Da kann man nicht mehr von ›berechtigter Empörung über an Volksdeutschen begangene Verbrechen‹ sprechen. Diese Ausrottung ganzer Geschlechter mit Frauen und Kindern ist nur von einem Untermenschentum möglich, das den Namen Deutsch nicht mehr verdient. Ich schäme mich, ein Deutscher zu sein! Diese Minderheit, die durch Morden, Plündern und Sengen den deutschen Namen besudelt, wird das Unglück des ganzen deutschen Volkes werden, wenn wir ihnen nicht bald das Handwerk legen.«[71]

Die Massenmorde unter den Augen der Soldaten führten zu erheblicher Beunruhigung im Offizierskorps. So forderte Eduard Wagner, General der Artillerie und Generalquartiermeister im Heeresstab, die »Verhängung des Ausnahmezustandes« gegen die beteiligten SS- und Polizeieinheiten. Und General Georg von Küchler, Befehlshaber der 3. Armee, rief die Heeresführung auf, die ihm unterstellten Verbände der SS – »diesen Schandfleck der deutschen Armee« – wegen der Verbrechen an den polnischen Juden sofort abzuziehen.

Der entschiedenste Einspruch aber kam vom neuen Oberbefehlshaber Ost, Generaloberst Johannes Blaskowitz, dem Mann, der den Angriffsplan gegen Polen ausgearbeitet, die 8. Armee befehligt und am 27. September 1939 die Kapitulation Warschaus entgegengenommen hatte.

Zwei Monate später, am 27. November, verfaßte Blaskowitz eine ausführliche Denkschrift an Hitler, in der er sich gegen illegale Erschießungen, Festnahmen und Beschlagnahmungen empörte, offen vom »Blutrausch der Polizei« sprach und Greueltaten anprangerte, »mit denen sich zu identifizieren die Truppe als eine unerträgliche Belastung ablehnt«.[72] Hitlers Reaktion: Schwere Vorwürfe gegen »kindliche Einstellungen in der Führung des Heeres« – mit Heilsarmeemethoden führe man keinen Krieg! Dennoch, nach weiteren Metzeleien unter der Verwaltung des Reichsministers Dr. Hans Frank im sogenannten Generalgouvernement mit Regierungssitz in Krakau legte Blaskowitz am 20. Februar 1940 eine zweite Denkschrift nach. Darin heißt es:

»Es ist abwegig, einige 10 000 Juden und Polen, so wie es augenblicklich geschieht, abzuschlachten. Die Auswirkungen sind: Der feindlichen Propaganda wird ein Material geliefert, wie es wirksamer in der ganzen Welt nicht gedacht werden kann. Auf die Rolle der Wehrmacht, die gezwungen ist, diesen Verbrechen tatenlos zuzusehen, und deren Ansehen besonders bei der polnischen Bevölkerung eine nicht wieder gutzumachende Einbuße erleidet, braucht nicht noch einmal hingewiesen zu werden.«

Dann, hellsichtig:

»Der schlimmste Schaden jedoch, der dem deutschen Volkskörper aus den augenblicklichen Zuständen erwachsen wird, ist die maßlose Verrohung und sittliche Verkommenheit, die sich in kürzester Zeit unter wertvollem deutschen Menschenmaterial wie eine Seuche ausbreiten wird. Wenn hohe Amtspersonen der SS und Polizei Gewalttaten und Brutalität verlangen und sie in der Öffentlichkeit belobigen, dann regiert in kurzer Zeit nur noch der Gewalttätige. Überraschend schnell finden sich Gleichgesinnte und charakterlich Angekränkelte zusammen, um, wie es in Polen der Fall ist, ihre tierischen und pathologischen Instinkte auszutoben. Es besteht kaum noch die Möglichkeit, sie im Zaum zu halten; denn sie müssen sich mit Recht von Amts wegen autorisiert und zu jeder Grausamkeit berechtigt fühlen.«[73]

Weder Blaskowitz noch Küchler, Wagner oder die ihnen unterstellten Truppenführer, die sich über die »völkische Flurbereinigung« empört hatten, erhielten von der Spitze des Heeres oder der Wehrmacht auch nur die geringste Rückendeckung. Daß der Oberbefehlshaber des Heeres, Generalfeldmarschall Walther von Brauchitsch, die Beschneidung seiner Rechte durch die SS im eigenen Hoheitsgebiet widerspruchslos hingenommen hatte, war zudem ein Präzedenzfall, der nichts Gutes ahnen ließ.

Wie recht Blaskowitz mit seinen Befürchtungen von der anstekkenden Kraft moralischer Verrohung und sittlicher Verkommenheit hatte und wie rasch der Wandel in den Köpfen vor sich ging, dafür lieferte Georg von Küchler ein überzeugendes Beispiel. Derselbe Mann, der sich ein Jahr zuvor noch gegen den Massenmord an Zivilisten durch die ihm unterstellten SS-Verbände empört und sie einen »Schandfleck für die deutsche Armee« genannt hatte, erließ – inzwischen zum Generaloberst befördert und zum Oberbefehlshaber der 18. Armee ernannt – im August 1940 folgende Weisung:

»Ich bitte, dahin zu wirken, daß sich jeder Soldat der Armee, besonders der Offizier, der Kritik an dem im Generalgouvernement durchgeführten Volkstumskampf, z. B. Behandlung polnischer Minderheiten, der Juden und kirchlicher Dinge, enthält. Der an der Ostgrenze seit Jahrhunderten tobende Volkstumskampf bedarf zur endgültigen Lösung einmaliger, scharf durchgeführter Maßnahmen. Bestimmte Verbände der Partei sind mit der Durchführung dieses Volkstumskampfes beauftragt worden. Der Soldat hat sich daher aus diesen Aufgaben anderer Verbände herauszuhalten. Er darf sich auch nicht durch Kritik in diese Aufgabe einmischen.«

Eingefügt: Die Massenexekutionen von jüdischen und nichtjüdischen Zivilisten und Kriegsgefangenen hatten nicht erst mit der »völkischen Flurbereinigung« begonnen, sondern sofort nach dem Überfall, noch während der Kampfhandlungen. Und daran beteiligt waren keineswegs nur SS, SD, Gestapo und Feldgendarmerie, sondern auch Einheiten der Wehrmacht. Durch sie starben am 3. und 4. September 1939 in Zloczew 200 Menschen; am 6. September in Kajetanowice 182; am 9. September in Dobrcz 800; am 15. September 500 in Przemysl (ausschließlich Juden) und am 28. September 900 (ausschließlich Juden) in Przekopana – lediglich Auszüge aus einem Mordgeschehen mit weit größeren Ziffern, unter genauer Angabe der Tötungsarten und der beteiligten Organisationen und Einheiten.[74] Ob Johannes Blaskowitz von der Beteiligung der Wehrmacht daran gewußt hat oder nicht und ob er, wenn ja, den »Begründungen« für Massenmorde – Franctireurs, Widerstand, Partisanen – glaubte oder nicht, das wird nicht genau auszumachen sein. Auch bleibt fraglich, was bei seinem Einspruch an die höchste Adresse die Oberhand hatte: ethische Grundsätze, die Furcht vor Schädigung des »deutschen Ansehens«, militärtaktische und strategische Motive, die Überlegung, daß solche Massentötungen die polnische Auflehnung provozieren und damit die Okkupationsbedingungen erschweren könnten, oder all das gebündelt – die schriftliche Intervention war eine mutige Tat.

Auch einige andere biographische Fakten lassen darauf schließen, daß dieser 1883 in Peterswalde, Kreis Wehlau (Ostpreußen) als Sohn eines Pfarrers geborene Johannes Blaskowitz zu der Minderheit deutscher Militärs im Dritten Reich gehörte, die sich von dem exemplarischen und regimeerwünschten Typus abhob.

Bei Hitler in Ungnade gefallen, wird Blaskowitz Mitte Mai 1940 nach Frankreich versetzt, wo er bis kurz vor Kriegsende bleibt – darunter als Militärbefehlshaber von Nordfrankreich und Oberbefehlshaber der 1. Armee. Hatte er sich schon 1940 nach der Niederlage des französischen Heeres vorrangig um die Probleme der Millionen Flüchtlinge gekümmert – »über Gebühr«, wie es höheren Ortes hieß –, so versuchte er 1944 bei der Bekämpfung der nach der westalliierten Invasion stark angewachsenen Aufstandsbewegung die Gegenmaßnahmen zu dämpfen. Es war Blaskowitz, der nach dem Massaker der SS vom 10. Juni 1944 an 642 Männern, Frauen und Kindern im französischen Oradour-sur-Glane als einziger hoher Militär seine Stimme erhob und erklärte: Es dürfe

»nicht vorkommen, daß Frauen und Kinder von diesem Kampf in Mitleidenschaft gezogen und Gehöfte angesteckt werden, in denen nie ein Terrorist gewesen ist, oder Männer, die nie etwas mit Terroristen zu tun gehabt haben, der Kugel zum Opfer fallen«.[75]

Seine Einstellung hinderte Blaskowitz jedoch nicht daran, Hitler nach dem Attentat vom 20. Juli 1944 ein Telegramm zu schicken, in dem er ihn seiner und seiner Soldaten Treue versicherte, die sich »nach diesem ruchlosen Verbrechen um so fester um ihn scharen werden«.[76] Am 10. April 1945 zum Oberbefehlshaber der »Festung Holland« ernannt, war es wieder Blaskowitz, der gegen anderslautende Befehle mit den Westalliierten erfolgreich verhandelte, um die schwere Hungersnot unter der Bevölkerung zu beheben. Nach Aufenthalt in mehreren Lagern Anfang 1948 im Nürnberger OKW-Prozeß angeklagt, wird der Name Johannes Blaskowitz mehrfach als Beleg dafür genannt, daß es in der Wehrmacht auch Kritik an den Mordaktionen gegeben hat. Dazu US-Richter Robert H. Jackson:

»Falls das, was der Verteidiger von General Blaskowitz sagt, wahr ist, ist das natürlich ein Verteidigungspunkt für ihn, und ich kann mit Recht sagen, daß General Blaskowitz dieser Naziverschwörung Widerstand geleistet hat. Falls diese Tatsache je bewiesen wird, so soll er gewiß nicht für Taten bestraft werden, gegen welche er opponiert hat.«[77]

Obwohl im Verhältnis zu anderen Mitangeklagten geringerer Kriegsverbrechen bezichtigt, muß Blaskowitz sich, im Gegensatz zu den meisten Ranggleichen, mitschuldig gefühlt haben. Wie anders wäre es zu erklären, daß er am 5. Februar 1948 seinem Leben durch einen Sprung in die Rotunde des Nürnberger Justizpalastes ein Ende setzte?

Das Grab von Johannes Blaskowitz liegt in der Lüneburger Heide. Mich hat das Schicksal dieses Mannes in seiner Widersprüchlichkeit bewegt. Er hat Hitler nicht gemocht und ist doch seinen Befehlen gefolgt. Er war kein Nazi und hat doch, da bin ich sicher, den deutschen Angriffskrieg, *den Krieg der Waffen*, niemals, keine Sekunde seines Lebens, als das erkannt und gewertet, was er war – das größte aller deutschen Verbrechen der Hitlerära.

Auch taucht unweigerlich die Frage auf: Was, wenn Johannes Blaskowitz nicht ins besetzte Frankreich beordert worden wäre? Wo zwar auch Verbrechen verübt wurden und der Maquis, wie in jedem

besetzten Land, im Recht war, wo aber kein Vernichtungskrieg
geführt wurde. Hätte Blaskowitz sich herausgehalten? Oder wäre er
denen gefolgt, die alles, aber auch alles mitmachten? Ich neige dazu,
es zu verneinen.

Die »völkische Flurbereinigung« im Polen von 1939/40 war nur die
Ouvertüre eines Mordcrescendos, erster Windzug eines Blutorkans,
wie er noch nie über die Welt gekommen war. Seine Urheber gaben
ihm den verharmlosenden Decknamen »Unternehmen Barbarossa«.
In dieser Apokalypse wird die deutsche Militärkaste jegliches
menschliches Antlitz verlieren.

Bjelaja Zerkow oder
Der Fall des Helmuth Groscurth

Dies ist die Geschichte von neunzig jüdischen Kindern, deren Leben
in den Händen eines deutschen Generalfeldmarschalls lag – Walter
von Reichenaus, Oberbefehlshaber der 6., der späteren »Stalingrad-
Armee«.

Doch jetzt, im August 1941, ist sie noch siegreich und in stürmischem
Vormarsch – mit fürchterlichen Folgen.

Die mobilen Todeskommandos der Einsatzgruppe C im Gefolge,
hatten die örtlichen Befehlshaber der Wehrmacht in den eroberten
Gebieten überall durch Anschläge erst die Registrierung der Juden
angeordnet und sie dann aufgerufen, sich unter Mitnahme aller Wertsachen an zentralen Punkten zu sammeln, Männer, Frauen und Kinder, so daß die Vorarbeit rasch getan ist. Die Exekutionen werden
von der SS und sogenannten einheimischen »Hilfswilligen« durchgeführt, so in Luck, Dubno und Shitomir, in Kiew und in Charkow.
Auf dem Land werden männliche Juden als angebliche »Saboteure«
auch von Soldaten der Orts- und Feldkommandanturen erschossen.

Dabei stoßen die Okkupanten auf das ukrainische Städtchen Bjelaja Zerkow. Es folgt das übliche. Die Ortskommandantur der Wehrmacht ordnet durch Plakat die Sammlung der jüdischen Bevölkerung zwecks »Registrierung« an, worauf die Erwachsenen der

Geheimen Feldpolizei (GFP) und dem SS-Sonderkommando 4a der Einsatzgruppe C übergeben, auf Lastkraftwagen verladen und außerhalb der Ortschaft erschossen werden. Die den Eltern vor der Abfahrt von der Seite gerissenen Kinder werden in einem schulähnlichen Gebäude untergebracht. Über ihre Lage berichtet der katholische Divisionspfarrer, Kriegspfarrer Dr. Reuss, mit Datum vom 20. August 1941 an die 295. Infanteriedivision, seine vorgesetzte Dienststelle:

»Deutsche Soldaten hatten die Kriegspfarrer Tewes und Wilczek darauf aufmerksam gemacht, daß in einem Haus jüdische Kinder im Alter von einigen Monaten bis zu 5 oder 6 Jahren, deren Eltern angeblich erschossen worden seien, in einem unerträglichen Zustand eingesperrt worden seien und von ukrainischem Selbstschutz bewacht würden.

Um eine genaue Meldung abgeben zu können, ging ich selbst in Begleitung der beiden Kriegspfarrer zu diesem Haus und fand folgendes vor: Etwa 90 (ich habe die Zahl gezählt) Kinder lagen oder saßen auf dem Boden, der von ihren Ausscheidungen bedeckt war. Fliegen saßen auf den teilweise nur halb bekleideten Kindern auf Beinen und Unterleib. Einige größere Kinder (2, 3, 4 Jahre) kratzten den Mörtel von der Wand und aßen ihn.«[78]

Gestützt auf Aussagen anwesender deutscher Soldaten, geht aus dem Brief des Divisionspfarrers Reuss weiter hervor, daß bereits am 19. August in Gegenwart eines Beamten des SD drei LKW-Fuhren mit Kindern abgefahren seien und der Fahrer gesagt habe, das seien Kinder bereits erschossener Juden und Jüdinnen, die nun auch zur Erschießung abtransportiert würden – wie die noch im Haus anwesenden Kinder. Kriegspfarrer Reuss:

»Die Soldaten äußerten über die Zustände bei den eingesperrten Kindern stärksten Unwillen; einer erwähnte noch, daß er selbst Kinder zu Hause habe.«[79]

Die Kriegspfarrer unterrichteten auch Oberstleutnant Helmuth Groscurth, Jahrgang 1898, Berufsoffizier, ein Mann der Abwehr, seit

1939 beim Oberkommando der Wehrmacht, 1940 Chef der OKW-Abteilung Heereswesen, jetzt im Führungsstab der 295. Division der 6. Armee und Hitlergegner. Nachdem Groscurth die Stätte ebenfalls am 20. August 1941 aufgesucht hatte, berichtete er am Tag darauf dem Chef des Generalstabs der Heeresgruppe Süd, General Georg von Sodenstern, über die Vorgänge in Bjelaja Zerkow und leitete unter Umgehung des Dienstwegs dem Oberbefehlshaber der 6. Armee, Generalfeldmarschall Walter von Reichenau, ein Exemplar zu. Darin heißt es:

»Die Räume waren angefüllt mit etwa 90 Kindern und mehreren Frauen. Im hintersten Zimmer, in dem fast nur Säuglinge lagen, machte eine Frau sauber. In den übrigen Zimmern herrschte ein unbeschreiblicher Schmutz; Lumpen, Windeln, Unrat lagen umher. Zahllose Fliegen bedeckten die teilweise nackten Kinder. Fast alle Kinder weinten oder wimmerten. Der Gestank war unerträglich.«

Und weiter:

»Im vorliegenden Falle sind Maßnahmen gegen Frauen und Kinder ergriffen, die sich in nichts unterscheiden von den Greueln des Gegners, die fortlaufend der Truppe bekanntgegeben werden.«[80]

Als Groscurth an Ort und Stelle erfuhr, daß auch die neunzig Kinder erschossen werden sollten, konnte er den Divisionskommandeur, Generalleutnant Geitner, davon überzeugen, die Exekution aufzuschieben. Daraufhin entbrannte ein Streit zwischen Groscurth und dem Feldkommandanten sowie SS-Standartenführer Paul Blobel, Chef des Sonderkommandos 4a der Einsatzgruppe C. Während der Feldkommandant erklärte, daß er die Tötung der jüdischen Frauen und Kinder für dringend erforderlich halte und diese durch Groscurths Intervention nur unnötig um 24 Stunden verzögert werde, meinte Blobel, daß der

»Herr Oberbefehlshaber die Notwendigkeit der Beseitigung der Kinder anerkenne und durchgeführt wissen wolle. Daraufhin wurden die Einzelheiten der Durchführung der Erschießungen festgelegt. Sie sollen bis zum 22. 8. abends erfolgen.«[81]

Der »Herr Oberbefehlshaber« an der Spitze der 6. Armee hält Groscurths Bericht 24 Stunden vor der geplanten Exekution in Händen. Einen Tag lang liegen Leben oder Tod von neunzig jüdischen Kindern in den Händen des Generalfeldmarschalls Walter von Reichenau.

Die Kinder werden erschossen.

Reichenaus Stellungnahme zum »Bericht der 295. Division«, also Groscurths Schreiben über die Vorgänge in Bjelaja Zerkow, erfolgt erst am 26. August 1941. Sie läßt keinen Zweifel, wer für die Exekution vier Tage zuvor hauptverantwortlich war, und zeigt, daß der Oberbefehlshaber sie gern einen Tag früher gehabt hätte:

»Der Bericht verschleiert die Tatsache, daß die Division von sich aus die Unterbrechung der Exekution angeordnet und dann hierzu das Einverständnis der Armee erbeten hat. Grundsätzlich habe ich entschieden, daß die einmal begonnene Aktion in zweckmäßiger Weise durchzuführen sei.«

Und dann, voller Grimm gegen einen Passus in Groscurths Bericht –
»Im vorliegenden Falle sind Maßnahmen gegen Frauen und Kinder ergriffen, die sich in nichts unterscheiden von den Greueln des Gegners, die fortlaufend der Truppe bekanntgegeben werden«:

»Ich muß diese Feststellung als unrichtig und im höchsten Maße ungehörig und unzweckmäßig bezeichnen. Sie steht zudem in einem offenen Schreiben, das durch viele Hände geht. Der Bericht wäre überhaupt besser unterblieben.«[82]

Soweit der Feldmarschall.

Die Lektüre des ganzen Berichts vom 21. August 1941 zeigt allerdings ein anderes Bild von Helmuth Groscurth als die bisher hier zitierten Auszüge – er war ein Schock für mich.

Zeigt er doch, daß die Unterschiede zwischen Groscurth und Reichenau zu Beginn des Holocausts eher geringfügig waren, nicht grundsätzlich und nicht humanitärer Natur. Es bleibt wahr, daß darin der Satz steht, im vorliegenden Fall seien Maßnahmen gegen Frauen und Kinder ergriffen worden, »die sich in nichts unterscheiden von den Greueln des Gegners, die fortlaufend der Truppe bekanntgegeben werden«. Aber in welchem Zusammenhang wird das geschrieben?

Unter Ziffer 1:

»Die Truppe ist von ihren Führern zur sauberen soldatischen Gesinnung erzogen, zur Vermeidung von Gewalt und Roheit gegenüber einer wehrlosen Bevölkerung. (...) Es ist nicht zu verhindern, daß über die Zustände berichtet wird, die Truppe erwartet ein Einschreiten der Offiziere. Dies gilt besonders für die älteren, verheirateten Leute. Der Offizier ist daher mit Rücksicht auf seine Truppe zu einem Einschreiten gezwungen, wenn derartige Vorgänge sich in aller Öffentlichkeit abspielen. Zur Aufrechterhaltung der Manneszucht ist es erforderlich, daß alle ähnlichen Maßnahmen abseits der Truppe erfolgen.«

Und dann (ich gestehe, daß ich meinen Augen nicht trauen wollte) noch deutlicher unter Ziffer 2:

»Die Durchführung der Erschießung hätte ohne jedes Aufsehen erfolgen können, wenn die Feldkommandantur wie auch die Ortskommandantur die nötigen Maßnahmen zur Fernhaltung der Truppe getroffen hätten. Durch das völlige Versagen der beiden Kommandanten wurden die Zwischenfälle hervorgerufen. Bei den Verhandlungen entstand der Eindruck, daß die gesamten Exekutionen auf einen Antrag des Feldkommandanten zurückzuführen sind. Aus der Erschießung der gesamten Judenschaft der Stadt ergab sich zwangsweise die notwendige Beseitigung der jüdischen Kinder, vor allem der Säuglinge. Diese hätte sofort mit Beseitigung der Eltern erfolgen müssen, um diese unmenschliche Quälerei zu verhindern. Eine anderweitige Unterbringung der Kinder wurde vom Feldkommandanten und vom Obersturmführer für unmöglich erklärt, wobei der Feldkommandant mehrfach erklärte, diese Brut müsse ausgerottet werden.«[83]

Das steht so wörtlich da und schließt jede andere Deutung aus: Nicht die Tötung von Juden ist für den Verfasser des Berichts das Delikt, sondern der Mangel an Geheimhaltung – erst der erzwinge mit Rücksicht auf die zur »sauberen soldatischen Gesinnung« erzogene Truppe ein Einschreiten der Offiziere. Nicht der unaufhebbare Gegensatz zwischen dem Mordgeschehen und der zitierten Gesinnung also bewegt den Oberstleutnant, sondern daß »die Durchführung der Erschießung hätte ohne jedes Aufsehen erfolgen können«. Zudem bleibt es Groscurths Geheimnis, wieso die Ermordung der Kinder zusammen mit den Eltern eine weniger »unmenschliche Quälerei« gewesen wäre als ihre Tötung ohne Vater und Mutter.

Im »Lexikon des deutschen Widerstandes« lese ich:

»Nach dem Blitzkrieg gegen Polen war es Canaris-Mitarbeiter Groscurth, der den Nachfolger Fritschs, Generaloberst von Brauchitsch, und die drei Heeresgruppenbefehlshaber im Westen zum Staatsstreich drängte, um die weitere Ausdehnung des Krieges zu verhindern.«

Und weiter: Helmuth Groscurth und andere

»legten während des Krieges umfangreiche Aktendossiers über die Verbrechen der NS-Führung an, die sie im Falle des Umsturzes der deutschen Öffentlichkeit als Beweismaterial für den verbrecherischen Charakter des NS-Regimes vorlegen wollten«.[84]

Wie läßt sich das vereinbaren mit Groscurths Bericht vom 21. August 1941 an den Chef des Generalstabs der Heeresgruppe Süd, General von Sodenstern, mit einer Kopie an Generalfeldmarschall von Reichenau? Und sind diese Dossiers von denen, die sie angelegt haben, nach der Niederlage Hitlerdeutschlands je als Beweismaterial zugunsten einer politischen, juristischen und moralischen Aufarbeitung der NS-Zeit vorgelegt worden? Haben ihre Angehörigen je darauf gedrungen, daß Hitlers willige Militärs sich für ihre Verbrechen vor deutschen Gerichten zu verantworten hätten? Wenn ja, muß es an mir vorbeigegangen sein. Ich habe von keinem einzigen General gehört oder gelesen, der vor ein deutsches Gericht gestellt worden wäre.

Es war der Oberbefehlshaber der 6. Armee, Walter von Reichenau, der am 10. Oktober 1941 folgenden (von Hitler als »ausgezeichnet« belobigten) Befehl an die Truppe ausgab:

»Das wesentlichste Ziel des Feldzuges gegen das jüdisch-bolschewistische System ist die völlige Zerschlagung der Machtmittel und die Ausrottung des asiatischen Einflusses im europäischen Kulturkreis. Hierdurch entstehen für die Truppe Aufgaben, die über das hergebrachte einseitige Soldatentum hinausgehen. Der Soldat ist im Ostraum nicht nur ein Kämpfer nach den Regeln der Kriegskunst, sondern auch Träger einer unerbittlichen völkischen Idee und Rächer für alle Bestialitäten, die deutschem und artverwandtem Volkstum zugefügt wurden. Deshalb muß der Soldat für die Notwendigkeit der harten, aber gerechten Sühne am jüdischen Untermenschen volles Verständnis haben.«[85]

Hier spricht einer, der sich mit Haut und Haaren Hitler und dem Nationalsozialismus verschrieben hatte und von dem anderes nicht zu erwarten war. Aber Helmuth Groscurth, der den Krieg begrenzen wollte und auf einen Sturz des Regimes hoffte?

Auch in ihm personifiziert sich die Widersprüchlichkeit der deutschen Militäropposition gegen Hitler. Viele Verschwörer waren vor dem Attentat tief verstrickt in die Einheit des *Kriegs der Waffen* und des *Vernichtungskriegs*, eingeschlossen führende Köpfe wie Henning von Tresckow, Hellmuth Stieff, Karl Heinrich Stülpnagel und Eduard Wagner. Autoritär geprägt und nicht ohne antisemitische Vorbehalte, was auch für Vertreter der zivilen Opposition wie Ulrich von Hassell, Carl Goerdeler, Johannes Popitz und andere galt. Man geht von falschen Voraussetzungen aus, wenn man die Geschichte des deutschen Widerstands als Vorläufer des demokratischen Systems der Bundesrepublik sieht – tatsächlich war er die Alternative zum Nationalsozialismus mit zeitbedingten, meist konservativen Anschauungen und Ansichten.

Dennoch ist es erschütternd, wie gerade Groscurth, des Antisemitismus mit am unverdächtigsten, quasi en passant und unfreiwillig den eigenen Verlust der humanen Orientierung aufdeckt und damit demonstriert, wie schwierig es gewesen sein muß, aus preußisch-deutscher Erziehung menschliche Positionen zu filtrieren. Für mich das eigentlich Furchteinflößende an Biographien wie der seinen, die zwar in Kontrast zum akuten Bösen gerieten, ohne aber mit den überkommenen Kriterien auch alles, was mit ihm korrespondierte, erkennen und aufheben zu können.

Groscurths 1970 veröffentlichte »Tagebücher eines Abwehroffiziers« geben auf diese Frage keine Antwort, und er selbst konnte nicht mehr gefragt werden: Als Chef des Generalstabs des Armeekorps vor Stalingrad geriet er 1942 in sowjetische Kriegsgefangenschaft und starb 1943 an Typhus.

Die neunzig jüdischen Kinder von Bjelaja Zerkow hatte Helmuth Groscurth nicht retten können, und es bleibt fraglich, ob er sie um ihrer selbst willen retten wollte. Ermordet wurden sie zwar von der SS, der große Unglückbringer aber war auch hier die Wehrmacht.

»Hoffnungslose Feldwebel«

Der *Vernichtungskrieg* war ein lange vor seinem Ausbruch geplantes beispielloses Universalverbrechen im historischen Rahmen des *Kriegs der Waffen* – und die Generalität war von Anfang an darin eingeweiht und einbezogen.

Hitler am 22. August 1939, also wenige Tage vor Ausbruch des Zweiten Weltkriegs, in seinem Berghof auf dem Obersalzberg vor den Oberbefehlshabern und kommandierenden Generälen der Wehrmacht:

»Vernichtung Polens im Vordergrund. Ziel ist Beseitigung der lebendigen Kräfte. Herz verschließen gegen Mitleid. Brutales Vorgehen. Der Stärkere hat das Recht. Größte Härte. Jede sich neu bildende lebendige polnische Kraft ist sofort wieder zu vernichten. Verfolgung bis zur völligen Vernichtung.«[86]

Und dann, auf den ersten Völkermord des 20. Jahrhunderts im türkisch-osmanischen Reich 1915/16 anspielend: Dies werde kein Krieg wie andere zuvor, sondern ein gnadenloser Ausrottungsfeldzug gegen Mann, Weib und Kind:»Wer redet heute noch von der Vernichtung der Armenier?«

Ein Augenzeuge der Zusammenkunft:

»Die Rede wurde mit Begeisterung aufgenommen. Göring stieg auf den Tisch. Blutrünstiger Dank und blutrünstiges Versprechen. Er tanzte wie ein Wilder umher. Die wenigen Bedenklichen schwiegen.«[87]

Trotz fürchterlicher Folgen des deutschen Siegs – Sondergerichte, Geiselmord, Massenerschießung von Juden – ist Polen nur Vorgeplänkel, Versuchsgebiet. Erst mit dem »Unternehmen Barbarossa«, dem Überfall auf die Sowjetunion vom 22. Juni 1941, wird sich die kriminelle Energie des Regimes voll entfalten.

Hitler am 30. März 1941 vor 250 hohen Offizieren, Befehlshabern und Stabschefs der für den Angriff vorgesehenen Divisionen, Armeekorps und Heeresgruppen (nach den Aufzeichnungen des Generalstabschefs Halder):

»Wir müssen vom Standpunkt des soldatischen Kameradentums abrücken. Es handelt sich um einen Vernichtungskampf. Vernichtung der bolschewistischen Kommissare und der kommunistischen Intelligenz. Kommissare und GPU-Leute sind Verbrecher und müssen so behandelt werden. Das ist keine Frage der Kriegsgerichte. (Randnotiz von Halder: Der Kampf wird sich sehr unterscheiden vom Kampf im Westen. Im Osten ist Härte mild für die Zukunft.) Die Truppenführer müssen von sich das Opfer verlangen, ihre Bedenken zu überwinden.«

Wie würden das Oberkommando der Wehrmacht, die Spitzen des Heeres auf diesen Aufruf zum Massenmord, die Aufforderung, das Völker- und Kriegsrecht zu mißachten und Großverbrechen zu begehen, reagieren?

Wie Hitler es erwartet und OKW-Chef Wilhelm Keitel es in Polen mit der Aufgabenteilung zwischen SS-Kommandos und Heer vorexerziert hatte – sie taten nichts, soweit sie nicht mitmachten. Am 8. April, also eine Woche später, notiert der Diplomat Ulrich von Hassell (am 8. September 1944 in Plötzensee hingerichtet), nach

Gesprächen mit Abwehr-Oberst Hans Oster und Generaloberst
a. D. Ludwig Beck:

»Es stiegen einem die Haare zu Berge, was urkundlich belegt wurde
über die der Truppe erteilten, von Halder unterschriebenen Befehle
betreffend das Vorgehen in Rußland und über die systematische
Umwandlung der Militärjustiz gegenüber der Bevölkerung in eine
auf jedes Gesetz spottende Karikatur. Mit dieser Unterwerfung unter
Hitlers Befehle opferte Brauchitsch die Ehre der deutschen Armee.«

Am 28. April 1941 genehmigte Generalfeldmarschall Walther von Brauchitsch die Mordtätigkeit der Einsatzgruppen in den rückwärtigen
Heeresgebieten und machte die Armee zum Komplizen der SS in einer
der größten Ausrottungsaktionen der Menschheitsgeschichte.
Am 16. Juni 1941, sechs Tage vor dem Überfall auf die Sowjetunion,
schreibt Ulrich von Hassel, nach Gesprächen mit den (später sämtlich hingerichteten) Gesinnungsfreunden Johannes Popitz, Carl
Goerdeler, Ludwig Beck und Hans Oster:

»Brauchitsch und Halder haben sich bereits auf das Hitlersche
Manöver eingelassen, das Odium der Mordbrennerei der bisher
allein belasteten SS auf das Heer zu übertragen. Sie haben die Verantwortung übernommen und durch einige an sich gar nichts ändernde,
aber den Schein wahrende Zusätze (über die Notwendigkeit, die Disziplin zu wahren usw.) sich selbst und andere getäuscht. – Hoff-
nungslose Feldwebel.«

Der Vernichtungskrieg im Osten beruhte auf den von der
Geschichtsschreibung so genannten »vier verbrecherischen Befehlen« der Wehrmacht- und Heeresführung, die in Form von Erlassen
an das Offizierskorps und die Truppe ergingen und auf den »Richtlinien auf Sondergebieten zur Weisung 21 ›Fall B‹« vom 18. Dezember 1940 fußten. Mit ihnen stellten sich die Reichsführung und das
Oberkommando der Wehrmacht nicht nur in Gegensatz zum Völ-
ker- und Kriegsrecht, sondern auch zu den »Zehn Geboten für den
deutschen Soldaten«, die auf der Innenseite des Soldbuches einge-
klebt waren, zur Schonung gefangener Gegner wie der Zivilbevölke-

rung aufforderten und Plünderung und Vergewaltigung untersagten. Bezeichnenderweise mußten sie zu Beginn des Angriffs auf die Sowjetunion entfernt werden.

Der erste der vier Befehle war der »Erlaß über die Zusammenarbeit des Heeres mit den Einsatzgruppen«.

Die Koordinierungsverhandlungen von Wehrmacht und den SS-Mordkommandos der Einsatzgruppen A, B, C und D begannen am 13. März 1941 zwischen dem Generalquartiermeister im Stab der Heeresführung, Eduard Wagner, und SS-Gruppenführer und Chef des Reichssicherheitshauptamtes Reinhard Heydrich. Das Abkommen lag am 26. März schriftlich vor, wurde am 4. April an Generalmajor Walter Warlimont vom Wehrmachtführungsstab geschickt und am 28. April vom Oberbefehlshaber des Heeres, Generalfeldmarschall Walther von Brauchitsch, unverändert unterzeichnet und der Truppe bekannt gemacht.

Nach dieser Regelung sollten die »fachlichen Weisungen« an die Einsatzgruppen von Heydrich kommen und diese berechtigen, »im Rahmen ihres Auftrags in eigener Verantwortung gegenüber der Zivilbevölkerung Exekutivmaßnahmen zu treffen«. Im rückwärtigen Heeresgebiet sollten die mobilen Todesschwadronen der SS »staats- und reichsfeindliche Bestrebungen« ausmachen und bekämpfen, soweit das nicht bereits von der Wehrmacht getan worden sei. Die Formulierung »staats- und reichsfeindlich« dehnte das Opferpotential über die »jüdisch-bolschewistische Intelligenz« hinaus erheblich aus und erforderte die Beteiligung der Wehrmacht an Vernichtungsaktionen.

Der zweite der vier verbrecherischen Befehle war der »Erlaß über die Einschränkung der Kriegsgerichtsbarkeit«, später auch Barbarossa-Erlaß genannt. Er war eine im voraus erteilte Amnestie für Verbrechen von Soldaten gegen die sowjetische Zivilbevölkerung, ohne daß Wehrmachtgerichte dagegen einschreiten sollten. Das drückte der Chef der Wehrmachtrechtsabteilung, Dr. Rudolf Lehmann, in einem ersten Entwurf an den Chef des Wehrmachtführungsstabs im OKW, Alfred Jodl, am 28. April 1941 so aus:

»Für Handlungen, die Angehörige der Wehrmacht und des Gefolges gegen feindliche Zivilpersonen begehen, besteht kein Verfolgungszwang, auch dann nicht, wenn die Tat zugleich ein militärisches Verbrechen oder Vergehen ist.«

Und weiter:

»Freischärler sind durch die Truppe im Kampf oder auf der Flucht schonungslos zu erledigen. Andere Angriffe von feindlichen Zivilpersonen gegen die Wehrmacht, ihre Angehörigen und ihr Gefolge sind durch die Truppe ebenso entschlossen und mit allen Mitteln auf der Stelle bis zur Vernichtung des Angreifers abzuwehren.«

Also ohne Kriegs- oder Standgerichte.

In einem zweiten Entwurf Lehmanns vom 9. Mai 1941 heißt es, daß die Wehrmachtgerichte angesichts des geringen Personalbestands bei der »weiten Ausdehnung der Operationsräume und der Besonderheit des Gegners« ihre Aufgabe nur erfüllen könnten, »wenn die Truppe selbst sich gegen jede Bedrohung durch die feindliche Zivilbevölkerung schonungslos zur Wehr setzt«.

Die von OKW-Chef Keitel am 13. Mai 1941 unterschriebene endgültige Fassung des »Barbarossa-Erlasses« weist keine wesentlichen Veränderungen zu Lehmanns Entwürfen auf, sondern enthielt die zwei wesentlichen Forderungen der politischen Führung: die Einschränkung der Wehrmachtgerichtsbarkeit auf Verfahren, die in erster Linie dazu dienten, die »Manneszucht« zu erhalten, und die Verlagerung von (nach dem Besatzungsreglement begangenen) »Straftaten« feindlicher Zivilpersonen aus der Zuständigkeit der Kriegs- und Standgerichte, um den Einsatzgruppen nicht ins blutige Handwerk zu pfuschen.

Der eigentliche Sinn des »Erlasses über die Einschränkung der Kriegsgerichtsbarkeit« bestand darin, die Truppe selbst ohne Furcht vor Strafverfahren in das System des *Vernichtungskriegs* einzubeziehen. Eine der wichtigsten Bestimmungen der endgültigen Fassung lautete dann auch:

»Gegen Ortschaften, aus denen die Wehrmacht hinterlistig oder heimtückisch angegriffen wurde, werden unverzüglich auf Anord-

nung eines Offiziers in der Dienststellung mindestens eines Batail-
lons-Kommandeurs kollektive Gewaltmaßnahmen durchgeführt,
wenn die Umstände eine rasche Feststellung einzelner Täter nicht
gestatten.«

Der in der Öffentlichkeit bekannteste der vier Erlasse ging von Generalstabschef Halder aus und ist mit Datum des 8. Juni 1941 als Kommissarbefehl in die Geschichte der organisierten Unmenschlichkeit
eingegangen. Danach sollten bestimmte Angehörige der Roten
Armee, gebrandmarkt als ihr ideologisches Rückgrat, an der Front
von der Truppe an Ort und Stelle erschossen werden, während im
rückwärtigen Heeresgebiet Kommissare den Einsatzgruppen übergeben werden sollten.

Mit diesem dritten Erlaß, dessen Völkerrechtswidrigkeit jedermann klar war, hatte sich die Wehrmacht unumkehrbar in die Aus-
rottungs- und Vernichtungspolitik der NS-Regierung eingeklinkt
und dem Feldheer den Kollektivmord an einer bestimmten Spezies
sowjetischer Zivil- und Kriegsgefangener übertragen – ein Verbrechen, das bis dahin Himmlers Mordkommandos vorbehalten war.

Entgegen späteren Darstellungen ehemaliger Wehrmachtangehöriger von einer nahezu pauschalen Verweigerung des Kommissarbefehls (es hat das gegeben) ist er sehr wohl vielfach exekutiert worden,
und das nicht nur an den Fronten und während der Kämpfe, sondern auch, wie noch geschildert wird, in den Massenlagern nach der
Gefangennahme.

Letzter dieser vier Erlasse (oder »verbrecherischen Befehle«) waren
die »Richtlinien für das Verhalten der Truppe in Rußland«, ebenfalls
im Frühjahr 1941 formuliert und gedacht als Vervollständigung des
Barbarossa-Erlasses und des Kommissarbefehls. Ihr Wortlaut:

»Der Bolschewismus ist der Todfeind des nationalsozialistischen
deutschen Volkes. Dieser zersetzenden Weltanschauung und ihren
Trägern gilt Deutschlands Kampf. Dieser Kampf verlangt rücksichtsloses energisches Durchgreifen gegen bolschewistische Hetzer, Freischärler, Saboteure, Juden und restlose Beseitigung jeden aktiven
und passiven Widerstandes. Gegenüber allen Angehörigen der

Roten Armee – auch den Gefangenen – ist äußerste Zurückhaltung und schärfste Achtsamkeit geboten, da mit heimtückischer Kampfweise zu rechnen ist. Besonders die asiatischen Soldaten sind undurchsichtig, hinterhältig und gefühllos.«

Mit diesem Befehl, der in den Annalen der Wehrmacht zum erstenmal *Jude* und *Verbrecher* gleichsetzte, hatten sich Oberkommando und Heeresleitung auf den Boden der NS-Rassenpolitik begeben. Bis auf einen Kern war nun auch der konservative Teil der militärischen Führung in den *Vernichtungskrieg* integriert worden.

Es ist auffällig, daß die Verfechter eines deutschen Präventivschlags, der einer angeblich angriffsbereiten Roten Armee nur zuvorgekommen sei, nie auf die lange Planungsperiode und ihre kriminellen Details eingehen. Und in der Tat, es dürfte ihnen schwerfallen, mit dem Konjunktiv der Prävention jene Apokalypse zu rechtfertigen, die mit dem kriegerischen Anschlag Hitlerdeutschlands auf ihre biologische Existenz über die Ostvölker kommen sollte.

Vabanque

Zunächst sah der »Rußlandfeldzug«, wie sein offizieller Titel lautete, aus wie die bisherigen Blitzkriege – die Wehrmacht machte ihrem Namen als Überfallarmee alle Ehre, der Überraschungseffekt war vollständig.

Im Morgengrauen des 22. Juni 1941 traten die Heeresgruppen Nord, Mitte und Süd mit drei Millionen eigenen und einer halben Million rumänischer Soldaten auf einer Tausende Kilometer langen Front zwischen Finnlands hohem Norden und dem Grenzfluß Pruth im Süden zum Angriff an. In Kürze waren die bis dahin unter sowjetischer Kontrolle stehenden baltischen Staaten durch Armeen der Heeresgruppe Nord überrannt, während im gleichen Tempo die ostpolnischen Gebiete, die die Sowjetunion nach dem Geheimvertrag vom 23. August 1939 annektiert hatte, von der Heeresgruppe Mitte erobert wurden und die Heeresgruppe Süd tief in die Ukraine eindrang. Dabei wurden in einer Serie von Kesselschlachten, bei

Bialystok, Minsk, Kiew, Brjansk und Wjasma, große sowjetische
Truppenverbände eingeschlossen und Millionen von Rotarmisten
gefangengenommen. Leningrad wurde belagert, Smolensk an der
Straße nach Moskau erobert und die reichen Agrar- und Industriege-
biete des Dnjeprbogens erreicht – bis dahin beispiellose Erfolge in
der Kriegsgeschichte. Entsprechend war die Euphorie in der militärischen Führung. Die gewaltigen Siege suggerierten ihr, daß sie das
Ziel erreicht und Stalins Militärmacht auf einen Streich zerschmet-
tert hatte. So schrieb der Generalstabschef des Heeres, Franz Halder,
am 3. Juli 1941 in sein Tagebuch:

»Im ganzen kann man also schon jetzt sagen, daß der Auftrag, die
Masse des russischen Heeres vorwärts der Düna und Dnjepr zu
schlagen, erfüllt ist. (...) Es ist also wohl nicht zu viel gesagt, wenn
ich behaupte, daß der Feldzug gegen Rußland innerhalb [von] 14
Tagen gewonnen wurde.«

Halder wird sich irren.

Dem Überfall auf die verbündete Sowjetunion lag die Annahme
zugrunde, daß es sich um einen kurzen Feldzug handeln werde. Deshalb taucht in den Planungen auch kein Ersatz für Truppen oder
Kriegsgerät auf, und in den detaillierten Lagekarten finden sich
erstaunlicherweise keinerlei Gedanken über Reserveverbände zur
Auffüllung der Verluste. Alles war darauf abgestimmt, daß der Krieg
im Osten rasch vorbei sein würde und Deutschlands militärische
Hauptmacht wieder nach Westen geworfen werden könnte, um
Großbritannien in die Knie zu zwingen und in die nächste Etappe
der Weltherrschaftspläne einzutreten.

Doch das »Unternehmen Barbarossa« war ein Vabanquespiel.

Ungeachtet der immensen deutschen Ersterfolge, besonders im
Mittelabschnitt, war die sowjetische Front nirgendwo breit aufgeris-
sen worden, und an die Stelle der gefallenen, verwundeten und
gefangenen Rotarmisten traten immer neue Reservearmeen – das
zahlenmäßige Übergewicht der sowjetischen Truppen war niemals
gefährdet, auch in dieser kritischen Frühphase nicht.

Am 1. Dezember 1941 erwies sich die deutsche Angriffskraft als
erschöpft, der Vorstoß auf den Wolga-Moskwa-Kanal schlug fehl –

die Eroberung der Sowjetmetropole, mit Kreml und Zwiebeltürmen schon in den Scherenfernrohren der vordersten deutschen Linie, war gescheitert.

Bis dahin hatte die Wehrmacht mit 162 000 Toten, 33 000 Vermißten und 572 000 Verwundeten etwa ein Viertel ihres ursprünglichen Bestandes verloren. Als am 5. auf den 6. Dezember 1941 die Rote Armee mit überlegenen Kräften im Raum von Moskau zur Gegenoffensive antrat und die Hauptkampflinie der Wehrmacht, nicht zuletzt von frischen Truppen aus Sibirien, nach Westen zurückgetrieben wurde, war nicht nur die Blitzkriegthese und die auf ihr beruhende Planung zusammengebrochen, sondern auch der Krieg für Deutschland verloren. Gegen die durch den Kriegseintritt der USA geschaffene globale Anti-Hitler-Koalition waren alle Hoffnungen auf einen deutschen Sieg ohnehin Makulatur.

Hitler und die Wehrmachtführung haben das seit Dezember 1941 gewußt – und den immer aussichtsloser werdenden Kampf dennoch fast dreieinhalb Jahre fortgesetzt. Zwar gelang es im Frühling und Sommer 1942 den deutschen Truppen noch einmal, im Südabschnitt der Ostfront mit Panzerkeilen bis zum Kaukasus und an die Grenzen Asiens vorzustoßen, aber es bedurfte des Untergangs der 6. Armee bei Stalingrad an der Wolga nicht, um zu erkennen, daß die deutsche Sache verspielt hatte.

Wem das bis dahin nicht klar war, der wurde im Juli 1943 durch den epochalen sowjetischen Sieg von Kursk, in der größten Panzerschlacht aller Zeiten, eines Besseren belehrt. Seit der sich dieser vernichtenden deutschen Niederlage sogleich anschließenden Sommeroffensive stürmte die Rote Armee unaufhaltsam westwärts, ein Siegeszug, der erst mit dem Hissen der Sowjetfahne auf der Ruine des Reichstags inmitten des zertrümmerten Berlins endete. Aber vorher hatten sich riesige Teile des sowjetischen Landes in den Händen einer Besatzungsmacht befunden, deren Grausamkeit nicht ihresgleichen hat.

Möglichst in der Nähe der kämpfenden Truppe

Die Erlasse über die Zusammenarbeit zwischen Wehrmacht und *SS* treten sofort in Kraft. Der Truppe auf dem Fuß folgend und auf alle Abschnitte der Ostfront verteilt, beginnen die vier mobilen Kommandos der Einsatzgruppen A, B, C und D gleich in großem Stil mit ihre »Arbeit«.

Kunde davon geben ihre *Ereignismeldungen* an das Reichssicherheitshauptamt Berlin, die pedantische Statistik einer reinen Mordorganisation, die genau aufführt, wo und wann wie viele Menschen, meist Juden, exekutiert wurden – ohne daß die Absender je auch nur den kleinsten Gedanken an eine spätere Ahndung der Verbrechen verschwendet hätten. Immer wieder ist darin die Rede von einer »äußerst befriedigenden und reibungslosen Zusammenarbeit« zwischen Heer und Einsatzgruppen, von Übereinkünften, daß sich die Kommandos möglichst weit vorn, »in der Nähe der kämpfenden Truppe«, bewegen sollten und daß ein ausgezeichnetes Verhältnis zu den Wehrmachtstellen bestehe. So schreibt der Chef der Einsatzgruppe C (Heeresgruppe Süd), SS-Brigadeführer Otto Rasch, Anfang November 1941 über die guten Beziehungen zur Wehrmacht:

»Erwähnenswert ist z. B. in dieser Beziehung die Unterstützung bei der Einnahme von Shitomir, wo unmittelbar hinter den ersten Panzern drei Wagen des Einsatzkommandos 4a in die Stadt einrückten. Die erfolgreiche Arbeit der Einsatzgruppe hat auch dazu geführt, daß die Sicherheitspolizei ein hohes Ansehen vor allem bei den Stäben der Wehrmacht genießt. Die bei den AOKs (Armeeoberkommandos; R.G.) eingesetzten Verbindungsführer werden in loyalster Weise unterrichtet, und es wird ihnen außerdem weitgehendste Unterstützung zuteil. Der Befehlshaber des AOK 6, Generalfeldmarschall von Reichenau, hat auch wiederholt die Arbeit der Einsatzkommandos in anerkennender Weise gewürdigt und die Interessen des SD seinen Stäben gegenüber in entsprechender Weise vertreten.«[88]

Besonders eng war die Zusammenarbeit zwischen Wehrmacht und Einsatzkommandos bei der Heeresgruppe Süd. Hier taucht ein bekannter Name auf: SS-Standartenführer Paul Blobel, Chef des Sonderkommandos 4a der Einsatzgruppe C. Dank der Förderung durch Generalfeldmarschall Walter von Reichenau kann Blobel in seiner Vernichtungsstatistik an das Reichssicherheitshauptamt Anfang Dezember 1941 die Exekution von fast 60 000 Juden und Kommissaren melden, darunter 2000 Männer, Frauen und Kinder in Shitomir, nachdem die Wehrmacht geholfen hatte, die Ortschaft nach Juden abzusuchen. Das Sonderkommando 4a war auch an einer der größten Mordaktionen des Holocausts auf sowjetischem Territorium beteiligt – im Gefolge des Vormarsches der 6. Armee. Gleichzeitig mit den Kampfverbänden war ein Vortrupp des Kommandos am 19. September 1941 in Kiew, Hauptstadt der Ukraine, eingedrungen und gleich an die »Arbeit« gegangen. Erfolgreich – denn schon am 24. September meldete der Stab der Einsatzgruppe C nach Berlin:

»Exekution von mindestens 50 000 vorgesehen. Wehrmacht begrüßt Maßnahmen und erbittet radikales Vorgehen. Stadtkommandant öffentliche Hinrichtung von 20 Juden befürwortet.«[89]

Nach täglichen Besprechungen zwischen der Einsatzgruppe C und der Wehrmacht befiehlt der Stadtkommandant, General Eberhard, den Juden, sich zwecks Umsiedlung an zentralen Plätzen einzufinden. Nachdem das geschehen ist, werden sie am 29. und 30. September in die Schlucht von Babi Jar am Rand von Kiew geführt und dort durch das Sonderkommando 4a der Einsatzgruppe C, den Gruppenstab und das Kommando des Polizeiregiments Süd erschossen – insgesamt, so nach Berlin weitergegeben, 33 771 Juden, Männer, Frauen und Kinder.[90]

Auch an diesem Beispiel zeigt sich, daß die Mordkommandos ohne die Hilfe der Wehrmacht nicht weitergekommen wären – mit »Der Oberbefehlshaber der deutschen Armee« gezeichnete öffentliche Anschläge forderten gleich nach dem Einmarsch in Kiew die Juden auf, sich registrieren und kennzeichnen zu lassen, bevor sie sich an bestimmten Orten versammeln mußten: Voraussetzungen, ohne die es den schwach besetzten Todesschwadronen der SS nicht gelungen wäre, innerhalb einiger Monate Hunderttausende zu ermorden – neben Juden und Kommissaren auch nichtjüdische Zivilisten, Zigeuner und Partisanen.

Den Berichten der Einsatzgruppenchefs an das Reichssicherheitshauptamt ist ferner zu entnehmen, daß die Wehrmacht ihnen nicht nur mit Lebensmitteln, Kraftstoff und Munition half, sondern auch an der Festnahme jüdischer Sowjetbürger beteiligt war. Das zeigt etwa ein Befehl des Armeeoberkommandos 17 vom 7. September 1941, wonach »Juden beiderlei Geschlechts und jeden Alters beim Passieren der Dnjepr-Brücken als ›abwehrmäßig verdächtig‹« festzunehmen waren.[91]

Daß Wehrmachtangehörige entgegen späteren Beteuerungen häufig zu Zeugen der Massenmorde wurden, geht aus zahlreichen Befehlen von Truppenführern hervor, die sich »gegen das Zuschauen oder Photographieren bei der Durchführung der Maßnahmen der Sonderkommandos« richteten – wenngleich kaum aus humanen, sondern aus disziplinären Gründen.

Dazu Oberst Wöhler, Stabschef des Armeeoberkommandos 11, am 22. Juli 1941 angesichts vieler Photographen in Wehrmachtuniform bei Massenexekutionen:

»Ein neugieriges Begaffen solcher Vorgänge liegt unter der Würde des deutschen Soldaten.«[92]

Wohlgemerkt: Nicht der Mord, sondern sein Begaffen beschädigte nach der Ästhetik des Obristen besagte Würde.

Offenbar war es nicht selten, daß »Soldaten und Offiziere Erschießungen von Juden vorgenommen oder sich selbst daran beteiligt haben«, wie es in einer Meldung heißt.[93]

Daß solche Eigeninitiative die SS-Kommandos in ihrer Mordtätigkeit sogar behindern konnte, geht hervor aus einer Beschwerde der Einsatzgruppe C vom 20. Oktober 1941 wegen »Störung der Aktionen«. Darin steht:

»Entgegen der Planung kam es in Umam bereits am 21. 9. 1941 zu Ausschreitungen gegen die Juden durch Angehörige der Miliz unter Beteiligung zahlreicher deutscher Wehrmachtangehöriger.«[94]

Daß es sich dabei nicht um Einzelfälle handelte, bestätigt der Befehlshaber des Rückwärtigen Heeresgebiets Süd, Karl von Roques, mit der Weisung vom 1. September 1941 an die Truppe:

»Jedes eigenmächtige Erschießen von Landeseinwohnern, auch von Juden, durch einzelne Soldaten sowie jede Beteiligung an Exekutivmaßnahmen der SS- und Polizeikräfte sind daher als Ungehorsam mindestens disziplinarisch zu ahnden, sofern nicht gerichtliches Einschreiten notwendig ist.«[95]

Aber da war Roques offenbar der zweite verbrecherische Befehl, der »Erlaß über die Ausübung der Kriegsgerichtsbarkeit im Gebiet ›B.‹«, entgangen – war der doch gerade herausgeben worden, um solchen Tätern Straffreiheit zu gewähren.

Und wie sollten sie sich nicht ermutigt fühlen, Verbrechen zu begehen und an solchen mitzutun, hatte doch eines ihrer Idole, Erich von Manstein, am 20. November 1941 postuliert:

»Dieser Kampf wird nicht in hergebrachter Form gegen die sowjetische Wehrmacht allein nach europäischen Kriegsregeln geführt. Das jüdisch-bolschewistische System muß ein für allemal ausgerottet werden. Nie wieder darf es in unseren europäischen Lebensraum eingreifen.

Der deutsche Soldat hat daher nicht allein die Aufgabe, die militärischen Machtmittel dieses Systems zu zerschlagen. Er tritt auch als Träger einer völkischen Idee und Rächer für alle Grausamkeiten, die ihm und dem deutschen Volk zugefügt wurden, auf. Für die Notwendigkeit der harten Sühne am Judentum, dem geistigen Träger des bolschewistischen Terrors, muß der Soldat Verständnis aufbringen. Sie ist auch notwendig, um alle Erhebungen, die meist von Juden angezettelt wurden, im Keime zu ersticken.«[96]

Anschließend beschwor Manstein die »soldatische Ehre«. Unbewußt gab der General mit diesem rassistischen Bubenstück (ganz im Sinn von Reichenaus verbalem Vorläufer vom 10. Oktober 1941) zu, daß in der Wehrmacht Widerwillen oder gar Widerstand gegen die Praxis der verbrecherischen Befehle aufgekommen war. Das spricht

gegen Manstein und für jene Soldaten, die es anders sahen als er.
Dazu schreibt Gerhard L. Weinberg in seinem Standardwerk:

»Diese ablehnende Stimmung bei der Truppe ist wohl eine Erklärung für das außerordentliche Phänomen, daß Generäle befahlen,
Erklärungen und Rechtfertigungen für die ›harte, aber gerechte
Sühne am jüdischen Untermenschentum‹ vor den Truppen zu verle-
sen, obwohl deutsche Feldmarschälle und Generäle normalerweise
wenig Neigung zeigten, ihr Verhalten vor einfachen Soldaten zu
rechtfertigen.«[97]

Die Befehle Mansteins, Oberbefehlshaber der 11. Armee, und Reichenaus, Oberbefehlshaber der 6. Armee (zu denen sich am 17.
November 1941 der Oberbefehlshaber der 17. Armee, Generaloberst
Hermann Hoth, mit einer unmenschlichen Erklärung gesellte),
bestätigen dreierlei.

Erstens, daß die Generalität angesichts des radikalen Bruchs aller
geschriebenen und ungeschriebenen Traditionen und Gesetze früherer Kriege genau wußte, worauf sie sich mit dem »Unternehmen Barbarossa« einließ; zweitens, daß Formationen der Wehrmacht die Verbrechen mitmachten, während, drittens, ein Teil der Soldaten und
Offiziere dazu in Opposition stand. Diese mutigen Männer aber
konnten bei ihrem Versuch, in einem unmenschlichen System
Menschlichkeit zu bewahren, mit keinerlei Unterstützung der Ar-
meeführer rechnen.

Sie standen auf verlorenem Posten. Ulrich von Hassell war zu
optimistisch, als er am 1. November 1941 in sein Tagebuch schrieb:

»Angewidertheit aller anständigen Menschen durch das schandlose
Vorgehen im Osten gegen Juden und Gefangene. (…) langsam
zunehmende ›Disposition‹ bei der militärischen Führung, diese
ganze schandbare Schweinerei nicht mehr mitzumachen.«[98]

Kein Zweifel also daran, daß die militärische Führung in hohem Maß
verantwortlich ist für die Beteiligung der Wehrmacht am Vernichtungskrieg. Ebenso gewiß ist, daß die Gesinnung, die ihm zugrunde
lag, manchem nur allzusehr entgegenkam. Zu vielfältig sind die

Zeugnisse, die eine mörderische Einstellung gegenüber den verfemten Gruppen belegen, allen voran den Juden.

Nicht allein, daß die Wehrmacht in den besetzten Ostgebieten die rasche Zuführung der jüdischen Bevölkerung zu ihren Henkern ermöglichte – Juden wurden auch routinemäßig von Wehrmachtstreifen festgenommen und der SS »zur weiteren Veranlassung« ausgeliefert und die Orts- und Feldkommandanten über geplante oder bereits vollzogene Erschießungen von Juden ins Bild gesetzt. Ganz abgesehen davon, daß Wehrmachteinheiten unter dem Deckmantel der »Partisanenbekämpfung« (ein weiter unten behandeltes Kapitel) den SS-Kommandos die »Arbeit« abnahmen. Dazu eine Meldung der Ortskommandantur Armjansk vom 30. November 1941:

»Zum Schutze gegen Partisanenumtriebe und zur Sicherung der hier liegenden Einheiten, erwies es sich ferner als unumgänglich nötig, die 14 ortsansässigen Juden und Jüdinnen unschädlich zu machen. Vollzug (durch 2./Ldsch. Btl. 836) am 26. 11. 41.«[99]

Dabei wird ein Denk- und Gefühlsmuster sichtbar, dessen Umrisse sich schon lange vor Machtantritt des Nationalsozialismus in vielen deutschen Köpfen festgesetzt hatte, das aber danach einer rassenhierarchischen NS-Indoktrination ausgesetzt war, die ihre vertiefende Wirkung nicht verfehlte.

Klar, daß in dieser Rangordnung die Deutschen ganz oben standen und die Juden ganz unten, fast auf der gleichen Stufe mit ihnen die Ostvölker. Was folgte, nachdem Nationen »minderwertiger Herkunft« in die Gewalt der Verfechter des Rassenwahns geraten waren, das hat im Zweiten Weltkrieg, außer den Juden Europas, keine andere Opfergruppe mehr zu spüren bekommen als die sowjetischen Soldaten in deutscher Gefangenschaft.

»Waffengebrauch gegenüber sowjetischen Kriegsgefangenen gilt in der Regel als rechtmäßig«

Niemand hat das Schicksal der Rotarmisten in deutscher Gewalt so erschütternd und so überzeugend belegt wie der Historiker und Lehrer Christian Streit in seinem in den siebziger Jahren erschienenen bahnbrechenden Buch »Keine Kameraden. Die Wehrmacht und die sowjetischen Kriegsgefangenen 1941–1945«.

Zwischen dem 22. Juni und Mitte Dezember 1941 sind es 3,35 Millionen, von denen 2 Millionen in den ersten zwölf Monaten des Ostkriegs umkommen, entweder durch Nahrungsmangel – etwa eine Viertel Million – oder durch Erschießungen. Bis Februar 1942 sterben weitere 800 000 Rotarmisten. Insgesamt geraten im Verlauf des Kriegs 5,7 Millionen in deutsche Gefangenschaft, von ihnen kehren 3,3 Millionen, 57 Prozent, nicht heim. Die immensen Todesziffern gleich zu Beginn der Kämpfe sind in zahlreichen deutschen Dokumenten festgehalten, so auch in einem Schreiben des Leiters der Göringschen Geschäftsgruppe Arbeitseinsatz im Vierjahresplan, Ministerialdirektor Werner Mansfeld, vom 19. Februar 1942. Darin heißt es:

»Es standen 3,9 Millionen Russen zur Verfügung, davon sind nur noch 1,1 Millionen übrig. Allein vom November 41 – Januar 42 sind 500 000 Russen gestorben.«[100]

Was bedeutet, daß vom Überfall im Juni 1941 bis Ende Januar 1942, also in etwas mehr als sieben Monaten, pro Tag durchschnittlich 6000 Kriegsgefangene umgekommen sind. Wenn die deutsche Geschichtsschreibung oder die Memoirenliteratur, deren Autoren Hitlers Krieg besser führen wollten, noch lange nach 1945 diesen einmaligen Massenmord überhaupt erwähnte, dann stets mit exkulpierenden Begründungen. Da war die Rede von der unerwartet großen Zahl von Kriegsgefangenen, von Nachschubkrisen, Seuchen oder der Vernichtung der Nahrungsmittel beim Rückzug sowjetischer Truppen ins Landesinnere. Sollte daran etwas Wahres sein, so bestätigte es nur die These, daß die militärische Aggression Hitlerdeutschlands das Grund- und Hauptverbrechen war. Tatsächlich jedoch halten die Entschuldigungen für den Millionentod den Fakten nicht stand.

Die deutsche Führung rechnete auch im Osten mit einem Blitzkrieg und -sieg, sie hat gewußt, daß viele Gefangene gemacht würden – die Generalstäbler Franz Halder und Adolf Heusinger gingen davon aus, daß gewaltige Kesselschlachten mit nie dagewesenen Gefangenzahlen den Krieg im Osten bis August 1941 entscheiden würden. So dachte die gesamte politische und militärische Führung. Sie war in einem Zustand der Euphorie, der in der Gewißheit des sicheren Siegs alle völker- und kriegsrechtlichen Überlegungen zu Makulatur machte: Der Hungertod von –zig Millionen Menschen war von vornherein eingeplant.

Schon Ende Juli 1941 stellte General Georg Thomas bei einer Besprechung mit den wichtigsten Mitarbeitern im Wehrwirtschafts- und Rüstungsamt über die besetzten Ostgebiete lapidar fest:

»Die Intelligenz ist totgeschlagen, die Kommissare weg, große Gebiete werden sich selbst überlassen bleiben (verhungern).«[101]

Vorgesehen war die rücksichtslose Ausbeutung der Nahrungsquellen in den eroberten Gebieten, um die deutsche Bevölkerung zu ernähren und ihre Kriegsmoral zu heben. Die Hungerjahre des Ersten Weltkriegs sollten sich nicht wiederholen. Pläne dafür hatte der Wirtschaftsstab Ost – Wehrmachtoffiziere, Ministerialbeamten, Vertreter der Privatwirtschaft – bis ins Detail ausgearbeitet. Aus den Richtlinien vom 23. Mai 1941:

»Viele 10 Millionen Menschen werden in diesem Gebiet überflüssig und werden sterben oder nach Sibirien auswandern müssen. Versuche, die Bevölkerung dort vor dem Hungertode dadurch zu retten, daß man aus der Schwarzerdezone Überschüsse heranzieht, unterbinden die Durchhaltemöglichkeit Deutschlands im Kriege.«[102]

Für die sowjetischen Gefangenen, die im Sommer und Herbst 1941 in endlosen Märschen von täglich 25 bis 40 Kilometern nach Westen getrieben wurden, waren Tagesrationen von 20 bis 30 Gramm Hirse und 100 bis 200 Gramm Brot vorgesehen. Die Unterbringung in improvisierten Massenlagern tat das ihre – schon im Spätsommer begann das große Sterben. Zehntausende erreichten nicht einmal die Lager, sie waren erschossen worden. Und im Winter erfroren unzählige Gefangene in offenen Güterwagen. Als würde dies nicht reichen, kommt es innerhalb dieses »gigantischen Kriegsverbrechens« (Gerhard L. Weinberg) zu einem Spezialverbrechen: der Aussonderung sowjetischer Kriegsgefangener in den Lagern zu organisierten Massentötungen im Reich.

Dabei arbeiten Wehrmacht und Reichssicherheitshauptamt (RSHA) nach einer Zusammenkunft am 16. Juli 1941 perfekt zusammen. Pseudojuristische Grundlage sind die Einsatzbefehle Nr. 8 und 9 des Chefs der Sicherheitspolizei und des SD, Reinhard Heydrich, vom 17. und 21. Juli 1941: In den »Stalags« (wie »Kriegsgefangenen-Mannschafts-*Stamm*lager« abgekürzt wurde) sollen »verdächtige Rotarmisten« herausgesucht, in Konzentrationslager gebracht und dort ermordet werden.[103]

Heydrich über die »besonderen Aufgaben« des SS-Kommandos: Neben allen Arten von Parteifunktionären gelte es ausfindig zu machen »sowjetrussische Intelligenzler, alle Juden, und alle Personen, die als Aufwiegler oder fanatische Kommunisten festgestellt werden«.[104]

Das Oberkommando der Wehrmacht (OKW) reagierte noch am 17. Juli mit einem Befehl an die nachgeordneten Dienststellen, einschließlich der Lagerkommandanten, ausführlich zur Erläuterung der »Sonderbehandlung«:

»Die Wehrmacht muß sich umgehend von all denjenigen Elementen unter den Kr. Gef. [Kriegsgefangenen] befreien, die als bolschewistische Triebkräfte anzusehen sind. Die besondere Lage des Ostfeldzuges verlangt daher besondere Maßnahmen, die frei von bürokratischen und verwaltungsmäßigen Einflüssen verantwortungsfreudig durchgeführt werden müssen. Während in den bisherigen Vorschriften und Befehlen des Kriegsgefangenenwesens ausschließlich militärische Überlegungen zu Grunde lagen, muß nunmehr der politische Zweck erreicht werden, das deutsche Volk vor bolschewistischen Hetzern zu schützen und das besetzte Gebiet alsbald fest in die Hand zu nehmen.«[105]

Ohne diesen Wehrmachtbefehl hätten die SS-Einsatzkommandos ihre Tätigkeit in den Kriegsgefangenenlagern nicht ausüben können. In einem Grundsatzbefehl vom 8. September 1941 wird das OKW noch deutlicher:

»Bei den sowjet. Kr. Gef. ist es schon aus disziplinären Gründen nötig, den Waffengebrauch sehr scharf zu handhaben. Wer zur Durchsetzung eines gegebenen Befehls nicht oder nicht energisch genug von der Waffe Gebrauch macht, macht sich strafbar. Waffengebrauch gegenüber sowjet. Kr. Gef. gilt in der Regel als rechtmäßig.«[106]

Am 9. September 1941 treffen im Konzentrationslager Sachsenhausen-Oranienburg bei Berlin aus mehreren Stalags Hunderte von abgemagerten Gefangenen ein, Kaukasier, Tscherkessen, Tartaren. Der seit 1939 eingesperrte politische Häftling Emil Büge notiert unter Lebensgefahr in seinem Tagebuch (das der Nachwelt erhalten bleiben wird):

»Am selben Abend werden noch etwa 30 von ihnen unter freiem Himmel erschossen, die Schüsse konnten wir alle hören. Am 10. rauchen die Blechschornsteine der Krematorien schon am Nachmittag, um die am Abend vorher Erschossenen zu verbrennen.
Die ersten 139 werden am 10. September getötet. Es gelingt mir endlich, von diesen drei Listen je den ersten und letzten Namen der Leute zu notieren. Alle sind in wenigen Tagen erledigt.
Die nächsten kommen am 19. September: 264 und 199, zusammen 463. Die ersten sind 250 vom Stalag 315, 13 v. Stalag 330 und einer ist tot. Die 199 werden mir nicht bekannt.«[107]

Vor der Aussonderung sowjetischer Kriegsgefangener in den Stalags hatte Heydrich seinen Leuten geraten:

»Sollten bei Durchführung der Säuberung der mit sowjetrussischen Kriegsgefangenen belegten Lager sowie der Arbeitskommandos Schwierigkeiten irgendwelcher Art auftauchen, empfehle ich, die zuständigen Wehrmachtstellen auf die gemeinsam mit dem OKW

ausgearbeiteten Richtlinien sowie auf den Befehl des OKW vom 8. 9.
1941 hinzuweisen, der lt. Verteiler allen Wehrkreiskommandos zuge-
gangen ist.«[108]

Die Prozedur war immer die gleiche: Der Leiter des Einsatzkommandos überreichte dem Stalagkommandanten ein Namensverzeichnis
der Ausgesonderten und verlangte mit Hinweis auf die Befehle Nr. 8
und 9, die Kriegsgefangenen aus dem Gewahrsam der Wehrmacht zu
entlassen. Ohne Entlassung wäre ihr Abtransport nicht möglich
gewesen. Danach teilte die Stalagleitung dem Oberkommando der
Wehrmacht mit, wie viele Gefangene sie der SS übergab.

Wegen der großen Zahl der Gefangenen waren die SS-Häscher auf
die Hilfe der Militärs angewiesen. Wie in den eroberten Gebieten
war die SS auf die Mitwirkung der Soldaten angewiesen. Ohne sie
hätte der ins Reich ausgeweitete Vernichtungskrieg nicht in dem
Maß stattfinden können, wie es geschah.

Die Verhöre waren grauenhaft. Gefangene, denen jüdisches Aussehen unterstellt wurde, mußten die Hosen herunterlassen, und
wenn sie beschnitten waren, wurden sie umgebracht. Als die Richtlinien des Befehls Nr. 8 ergänzt wurden durch die Information, auch
Angehörige mohammedanischer Turkvölker könnten beschnitten
sein, hatte dieser »Irrtum« bereits zahlreichen sowjetischen Gefangenen das Leben gekostet. Im übrigen dürfte die SS Turkvölker rassisch
nicht viel höher bewertet haben als Juden.

In Sachsenhausen, Buchenwald (7000 Ermordete), Dachau
(4000) und Groß-Rosen (5000) waren Genickschußanlagen instal-
liert. Die Zahl der Morde an Rotarmisten in anderen KZ, wie
Neuengamme bei Hamburg, sind nicht bekannt, dürften aber auch
in die Tausende gehen. Dafür ist ein makabres Ereignis vom KZ
Flossenbürg überliefert. Dort stellte der Kommandant im April
1942 die Hinrichtungen ein, weil sich Einwohner des gleichnamigen
Ortes über den Schußlärm und das viele Blut in einem am Exeku-
tionsplatz vorbeifließenden Bach beschwert hatten. Von da an
wurden die »Ausgesonderten« im Krematorium vom Standortarzt
oder von SS-Männern mit Karbolsäurespritzen direkt ins Herz
getötet.

Es gab, wenn auch selten, Widerstand, so durch Offiziere im Moosburger Stalag VII A und den Kommandeur der Kriegsgefangenen in München. Als sie von den Morden erfuhren, lehnten sie die Auslieferung von Kriegsgefangenen ab. Ihre Begründung: wirtschaftliche Gesichtspunkte, Kritik an der Hektik der Maßnahmen, vor allem aber, daß das Verfahren vom soldatischen Standpunkt nicht zu billigen sei. Ein Gefangener dürfe nicht einfach erschossen werden.

Es gelang weder dem Reichssicherheitshauptamt noch den zuständigen Gestapostellen, die bereits angeordnete Exekution von 188 sowjetischen Gefangenen in München und 244 des Stalags bei Regensburg zu erzwingen. RSHA und OKW schätzten die Sprengkraft der Situation richtig ein, vermieden eine offizielle Stellungnahme und handelten einen Kompromiß aus: nochmalige Prüfung der Ausgesonderten und Transport nicht nach Dachau, sondern nach Buchenwald. Dadurch blieben, jedenfalls vorläufig, 120 von ihnen am Leben.

Die allgemeine Einstellung zu den Massentötungen aber verkörperte eher der Kommandeur der Kriegsgefangenen im Wehrkreis XIII, Generalmajor Schemmel, der im Jahr 1950 erklärte, ihm sei seinerzeit »nicht einmal der Gedanke an die Möglichkeit einer Ablehnung oder störenden Einstellung« gekommen. Im Gegenteil, er sei »besorgt« gewesen, »daß die Anordnungen des OKW und die Befehle des Kommandierenden Generals reibungslos vollzogen wurden. So zu handeln war meine Gehorsamspflicht.«[109] Der Gedanke, daß man sich auch für Gehorsam verantworten müsse, lag außerhalb der Vorstellungswelt des Generalmajors, der sich selbstverständlich zu den Traditionsträgern preußisch-deutschen Soldatentums zählte.

Insgesamt fielen der am 16. Juli 1941 zwischen SS und OKW gemeinsam beschlossenen Aussonderungsaktion mehr als 140 000 sowjetische Gefangene zum Opfer. Einmal abgesehen davon, daß es nicht das gleiche ist, ob man als Aggressor oder als Angegriffener in Gefangenschaft gerät: Es gibt nichts auch nur annähernd Vergleichbares, was deutsche Soldaten in sowjetischer Kriegsgefangenschaft erfahren mußten. Von den 3,15 Millionen Wehrmachtangehörigen starben zwar knapp 1,2 Millionen, das sind 37 Prozent, aber nicht wegen einer Massenvernichtung, sondern durch vom Krieg hergestellte Bedingungen, unter denen auch die Zivilbevölkerung zu leiden hatte. Die deutschen Kriegsgefangenen erhielten die gleichen Rationen wie sie, was bedeutete, daß die Bevölkerung mit ihnen hungerte. Selbst das mörderische System Stalins war während des Kampfes auf Leben und Tod mit dem deutschen Eindringling bei der Behandlung der Kriegsgefangenen weder fähig noch willens, so grausam, gewissenlos und obszön zu handeln wie die politische und militärische Führung Hitlerdeutschlands.

Dabei war jedem Beteiligten klar, daß Deutschland gegen alles Völker- und Kriegsrecht verstieß. Zwar hatte die Sowjetunion die Haager Landkriegsordnung (1907) und die Genfer Kriegsgefangenenkonvention von 1929 nicht unterschrieben, es galten aber das allgemeine Völkerrecht und ein Reichsgesetz von 1934, nach dem Soldaten von der Gefangennahme bis zu ihrer Entlassung ausschließlich der deutschen Wehrmacht unterstanden. Als der Chef der Abwehr, Admiral Wilhelm Canaris, am 15. September 1941 den Chef des OKW auf den Rechtsbruch aufmerksam machte, entgegnete Wilhelm Keitel:

»Die Bedenken entsprechen den soldatischen Auffassungen vom ritterlichen Krieg! Hier handelt es sich um die Vernichtung einer Weltanschauung. Deshalb billige ich die Maßnahmen und decke sie.«[110]

Derselbe Keitel wird am 16. Oktober 1946, in seinem Schlußwort vor dem Nürnberger Gericht, sagen:

»Ich habe geglaubt. Ich habe geirrt und war nicht imstande zu verhindern, was hätte verhindert werden müssen. Das ist meine Schuld. Es ist tragisch, einsehen zu müssen, daß das Beste, was ich als Soldat gegeben hatte, Gehorsam und Treue, für nicht erkennbare Absichten ausgenutzt wurde, und daß ich nicht sah, daß auch der soldatischen Pflichterfüllung eine Grenze gesetzt ist. Das ist mein Schicksal.«[111]

Wilhelm Keitel, von allen Hitlerergebenen der Ergebenste – ein Opfer.

Deutschland maß der Einhaltung internationaler Verträge über Kriegsgefangene unterschiedliche Bedeutung bei, je nach Herkunft der Gefangenen. Briten und Amerikaner wurden gemäß der Haager

Landkriegsordnung und des Genfer Abkommens behandelt. Niederländische und norwegische Gefangene wurden bald nach Beendigung der Kämpfe freigelassen. Von den belgischen Kriegsgefangenen wurden nur Flamen entlassen, ein Teil der Franzosen erhielt 1941 die Freiheit. Die Gefangenen des Balkanfeldzugs blieben nicht lange eingesperrt; ausgenommen die Serben, die nach Deutschland verschleppt wurden und ein ähnliches Schicksal hatten wie die sowjetischen und polnischen Kriegsgefangenen. Nach dem Bruch von 1943 wurden auch Italiener auf das brutalste behandelt (darüber weiter unten ein eigenes Kapitel).

In der rassenhierarchisch geordneten Skala rangierten sowjetische Gefangene ganz unten, noch unter den Polen.

Das Ausmaß ihres Massensterbens läßt sich erahnen, wenn man den Millionen umgekommenen sowjetischen Kriegsgefangenen die anglo-amerikanischen Verluste gegenüberstellt. Von den 235 473 kriegsgefangenen Briten und Amerikanern starben 8348.[112] Fast genauso viele sowjetische Kriegsgefangene, nämlich 6000, starben *pro Tag* zwischen dem 22. Juni 1941 und Ende Januar 1942.

Die Ursache dieses Mißverhältnisses ist so einfach wie erschreckend: Die meisten Verantwortlichen waren davon überzeugt, daß die Deutschen kulturell und rassisch weit über den Ostvölkern standen. Daraus leiteten politische und militärische Führer das Recht ab, sie zu unterwerfen und zu töten. Ein Slawenleben zählte fast sowenig wie ein Judenleben. Das Fürchterlichste dabei ist die Tatsache, daß sich diese Mentalität nicht auf eine kleine Gruppe beschränkte, sondern weite Kreise erfaßt hatte, die, bis auf Ausnahmen, die Meinung des Volks und das Verhalten der Truppe im Ostkrieg prägten.

Das wird bezeugt durch ein Erlebnis, das ich selbst hatte und das mir unvergeßlich bleiben wird.

»In drei Tagen hatten wir 1000 Gefangene durch«

Es geschah am Ende eines der ersten großen NS-Prozesse vor bundesdeutschen Schwurgerichten, dem Verfahren gegen Gustav Sorge und Karl Schubert, ehemalige SS-Aufseher im KZ Sachsenhausen-

Oranienburg, vor dem Bonner Landgericht – beide in einer zweibändigen Anklageschrift von 493 Seiten des tausendfachen Mordes an Häftlingen beschuldigt.

Während des fast viermonatigen Verfahrens vom 13. Oktober 1958 bis zum 6. Februar 1959 waren die grauenhaftesten Einzelheiten bekannt geworden, bezeugt von Menschen, die aus beiden Teilen Deutschlands und aus dem Ausland kamen, darunter solche mit verstümmelten Gliedern, gebrochenen Knochen, zertrümmerten inneren Organen, geplatztem Trommelfell und fürchterlichen Narben – Sachsenhausener Erinnerungen fürs Leben. Tod durch Erhängen, Erschlagen, Begraben bei lebendigem Leib; Tod durch Infektion mit Krankheiten, durch Ertränken, Erfrieren, durch Ochsenziemer und Kugel.

Bei den Erinnerungen an jene Jahre brachen viele Zeugen zusammen, wurden von Weinkrämpfen geschüttelt, verloren die Sprachfähigkeit, kauerten sich zusammen und schlugen sich die Hände vors Gesicht, weil sie den Anblick ihrer Peiniger nicht ertragen konnten. Mit ihnen gerieten auch manche Zuhörer im Bonner Schwurgerichtssaal 113 aus der Fassung, und der Richter, Landgerichtsdirektor Gerhard Schroeder, mußte oft Pausen einlegen, weil niemand ohne Unterbrechung anhören konnte, was allein in diesem einen KZ an der Bahnstrecke Berlin-Stralsund geschehen war, wo sich, wie der ehemalige Häftling und spätere Bürgermeister von Lübeck, Otto Passarge, schilderte, »das Grunzen der für die SS gemästeten Schweine mit dem Todesröcheln verhungernder Häftlinge auf der Lagerstraße mischte«.

Dabei geschah eine Art Wunder: Gustav Sorge, Jahrgang 1913, hager, mit einem Raubvogelkopf, früh in der SS und vor Sachsenhausen schon Aufseher im KZ Esterwegen, der »Eiserne Gustav« war geständig, er gab im großen ganzen seine Verbrechen zu (und blieb damit der einzige Fall in meinen langen Jahrzehnten als Prozeßbeobachter). Ein Zeuge bekundet: Nach einem Morgenappell in Esterwegen, noch im Dunkeln, als sich die Häftlinge in Arbeitskommandos gruppierten, fand ein älterer Mann seinen Platz nicht. Sorge warf ihn nieder und übte sich im Schlußsprung auf dessen Brustkorb, bis der zersplitterte. Der Vorsitzende sieht hinüber zu Sorge – der nickt.

Einen Häftling, der auf einem Brief einen Tintenklecks gemacht hat, tötet Sorge in Sachsenhausen, indem er ihm einen Schlauch in den Mund steckt und den Wasserhahn aufdreht, zwei von Hunderten und Aberhunderten Fällen. Gerhard Schroeder, immer beherrscht, aber sichtlich mitgenommen:»Angeklagter, stimmt das?« Sorge:»Ja, Herr Vorsitzender, es stimmt.« Und so an allen 45 Verhandlungstagen.

Gebückt und aufmerksam saß Sorge da, bereit zuzugeben, was er getan hatte. Manchmal korrigierte er Zeugenaussagen auch, obwohl er sich damit selbst belastete. Sagte er bei einer Diskrepanz etwas, das ihn entlasten könnte, so glaubte man ihm. Der Mann konnte nicht schauspielern, jeder spürte, er ist geständig, und das so holzschnittartig, wie er seinerzeit mordbereit und mordfähig war – eine erschreckende Ehrlichkeit, damals wie heute.

Ganz anders der sechs jüngere Karl Schubert – unsicher, linkisch, offensichtlich von schweren Minderwertigkeitskomplexen befallen, lebhafter nur, wenn die Rede auf Feuerwaffen kam. Erst SA-, dann SS-Mann, Parteigenosse seit 1937, schon mit achtzehn in Sachsenhausen und dort»Pistolenschubert« gerufen,»immer gehänselt als jüngster Schar- und Blockführer in Sachsenhausen«, wie er noch zwanzig Jahre später im Bonner Schwurgerichtssaal klagend ausrief. In seiner »Dienstzeit«, wie er es nannte, ein Mann von unerschöpflicher Tötungsphantasie, bestreitet er nun alles. Bis auf eines: seine Beteiligung an der Ermordung von Tausenden von sowjetischen Kriegsgefangenen im Zug der Aussonderungsaktion durch OKW und RSHA!

Sonst bei Vorhaltungen des Vorsitzenden und selbst bei schwersten Belastungen durch Zeugen eingestimmt auf ein barsches »Stimmt nicht!«, wenn er nicht nervös-verkrampft schwieg – hier plötzlich löste sich die Zunge, hier wurde Karl Schubert gesprächig:

»Die Sache war streng geheim, der Befehl kam vom Oberkommando der Wehrmacht. Für die Aktion standen sechs Räume zur Verfügung, mit der Leichenkammer. Ein als Arzt verkleideter SS-Mann stellte fest, ob der Russe Goldzähne hätte, dann wurde er von zwei Weißbekittelten an die Meßlatte geführt. Der Gefangene wurde bis zuletzt getäuscht. Noch an der Meßlatte mußte er eine entfernt angebrachte Zahl nennen oder eine Farbe erkennen. Auf ein verabredetes Zeichen wurde er dann von hinten, durch einen Spalt erschossen. Der Tote wurde sofort in den Leichenraum gebracht und das Blut weggespritzt. Es mußte alles sehr schnell gehen. In drei Tagen hatten wir 1000 Gefangene durch.«

So entnehme ich es meinen vor mehr als vierzig Jahren im Bonner Schwurgerichtssaal gemachten stenographischen Notizen.

Noch einen Tag später war Landgerichtsdirektor Gerhard Schroeder außer sich wegen des enthusiastisch geständigen Angeklagten. »Sie hätten sehen sollen«, rief der Richter einem Zeugen zu, »wie Schuberts Gesicht leuchtete, als er gestern von den Erschießungen der Russen berichtete – ›In drei Tagen hatten wir 1000 Gefangene durch.‹ Sie hätten hören sollen, *wie* er das sagte. Wenn er könnte, würde er noch heute den Orden dafür tragen.«

In der Tat, Karl Schuberts Gesicht (er hatte nicht nur einen Orden, sondern auch »Erholungsurlaub« in Italien bekommen) hatte bei dem Geständnis geleuchtet, als wäre er wahnsinnig. Jene sechs bis sieben Wochen des Massakers im Herbst 1941 im KZ Sachsenhausen-Oranienburg – sie waren die große Zeit seines Lebens gewesen, ein Schlüsselereignis seines Daseins.

Schubert hatte bis dahin alles bestritten, auch die Morde am greisen Düsseldorfer Notar Dr. Friedrich M.; am ehemaligen preußischen Landtagsabgeordneten Dr. Benedikt Sch.; an dem deutschen Offizier des Ersten Weltkriegs Lothar E., dessen zwei Söhne an der Front standen – der gleiche Karl Schubert bekannte sich mit einem infamen Seitenblick auf den Kalten Krieg zur Tötung der sowjetischen Kriegsgefangenen. Diesen Abschnitt seiner Erinnerungen gab er gern zum besten, hier, wenn auch sonst überall, versagte sein Gedächtnis nicht. Eine Demonstration dafür, daß er dem Massenmord immer noch zustimmte.

Dabei trat, so unverbergbar wie verräterisch, das ganze Arsenal rassenideologischer Denkmuster zutage. Während Karl Schubert seine Mordtaten an Deutschen, an »Ariern«, bestritt, ließ der Tenor des Geständnisses, sein Tonfall und Sprachduktus, keine Zweifel daran aufkommen, was »die Abgeknallten«, wie es ihm einmal entfuhr, für ihn waren: Untermenschen, wertlos, überflüssig, todeswürdig; Angehörige primitiver Massen da irgendwo im Osten, gerade gut genug, dem deutschen Herrenmenschen Sklavendienste zu lei-

sten, solange die Kraft reichte, um dann weggekehrt zu werden wie
Abfall, oder eben »abgeknallt« – »Pollacken«, »Iwans«, Kroppzeug
ohne Wert, die Juden darunter der Aussatz des Aussatzes.

Ich müßte alle Erfahrungen meines Lebens Lügen strafen, wenn dieser Blick auf Ostvölker nur bei KZ-Mördern anzutreffen wäre. Vielmehr bin ich ihm von früh an überall und ständig begegnet, und was
immer an Korrektur und Wandlung hinterher stattgefunden haben
mag – der deutsche Angriffskrieg gegen die Sowjetunion, gegen die
Völker des europäischen Ostens und Südostens ist im Geiste dieser
Mentalität als exemplarische Denk- und Verhaltensweise geführt worden. Überall in den besetzten Ländern als unbarmherzige Sieger auf-
tretend, hatte die Unbarmherzigkeit dort ihren Gipfel erreicht.

»Nicht gemordet, nicht geschändet, nicht geplündert« – ein Nachtrag

Es waren erschütternde Bilder, die da aus dem niedersächsischen
Durchgangslager Friedland kamen, und wer sie gesehen hat – im
Film, in der Wochenschau, auf unzähligen Fotos oder damals, 1955,
auch schon im Deutschen Fernsehen –, der konnte sie nur schwer
vergessen: die Rückkehr der letzten deutschen Soldaten aus sowjetischer Kriegsgefangenschaft. In aufeinanderfolgenden Schüben kamen sie, Tausende und Abertausende, Menschen von seltsam gleichem Aussehen, mager und abgerissen, eher in Lumpen steckend als
in Kleidern, mit entrückten Mienen, als begriffen sie die neue Wirklichkeit nicht nach zehn oder mehr Lagerjahren in den Weiten dies-
seits und jenseits des Urals. Herzzerreißende Szenen des Wiederse-
hens – mit Ehefrau und Kindern, mit Vater und Mutter, Brüdern und
Schwestern, auch das geprägt von fast unwirklicher Entrücktheit
und Überwältigung, die den wimmelnden Anblick zu einem Ganzen formten.

Die Rückkehr der bis dahin in der Sowjetunion verbliebenen deutschen Gefangenen war das Ergebnis langer Verhandlungen zwischen
Kanzler Konrad Adenauer und dem führenden Zweigespann der

KPdSU, Nikita Chruschtschow und Nikolai Alexandrowitsch Bulganin. Und das nicht ohne beider Absicht, politisch und wirtschaftlich etwas für das in seinem westlichen Teil immer noch schwer zerstörte Riesenreich herauszuholen, gewiß aber auch als ein Zeichen dafür, daß die Entstalinisierung mehr als zwei Jahre nach dem Tod des Diktators im März 1953 zu außenpolitischen Veränderungen führen sollte.

Dabei kam es am 13. Dezember 1955 im Durchgangslager zu einem denkwürdigen Ereignis: *dem Schwur von Friedland.*

Spontan formuliert und gesprochen hat ihn, der eigenen Schilderung nach, Professor Ernst Günther Schenk, Arzt und Wissenschaftler, der zehn Jahre in sowjetischen Lagern verbracht hatte.

Hier der Wortlaut, den, so Schenk, damals alle nachsprachen:

»Vor dem deutschen Volk und bei den Toten der deutschen und der sowjetischen Wehrmacht schwören wir, daß wir nicht gemordet, nicht geschändet und nicht geplündert haben. Wenn wir Leid und Not über andere Menschen gebracht haben, so geschah das nach den Gesetzen des Krieges.«

Dieser Schwur von Friedland ist jedes Studium wert, entblößt er doch wie kaum ein zweites Dokument in kürzester Form den politischen und moralischen Zustand der bundesdeutschen Gesellschaft Mitte der fünfziger Jahre (und noch weit darüber hinaus). Es sind vier Elemente, die das belegen, und sie können ohne weiteres verallgemeinert werden:

». . . so geschah das nach den Gesetzen des Krieges« – welchen Kriegs?

Das Ende des Schwurs steht fürs Ganze: Selbstexkulpierung und Geschichtsverfälschung. Der Schwur macht das Hauptverbrechen, den Angriffskrieg, zu einem Naturereignis, umschreibt die materielle Zertrümmerung Europas, besonders der Sowjetunion, durch Waffeneinwirkung und den Tod von Millionen von Menschen als *»Leid und Not«* und erwähnt nicht, in wessen Namen, unter welchem Oberbefehl, für welches Regime und für welche Ziele gekämpft worden ist.

Es fehlt, zweitens, jedes Bewußtsein für die Primärverantwortlichen der langen Gefangenschaft, nämlich Hitler und seine Anhänger, die den Krieg vom Zaun gebrochen hatten. So konnte auch die Frage der Gefangenen an sich selbst entfallen, inwieweit sie durch Übereinstimmung mit dem Nationalsozialismus zum eigenen fürchterlichen Schicksal beigetragen hatten.

Dazu kommt, drittens, und für mich an diesem Schwur das Ungeheuerlichste, daß die Formulierung »*bei den Toten der deutschen und sowjetischen Wehrmacht*« etwas vortäuscht, was es historisch nie gegeben hat: ein Verhältnis von gleich zu gleich. Postum wird so getan, als hätte das Prinzip »Keine Kameraden!« nie existiert, ebensowenig wie die Praxis der vier verbrecherischen Befehle und den von der Wehrmachtführung organisierten Massenmord an dreieinhalb Millionen sowjetischen Gefangenen.

Schließlich, viertens, ist hier nicht nur der *Krieg der Waffen* als Hauptverbrechen ein Fremdwort, der *Vernichtungskrieg* ist es auch. Er hat offenbar nicht stattgefunden.

So wird der Schwur von Friedland zum Meineid.

Denn unter den Rückkehrern befanden sich auch Gustav Sorge und Karl Schubert.

Beide wurden am 6. Februar 1959 vom Bonner Schwurgericht wegen Einzel- und Gemeinschaftsmordes, versuchten Mordes, Anstiftung und Beihilfe zum Mord sowie wegen Totschlags in Hunderten von Fällen zu lebenslangem Zuchthaus verurteilt. Es war jedoch, und das für beide, nicht das erste Urteil. 1946 von der britischen Militärpolizei verhaftet und wegen ihrer Beteiligung an den Massenerschießungen der Kriegsgefangenen im KZ Sachsenhausen sowjetischen Behörden übergeben, waren Sorge und Schubert von einem Militärtribunal der sowjetischen Besatzungstruppen in Deutschland in einer Verhandlung vom 23. Oktober bis zum 1. November 1947 zu lebenslanger Haft verurteilt worden.

Nun kehrten auch sie zurück, wenngleich etwas später, im Januar 1956, und unter denen, die von der Sowjetunion nicht amnestiert worden waren. Von ihnen und ihresgleichen findet sich im Schwur keine Silbe und ebensowenig in der nicht mehr überschaubaren Publizistik jener Jahre über die Rückkehrer – obwohl unter ihnen auch viele Nichtamnestierte waren.

»... *nicht gemordet, nicht geschändet und nicht geplündert*« – hatte keiner von ihnen, wirklich keiner falsches Zeugnis getan?

Ich nehme nichts zurück von meiner persönlichen Anteilnahme, meiner inneren Bewegung, dem mitfühlenden Schmerz und auch der Freude angesichts jener Bilder, die da vor mehr als 45 Jahren auf Schwarzweißmonitoren, Kinoleinwänden und von allen Illustrierten gezeigt wurden: Männer, die sich wahrscheinlich bis ans Ende ihrer Tage in Gefangenschaft gewähnt hatten, endlich in Freiheit; gekrümmt in Not und Stummheit, fassungslos vor der neuen, unerwarteten Wirklichkeit; selig, die Nächsten wiederzusehen, und doch, nach so langer Trennung, auch beunruhigt über die Zukunft der alten Beziehungen. Kinder, die ihren Vater jetzt erst kennenlernten, neugierig und scheu zugleich; Frauen, aufgelöst vor Glück und doch in Tränen vor dem veränderten Anblick des geliebten Menschen. Es war für jeden Beobachter aufwühlend, und ich wiederhole, daß ich nichts von meinen damaligen Gefühlen zurücknehme.

Aber der *Schwur von Friedland* war, wie die *Charta der Heimatvertriebenen*, auch die Bestätigung deutscher Unbußfertigkeit – im Gewand einer ethischen Geste.

»So ist der Dienst zur Zeit sehr abwechselnd, wie das Wetter«

»Die Armee als Institution hat in der Tat versagt. Aber vor Hitler und nationalsozialistischer Politik haben sämtliche Schichten, Klassen, Institutionen und Berufe der deutschen Gesellschaft versagt. Die Gifte der nationalsozialistischen Ideologie waren in alle Blutbahnen der Nation gelangt. Es wäre eine künstliche Trennung, vom Abbild der Gesellschaft, der Armee, etwas anderes zu erwarten als eben Versagen.«[113]

Der beklemmenden Wahrheit dieser Sätze des Historikers Hermann Graml wäre hinzuzufügen, daß sich das Verhalten der Gesellschaft wie der Armee im Dritten Reich im Versagen nicht erschöpfte. Denn nicht Passivität war charakteristisch für die Einstellung gegenüber dem Regime – typisch war das Engagement der Volksmehrheit für Hitler und seine Ziele. Ohne die Anpassung an die herrschenden

Ideen und, nächste Etappe, ihre Verinnerlichung hätten die übermenschlichen Zumutungen der Führung an das eigene Volk zu einem raschen Systemkollaps geführt.

Wie sehr die enorme Identifikation mit der Herrschaft die Dehumanisierung gefördert hat, davon zeugt das erst jüngst von der Forschung aufgeschlagene Kapitel der *Feldpostbriefe*.

Von den Millionen und Abermillionen, die deutsche Soldaten im Verlauf des Kriegs schrieben und verschickten, werden 50 000 von der »Sammlung Sterz« in der Stuttgarter Bibliothek für Zeitgeschichte aufbewahrt – genannt nach Reinhold Sterz, der die Briefe in langer Kleinarbeit zusammengetragen und archiviert hat. Ein winziger Bruchteil der Gesamtheit also und dennoch aufschlußreich, sind doch die meisten geschrieben aus der Perspektive des – nun in der Uniform des Landsers steckenden – sogenannten »kleinen Mannes«.

Dabei fällt auf, daß die meisten Feldpostbriefe von Banalitäten handeln. Das überrascht angesichts der kriegerischen Szene und ihres ungeheuren Drucks auf jeden einzelnen, kann aber mehrere Erklärungen haben: Selbstzensur und Rücksicht auf die offizielle Kontrolle der Feldpostbriefe, den Wunsch, gewohnte Sichtweisen zu bewahren und durch eine Art Nivellierung zwischen dem angeblich normalen Front- oder Etappenalltag und dem tatsächlich normalen Daheim eine schützende und stützende Verbindung herzustellen.

Wie die Lektoren der »Sammlung« erklären, ist es eher die Ausnahme, daß Soldaten von seelischen Belastungen und eigenen Überzeugungen, von den Schrecken des Krieges und, als Beobachter oder als Beteiligter, von Verbrechen berichten. Was nicht bedeutet, daß so etwas nicht erlebt wurde, aber es blieb unformuliert, um sich und Verwandte oder Freunde zu schützen. Überall ist diese Methode jedoch nicht durchgehalten worden, und so existieren viele Feldpostbriefe mit anderen Inhalten, die sich auf eine weit größere Zahl als die vorgefundene übertragen lassen.

Die folgenden Beispiele sind, bis auf eine Ausnahme, dem Buch des Politikwissenschaftlers Walter Manoschek »Es gibt nur eins für das Judentum: Vernichtung. Das Judenbild in deutschen Soldatenbriefen 1939–1944« entnommen.[114]

In ihnen widerspiegeln sich authentische Haltungen gegenüber dem Nationalsozialismus und dem Kern seiner Ideologie, dem

Antisemitismus – ohne daß es sich bei den Absendern etwa um Schüler nationalsozialistischer Lehranstalten, NS-Funktionäre oder Angehörige von Eliteeinheiten gehandelt hätte. Wiedergegeben werden hier Feldpostbriefe zu drei Themen, die typisch waren für das Denken vieler Soldaten (Orthographie und Interpunktion halten sich exakt an das Original).

I. Beeinflussung des »einfachen Soldaten« durch antisemitische NS-Propaganda

1. 8. 1940, Donnerstag, Gefr. A. M.
Stab UMnf. Rgt. 109,35. Inf. Div. (aus Holland)
FPN (Feldpostnummer; R. G.) 02 169 A
»Ein Jude ist seit Menschengedenken immer Unglück auf Europas Boden gewesen. Es ist geschichtlich dokumentarisch festgestellt, daß sich seit dem ersten Eindringen der Juden und seiner Religion in Europa Europas Völker bekriegen. (...) Es ist ihnen gelungen, den Weltfrieden zu zerstören, und heute erst, zweitausend Jahre danach, entsteht die wirkliche Gegenaktion, die Europa wieder zu Europa und Deutschland wieder zum Reiche aller Deutschen germanischen Ursprungs macht. Mögen sie, nämlich die Juden, die diese als ihre Vorfahren priesen, einen andern Erdteil mit ihrem Besuch beehren.« (Manoschek, S. 14)

17. 11. 1940, Sonntag
E.
3. Kp/Inf. Rgt. 472, 252. Inf. Div.,
FPN 39 690 D
»Es ist ganz komisch, die Juden grüßen uns alle, obwohl wir nicht danken und auch nicht dürfen. Die schwingen die Mützen bis zum Erdboden. Sie haben zwar keine Grußpflicht, aber das ist noch von der S.S. her, die haben die Juden so abgerichtet. Wenn man diese Menschen so betrachtet, bekommt man so den Eindruck, daß sie wirklich keine Berechtigung haben, überhaupt auf Gottes Erdboden zu leben. Das muß man mit eigenen Augen gesehen haben, sonst glaubt man das nicht.« (S. 18)

12. 3. 1941
Gefr. L. B.
10. le. Fahrkol./Inf. Div. Kol 296, 296 Inf. Div.
FPN 04 650
»In Frankreich haben wir nicht soviel zu sehen bekommen wie hier. Da geht es zu mit den Juden, und wie da die SS auftritt gegen diese Schweinehunde. Die möchten gern immer die Armbinden weg haben, damit man die Juden nicht erkennt. Aber dann bekommen sie Schellen von den SS-Leuten, dann geben sie klein bei, die Saujuden.« (S. 19)

18. 5. 1941, Sonntag
Gefr. P. Sch.
Bäck. Kp. 54,1. Geb. Div.
FPN 21 046
»Hier hat sich seit 1939 nichts geändert. Polen bleibt Polen. Hier gibt's massenweise Juden, dieses Verbrechergesindel. Müssen eine weiße Binde tragen mit dem Davidstern darauf. In ihren Geschäften müssen sie ein Plakat mit einem Davidstern hängen haben. Gehe fast nie in die Stadt, kann diese Verbrechervisagen nicht sehen, in dem STÜRMER* sind dieselben noch golden abgebildet.« (S. 23)

28. 5. 1941, Mittwoch
Gefr. W. H.
Stab/Bau-BtL 46
FPN 13 063
»Während ich noch beim Abendessen saß, wurde auch über die Judenfrage im Generalgouvernement und überhaupt in der Welt gesprochen; für mich ist es sehr interessant, solche Gespräche anzuhören. Zu meinem Erstaunen waren sie doch alle einig, daß die Juden ganz von der Welt verschwinden müßten. (...) Die Juden müßten alle mal weg bezw. kalt gestellt werden, dann würde es bald anders aussehen in der Welt. Aber die Engländer kommen gleich nach den Juden.« (S. 25)

---

* »Der Stürmer« war das Herzblatt des fränkischen NSDAP-Gauleiters Julius Streicher, eines pathologischen Antisemiten.

2. 9. 1942
Uffz. H. H.
3. Kp./Ldsschtz. Btl. 990
»Heute kann ich Ihnen mitteilen, daß ich vom STÜRMER-Verlag laufend Zeitungen erhalte. Der STÜRMER ist das richtige Kampfblatt und gibt auch jenen Einblick und Aufklärung, die nicht wie wir das alles mit eigenen Augen schauen können. Über 2 1/2 Jahre befinde ich mich jetzt schon im Osten. Sie dürfen glauben, daß wir hier die ganze Gefährlichkeit der Juden erkannt haben. Die Ausrottung und Vernichtung ist das einzige am Platze, und wir hoffen, daß die Stunde nicht mehr so fern liegt, wo auch der letzte sein eigenes Grab schaufelt.« (S. 62)

II. Kenntnisse von Behandlung und Vernichtung der Juden

18. 6. 1941, Mittwoch
LtP. G.
9. Kp./Omf. Rgt. 271, 714 Inf. Div. (Banat)
FPN 41 768 B
»Manchmal können die Juden einem richtig leid tun. (...) Auf den Dörfern wird dieses Pack zu Schipparbeiten herangezogen. Morgens muß die Bagage antreten und einstimmig im Chor den Morgenspruch aufsagen: ›Wir haben keine Ahnung von Deutschlands Macht und Stärke!‹ Ganz ordentlich, nicht wahr? Wir werden die Bande schon zur Zucht erziehen.« (S. 27)

24. 6. 1941, Dienstag
Uffz. (O. A.) G. E.
14. Kp./Inf. Rgt. 353, 205. Inf. Div.
»Emil schrieb von verhungerten Kindern des Warschauer Ghettos, daß er es erst kurz gesehen hat. Im letzten Krieg brachte das Ausland Bilder von abgehackten Kinderhänden.
Und nun dies! Die Wahrheit ist schlimmer, grausamer, viehischer als alle Phantasie.« (S. 29)

11. 7. 1941, Freitag
Mj. H. Seh.
Stab/PL Btl. 652 (Luzk)
FPN 33 691
»In der alten Zitadelle (von Luzk) werden an diesem Tage (2. 7. 41)
1000 Juden erschossen. Es ist dies eine Vergeltungsmaßnahme für die
zur Bolschewistenzeit erschossenen 2800 Ukrainer. Dafür lassen
jetzt 5600 Russen ihr Leben. Zwei Offiziere, die ich auf der Suche
nach Draht und Eisenzeug geschickt hatte, berichten, daß die Juden
gestorben wären, ohne irgendeinen Laut von sich zu geben. Nach
dieser menschlich wohl bedauernswerten aber als abschreckendes
Beispiel für das überhand nehmende Freischärlertum unbedingt notwendigen Maßregel erleben wir es, wie am nächsten Tag ein großer
Teil der Plünderer ihr gestohlenes Gut einfach auf die Straße setzten.«
(S. 34)

17. 7. 1941, Donnerstag
Hptm. H. G.
Stab I/Sich. Rgt. 2 (Kosow)
FPN 29 946
»Der ganze Ort wimmelt von Juden. Alle werden zur Arbeit heran-
gezogen. Die einen müssen Straßen fegen, die anderen ausbessern.
Die Mädels müssen waschen und flicken, die Jungens Stiefel putzen.
Seit vorgestern tragen sie nun alle den gelben Fleck. Das durchzu-
drücken bedurfte es allerdings eines Exempels, denn der Judenälteste
hat erklärt, das eile nicht so. Als auf erneute Aufforderung seine Stel-
lungnahme nicht anders wurde, mußten wir ihn erschießen. Seitdem
ziehen die Kerls.« (S. 36)

29. 7. 1941, Dienstag
Lt. P. G.
9. Kp./Inf. Rgt. 721, 714. Inf. Div.
FPN 41 768
»Bekommt Ihr mit Eurem Apparat auch Belgrad, abends gegen 20
Uhr und um 22 Uhr deutsche Nachrichten? Vielleicht hast Du mal
Gelegenheit zu hören? Erschrick aber nicht, wenn man zufällig die
Ziffern der erschossenen Kommunisten oder Juden bekanntgibt, die

täglich im Anschluß an die Nachrichten genannt werden. Heute gab es Rekord! Heute morgen wurden in Belgrad 122 Kommunisten und Juden von uns erschossen.« (S. 39)

August 1941
Gefr. H. S.
Angehöriger einer Nachr. Kp.
»Ein Kapitel für sich ist die Tatsache, wie die Judenfrage augenblicklich mit einer imponierenden Gründlichkeit gelöst wird. Wie sagte doch der Führer in einer seiner Reden kurz vor Ausbruch des Krieges: ›Wenn es dem Judentum noch einmal gelingen sollte, die Völker Europas in einen sinnlosen Krieg zu hetzen, so wird dies das Ende dieser Rasse in Europa bedeuten.‹ Der Jude mußte wissen, daß der Führer mit seinen Worten Ernst zu machen pflegt und hat nun die entsprechenden Konsequenzen zu tragen. Sie sind unerbittlich hart, aber notwendig, wenn endlich Ruhe und Frieden unter den Völkern einkehren sollen.« (S. 43)

28. 9. 1941
Gefr. L. B.
10. le. Inf. Kol./Inf. Div. Kol. 296, 269. Inf. Div.
FPN 04 650
»Wir sind jetzt nicht mehr eingesetzt. Ich glaube nicht, daß wir nochmal dazu kommen werden. Aber es ist auch so überall gefährlich durch die vielen Minen, die noch gelegt sind. In Kiew zum Beispiel ist eine Explosion nach der anderen durch Minen. Die Stadt brennt schon acht Tage, alles machen die Juden. Darauf sind von 14 bis 60 Jahre alte Juden erschossen worden, und es werden auch noch die Frauen der Juden erschossen, sonst wird's nicht Schluß damit.« (S. 45)

8. 10. 1941
Uffz. E. T.
3. Kp./Eisb.Bau-Btl. 513
FPN 26 029
»In den Wäldern treiben sich noch Russen herum, die von der Zivilbevölkerung Nahrungsmittel erpressen. Einige dieser Banditen konnten wir fassen. Einen Juden, der noch eine Pistole bei sich trug,

haben wir an Ort und Stelle umgelegt. So ist der Dienst zur Zeit sehr abwechselnd, wie das Wetter.« (S. 47)

18. 7. 1942, Samstag
Zahlm. D. R. H. K.
H. K. P. 610 (Brest/Bug)
FPN 37 634
»In Bereza-Kartuska, wo ich Mittagsstation machte, hatte man gerade am Tage vorher etwa 1300 Juden erschossen. Sie wurden zu einer Kuhle außerhalb des Ortes gebracht. Männer, Frauen und Kinder mußten sich dort völlig ausziehen und wurden durch Genickschuß erledigt. Die Kleider wurden desinfiziert und wieder verwendet. Ich bin der Überzeugung: Wenn der Krieg noch länger dauert, wird man die Juden noch zu Wurst verarbeiten und den russischen Kriegsgefangenen oder den gelernten jüdischen Arbeiten vorsetzen müssen.« (S. 58)

7. 12. 1942, Montag
Sold. S. M.
Trägerfrequenz Zug 28 (z. Zt. auf dem Wege zur Front)
»Hier oben sieht man so viele Strafgefangenenlager, die Bauarbeiten und noch so verschiedenes machen. Juden kommen hier, das heißt in Auschwitz, wöchentlich 7–8000 an, die nach kurzem den ›Heldentod‹ sterben werden. Es ist doch gut, wenn man einmal in der Welt umher kommt.« (S. 63)

18. 12. 1942
Fw. E. E.
Marschbataillon
»Kirchen gibt es sehr wenige, und was steht, war bis vor kurzem Magazin, Pferdeställe oder Kinos. Nur Fabriken stehen als Ruinen in und bei den Städten. Ganz Rußland ist ein Rüstungsarsenal. Alles ist aber ohne große Planung, wahllos und ohne Stil gebaut. Es spricht aus all dem die schrecklich chaotische Fratze des Judentums. Ich glaubte das nicht, bis ich hier her kam. Aber nun verstehe ich, und finde es voll am Platze. Es gibt nur eins für das Judentum: Vernichtung.« (S. 65)

III. Rache und Vergeltungsängste ab 1943

30. 1. 1943, Samstag
Rittm. K. H.
Abt. La./Wi. Kdo. Brieg z. b. V.
»Der erste Fehler war, daß wir die russischen Gefangenen von 1941
verkommen ließen. Wir hätten wohl 1942 nicht mehr zu kämpfen
brauchen – der russische Soldat wäre vertrauensvoll übergelaufen zu
uns. Der zweite Fehler war die Behandlung bäuerlicher Belange. (...)
Schieberei im ganzen Ostraum ist eine weitere Sünde, die das Unheil
hervorbringt, die ›Lösung der Judenfrage‹ die vierte.« (S. 66)

27. 5. 1943, Donnerstag
Uffz. A. N.
Fl. H. Kdtr (A) 221/XII (Lyon)
»Der Weltkrieg ist dadurch für Deutschland verlorengegangen, daß
die Moral in der Heimat von den Juden untergraben worden ist.
Sollte das noch einmal passieren? Was dann kommen würde, das
können wir uns alle an den fünf Fingern abzählen.« (S. 68)

29. 5. 1943, Samstag
Uffz. A. N.
Fl. H. Kdtr. (A) 221/XII (Lyon)
»Dieser Krieg darf unter keinen Umständen verlorengehen! Was
wäre wohl dann? Deutschland existierte jedenfalls nach einem verlorenen Krieg nicht mehr. Und das weiß der Führer bestimmt. Wir
können eben immer nur den Herrgott bitten, daß er den Führer und
unsere Waffen segnen möchte. Es kann doch nicht sein, daß der Jude
siegt und herrscht.« (S. 69)

12. 6. 1943, Samstag
O'Gefr. H. H.
1. Kp./Geb. Div. Nachr. Abt. 91, 6. Geb. Div.
»Unter uns Kameraden darf man auch alles reden. Die Zeit des Fanatismus und der Nichtduldung anderer Ansichten ist vorbei, und allmählich beginnt man klarer und nüchterner zu denken. Wollen wir
den Krieg gewinnen, dann müssen wir auch vernünftiger werden

und dürfen nicht mehr so großprahlerisch alle Welt abstoßen. Das hast' ja selber auf dem Appell gemerkt, daß man heute schon anders spricht als vor drei Jahren. Es ist richtig, wir müssen den Krieg gewinnen, um nicht der Rache der Juden ausgeliefert zu werden, aber die Träume von einer Weltherrschaft sind dahin.« (S. 69)

27. 6. 1943 Sonntag
Sold. H. R.
Pferde-Laz. 575 (Dünaburg)
FPN 47 168
»Ich habe schon lange den Glauben an ein gutes Ende verloren. Sollte noch ein wenig Hoffnung sein, dann nur noch drei Monate. Dann glaubt kein Soldat mehr an ein gutes Ende. Hier machen sich eben schon viele Gedanken, wenn so etwas eintritt, dann kommen von uns auch manche nicht mehr heim.
Die Bevölkerung ist uns nicht gut gesinnt. Die Stadt Dünaburg ist zur Hälfte auch nur noch ein Trümmerfeld. Hier lebten bis zu 75 % Juden. Diese haben ihre Häuser, meist ehe die Deutschen kamen, selbst gesprengt oder verbrannt. Daraufhin sind zusammen 30 000 Juden nicht weit von der Stadt erschossen worden. Außerdem sind an anderen Leuten auch durch uns viele Erschießungen vollstreckt worden über Kleinigkeiten. Der Deutsche ist einmal dadurch nicht gern gesehen. Die Leute sind mißtrauisch.
Ja Ihr Lieben, so macht sich jeder dauernd schwere Gedanken über die so sehr dunkle Zukunft.« (S. 70)

Leopold Schober am 1. August 1943 an seine Eltern im österreichischen Groß-Riedenthal beim Rückzug aus Rußland nach dem Prinzip der »verbrannten Erde«:

»Die Ernte steht vor der Tür, die heuer sehr schön ist, und diese Leute müssen Haus und Hof verlassen. So ein Jammer und ein Elend habe ich in meinem ganzen Leben noch nicht gesehen wie jetzt. Ganze Kolonnen Russen mit sämtlichem Vieh, was mitgenommen werden konnte, gehen zurück. Was nicht mitgenommen werden konnte, wurde erschossen. Als die Leute aus dem Dorf weg waren, bekamen wir den Befehl, alles zu vernichten. Mit Stangen gingen wir

in die schönen Obstgärten und schlugen die Äpfel von den Bäumen.
Dann mußten wir die Kartoffelstauden ausreißen oder abmähen.
Zwiebel, Gurken, Gemüse usw. alles vernichten. Ja, nicht nur das,
auch sämtliche Maschinen mußten wir zerschlagen. Hinter uns
kommt die kämpfende Truppe, die den Befehl hat, sämtliche Häuser
in Brand zu stecken. Durch die schönen Getreidefelder fahren Panzer, Zugmaschinen, Auto, Pferdefuhrwerke usw. durch, damit alles
kaputtgeht.
Liebe Eltern und Geschwister, man könnte weinen, wenn man das
alles so sieht und muß selber alles kaputthauen oder machen. Wenn
das mal anders kommt, ich weiß nicht, was da passiert? Orel mußten
wir aufgeben.«[115]

11. 8. 1944
O'Gefr. G. G.
Pi. Masch. Zug/Br. Bau-Btl. 624
»Na hoffen wir, daß der Krieg bald ein Ende nimmt, daß das Hin-
schlachten aufhört und ein neues Leben aufblüht aus den Ruinen.
Jedenfalls, wenn wir den Krieg verlieren, sind wir für Jahrzehnte erle-
digt, der Judenrache wegen schon.« (S. 74)

27. 8. 1944, Sonntag
Gefr. K. B.
6. Kp./Kw. Trsp. Abt. z. b. V. 503
»Mami ich möchte Dir etwas schreiben, aber nicht lachen. Du weißt
doch, die ganze Sache steht jetzt auf der Messerspitze. Es geht jetzt
doch um die Entscheidung, und ich habe das Gefühl, als wenn das
Messer abbricht. Der Krieg geht nun seinem Ende entgegen, aber ich
glaube nicht für uns. Du weißt doch, der Jude wird eine Blutrache
nehmen, hauptsächlich an den Parteileuten. Ich war ja leider auch
einer der die Parteiuniform getragen hat. Ich habe es ja schon bereut.
Ich bitte Dich bringe die Uniform beiseite, ganz gleich wohin und
wenn Du die Sachen verbrennst. Ich kann schon des nachts nicht
mehr schlafen darum. Das macht mir solche Sorgen, das glaubst Du
gar nicht. Ich komme schließlich gut hier durch, das heißt, wenn ich
noch nicht direkt an die Front komme. Auch Du in der Frauenschaft
und der Junge in der Hitlerjugend, das sind alles solche Sachen, die

ich heute ganz anders sehe. Gewiß der Hitler hat viel geschaffen, aber auch ... Ich weiß nicht, vielleicht sehe ich zu schwarz, daß ich mich doch täusche, aber es ist doch alles dran.« (S. 75)

Die Lebenslüge einer ganzen Generation

Ich kenne kaum eine Dokumentation aus der Ära des Dritten Reichs, die das Denken eines großen Teils, wenn auch keineswegs aller damaligen Deutschen über Antisemitismus und Nationalsozialismus offener und erschreckender darlegt als diese Feldpostbriefe – sie sind empirisch, unliterarisch, die Wiedergabe von Gesehenem und Erfahrenem, ohne phantasievolle Zugabe – es kommt das blanke Ich zum Vorschein. Sprechen hier doch vor allem untere Chargen, auf dem Weg an die Front, im rückwärtigen Heeresgebiet oder in der Etappe – Gefreite und Obergefreite, Unteroffiziere, Zahlmeister, Angehörige von Nachrichten- und Transportkompanien, selten ein höherer Rang. So wird schwerlich zu bestreiten sein, daß es sich dabei um »Volkes Stimme« handelt, sozusagen um den »Muschik« der Wehrmacht. Und eben das ist das eigentliche Deprimierende, weil Enthüllende.

Natürlich ist jeder Feldpostbrief eine subjektive Äußerung, und wenn darin eine Tatsachenbehauptung aufgestellt wird, muß sie überprüft werden. An diesen Briefen und ihrem exemplarischen Charakter gibt es jedoch nichts zu deuten, weder da, wo eigene Meinungen niedergeschrieben, noch da, wo Beobachtungen und Beteiligungen geschildert werden. Keiner der Absender war isoliert oder abgeschirmt, jeder von ihnen Teil eines militärischen Verbands. Es wird nichts wiedergegeben, was durch ein scharfes Fernrohr auf einem anderen Planeten beobachtet wurde, sondern was der Schreiber sehen, hören und anfassen konnte.

Hier wird die große Nachkriegslüge »Aber wir haben doch nichts davon gewußt« endgültig zu Grabe getragen.

Um wieviel mehr jedoch als für viele einfache Soldaten muß das gelten für eine Generalität auf dem Hochsitz des Kriegsgeschehens. Deren Haltung widmete der Berliner Historiker Jörg Friedrich in seiner Monographie über den Raub- und Vernichtungsfeldzug des deutschen Heeres in der Sowjetunion und den OKW-Prozeß gegen 13 Befehlshaber der Wehrmacht von 1948 diesen sarkastischen Kommentar:

»Nimmt man die Aussagen aller Angeklagten zusammen, dann sind in den sowjetischen Grenzen von 1940 unter größter Geheimhaltung von 3000 Polizisten, unter den Augen von weit über 3 Millionen hochwachsamer Soldaten sowie sechzig Millionen militär- und zivilverwalteten Sowjetbürgern über 2 Millionen Personen ausgerottet worden, ohne daß jemand einem Wehrmachtgeneral ein Sterbenswörtchen verraten hätte. In der Tat – ›Wir wußten nichts von alledem‹, so lautete die Lebenslüge einer ganzen Generation von Rußlandkämpfern, nicht nur der Generalität.«[116]

Deutlich widerspiegeln sich in den Feldpostbriefen Grundeinstellungen, die erst allmählich durch den unvorhergesehenen Ablauf des Kriegs erschüttert werden.

Es sind Originalschriften mit Einblicken in seelische Abgründe, die die Lektüre zur Marter machen und einen ungeheuren Verlust, wenn nicht das Fehlen jeglicher humanen Orientierung erkennen lassen.

In den Erfolgsjahren 1939 bis 1942 förmlich siegesbesoffen, lassen erst die Rückzüge, dann die drohende Niederlage eine Ahnung davon aufdämmern, was wäre, wenn Verbrechen wieder als das bezeichnet werden könnten, was sie waren, nämlich Verbrechen – und mit welchen Folgen für die eigene Haut. Auch kommen erst jetzt Gedanken auf, wie leichtfertig, tumb-begeistert und allzu bereitwillig man erkennbar grausamen Parolen geglaubt hat und wie hirnlos man ihnen gefolgt ist (was nur noch einmal die Absurdität der These bestätigt »Haben wir erst einmal gesiegt, werden wir schon mit den ›Braunen‹ aufräumen!«).

Daß die Ängste vor dem Kommenden sogar größer waren als die Furcht, Zweifel am »Endsieg« könnten angesichts einer immer strengeren Feldpostzensur schlimme Folgen haben, lehrt das letzte Beispiel, das vom 27. August 1944, mit seinen Ratschlägen zur Beseitigung brauner Spuren an »Mami«. Für weit weniger »Defätismus« als diese vorbeugenden Orders an die eigene Frau waren damals Köpfe gerollt.

Wie das so ihre Art ist, werden die Verfechter eines geschönten Wehrmachtbilds auch hier nach »Differenzierung« rufen, um über das zu sprechen, was nicht in diesen Briefen steht, und einen Inhalt auszublenden, dessen Quintessenz lautet: »Es gibt nur eines für das Judentum: die Vernichtung.« Feldpostbriefe dieser und ähnlicher Art könnten beliebig weiter zitiert werden. Daß von Verbrechen in anderen Briefen keine Rede ist, besagt nichts. Denn was die Absender geschrieben haben, hätten über die Kriegsjahre hin alle, die vor, hinter und neben ihnen waren, genauso mitteilen können. Und da auch die Empfänger der Feldpostbriefe kaum anders gedacht und empfunden haben dürften, verbietet sich jeder Zweifel an ihrer Allgemeingültigkeit.

Die Feldpostbriefe widerspiegeln eben keineswegs nur die Denkweise vieler Wehrmachtangehöriger, sondern auch den dumpfen, dadurch jedoch keineswegs weniger bösartigen Antisemitismus eines beträchtlichen Teils der Deutschen, wenn nicht ihrer Mehrheit. Je sichtbarer die Götterdämmerung des Regimes heraufzieht, desto mehr wird der Judenhaß vermengt mit Vergeltungsängsten.

Was an menschlichem Leid allein hinter diesen wenigen Auszügen aus den Feldpostbriefen steht, eine Sternschnuppe bloß im Universum des Holocausts und des Vernichtungskriegs, dürfte jede Vorstellungskraft übersteigen. Und ereignet hat es sich auf den Zentimeter genau bis zu der Linie, die die Landserstiefel im deutsch besetzten Europa erreichten. Klar und für alle Zeiten festgeschrieben bleibt deshalb: Die Wehrmacht war der große Unglücksbringer!

»Wo der Jude ist, ist der Partisan«

»Dieser Partisanenkrieg hat auch wieder seinen Vorteil: Er gibt uns die Möglichkeit auszurotten, was sich uns entgegenstellt.«[117]
Martin Bormann, Chef der NSDAP-Kanzlei, im Juli 1941

»Schlageter, denken Sie an Leo Schlageter!«

Es gibt ein Wort, das die professionellen Beschöniger der Wehrmacht-geschichte elektrisiert, ja, sie in Zorn versetzt, wenn es nicht in ihrem Sinn verstanden wird: »Partisanen«! Denn für sie sind es »Banditen«, »Attentäter«, »Saboteure«, »Heckenschützen« und »Flintenweiber« geblieben, denen auch postum kein Pardon gegeben wird.
Wir sind bei einem Zentralpunkt der Traditionslüge.
Die Begründung, so zum Beispiel der Generalmajor a. D. der Bundeswehr Dr. Gottfried Greiner:

»Nach der Haager Landkriegsordnung sind Nichtkombattanten *Freischärler* und unterliegen nicht dem Kriegsrecht.«

Zu dieser formal richtigen Feststellung der Kölner Historiker Lutz Klinkhammer:

»Vom angeblich völkerrechtswidrigen Kampf der Partisanen, die die Haager Landkriegsordnung nicht beachtet hätten, zu sprechen, ist eine Verdrehung von Ursachen und Folge: Die Landkriegsordnung verlangte insbesondere einen korrekten Umgang der Besatzungs-macht mit der Zivilbevölkerung, den der nationalsozialistische Staat sowohl intentionell wie real von Beginn an nicht eingehalten hat. Erst die völkerrechtswidrige Form der Besatzungsherrschaft hat zu Widerstand geführt, den als ›völkerrechtswidrig‹ zu bezeichnen die unglaubliche Zumutung bedeutet, noch nachträglich von der Bevöl-kerung der NS-besetzten Gebiete zu verlangen, daß sie sich wehrlos hätten abschlachten lassen müssen.«[118]

Das bringt es auf den Punkt: Die Macht, die mit ihrem Angriffskrieg auf Europa und die Welt gegen alle Kriegs- und Friedenskonventio-nen verstieß, forderte deren Bestimmungen für sich ein.

Wie sieht dagegen der irreguläre Widerstand gegen die deutsche Besatzung in den Köpfen der Greiners aus? Auch nach fünfzig Jahren noch die alten Deutungsmuster, nicht das geringste Unrechtsbewußtsein hinsichtlich des Kriegs der Waffen im Zeichen des Hakenkreuzes und große Skepsis gegenüber dem Begriff »Vernichtungskrieg«.

Man stelle sich einmal die Beurteilung des irregulären Widerstands bei einem umgekehrten Verlauf des Zweiten Weltkriegs vor: Deutschland überfallen und besetzt, die Bevölkerung ausgebeutet, mißhandelt, zwangsverschleppt, ein großer Teil von ihr ermordet, ehe es nach Jahren über einen furchtbaren Feind triumphieren kann – was dann?

Es gibt jemanden, der diese Frage sozusagen vorweggenommen beantwortet hat – Oberst Joachim von Stülpnagel in seiner »Geheimstudie« vom Februar 1924 über das »Große Heer« und den »Krieg der Zukunft«, und zwar an der Stelle, wo er auf den Kampf hinter den Fronten eines besetzten Deutschlands kommt und über den »Volkskrieg als Begriff für den Kleinkrieg im Rücken des Feindes« ausführt:

»Die Kriegführung im Rücken des Feindes wird zu schweren Gegenmaßnahmen führen. Diese aber müssen ertragen werden, wenn die Unterstützung der Gesamtoperation es verlangt. (...) Die von uns gegebenen Weisungen sehen die Bildung von bestimmten Trupps energischer Männer vor, die durch Sabotage, Überfälle, Störungen des feindlichen Nachrichten- und Nachschubverkehrs usw. den Feind schädigen und zur Schwächung der feindlichen Front beitragen. Ich bin jedenfalls der Überzeugung, daß der systematisch vorbereitete und von energischen Führern rücksichtslos und kühn betriebene Grenz- und Kleinkrieg starke Wirkungen ausüben wird. (...) Je schwächer das Feldheer ist, desto größere Bedeutung gewinnt der Volkskrieg, als letztes Mittel eines ohnmächtigen Volkes, sich seines Unterdrückers zu erwehren. Ein auf das Äußerste zu steigernder nationaler Haß darf vor keinem Mittel der Sabotage, des Mordes und der Verseuchung zurückschrecken.«[119]

Ich erinnere mich nicht, daß auch nur einer der »Partisanenfresser« aus der Riege der Bundeswehrtraditionalisten in diesem Zusammenhang jemals den Namen Stülpnagels erwähnt hätte.

Natürlich wären *diese* Diversanten, Brückensprenger, Eisenbahn-saboteure und Flugblattverteiler, *diese* Brandstifter, Freischärler und Partisanen auf deutschem Boden gegen den Eindringling allesamt gefeiert worden als Helden und Patrioten. Denkmäler wären ihnen gesetzt worden, und dankbare Erinnerungen bis ans Ende der Zeiten wären ihnen sicher gewesen. Wie war es denn mit Albert Leo Schla-geter, der während der Ruhrbesetzung Anschläge auf Verkehrsver-bindungen der französischen Truppen ausführte und dafür am 26. Mai 1923 auf der Golzheimer Heide bei Düsseldorf hingerichtet wurde? »Schlageter, denken Sie an Schlageter!« – wie oft habe ich das gehört. Von rechten Kreisen bis heute in hohen Ehren gehalten, begegneten mir gehobene Brauen, plötzliche Stummheit oder kon-sternierte Überraschung, sooft ich mir das beklemmende Vergnügen machte, bestimmte Leute in das offene Messer ihrer Doppelmoral laufen zu lassen, nämlich unter Bezug auf das geheiligte Schlageter-Beispiel zu fragen: Worin der Unterschied zu suchen sei zwischen (fiktiven) *deutschen* Brückensprengern, Eisenbahnattentätern, Flug-blattverteilern, Brandstiftern und Freischärlern und den *realen* Par-tisanen in den ehemals deutsch besetzten Ländern?

Leute wie Greiner, die für die Angehörigen der Wehrmacht, also für Okkupanten, patriotische Motive reklamieren, bestreiten, daß die Okkupierten von einst solche Motive hatten. Leute, die den deut-schen Widerstand gegen den Nationalsozialismus, den zivilen wie den militärischen, heute feiern und ehren, verweigern der von deut-scher Besetzung betroffenen Bevölkerung, sich gegen ihre Peiniger zu wehren, mit dem Hinweis auf den Status irregulärer Kämpfer als Nichtkombattanten. Und dies, obwohl die Verbrechen in den besetz-ten Gebieten eine Ursache des Widerstands von Deutschen gegen Hitler war.

Darf man Generalmajor a. D. der Bundeswehr Greiner fragen, ob seine Interpretation von Nichtkombattanten auch für die jüdischen Widerständler des blutig niedergeschlagenen Warschauer Ghettoauf-standes vom April und Mai 1943 gilt, die sich mit Waffen *irregulär* dagegen wehrten, in die Vernichtungslager Auschwitz, Treblinka, Sobibor, Belzeck und Chelmno verfrachtet zu werden wie 500 000 andere Juden zuvor? Oder werden auf dieser Epaulettenetage etwa feine Unterschiede gemacht zwischen berechtigtem jüdischem, aber unberechtigtem nichtjüdischem Widerstand?

Wegen der anstrengenden Selbstverpflichtung, stets gegen voraussehbare Unbelehrbarkeit dazusein, hatte ich mich wieder einmal auf eine Talkshow eingelassen, zu der auch Gerd Schmückle eingeladen war, Major unter Hitler, dann Vier-Sterne-General der Bundeswehr und Stellvertreter des Obersten NATO-Befehlshabers in Europa. Als er seine Wehrmachtzeit im Jahr 1999 nicht anders bewertete als 1939, machte ich meinem bedrängten Herzen Luft mit dem spontanen Bekenntnis: »Wenn ich als Okkupierter Ihnen seinerzeit als Okkupanten begegnet wäre, egal ob in der Sowjetunion, in Frankreich oder sonstwo – *ich hätte jedes, ich hätte alles Recht gehabt, mich gegen Sie zu wehren und gegen Sie zu kämpfen, auch mit der Waffe in der Hand und ohne Uniform!*«

Zuvor hatte Schmückle, in der Debatte nahtlos übereinstimmend mit dem Botschafter a. D. und einstigen ZDF-Intendanten Karl Günther von Hase, erregt ausgerufen:»Was wollen Sie denn? Nicht Deutschland hat England, sondern England Deutschland den Krieg erklärt!«

Wie unbestreitbar! Also nicht Hitler, sondern das »perfide Albion« der eigentliche Kriegstreiber? Der ehemalige Pressereferent des Bundesverteidigungsministers Franz Josef Strauß verlor kein Wort darüber, was dieser (und der französischen) Kriegserklärung vom 3. September 1939 an gewalttätiger territorialer Expansion des Dritten Reichs vorausgegangen war.

Was hat ein Mann mit solcher Einstellung, mit seiner demonstrativ unkorrigierten Haltung gegenüber der Wehrmacht und dem Widerstand der deutsch besetzten Völker, die Soldaten und Offiziere der Bundeswehr gelehrt? Welches Geschichtsbild, welches Traditionsverständnis hat er ihnen vermittelt?

»... und wo der Jude ist, ist der Partisan«

»Partisanenbekämpfung ist ein Begriff, der während des Zweiten Weltkrieges oftmals als Code zur Verschleierung von Wehrmachtverbrechen benutzt wurde. Nach Kriegsende war die Formel vom ›Partisanenkampf‹ die exkulpierende Deckerinnerung für eine Kriegführung, die sich im Osten und Südosten nicht nur gegen den militärischen Gegner richtete, sondern als Feindgruppe auch die Zivilbevölkerung einschloß.«[120]

Mit diesen Kernsätzen umreißt der Historiker Walter Manoschek eines der umfangreichsten Kapitel im Buch der Wehrmachtverbrechen.

Die Kampfführung der deutschen Militärmaschine gegen den Widerstand irregulärer Bewaffneter läßt eine deutliche Teilung des besetzten Europas in eine westliche und eine östliche Hälfte erkennen. Zwar war sie überall rigoros, hat es doch auch in Frankreich (30 000 erschossene Geiseln!), mehr aber noch auf dem Balkan, in Griechenland und in Italien Massaker an Zivilisten gegeben, nicht jedoch jene systematische Ausrottung ganzer Bevölkerungsteile unter dem Deckmantel der »Bandenbekämpfung« wie im Osten. Dort ging es um täglichen Massenmord, wurden alle, Kinder eingeschlossen, verdächtigt und kriminalisiert, wobei kein Zweifel bestehen kann, daß die niedrige Einstufung der Ostvölker auf der Wertskala der NS-Rassenhierarchie die Trennlinie zwischen Widerstandsbeteiligten und -unbeteiligten verwischt und die Hemmschwelle zu töten tief gesenkt hatte.

Wie tief, das wird erkennbar aus der Tagebucheintragung eines deutschen Soldaten vom 9. November 1941:

»Eine Frau holt ihren Mann von einem Gefängnistransport ab. Der Russe wird dabei überrascht, wie er sich eine deutsche Tube Schmierkäse öffnet. Die Frau hat sie ihm mitgebracht. Es stellt sich heraus, daß die Käsetuben vom Dorfschulzen verteilt worden sind. Das Dorf hatte eine deutsche Verpflegungskolonne überfallen. Die ganze Bevölkerung wird niedergemacht.«[121]

Exemplarisch für die Zusammenarbeit von Wehrmacht und SS ist ein von General Max von Schenkendorff einberufener Lehrgang zur Partisanenbekämpfung, der vom 24. bis 26. September 1941 in Mogilew stattfand. Auf der Tagesordnung stand ein Referat des Höheren SS- und Polizeiführers im Bereich der Heeresgruppe Mitte, SS-Gruppenführer Erich von dem Bach-Zelewski, über das »Erfassen von Kommissaren und Partisanen«, und der Vortrag des Chefs der Einsatzgruppe B, Arthur Nebe, mit dem Titel »Die Judenfrage mit besonderer Berücksichtigung der Partisanenbewegung«. Das Destillat der Tagung lautete: »Wo der Partisan ist, ist der Jude, und wo der Jude ist, ist der Partisan.«[122] Doch dabei blieb es nicht.

Aus dem Kriegstagebuch des 322. Polizeibataillons vom 25. September 1941, also am zweiten Tag des Lehrgangs:

»Die Aktion, erst als Lehrübung eingesetzt, wurde im Ort ernstfallmäßig angesetzt. Ortsfremde Personen, insbesondere Partisanen, konnten nicht festgestellt werden. Dagegen ergab die Überprüfung der Bevölkerung das Vorhandensein von 13 Juden, 27 Judenfrauen und 11 Judenkindern. Von diesen wurden 13 Juden und 19 Jüdinnen mit dem SD exekutiert.«[123]

Der Krieg der Wehrmacht gegen die »Banden« war von Anfang an eine Mischform zwischen Kampf gegen Partisanen und Mord an der Zivilbevölkerung unter dem Deckmantel der Partisanenbekämpfung.

Vielen Tätern fehlte jedes Unrechtsbewußtsein für Tötungsexzesse, jedenfalls an männlichen Zivilisten, vor allem, wenn die Exekutionen unter Einhaltung eines bestimmten militärischen Rituals erfolgten und einen pseudojuristischen Anstrich erhielten. Diese erschreckende Tatsache stellte sich durch Aussagen von Tätern nach dem Krieg heraus.

Statistiker einer entseelten Totenarithmetik

Die Kriegführung war grausam – von beiden Seiten. Partisanen machten keine Gefangenen, weil sie diese weder bewachen noch verpflegen konnten. Daß es dabei zu Gruppentötungen kam, zu Folterung, Verstümmelung, Mord, ist unbestritten: Verbrechen gegen die Menschlichkeit bleiben selbst dann Verbrechen, wenn sie an Menschlichkeitsverbrechern begangen werden – auch wenn die meisten deutschen Soldaten, die in die Hände von Partisanen fielen, nicht in diese Kategorie gehörten.

Nach allem, was sich an berechtigter Wut, an Haß und Ekel über das, was der zurückgedrängte Feind der Heimat angetan hatte, angestaut hatte, wer konnte glauben, alle Rotarmisten würden beim Eindringen in Deutschland 1944/45 nach der Devise handeln: »Gegen Wehrlose keine Gewalt«? Sie stammt vom großen russischen Germanisten und Humanisten Lew Kopelew, damals Offizier der Roten Armee. Weil in einem von der Zensur abgefangenen Feldpostbrief geäußert, bescherte sein Mitleid ihm lange Jahre im Gulag. Was Kopelew in der Raserei des Plünderns, Schändens, Mordens und Brennens einmal gelingt, gelingt ein anderes Mal nicht. Nach mehr als dreijähriger Blutorgie deutscher Besatzung von den Opfern allgegenwärtige Humanität zu erwarten, bedeutete, die menschliche Natur zu verkennen. Aber man wäre blind, wollte man Verbrechen an deutschen Soldaten und Zivilisten leugnen. Sie müssen, wie jedes Verbrechen, erforscht und aufgedeckt werden. Ein Hort der Menschenrechte war die Sowjetunion ja nun wahrlich nicht, weder vor noch nach dem deutschen Überfall.

Nur eignen sich die Untersuchungen von Gewalttaten an Deutschen nicht für Aufrechnungen, die dazu dienen sollen, die deutschen Verbrechen über die Gesamtzeit der Besetzung riesiger Territorien der westlichen und südwestlichen Sowjetunion zu relativieren – auf der Schuldskala der Menschheitsgeschichte gibt es für den Vernichtungskrieg, die Völkermorde an Juden, Sinti und Roma eingeschlossen, kein zweites Meßmodell – Ziehkind des Kriegs der Waffen, übertrifft er alle Vorstellungen und Vergleiche.

Besonders hervorgetan auf dem Gebiet solcher Schuldentsorgung hat sich seit Jahren der Professor für Neuere Geschichte an der Uni-

versität der Bundeswehr in München Franz W. Seidler, zuletzt mit seinem Buch »Verbrechen an der Wehrmacht. Kriegsgreuel der Roten
Armee 1941/42«. Darin sind 300 den Akten der Wehrmachtuntersuchungsstelle entnommene Fälle aufgezählt, und die lesen sich entsetzlich genug: Gefangene wurden durch Genickschüsse getötet, Kehlen
durchgeschnitten, Gesichter zertrümmert, Schädel eingeschlagen;
andere verstümmelt und mit Bajonettstichen umgebracht – eine kaum
erträgliche Lektüre. Ob nun jeder Fall einer Nachprüfung standhielte
oder nicht, es gehört nicht viel Phantasie dazu, sich vorzustellen, daß
der beispiellos grausame Kampf im Osten auch bei den Gegnern der
Aggressoren massenhafte Unmenschlichkeit hervorgerufen hat.

Wissenschaftler haben, wie politische Publizisten, mißtrauisch zu
sein, und das jedem ihrer Forschungsthemen gegenüber, ob es sich
um Verbrechen *von* oder *an* Deutschen handelt.

Mein Mißtrauen gegenüber Seidler rührt weniger von seinen Fallbeispielen her. Es geht um sein Motiv, seine politische Position, die ihn
bestimmt, und um die Gesinnung, die dahinter sichtbar wird. Mit
»Verbrechen an der Wehrmacht. Kriegsgreuel der Roten Armee 1941/
42« liegt der Versuch einer Täuschung vor: Tut sein Autor doch so, als
hätte er eine innere Beziehung zu den deutschen Opfern, deren
Schicksale die Seiten seines Buches füllen. Aber Seidler hat sowenig
eine Beziehung zu diesen wie zu den NS-Opfern, die nie Gegenstand
seiner Anteilnahme, seiner Forschung und seines Interesses waren –
ausgenommen bei Gelegenheiten, sie zu verunglimpfen.

Einer von ihnen beizuwohnen hatte ich das Mißvergnügen.

Es war in einer Fernsehrunde unter Leitung von Gerd Ruge, bei der
es um Deserteure der Wehrmacht ging. Mit von der Partie war, neben
Seidler, der wehrpolitische Sprecher der CDU/CSU-Bundestagsfraktion, Norbert Geis, und, zu meiner Seite, Ludwig Baumann,
einer der Wehrmachtdeserteure und unermüdlicher Kämpfer für ihre
Rehabilitierung.

Wir beide hielten, unter heftigem Widerspruch und mit wachsender Empörung, die unsäglichen Anfeindungen und Auffassungen
von Geis (der immerhin zugab, daß es sich deutscherseits um »einen
verbrecherischen Angriffskrieg« gehandelt habe) und Seidler so
lange aus, bis der begann, außer Deserteuren auch noch KZ-Häft-

linge zu diffamieren. Daraufhin taten Baumann und ich etwas, was uns als Protest einzig angemessen schien: Wir verließen die Szene vor laufender Kamera.

Was hat der bekennende Rechtsaußen Seidler, ein Anpöbler von KZlern, an einer Institution der Bundeswehr zu suchen? Welches Unheil hat er, der den »Rußlandfeldzug Deutschlands« in einen »beiderseitigen Vernichtungskrieg« umlügt, dort angerichtet? Die Sowjetunion hatte militärisch und politisch 44 Jahre lang hinter der DDR-Fassade absoluten Zugriff auf einen Teil Deutschlands, und diese Zeit von 1945 bis 1989 war finster genug – aber »Vernichtungskrieg«? Was hätten vier Dezennien deutscher NS-Herrschaft über die Völker der Sowjetunion bedeutet? Eine Frage, die diesen Professor für Neuere Geschichte sowenig berührt wie der »Generalplan Ost«, die Ausbeutungs-, Versklavungs- und Vernichtungsfibel der NS-Herrschaft für die Zeit nach dem deutschen Sieg im Osten. Mitleid, Erschütterung über die 300 von ihm aufgeführten Fälle von Untaten an deutschen Soldaten? Der Auflister Franz Seidler spielt falsch – er hatte zu keiner Zeit eine innere Beziehung zu irgendeiner Opfergruppe, und dieses Defizit ist es, was ihn mit seinem Buch »Verbrechen an der Wehrmacht. Kriegsgreuel der Roten Armee 1941/42« zu dem stempelt, der er in Wahrheit ist: Statistiker einer entseelten Totenarithmetik!

Furchtbarste aller furchtbaren Wahrheiten

Ein Konzept gegen die ab Anfang 1942 mächtig anschwellende Partisanenbewegung hat die Wehrmachtführung nie gefunden. Pläne, die von Umfassungsschlachten ausgingen, waren von vornherein zum Scheitern verdammt, dieser Feind ließ sich nicht einkesseln. Auch Tausende von sogenannten »Auskämmungsaktionen« brachten nicht das gewünschte Ergebnis, und die Frustration über das Mißlingen führte oft zu Massakern an der Zivilbevölkerung.

Erst allmählich dämmerte es Führerhauptquartier und OKW, daß mit den Partisanen ein operatives Novum entstanden war. Gewiß gab es übertriebene Angaben über das Ausmaß und die Geschlossenheit der Partisanen wie auch über die Verluste, die sie den Deutschen beibrachten. Die siegreiche Bewegung hat sich postum ihre Legenden geschaffen, und nicht nur in der Sowjetunion, sondern auch in den späteren Ostblockländern wurden Kommunisten zu alleinigen Befreiern hochstilisiert – was bekanntlich nicht den historischen Tatsachen entspricht. Andere, dem Stalinschen Konzept unerwünschte Aufstandsbewegungen wurden noch während des Kriegs einem blutigen Schicksal überlassen (so der Warschauer Aufstand vom August 1944, bei dem die Rote Armee am östlichen Weichselufer Gewehr bei Fuß stand) oder danach vernichtet.

Aber auch auf deutscher Seite wurde das Bild vom Partisanen vergrößert, um die eigene Unfähigkeit, mit dem Phantom fertigzuwerden, zu verkleinern. So ist es nicht verwunderlich, daß die subjektive Vorstellung der Soldaten über die Partisanen mit deren Stärke nicht übereinstimmte.

Aber schwach waren die Partisanen nicht. 1943, verstärkt 1944, sah sich die deutsche Armee einer Kraft gegenüber, die generalstabsmäßig geführt wurde. Die Wehrmacht hatte dieser Bewegung immer weniger entgegenzusetzen. Wie sehr der Respekt der deutschen Führung vor ihr wuchs, zeigte sich daran, daß die Partisanen allmählich ihren Status als »Banden« verloren und dem von Kombattanten näher rückten – ein mühsamer Erkenntnisprozeß.

Höhepunkt in der Geschichte der sowjetischen Partisanenbewegung war die Aktion in der Nacht vom 19. zum 20. Juni 1944: Zwischen Dnjepr und Minsk wurden 10 500 Sprengsätze an Eisenbahngeleisen, Brücken und Nachrichtenverbindungen gezündet – der Nachschub an die Front war tagelang unterbrochen. 48 Stunden später, am 22. Juni 1944, dem dritten Jahrestag des deutschen Angriffs, startete die Rote Armee mit einem fürchterlichen Trommelfeuer ihre Großoffensive gegen die Heeresgruppe Mitte. Bis Ende Juli waren deren Truppen so vernichtend geschlagen, daß sie als Kampffaktor so gut wie ausschieden – die schwerste Niederlage deutscher Verbände im Zweiten Weltkrieg. Die Zusammenarbeit der Partisanen mit der regulären Armee, die zum Zusammenbruch des zentralen Abschnitts der deutschen Front führte, war Gipfel und Endpunkt der Bewegung – nach diesem Sieg war das sowjetische Territorium von der deutschen Schreckensherrschaft befreit.

Zusammenfassend kann gesagt werden, daß sich die Wehrmacht am Krieg gegen die Hydra des Untergrundkampfes die Zähne ausbiß, und dies trotz gewaltiger Anstrengungen. Wie aus dem Ia-Tagebuch des Befehlshabers des rückwärtigen Heeresgebietes Nord vom 29. März 1942 hervorgeht, soll Generalstabschef Halder den Vorschlag gemacht haben, Giftgas gegen Partisanen anzuwenden.

Zur Rolle der Wehrmacht im Vernichtungskrieg schreibt der Historiker Timm C. Richter:

»Insgesamt zeigt sich, daß die Wehrmacht ›williger Motor‹ für eine hemmungslose, ja mörderische Sicherungspolitik im Hinterland gewesen ist, bei der die Ideologisierung des Krieges, Hitlers klare Anweisungen und die teilweise provokative Brutalisierung des Kampfes von seiten der Partisanen die Wehrmacht ermutigten, sich über alle sinnvollen militärischen Regelungen hinwegzusetzen und sich stärker auch im rasseideologischen Sinn am Massenmord zu beteiligen, als das ursprünglich im Abkommen zwischen Wagner und Heydrich beabsichtigt gewesen ist. Die schrittweise Preisgabe des Prinzips der Arbeitsteilung macht die Wehrmacht mitverantwortlich für den Genozid und ließ vielfachen Anregungen militärischer und ziviler Stellen im Besatzungsgebiet zu einer stärker politischen Führung auch gegenüber Partisanen, zu einem ernsthaften Werben um die Bevölkerung, die größtenteils zwischen den Fronten stand, keine Chance. Die anfangs gewählte Strategie der rücksichtslosen Härte und des präventiven Terrors gegen die Zivilbevölkerung wurde niemals aufgegeben.«[124]

Hier wird jedoch nur ein Teil *der* Wahrheit sichtbar, die von allen furchtbaren Wahrheiten des 20. Jahrhunderts wahrscheinlich die furchtbarste ist. Initiiert vom »Unternehmen Barbarossa«, stand sie von Anfang an über dieser gigantischsten und verlustreichsten Auseinandersetzung in der bisherigen Kriegsgeschichte: daß nämlich ein so barbarisches System wie das nationalsozialistische nur durch ein anderes barbarisches System geschlagen werden konnte! In diesem Kontext haben die Sowjetunion und ihre Armee eine Doppelrolle gespielt – die eines Befreiers und die eines Unterdrückers. Das eine wird ihr Ruhm, das andere ihre Schande bleiben.

Am Vorlauf der deutschen Verbrechen ändert das nichts – ohne daß die sowjetischen Verbrechen an Deutschen im »Großen Vaterländischen Krieg« und danach verschwiegen werden dürfen – sie müssen sämtlich ans Tageslicht.

Bei der Aufarbeitung der eigenen Gewaltgeschichte ist die deutsche Historiographie viel weiter als die sowjetische und postsowjetische. Was selbstverständlich auch damit zusammenhängt, daß kritische Historiker bei uns frei arbeiten konnten, auch wenn sie noch viele Jahre nach dem Krieg angefeindet wurden. Diese Freiheit gab es für die sowjetischen Kolleginnen und Kollegen nicht, und auch nach dem Zerfall des Sowjetreichs dürfte ihr Aufklärungsbemühen auf manchen Widerstand stoßen.

Zwar muß der Kausalzusammenhang zwischen Ursache und Wirkung, zwischen Auslösung und Reaktion erhalten bleiben, aber weder das nationalsozialistische noch das stalinistische System kann die Verbrechen des anderen zur Relativierung, Erklärung oder gar Entschuldigung der eigenen anführen. Will die postsowjetische Historiographie glaubwürdig sein, so muß sie die Wahrheit suchen und dokumentieren.

Angefügt: Es ist keine realistische Vorstellung, daß das Ende des nationalsozialistischen Deutschlands dem der Sowjetunion hätte ähneln können. Das poststalinistische Regime, wirtschaftlich marode, aber im Rang einer nuklear hochgerüsteten Weltmacht, implodierte unblutig. Seitdem bemüht sich Rußland, eine Demokratie zu werden. Das nationalsozialistische Deutschland dagegen ging gemäß dem Gesetz unter, nach dem es angetreten war: Alles oder nichts! Mit fürchterlichen Folgen für andere und am Ende auch für das »Herrenvolk« der Deutschen.

Was da geschah, war nur folgerichtig.

Nachdem Hitlerdeutschland die politisch und gesellschaftlich gegensätzlichen Hauptmächte der Epoche, die USA und die Sowjetunion, in eine zeitlich begrenzte Interessenallianz gezwungen hatte, war es samt seinen Verbündeten für einen Sieg zu schwach. Eine Katastrophe, die mit der Irrationalität des Nationalsozialismus als einzige Möglichkeit alternativlos vorprogrammiert war – seine wahnsinnigen Pläne waren, trotz der ungeheuren Macht dahinter, gegen den Widerstand fast der gesamten übrigen Menschheit nicht durchzusetzen.

Was immer man den Führern der sowjetischen Götterdämmerung
vorwerfen kann – als das Ende ihrer Herrschaft nahte und sich ihre
Visionen als unverwirklichbar erwiesen, waren sie vernünftig genug,
das Handtuch zu werfen. Und dies noch:
Einen Michail Gorbatschow des Nationalsozialismus kann ich
mir beim besten Willen nicht vorstellen.

»Die Zusammenarbeit mit der Wehrmacht ist ausgezeichnet«

Die Geschichte der deutschen Besatzung auf dem Territorium der
Sowjetunion ist nicht vollständig erzählt ohne den Holocaust im
Holocaust – in Bjelo- oder Weißrußland und dem östlich daran anschließenden Teil Rußlands. Im Gefolge des Kriegs der Waffen war es
die Klimax des Vernichtungskriegs.

1985, 40 Jahre nach Kriegsende, macht sich ein Mann auf, dort den
Spuren des Zweiten Weltkriegs zu folgen: Paul Kohl, Berliner,
Schriftsteller und Journalist, Jahrgang 1937, also 48 Jahre, als er auf-
bricht.

Die Route, die er nimmt, war Operationsraum und Stoßrichtung
der Heeresgruppe Mitte: von Brest, Minsk und Orscha über Mogilew, Witebsk und Smolensk bis kurz vor Moskau. Ein beispielhaftes
Kapitel für die Verzahnung des deutschen Eroberungs- und Vernichtungskriegs, mit Leiden und Schrecken für die Bevölkerung, deren
mörderisches Ausmaß in das Erinnerungsvermögen der Überlebenden auch nach einem halben Jahrhundert wie eingestanzt ist.

Zunächst Zahlen des Grauens: Die deutsche Besetzung Weißrußlands dauerte von Juni 1941 bis Juli 1944. In dieser Zeit wurden 209
Städte und 9200 Dörfer zerstört, in 60 Konzentrationslagern und 70
Ghettos 700 000 sowjetische Kriegsgefangene, mindestens 500 000
Juden, 340 000 Bauern und etwa 100 000 Angehörige anderer Bevöl-
kerungsgruppen umgebracht, während 380 000 weißrussische Männer und Frauen zur Zwangsarbeit nach Deutschland verschleppt
wurden. Als die deutschen Truppen abziehen, sind von den ehemals

9,2 Millionen Einwohnern an die 2 Millionen getötet worden. Das heißt: In den drei Jahren deutscher Okkupation wurde annähernd jeder vierte Bewohner Weißrußlands umgebracht. Eine Blutorgie? Ein Verwaltungsmassaker. Seine bürokratischen Organisatoren und Exekutoren haben sich keine Mühe gegeben, ihre Ausrottungsprojekte zu verheimlichen:

»Ereignismeldungen UdSSR
Berlin, den 24. Juli 1941

Der Chef der Sicherheitspolizei
und des SD
-IV A 1-B Nr. 1/B/41g. RS
41 Ausfertigungen
9. Ausfertigung
Geheime Reichssache!
Ereignismeldung UdSSR Nr. 32

Einsatzgruppe B:
Standort Orscha meldet:
Polizeiliche Tätigkeit:

(...) In Brest-Litowsk hat die Ordnungspolizei mit Unterstützung der Einsatztrupps 4435 Personen liquidiert. Es befanden sich darunter 400 Groß- und Weißrussen.

Das in Baranowicze stationierte Kommando des Einsatzkommandos 8 arbeitet besonders erfolgreich zusammen mit den zuständigen Dienststellen der Wehrmacht. Gemeinsam mit den Feld- und Ortskommandanturen wurde die Bildung von Judenräten, die Registrierung und wohnliche Zusammenlegung der Juden sowie die Neuaufstellung der Einwohnermeldelisten durchgeführt.

Das nach Slonim abgeordnete Teilkommando hat in Zusammenwirken mit der Ordnungspolizei eine Großaktion gegen Juden und andere kommunistisch belastete Elemente zur Durchführung gebracht, wobei ca. 2000 Personen wegen kommunistischer Umtriebe und Plünderns festgenommen wurden. Von ihnen sind am gleichen Tag 1075 Personen liquidiert worden.«[125]

»Tätigkeits- und Lagebericht UdSSR Nr. 1 vom 31. 7. 1941

Zusammenarbeit mit der Wehrmacht
Die Verbindung zu einzelnen Heeresgruppen unterhält der jeweilige Höhere SS- und Polizeiführer, der sich beim Befehlshaber des rückwärtigen Heeresgebietes befindet und laufend über alle sicherheitspolitischen Maßnahmen der Einsatzgruppen im Bereich der betreffenden Heeresgruppe unterrichtet wird. Wie die Einsatzgruppen berichten, ist die Zusammenarbeit mit der Wehrmacht ausgezeichnet.«[126]

Daja Dmitrowna Prochorenko, Brest, zur Zeit der Aussage, 1985, 74 Jahre alt:
»Die Deutschen haben meine ganze Familie umgebracht. Zuerst hier gleich zu Beginn des Krieges meinen Mann. Er war Artillerist. Dann meine drei Kinder. Mein ältester Sohn war 6, der andere 4 und mein kleinstes 11 Monate alt. 1943 sind meine Eltern an einer Eisenbahnstation bei Brest erschossen worden, als sie fliehen wollten. (...)
Als die Faschisten die Festung stürmten, warfen sie Rauchgranaten in die Keller. Ich habe gesehen, wie meine Kinder erstickten. Und ich konnte nichts dagegen tun. Wie ich das selbst überlebt habe, weiß ich nicht. Durch Zufall. Ich wundere mich, daß ich noch lebe.«

Anastasia Antonowna Arschinowa, etwa im gleichen Alter:
»Die Faschisten haben mich als Frau eines Kommandeurs und meine Kinder als Geiseln unter die Geschütze gelegt, damit mein Mann und die anderen Verteidiger kapitulieren sollten. Es war entsetzlich. Bei jedem Schuß war mir, als würde mein Gehirn aus dem Kopf quellen. Den Kindern kam das Blut aus den Ohren und aus dem Mund. Meine Tochter starb, mein Sohn ist seitdem taub. Er war damals fünf Jahre alt.« Holt ein Foto aus der Vorkriegszeit hervor: »Meine Familie. Ich bin als einzige übriggeblieben.«[127]

»EM (Ereignismeldung; R. G.) *Nr. 43 vom 5. August 1941*
II) *Meldungen der Einsatzgruppen und -kommandos:*
Der Befehlshaber der Sicherheitspolizei und des SD in Krakau meldet:
Tätigkeitsbericht der Sicherheitspolizei in den ehemals polnisch-russischen Gebieten.
Es wurden vom 21.–31. 7. 1941 3947 Personen liquidiert. (...)
Die Zusammenarbeit mit den Orts- und Feldkommandanturen, mit der Geheimen Feldpolizei, den Abwehrtrupps und der Feldgendarmerie war ausnahmslos gut. In zahllosen Fällen erfolgte eine gegenseitige Unterrichtung über beabsichtigte Maßnahmen oder eine gegenseitige Unterstützung bei notwendigen Aktionen. (...)
Das in Baranowicze stationierte Einsatzkommando 8 arbeitete besonders erfolgreich zusammen mit den zuständigen Stellen der Wehrmacht.«[128]

»EM 90 vom 21. 9. 1941
Bei den Wehrmachtstellen besteht ein allgemeiner Ruf nach der Sicherheitspolizei. Man bedient sich gern unserer Hilfe, unserer Erfahrungen und Anregungen. Bei einzelnen größeren von uns durchgeführten Aktionen sind sogar ohne weiteres Truppeneinheiten unserer Führung unterstellt worden.«[129]

Irina Iwanowna Krischdakowa, 70, Baranowici, ehemalige Partisanin:
»Die Faschisten haben meine ganze Familie ausgerottet. Aufgehängt.«
Holt ein Foto hervor – ein Platz, ein Galgen, junge Menschen an Stricken baumelnd: »Das hier, das war unsere Gruppe. Und hier – das ist mein Bruder und meine Schwester. Alle haben sie gehängt. Sie wurden am 6. März gehängt. 1942. Sehen Sie, da hängt mein Bruder und meine Schwester. Im Zentrum der Stadt haben sie sie aufgehängt. Hier hängen mein Bruder und meine Schwester.«[130]

Nikolai Stepanowitsch Schabonja, 60, aus Bajki, einer Ortschaft nordöstlich von Brest:
»Ich bin der letzte Augenzeuge der Niederbrennung von
Bajki. Da drüben standen drei Schuppen, in die wir alle hin-
eingepfercht wurden. Das Dorf und alle hier wurden wegen
Unterstützung von Partisanen vernichtet. Schon 1941, als die
Faschisten hier beim Einmarsch durchzogen, haben sie schon
am 6. Tag nach Kriegsbeginn meinen Bruder erschossen. Und
dann, als sie aus dem Land gejagt wurden, haben sie hier am
22. Januar 1944 alles niedergemetzelt.«[131]

Die 987 Ermordeten sind in einem großen Grab bestattet.

»Unmenschliches leistete der deutsche Soldat«

Paul Kohl folgt der Spur des Eroberungs- und Vernichtungskriegs
der Heeresgruppe Mitte – sein Bericht macht jede Trennung zwischen Wehrmacht einerseits und Einsatzgruppen, Waffen- und Allgemeiner SS, Sicherheits- und Schutzpolizei, Gendarmerie und Organisation Todt andererseits zu dem, was sie war: eine Konstruktion,
eine Legende. Die Zusammenarbeit ist unwiderlegbar dokumentiert,
wie anderswo, so auch auf diesem mörderischen Schauplatz.

Der Chronist vollbringt eine Leistung von großem seelischem
Stehvermögen – denn was er auf Band speichert, sucht seinesgleichen. Paul Kohl konfrontiert sich aus eigenem Antrieb mit Überlebenden, also alten Frauen und Männern, die ihn wie eine Erscheinung betrachten, ungläubig, daß da einer aus Deutschland
gekommen ist, sie zu fragen und anzuhören. Langsam gewinnen sie
Vertrauen und öffnen sich. Wissenschaftliche Angaben machen sie
nicht, aber was sie bieten, ist mehr – sie befragen ihre Erinnerungen,
und da zeigt sich, daß nichts verblichen, daß das Grauen so grauenhaft geblieben ist wie an dem Tag, als die Kinder, der Vater, der Mann,
der Bruder oder die Schwester erschossen, verbrannt, vergast wor-

den sind – oft mit Hilfe weißrussischer, ukrainischer und lettischer Kollaborateure.

Die Befragten brechen in Tränen aus oder wischen sie sich heimlich aus den Augen; drohen ohnmächtig zu werden und zu ersticken an dem, was sie da aus sich herauspressen; verlassen den Raum, kehren aber bald zurück und entschuldigen sich bei dem deutschen Gast, daß sie sich »gehenließen«. Schmerz und Trauer können sie nicht verbergen, doch kein Wort der Rache kommt über ihre Lippen, und das auch dann nicht, wenn sie den Deutschen vor Gruben führen, unter deren nachgesackter Erde die Lieben ruhen. Oft betonen sie, daß es unter den Besatzern auch »Gute« gab und daß sie einen Unterschied machen zwischen den Deutschen von damals und von heute.

Es ist eine Haltung, deren unaufdringliche, selbstverständliche Menschlichkeit einem bei der Lektüre den Atem verschlagen will – welche Unfähigkeit zu hassen, obwohl jeder Grund dazu gegeben wäre. Und welch ein Gegensatz zu Deutschland, wo die hassende Unbelehrbarkeit so vieler nie angeklagter Täter und verstockter Hitleranhänger über Jahrzehnte der Nachkriegsgeschichte hin Triumphe gefeiert hat, bis hoch hinauf in die Führungsetagen der Republik und mancher Organisationen von Berufsvertriebenen, wo sie immer noch nicht abgeklungen ist. Zwischen solcher Uneinsichtigkeit und der Bitte um Entschuldigung für die Tränen bei Paul Kohl gibt es keine Brücken, hier stehen sich unvereinbare Welten gegenüber.

Wie hält man die Aufgabe durch, die der Berliner sich gestellt hat? Ein Schreckensname nach dem anderen, den Gliedern einer Kette gleich, sind die Stationen des Verwaltungsmassakers aneinandergereiht.

Darunter das Ghetto von Minsk.

Am 28. Juni 1941 besetzt die Wehrmacht die Stadt. Sofort werden die 85 000 Juden von Minsk registriert, durch den gelben »Judenfleck« gekennzeichnet und am 19. Juli in einem Viertel im Nordwesten ghettoisiert, auf einer Fläche von zwei Quadratkilometern. Dort treffen später Juden aus Hamburg, Düsseldorf, Berlin, Bremen, Frankfurt am Main und Wien ein, nachdem vom 7. bis zum 11. Oktober 1941 6000 bis 10 000 russische Juden ermordet worden sind, um für die »Sternträger« aus dem Reich Platz zu schaffen. Zwischen dem 28. und dem

30. Juli 1942 werden die Juden aus Berlin, Bremen und Wien ermordet, auch zahlreiche aus dem Rheinland; ihnen folgen am 8. Mai 1943 die Juden aus Hamburg und die bis dahin Verschonten aus dem Rheinland. Ende August 1943, wenige Wochen vor Räumung des Ghettos, wird der Rest von 2000 deutschen Juden auf die lange Reise in die Vernichtungslager Polens geschickt – auf dem Minsker Güterbahnhof so eng in die Waggons gepreßt, daß sie sich weder hinsetzen noch hinlegen, noch ihre Notdurft verrichten können.

Von den 22 000 in das Ghetto von Minsk verschleppten deutschen Juden überlebten nach Angaben eines von ihnen, Karl Löwenstein aus Berlin, nur 9, nach Angaben der Ludwigsburger Zentralstelle zur Aufklärung nationalsozialistischer Gewaltverbrechen höchstens 30. Mir liegt das Faksimile einer Postkarte vor, auf deren Rückseite ich lese:

»Düsseldorf, d. 9. 11. 41
Liebster Junge, wir fahren morgen nach Minsk in Russland. Sobald wir können, schreiben wir Dir die neue Adresse. Du kannst hier an Familie Schlesinger schreiben u. Tante Laura. Wir haben den festen Willen, gesund zu bleiben und Dich und Ingemaus wieder zu sehen. Küsse. Leb wohl, innigst Deine Dich l.[iebenden] Mutti und Vati«[132]

Auf der Vorderseite links steht:»Absender: Arthur Israel Jacoby, Düsseldorf, Rochusstr. 57 I« und»Mit Luftpost«; rechts sind, mit Hitlers Kopf, eine Briefmarke von 15 und eine von 40 Reichspfennig aufgeklebt, und daneben, kreisrund mit Adler und Hakenkreuz in den Fängen, der Stempel:»Geprüft – Oberkommando der Wehrmacht«.

Die Post der Todgeweihten ging über ihre Zensurstelle.

In Minsk und Umgebung wurden 700 000 Menschen ermordet, davon 150 000 in der Stadt, und etwa 70 000 als Zwangsarbeiter deportiert – für Daimler-Benz, Krupp, Thyssen, Volkswagen, Mannesmann, Flick, I. G. Farben und Rheinmetall.

Unter den neun Städten und Ortschaften, die Paul Kohl auf dem östlich anschließenden Territorium Rußlands aufsuchte, darunter Smolensk, Wasma und, am weitesten östlich, Istra, befand sich auch

Rschew. Dort erreichten deutsche Truppen am 15. Oktober 1941 zum erstenmal das Ufer der Wolga.

Zwar dauerte die Besetzung hier nicht so lange wie in Weißrußland, aber sonst sind es die gleichen Berichte: am Anfang, auf russisch und deutsch, der obligatorische »Aufruf«, unterschrieben mit »Der Oberbefehlshaber der Armee« und dem Stempel »Deutsche Wehrmacht«.

Aus einem dieser Plakate, heute im Museum von Rschew:

»1. Wer einem Rotarmisten oder Partisan Unterschlupf gewährt, ihm Nahrungsmittel aushändigt oder ihn sonstwie – zum Beispiel durch Nachrichtenvermittlung – unterstützt, wird mit dem Tode bestraft und erhängt. Dies gilt auch für weibliche Personen.«[133]

Dort im Museum liegt auch das Tagebuch der Nina Semjonowa, Mutter und Ehefrau. Auszüge:

»14. Oktober 1941. Die Faschisten haben die Stadt besetzt.

15. November. Auf dem Platz haben sie Galgen aufgestellt. Und sofort welche von uns aufgehängt, weil sie Radio hörten, weil sie sich trafen. Aufgehängt, weil sie Russen sind und sich nicht gefürchtet haben, dies dem Feind zu zeigen. (...) Aber ihr werdet uns nicht zerbrechen. Weder mit Galgen noch mit Erschießungen, verdammte Banditen.

22. November. Mama weint. Das letzte Säckchen Getreide, das wir für Marinka aufgehoben haben, und zwei Schüsseln Kartoffeln, all unser Reichtum, haben die Soldaten weggenommen. Mama hat dem Offizier ihr Leid geklagt. Der hat sich aufgerichtet und steinern gesagt: ›Der deutsche Soldat stiehlt nicht.‹ Auf dem Hof haben die, über die sich Mama beschwert hatte, Mama schrecklich geschlagen. Jetzt während ich diese Zeilen schreibe, liegt sie im Bett und stöhnt. Ich würde gern wissen, wo Sascha ist. Vielleicht erleben wir die Befreiung nicht mehr. Sascha, komm!

25. November. Die Soldaten haben unsere Vorratskammer zertrümmert. Haben viele Kleidungsstücke weggenommen. (...) In der

Tasche lag auch das Rentenbüchlein von Papa. Sie haben ihn zu einem Verhör hinausgerufen. Später wurde er von Nachbarn heimgeführt. Er war ganz mit Blut beschmiert. Ich habe Angst um sein Leben. Das ist nun schon das dritte Mal, daß sie ihn halb totschlagen. Sascha! Befreie uns!

10. Januar 1943. Das Leben ist unerträglich geworden. Ich kann nicht mehr hören, wie der zweijährige Knirps vor Hunger schreit. (...)

27. Januar. Die deutschen Kontrollen haben alles weggenommen. Ich hatte ein paar Kartoffeln und etwas Roggen bekommen. Ich verlor die Fassung und habe geschrien, daß das für das Kind ist. Aber sie haben mich geschlagen und in die Scheune geworfen, wo ich die ganze Nacht lag. Als ich ins Haus kam, hat Mama mich fast nicht wiedererkannt. Ich habe keine Kraft mehr. Es geht mir sehr schlecht. Mein Sascha – ich weiß, wir sehen uns nicht wieder. Was wird aus Marinka werden?«[134]

So endet das Tagebuch und mit ihm Nina Semjonowa. Sie stirbt, nach jahrelanger Furcht um Leib und Leben, an Hunger und Mißhandlung, ihr Grab ist verschollen, ihre Spur verliert sich. Bis auf ihre »Erinnerungen«.

Sie wird hier ausführlicher zitiert, weil da noch jemand ist, der Erinnerungen an das Rschew jener Jahre hegt, wenn auch ganz anderer Art, und sie ebenfalls niedergeschrieben hat: Horst Großmann, Kommandeur der 6. Infanteriedivision und von Anfang bis Ende an den Kämpfen in und um Rschew beteiligt. Das erfährt man aus Großmanns Buch »Rschew – Eckpfeiler der Ostfront«, worin, Seiten 137 bis 143, über die Räumung der Stadt steht:

»Erst nach Sprengung der Wolgabrücke fühlten die Russen vorsichtig vor. Die Verminungen wurden scharf gemacht. Als Beute fanden sie nur am Bahnhof einen zurückgelassenen Schrotthaufen. Hitler wollte die Sprengung der Wolgabrücke in seinem Hauptquartier hören, und so wurde eine Fernsprechleitung vom Führerhauptquartier zum Sprengkommando an der Brücke durchgeschaltet. Alles verlief programmgemäß, und Hitler hörte an seinem Fernsprecher den Krach der in die Luft fliegenden Brücke. (...) Und so war es an der ganzen Front. (...) Eine Detonation folgte der anderen. (...) War eine Arbeit vollendet, ging es schleunigst zur nächsten Widerstandslinie. Alle kriegswichtigen Einrichtungen (Brücken, Bahnhöfe, Wassertürme, Gleisanlagen und die Straßendecke der Autobahn) waren zerstört. Der Zweck der Operation war voll erreicht.«[135]

Wann hat Horst Großmann diesen Klassiker der NS-Kriegsberichterstattung geschrieben? 1963! Und das mit dem alles krönenden, wenngleich leicht umdeutbaren Satz:

»*Unmenschliches leistete der deutsche Soldat.*«[136]

Dazu Paul Kohl, die Strapazen auch dieser Lektüre noch auf sich nehmend, lapidar: »Das ist wahr. Treffender hätte er es nicht formulieren können. Manchmal lohnt es sich eben doch, die Memoiren alter Befehlshaber zu lesen.«[137]

Dessen Bilanz seines zwar kurzen, aber nachhaltigen Wirkens am Ufer der Wolga lautet übrigens:

»Unbesiegt hatte der deutsche Soldat das Schlachtfeld von Rschew verlassen.«[138]

Die Heeresgruppe B hinterläßt unter der besetzten Bevölkerung Weißrußlands eine Schneise der Vernichtung, die biologisch erst nach zwei Generationen geschlossen werden kann.

»Na ja, ganz so brav waren wir natürlich nicht«

Bekanntlich hatten Hitlers Generäle nach dem Krieg keinerlei Schwierigkeiten, Verleger zu finden, im Gegenteil, ihnen wurden ihre verlogenen Memoiren à la Mansteins »Verlorene Siege« förmlich aus der Hand gerissen, Machwerke der Selbstexkulpierung und Dokumente der Beharrung auf alten Standpunkten und Wertvorstellungen.

Nicht so Paul Kohl, der mehr als dreißig Versuche in über fünf Jahren bei Verlagen hinter sich hatte, bis das Buch schließlich, 1990, bei Bertelsmann unter dem emotional ansprechenden Titel »Ich wundere mich, daß ich noch lebe« herauskam. »Nach einer eher bescheidenen Karriere im Programm des Gütersloher Verlagshauses Gerd Mohn« (so der Autor) und weitere fünf Jahre später, 1995, erschien es in der »Schwarzen Reihe« des Fischer Taschenbuch Verlags, wo es einem größeren Leserkreis zugänglich gemacht werden konnte – diesmal sachlich »Der Krieg der deutschen Wehrmacht und Polizei 1941–1944. Sowjetische Überlebende berichten« betitelt und das Thema der Wehrmachtausstellung vorwegnehmend.

Bemerkenswert auch die Erfahrung, die Paul Kohl zu Beginn seiner Arbeit am Buch gemacht hat. Auf eine Anzeige in mehreren Tageszeitungen mit dem Text »Rußlandfeldzug! Suche ehemalige Wehrmachtsoldaten (...)« meldeten sich 35, die der Autor alle besuchte. Und die alle das gleiche aufs Band sprachen: Klagen über kalte Winter, Schlamm, Hunger und unfähige Befehlshaber, ohne die der Bolschewismus schnell geschlagen worden wäre; Schwärmen über freundliche Aufnahme, herzliches Zusammenleben mit russischen Familien – doch im gleichen Atemzug die Mitteilung, daß »den Russen das Sterben nicht viel ausmachte, da sie eben eine andere, eine asiatische Einstellung zum Tod« hätten. Auf die Frage, ob sie am Niederbrennen von Dörfern oder an Massenerschießungen beteiligt gewesen seien, entsetzte Reaktionen – nein, das sei doch die SS gewesen. Auch geplündert habe man nicht, sondern jedes Huhn und Schwein, jede Kuh bezahlt. Die Russen hätten »dabei noch ein gutes Geschäft gemacht«.

Nachdem das Aufnahmegerät dann eingepackt war, »da rutschte manchem noch ein Satz heraus, den er lächelnd zu beschönigen versuchte: ›Na ja, ganz so brav waren wir natürlich nicht. Aber was willste machen.‹«[139]

Danach gab Paul Kohl eine zweite Anzeige in Tageszeitungen auf, diesmal mit Klartext: »Überfall auf die Sowjetunion! Welcher ehemalige Soldat erzählt mir über die Verbrechen der deutschen Wehrmacht und der Polizei.«

Die Reaktion – ein einziger Anruf: »Eine wütende Stimme beschimpfte mich als Schmutzfink, als Kommunistensau, ob ich denn überhaupt Deutscher sei, und ich solle mich vorsehen, sonst würde man mit mir noch abrechnen. Das Ganze natürlich, ohne seinen Namen zu nennen.«

Die Reaktionen auf beide Anzeigen entsprechen meinen Erfahrungen mit der Wahrheitsliebe und dem Erinnerungsvermögen vieler Angehöriger der Kriegsgenerationen, soweit es sich um dieses Thema handelt. Aber selbst wenn sie geständig gewesen wären, wenn sie sich geöffnet, ausgepackt hätten – das Universum an Tränen, Leid und Tod, das der Angriffskrieg über die Völker der Sowjetunion brachte, soweit die deutschen Fronten reichten, wird sich niemals vollständig erfassen lassen.

15 Jahre nach der Erstveröffentlichung von Paul Kohls Erlebnisbericht, Ende 1999, kommt seine wissenschaftliche Bestätigung – durch das Buch »Kalkulierte Morde. Die deutsche Wirtschafts- und Vernichtungspolitik in Weißrußland 1941–1944« des Berliner Historikers Christian Gerlach, das Ergebnis jahrelanger Forschung: 1232 eng bedruckte Seiten über die geplanten Vernichtungsaktionen durch Angehörige der Reichsministerien, der SS, der Wehrmacht, der Polizeiverbände, der Zivilverwaltungen und der Wirtschaftsgesellschaften. Sie werden Weißrußland verlassen als einen Landstrich, der wie kein anderer im Zweiten Weltkrieg verwüstet worden ist.

Auch hier galt im Zug der »Bandenbekämpfung« der Ruf »Wo der Jude ist, ist der Partisan« – wobei systematisch 168 weißrussische Dörfer dem Erdboden gleichgemacht und ihre Bewohner nach dem immer gleichen Schema ermordet wurden: Sie wurden in die Dorfkirche oder eine große Scheune getrieben, dann wurde Feuer gelegt und jeder, der ihm zu entkommen suchte, mit Maschinengewehren niedergemäht.

Nach Gerlachs Berechnungen gehen »knapp über die Hälfte« der ermordeten Weißrussen auf das Konto der Wehrmacht, Kriegsgefangene und Zivilisten – die im Kampf gefallenen Rotarmisten nicht mitgerechnet.

Der Historiker beschäftigt sich ausführlich mit der 707., der sogenannten »Gamsbockinfanteriedivision« unter dem für seinen Judenhaß bekannten Generalmajor von Bechtolsheim – ihr Kampf gegen Partisanen war ein Vernichtungsfeldzug gegen die weißrussische

Bevölkerung. Davon findet sich nichts in Band 6 des vom Militärgeschichtlichen Forschungsamt Potsdam herausgegebenen Reihenwerks »Das Deutsche Reich und der Zweite Weltkrieg« – nichts vom Terror der Besatzer, dem organisierten Massenhunger, dem Mord an den Juden, statt dessen aber ausführliche Schlachtendarstellungen. In einer Rezension des Gerlachschen Buches in der »Zeit« vom 9. Dezember 1999 schreibt der Freiburger Historiker Wolfram Wette über die Wehrmacht in der Sowjetunion: »Je tiefer die Historiker in die Quellen eindringen, desto düsterer wird das Bild.« Und: »Der Überfall der Wehrmacht auf die Sowjetunion als solcher stellte ein großes Verbrechen dar. Damals, 1941, scheint den Deutschen eine solche Einsicht vollends versperrt geblieben zu sein.«
Nicht nur damals.

»Ich weiß nicht, ob in meinen innersten Tiefen ein Mörder haust«

An dieser Stelle, wo sie vielleicht am deplaziertesten wirken könnte, eine Anmerkung.

Natürlich sind deutsche Soldaten vom NS-Regime im Hochofen des von ihm angezettelten Krieges »verheizt« worden. Das gilt auch dann, wenn die »Verheizten« mit den »Verheizern« übereinstimmten. Hatte doch vor allem die Jugend keine innere Verteidigungsmöglichkeit gegenüber einer Propaganda, die von allen Seiten auf sie einstürmte, zumal wenn ihr im Elternhaus kein Widerstand entgegengesetzt, sondern eher zugestimmt wurde – was, graduell abgestuft, ja doch wohl die Regel war.

Unter diesem Aspekt können viele Angehörige der Wehrmacht individuell durchaus als Opfer bezeichnet werden – die dennoch nicht gleichzusetzen sind mit den Opfern der Angriffsmaschine, deren Teil sie waren: Haben doch auch die jungen Soldaten in Hitlers Dienst Opfer gefordert. Die jedoch waren die *Endopfer* – ob nun umgekommen durch den Krieg der Waffen oder ermordet durch den Vernichtungsapparat.

Opfer und Opfer sind also nicht gleich, Nivellierungsversuche Verfälschung der Geschichte.

Primo Levi, Überlebender von Auschwitz, hat seine Antwort auf die von interessierter Seite leierkastenhaft wiederholte These »Sind wir nicht alle Opfer oder Mörder?« in die bündige Formel gefaßt:

»Ich weiß nicht, und es interessiert mich eigentlich auch nicht, ob in meinen innersten Tiefen ein Mörder haust, aber ich weiß, daß ich ein schuldloses Opfer und kein Mörder gewesen bin. Ich weiß, daß es Mörder gegeben hat, und daß sie mit ihren Opfern zu vermischen eine moralische Krankheit ist oder eine ästhetische Koketterie oder ein Zeichen übler Komplizenschaft.«[140]

Dahinter stehe ich, ohne daß diese Sicht fehlende Anteilnahme am Schicksal von Menschen bedeutet, die in den bedrohtesten Jahren meines Lebens auf der anderen Seite gestanden haben und dabei umgekommen sind.

Nur zu genau erinnere ich mich meiner Gefühle auf einem deutschen Soldatenfriedhof im Oderbruch südlich von Wriezen – treppauf, nur über zerfallende Holzbohlen zu erreichen, kreuzgespickt und gottverlassen. Oben verwitterte, kaum lesbare Inschriften, die Toten des letzten Aufgebots vor dem Sturm der übermächtigen Roten Armee auf Berlin: hier Gefallene des Jahrgangs 1926, drei Jahre jünger als ich, dort solche des Jahrgangs 1928, gerade mal siebzehn oder achtzehn geworden. Ringsum Einzelgräber, Gruppengräber, Massengräber: »199 deutsche Soldaten, gefallen 1945« und »95 deutsche Soldaten, gefallen 1945 bei Kunersdorf«.

Allein an dieser vergessenen Stätte, habe ich lange Zeit da gestanden und gedacht: Es ist wahr, sie sind für eine schlechte Sache gefallen, und *die* war erstverantwortlich für ihren Tod, nicht die feindliche Kugel, Bombe oder Granate. Und ebenso wahr bleibt es, daß das Leben von Millionen in den Lagern, wie auch das meiner Familie und meines, von ihrer Niederlage abhing – eine Notwendigkeit, die mehr über die *objektive* Rolle der Wehrmacht aussagt als alles sonst.

Was aber die andere, die *subjektive* Seite betrifft, so spürte ich vor den Gräbern nichts als Trauer über die sinnlos dahingerafften jungen Menschenleben, die Niedermetzelung des letzten Aufgebots, um das

verwirkte Dasein des »Führers« und seiner Paladine im Bunkerlaby-
rinth unter der Berliner Reichskanzlei um ein paar Stunden zu verlängern.

Für mich war dieser Ort mit seiner unumkehrbaren Botschaft
nicht stumm, geschrien hat es da, gebrüllt – gibt es doch angesichts
der Toten auf diesem verlassenen Soldatenfriedhof von Wriezen am
Rand des Oderbruchs, stellvertretend für die Millionen von Gefallenen, keine Rechtfertigung und keinen Trost.

Aber wer sie mit falscher Glorie umgibt, wer versucht, ihrem
Kampf, ihrem Leiden und Sterben einen Sinn zu geben, egal, was
immer sie selbst sich damals vorgestellt und eingeredet hatten, der
vergeht sich ein weiteres Mal an ihnen.

Wie eine Anzeigenserie in der »Frankfurter Allgemeinen Zeitung« in
den Jahren 1998 bis 2000, nachträgliche Trauerbekundungen für
gefallene Angehörige im Zweiten Weltkrieg.

Daß es sich dabei um eine gegen die Wehrmachtausstellung
gesteuerte Kampagne handelte, geht aus dem einheitlichen Muster
hervor: In allen Anzeigen steht der Text unter einem faksimilierten
Eisernen Kreuz, mit Namen, Geburts- und Todesdatum der fast ausschließlich jugendlichen Gefallenen und Angabe ihres Rangs, wie
»Flieger-Leutnant«, »Leutnant der Panzergrenadiere«, »Panzerjäger« oder »Obergefreiter«. Überschrieben mit »In Memoriam«,
»Zur Erinnerung«, »Gegen das Vergessen« und »In Ewigkeit«,
waren alle Nachrufe von der gleichen Ideologie geprägt:

»Sie opferten ihr junges Leben für ihr Vaterland. Das Vaterland hat
seine gefallenen Söhne vergessen und duldet sogar ihre Diskriminierung.«
»Sie fielen für den Staat, für den Sie ihren Eid leisteten. Der Staat
hält ihren Tod nicht in Ehren. Wir bekennen uns zu ihnen.«
»Er opferte sein Leben für das Vaterland. Das Vaterland jedoch
achtet sein Opfer nicht und duldet die Verunglimpfung seiner Soldaten.«
»Mein Vetter schützte unsere Heimat und unsere Familie.«
»Decorum est pro patria mori – Horatius« (»Es ist ehrenvoll, fürs
Vaterland zu sterben.«)

Warum wird hier, bei diesem letzten Nachruf, der apulische Dichter Horaz verfälscht und verstümmelt? »*Dulce* et decorum est pro patria mori«, heißt es im Original, also »*Süß* und ehrenvoll ist es, fürs Vaterland zu sterben«, warum ist das »Süß« weggeschnipselt worden? Was haben sich die Unterzeichner – Eltern, Geschwister, Gattinnen und Nachkommen – bei ihren Texten gedacht: Gefallen für den Staat? Welchen? Für ihren Eid? Wem geleistet? Für das Vaterland? Von wem beherrscht? Die Heimat und die Familie geschützt? Wo?:

»Am 17. April unter Südfrankreichs Himmel« – »13. 8. 1943 bei Dorpat« (Estland) – »5. 1. 1945 bei Tata« (Ungarn) – »26. 1. 1943 bei Welikije Luki« (Sowjetrußland) – »27. 2. 1944 bei Kriwoj Rog« (Ukraine) – »26. 3. 1944 Tirana« (Albanien) – »10. 4. 1945 Slowenien«

Ohne eine Spur von Unrechtsbewußtsein, besinnungslos gegenüber der verräterischen Funktion der Ortsangaben, die bestätigen, wie fern von deutschen Grenzen Vater, Bruder oder Sohn umgekommen sind, stellen sich im Jahr 2000 Denkmuster von 1940 bloß.

Eine fatale, eine gespenstische Exhumierung!

Jedes Verständnis für die Trauer um Gefallene, besonders um die jungen! Aber keines für die Ausblendung des deutschen, nazistischen Anteils an der Verantwortung für ihren Tod und den von Millionen anderen, für diese Form der Exkulpierung Hitlers und seiner Anhänger.

Unbelehrbar beharrend auf ihrer Identifikation von brauner Herrschaft und Vaterland, erklären diese »Ankläger« in ihren »F. A. Z«-Anzeigen gegen angebliche »Entehrung, Diskriminierung und Verunglimpfung« fast sechzig Jahre nach Hitlers Tod dessen Erfolg zu Lebzeiten.

Wer entehrt hier wen? Wer versucht hier, mit einer falschen Sinngebung die Toten ein zweites Mal zu belügen, indem ihre wahren Mörder, wie damals, wieder versteckt werden und jene für den Tod deutscher Soldaten verantwortlich gemacht werden, die von diesen Soldaten angegriffen worden sind?

Von dieser Armee, der Wehrmacht – ihrem Heer, ihrer Luftwaffe, ihrer Marine –, darf für die Streitkräfte des demokratischen Deutschlands, die Bundeswehr, nichts an Traditionen übernommen werden – außer Widerstand, Auflehnung, Ungehorsam. Aber dazu dürften auch diese Biographien nicht verkürzt werden auf den Abschnitt des Widerstands, wie es meist geschieht. Denn auch die Inspiratoren und Organisatoren des 20. Juli 1944 – Ludwig Beck, Henning von Treskkow, Erich Hoepner, Erwin von Witzleben, Friedrich Olbricht und Claus Graf Schenk von Stauffenberg – hatten zuvor an exponierter Stelle dem braunen Regime gedient. Einige Verschwörer des 20. Juli konnten sich erst angesichts der Aussichtslosigkeit des Kriegs zur Tat entschließen, andere hatten die Verbrechen des Regimes früher in die Opposition getrieben. Aber wie auch immer – alle von ihnen kannten das System so gut, daß sie beim Scheitern nicht nur um das eigene Leben zu fürchten hatten, sondern auch um das ihrer Nächsten und Liebsten. Daß sie das wagten, macht ihre eigentliche Ehre aus. Denn es zeugt von Größe, für die Seinen und sich selbst das Risiko des Todes auf sich zu nehmen, um Krieg und Massenmord zu beenden.

Einen *militärischen Widerstand* hat es jedoch nie gegeben, sondern nur den Widerstand einzelner Soldaten.

Daß es zu wenige waren, hat das Bild der Wehrmacht bestimmt, ihr Schicksal und ihre Geschichte.

Vor mir liegt die letzte Meldung des Oberkommandos der Wehrmacht, ausgegeben am 9. Mai 1945, einen Tag nach der Kapitulation Hitlerdeutschlands. Der Kernsatz:

»Die einmalige Leistung von Front und Heimat wird in einem späteren gerechten Urteil der Geschichte ihre endgültige Würdigung finden.

Jeder Soldat kann deshalb die Waffe aufrecht und stolz aus der Hand legen.«

Das war die Geburtsstunde, der Urtext der Traditionslüge. Mit ihr beginnt ein Kampf, in dem die Wehrmacht lange erfolgreicher sein wird als im Krieg – der Kampf der Erinnerungen. An seinem Ausgang konnte jedoch nie ein Zweifel bestehen. Es war nur eine Frage der Zeit.

Die ist gekommen – wenn auch mit der Langsamkeit, mit der sich zwei Eiszeiten ablösen.

Der Skandal der Kasernenpatrone

Kriegerkult II

»Die Traditionswürdigkeit von Ereignissen und Persönlichkeiten
unserer Geschichte muß sich am Wertemaßstab unseres
Grundgesetzes messen lassen. Um so mehr beobachte ich mit
Sorge, daß innerhalb der Bundeswehr gleichwohl die
gebotene Distanz zur deutschen Wehrmacht insgesamt, aber auch
zu einzelnen Personen aus der deutschen Wehrmacht
nicht immer und überall eingehalten wird.«
Die Wehrbeauftragte Claire Marienfeld (CDU), 1997

»Wann wird mit der Traditionslüge endlich Schluß gemacht?«

Am 14. Juli 1994 richtete ich an den damaligen Generalinspekteur der Bundeswehr, den Vier-Sterne-General Klaus Naumann, einen Offenen Brief mit folgendem Wortlaut:

Sehr geehrter Herr Naumann,
am 20. Juli 1994 wird wieder der tapferen Männer und Frauen gedacht, die an jenem Tag vor 50 Jahren ihren Widerstand gegen Hitler mit dem Leben bezahlen mußten. Auf dem Programm stehen Trauerfeiern im Berliner Bendlerblock, Gottesdienste in der Hinrichtungsstätte Plötzensee, Kranzniederlegungen an der Gedenkstätte in der Stauffenbergstraße, Empfänge des Berliner Senats, während die Hauptrede von Helmut Kohl gehalten wird, dem ›Kanzler von Bitburg‹, der jüngst die Befreiung der französischen Hauptstadt von den Deutschen im August 1944 als ›Fall von Paris‹ bezeichnet hat.
Und so wird denn in den Trauerreden auch diesmal kein Wort darüber verloren, daß nicht einer der Henker der Männer des 20. Juli 1944, ob in Richterrobe oder Uniform, je zur Rechenschaft gezogen worden ist, kein einziger. Vielmehr wird ein Bewahrungsverständnis triumphieren, das seit vier Jahrzehnten in den konservativen Führungsrängen der Bundeswehr vorherrscht, seit längerem in Ihnen, Herr Generalinspekteur, Schulter an Schulter mit Verteidigungsminister Volker Rühe, seinen Vorreiter gefunden hat, und das von mir ohne jeden Abstrich als ›Traditionslüge‹ bezeichnet und auch begründet wird.
In Ihrem ›Generalinspekteursbrief 1/94‹ vom 3. Mai 1994 heißt es, mit Blick auf die kommende Gedenkfeier: ›Ein Unrechtsregime wie das Dritte Reich kann Tradition nicht begründen.‹ Sehr wahr! Nur – wie vereinbaren Sie diese Auffassung mit der Tatsache, daß unter den heute nach Wehrmachtoffizieren benannten 30 Kasernen der

*Bundeswehr skandalöserweise immer noch viele sind, deren
Namenspatrone ausgesprochene Nazis in Uniform waren? Darunter,
um nur zwei Beispiele anzuführen, die nach dem ›Adria-Schreck‹
und berüchtigten General im rückwärtigen Heeresgebiet der Ostfront, Ludwig Kübler, benannte Kaserne in Mittenwald, vor allem
aber die ›Dietl-Kaserne‹ in Füssen. Handelt es sich dabei doch um
jenen Eduard Dietl, der 1919 mit seiner Kompanie einem gewissen
Adolf Hitler in München den ersten Auftritt als Redner verschaffte
(was den ›Führer‹ in einer Rede vom 30. November 1941 veranlaßte,
ihn zum ›eigentlichen Geburtshelfer des Dritten Reiches‹ auszuru-
fen). Den Dietl, der 1920 am Kapp-Putsch ebenso beteiligt war wie
am Marsch zur Münchener Feldherrnhalle 1923 und der am 30.
Januar 1943 mit dem Goldenen Parteiabzeichen der NSDAP ausgezeichnet wurde, nachdem er am 18. jenes Monats Joseph Goebbels
noch zu dessen › Wollt ihr den totalen Krieg?‹-Rede im Berliner
Sportpalast telegraphisch beglückwünscht hatte, dem Tag, an dem
Sophie und Hans Scholl hingerichtet worden sind.* Ich spreche von
dem erklärten Antisemiten Eduard Dietl, der von Ranggleichen als
der ›aufreizend dumme Nazigeneral‹, von anderen als ›Schlächter
von Murmansk‹ charakterisiert wurde, weil ihm nach Quellen bundesdeutscher Archive eklatante Menschenrechtsverstöße in den fin-
nischen Feldstraflagern I bis III mit willkürlichen Erschießungen
und Mißhandlungen deutscher Soldaten nachgesagt werden. Es geht
um jenen Altnazi, nach dessen tödlichem Flugzeugabsturz Hitler bei
der Staatstrauer vom 1. Juli 1944 erklärte: ›Dietl hat den eigentlichen Typ des nationalsozialistischen Offiziers geschaffen. Er ist für
mich der erste Offizier der deutschen Wehrmacht, der in meine
Gedankenwelt eingedrungen war und sich blind und ohne Kompro-
misse zu ihr bekannte.‹
Diese Blindheit hat sich offenbar fortgesetzt, denn der Streit um die
überfällige Umbenennung der Füssener Kaserne geht nunmehr ins
siebte Jahr, soll aber dennoch vom Petitionsausschuß des Bundestages nicht vor Ende 1994 entschieden werden. Warum so zögernd?*

---

* Hier unterlief mir ein Irrtum: Die Goebbels-Rede war am 18. Februar 1943, dem
Tag der Verhaftung von Sophie und Hans Scholl. Hingerichtet wurden beide
vier Tage später, am 22. Februar 1943

Ganz im Gegensatz zur Pietät gegenüber der Traditionswürdigkeit der Wehrmacht, konnte die ›Nationale Volksarmee‹ der damaligen Noch-DDR auf Anordnung des Bonner Verteidigungsministeriums doch am 2. Oktober 1990 mit einem einzigen Federstrich gelöscht werden! Gleich mit darunter Namenspatrone von Kasernen wie der im September 1944 hingerichtete Gewerkschafter Wilhelm Leuschner, der Arzt Georg Groscurth, der in Buchenwald ermordete Sozialdemokrat Rudolf Breitscheid und Arvid Harnack (dessen Frau Mildred infolge der vorangegangenen Mißhandlungen am 16. Februar 1943 auf einer Trage zum Schafott gebracht werden mußte – Hitler selbst hatte auf raschen Vollzug des Todesurteils bestanden). Der Name seines Lieblings jedoch, des ›Helden von Narvik‹, schmückt nach wie vor eine Bundeswehrkaserne.

Wie, Herr Generalinspekteur, halten Sie diesen Spagat aus? Und wie Ihre strenge Differenzierung in einen ›erlaubten‹ und einen ›unerlaubten‹ Widerstand? Lese ich doch in Ihrem Brief 1/94, ›daß nicht jede Handlungsweise von Soldaten der Wehrmacht, die sich gegen die geltenden Befehle wandte oder gegen sie verstieß, pauschal als Widerstand begriffen werden kann‹. Aha! Also der Widerstand im Generals- und Feldmarschallsrang erlaubt und ehrungswürdig, der des kleinen Deserteurs à la Gerhard Zwerenz aber nach wie vor geächtet? Geächtet wie die vielen Tausenden durch Wehrmacht- und Standrichter Abgeurteilten, die nicht länger mit ihren Knochen zur Streckung von Hitlers verwirktem Leben beitragen wollten, vom Traditionsverständnis der Bundeswehr aber immer noch als ›Überläufer‹ diskriminiert werden?

Schließlich: Was meint in Ihrer Mittenwalder Rede an Pfingsten 1992 der Passus: ›Wehrmacht – das ist ohne Frage gleichzusetzen mit jener vorzüglichen Truppe, die Unvorstellbares im Krieg zu leisten und zu erleiden hatte und die für Bewährung in äußerster Not steht, für Erinnerungen an und Verehrung von Vorgesetzten, für Kameraden- und Opfertod.‹

Ohne Frage? Einmal ganz abgesehen davon, daß die Wehrmacht vor allem Opfer gefordert hat: Was, Herr Generalinspekteur, soll dieses Plädoyer für angeblich zeitlose soldatische Tugenden, mit dem Sie doch nur die Unbelehrbarkeit eines Erich Mende bekräftigen, der sein entbräuntes Ritterkreuz vorführte, als könnte das ein-

stige Hakenkreuz darin auch aus der Geschichte herausgekratzt werden, ja, als habe die Wehrmacht den überfallenen Völkern die Demokratie gebracht?

Womit ich beim Kern der Traditionslüge angelangt bin: der Unfähigkeit, die Verteidigungsarmee des demokratischen Deutschlands von der Angriffsarmee Hitlerdeutschlands abzunabeln – endgültig, unwiderruflich und ohne jeden Rest.

Denn nicht die SS, Herr Generalinspekteur, die Wehrmacht war der große Unglücksbringer! Die Wehrmacht hat das kriminelle NS-System mit Waffengewalt über die deutschen Grenzen exportiert, sie war das Schwert in den Händen der Naziführung zur Realisierung ihrer kontinentalen und globalen Raub- und Unterdrückungspläne.

Erst im Schatten der Wehrmacht konnten die Todesschwadronen der SS operieren, erst die territorialen Eroberungen der Wehrmacht haben dem stationären und mobilen Vernichtungsapparat des Reichssicherheitshauptamtes den Freiraum geschossen – sein Radius war immer identisch mit dem der deutschen Fronten. Der Oberbefehlshaber der Wehrmacht und der Schöpfer von Auschwitz (und allem, was dieser Name symbolisiert und materialisiert) war in Personalunion Adolf Hitler.

Aber die Kampfmotivation der deutschen Truppe habe nicht darin bestanden, Himmlers Gaskammern Millionen Opfer zuzutreiben? Natürlich nicht, keine Mißverständnisse! Nur ändert subjektiv ›guter Glaube‹ nichts daran, daß das ihre objektive Funktion war. Also auch, wenn die Wehrmacht sich auf die bewaffnete Auseinandersetzung allein beschränkt hätte, wenn sie nicht beteiligt gewesen wäre an der Völkermord- und Ausrottungspolitik der NS-Reichsführung, gäbe es nichts Traditionswürdiges an ihr. Tatsächlich aber war sie tief verstrickt in die Praktiken des Vernichtungsapparats – wahre Gebirge deutscher Dokumente zeugen davon. O ja, angesichts von Millionen Gefallener muß es eine bittere Erkenntnis sein, daß der deutsche Soldat 1939–1945 für die schlechteste Sache der Welt gekämpft hat. Aber die Tragik der Wehrmacht bestand eben nicht darin, daß sie besiegt worden ist, sondern darin, daß ihre Niederlage absolut wünschenswert und notwendig war. ›Sauberer Waffenrock‹, ›wertfreier Kampf‹? Hilflose Codewörter untauglicher Versuche, die Wehrmacht zu entnazifizieren und zu enthistorisieren, gerade als hätte sie mit der politischen Schubkraft hinter ihr nie etwas zu tun gehabt, als habe sie in einem historischen Vakuum gekämpft.

Eine realitätswidrige Aufspaltung ihrer Geschichte in eine ›gute‹ und in eine ›schlechte‹ Wehrmacht, wie Sie, ein Vier-Sterne-General, sie verkünden, verstellt nicht nur ganzen Jahrgängen deutscher Rekruten und Offiziere die historische, politische und moralische Klarsicht. Sie verschleiert auch die elementarste aller Lehren aus jenen zwölf Jahren: nämlich, daß das größte Verbrechen des Nationalsozialismus, in das sämtliche anderen eingeschlossen sind, der Krieg war! – und die Wehrmacht sein Werkzeug, sein Träger, sein Exekutivorgan. Daran kann auch der militärische Widerstand nichts ändern.

1995 wird der 8. Mai 1945 50 Jahre zurückliegen. Die defensiven Streitkräfte des demokratischen Deutschlands sollten das Datum zum Anlaß nehmen, den ganzen verfehlten Ballast über Bord zu werfen und endlich alle Taue zu kappen, die die Bundeswehr seit ihrer Gründung künstlich mit der Angriffsarmee Hitlerdeutschlands gegen alle Regeln politischer Lernfähigkeit verbunden haben. Die Wehrmacht war der Schrecken Europas und der Welt, und sonst gar nichts.

Wann also, Herr Generalinspekteur, wann wird mit der Traditionslüge, dieser letzten heiligen Kuh deutscher Verdrängungskünste, endlich Schluß gemacht?

Das fragt Sie, mit dennoch freundlichen Grüßen

Ralph Giordano

Mit diesem Offenen Brief an Klaus Naumann habe ich mich publizistisch eingeschaltet in die Auseinandersetzung um die Namen von Bundeswehrkasernen nach Militärs aus der Hitlerära. Auf die Antwort Klaus Naumanns – ein »Privatbrief«, dessen Veröffentlichung mir untersagt wurde – reagierte ich am 18. August 1994 mit einem zweiten Offenen Brief, in dem es unter anderem heißt:

»Ihr Antwortschreiben vom 20. Juli 1994 auf meinen Offenen Brief an Sie, sehr geehrter Herr General, habe ich, wenn auch mit großer Verspätung, erhalten. Sie haben diesen privaten, nichtöffentlichen Weg der Replik gewählt – Ihr Recht, das ich selbstverständlich respektiere. Ich fühle mich aber dadurch nicht verpflichtet, nun meinerseits auf die gleiche Weise zu reagieren und damit quasi eine Auseinandersetzung zu begraben, die auf großes Interesse gestoßen ist. Deshalb ist meine Antwort an Sie wiederum öffentlich. Der Fairneß halber beschränke ich mich dabei auf die Widerlegung Ihrer auch ohne Abdruck des Briefes unverfälschbar zentralen These, daß die Armee des NS-Verbrecherstaates, also die Wehrmacht, einen ›ehrenvollen Kampf‹ geführt habe.

Zunächst: Sie werfen mir vor, ich würde nicht ›differenzieren‹ und mit der Verurteilung der Wehrmacht alle ihre Angehörigen verurteilen. Wie unwahr! In keinem meiner Bücher, keiner meiner Schriften und Reden ist je behauptet worden, daß jeder, der dem verbrecherischen NS-System diente, auch schon selbst ein Verbrecher sei. Natürlich gibt es neben der objektiven auch eine subjektive Seite. Nur ändert sie am Tatbestand überhaupt nichts.

Die Wehrmacht war das Schwert in den Händen der NS-Reichsführung zur Realisierung ihrer kontinentalen und globalen Eroberungspläne: ›Erst Europa, dann die Welt!‹ Das war ihre objektive Funktion, völlig unabhängig von der subjektiven Meinung der Truppe, des Offizierskorps oder der Generalität von sich selbst – sie konnte den überfallenen und ausgemordeten Völkern nur völlig gleichgültig sein.

Ich habe mich bei der Lektüre Ihres Briefes immer wieder gefragt: Haben Sie, Herr Generalinspekteur, der von einem ›ehrenvollen Kampf‹ spricht, sich wirklich einmal gründlich mit der tiefen Beteiligung der Wehrmacht an den Praktiken des industriell betriebenen Massen-, Serien- und Völkermords befaßt? Sind Sie jemals dokumentarisch jener breiten Blutspur gefolgt, die sich in ausschließlicher Verantwortung der Wehrmacht quer durch Weißrußland und Rußland zog und an der entlang sich von Brest bis vor Moskau ein Massengrab an das andere reihte, eine Massenerschießung der anderen folgte? Darunter das Schicksal jener 168 weißrussischen Dörfer, die alle nach dem gleichen Prinzip untergingen – die Kirche in Flammen und darin sämtliche Einwohner eingesperrt ...

Haben Sie jemals gefahndet nach den fürchterlichen Folgen der vier Wehrmachterlasse zur ›Vernichtung des jüdischen Bolschewismus‹, dieser Übernahme des rassistischen Raub- und Ausrottungsprogramms der NS-Führung durch Hitlerdeutschlands militärische Nomenklatura, nämlich dem ›Erlaß für die Zusammenarbeit des Heeres mit den Einsatzgruppen‹, dem ›Erlaß über die Einschränkung der Kriegsgerichtsbarkeit‹, dem ›Kommissarbefehl‹ und den ›Richtlinien für das Verhalten der Truppe in Rußland‹?

Kennen Sie die Flut erleichterter Meldungen des ›Sicherheitsdienstes‹ (SD) an Berlin über die ›reibungslose Zusammenarbeit‹ zwischen Wehrmacht und den Todesschwadronen der Einsatzkommandos? Sind Ihnen die Statistiken bekannt, wieviel Lebensmittel, Kraftstoff und Munition ihnen von der Wehrmacht weit über das Erforderliche hinaus beschafft wurden? Sind Ihnen jemals die großen, mit ›Der Oberbefehlshaber der deutschen Armee‹ unterzeichneten Plakate zu Gesicht gekommen, die in jeder eroberten Ortschaft im Osten auf Befehl der Wehrmachttruppenführer angeschlagen wurden: ›Alle Juden sind sofort zu kennzeichnen und ihre Wohnsitze zu registrieren‹?

Haben Sie, Herr Generalinspekteur, jemals auch nur eines der zahlreichen Dokumente eingesehen, in denen sich die Kommandeure der Einsatzgruppen darüber beschweren, daß ihre Mordaktionen behindert, ja unmöglich gemacht würden? – allerdings nicht durch Gegenwehr, sondern durch Neugierde.

Beispiele direkter und indirekter Beteiligung der Wehrmacht, die endlos fortgesetzt werden könnten. Sie diffamieren nicht den deutschen Soldaten, wie Sie behaupten, sondern entlarven die These vom ›reinen Krieg‹, vom ›wertfreien und ehrenvollen Kampf‹ als das, was sie ist: als den Entwurf eines exotischen Geschichtsbildes, das nie Wirklichkeit war, als die Legende einer entnazifizierten und enthistorisierten Wehrmacht, die nie existiert hat.

Bedauern oder gar Aufarbeitung unter ihren einstigen Angehörigen war postum eher selten. Ich widerspreche deshalb Ihrer These, Herr Generalinspekteur, daß der Konflikt zwischen ›Gehorsam und Gewissen‹ für die Wehrmacht charakteristisch gewesen sei. Davon kann gar keine Rede sein. Der Konflikt bestand nur für eine kleine Minderheit. Die anderen verdrängten nach 1945.

*Notabene: Ich wußte wirklich nicht, ob ich nun lachen oder wei-
nen sollte, als ich las, was Sie in Zusammenhang mit den
NS-Namenspatronen von Bundeswehrkasernen schreiben: › Wenn
neue Aktenfunde neue Erkenntnisse liefern, wird manche Entscheidung zu überprüfen sein.‹ Nach sieben Jahren Hinauszögerns, der
nach dem Uralt-Nazi, erklärten Antisemiten und › Helden von Narvik‹, Eduard Dietl, genannten Füssener Kaserne endlich einen andern Namen zu geben, › neue Erkenntnisse‹?*

*Apropos Narvik: Sie werden vernommen haben, daß Angehörige
jener Bundeswehreinheiten, die zur internationalen Eingreiftruppe
zählen, jüngst in Koblenz ein NS-Fallschirmjägerlied geschmettert
haben. Ein Lied jener Fallschirmjäger, deren Absprungziel neben
Rotterdam und Warschau auch Narvik war. Als der Skandal ruchbar wurde, wartete der Vorgesetzte der schneidigen Sänger denn
auch prompt mit der von mir erwarteten Entschuldigung auf:
Immerhin habe es sich damals ja um einen › ehrenhaften Kampf‹
gehandelt.*

*Eigentlich, Herr Generalinspekteur, müßte es Ihnen in den Ohren
geklungen haben bei solch abermaligem Beweis für jenen lang nach-
wirkenden Geburtsfehler der Bundeswehr, den ich › die Traditionslüge‹ nenne.«*

Auf diesen Brief an Klaus Naumann – später Vorsitzender des
NATO-Militärausschusses in Brüssel, also Chef der höchsten Mili-
tärinstanz des Bündnisses, und im Mai 1999 mit 60 aus dem aktiven
Dienst ausgeschieden – bekam ich keine Antwort.

In beiden Schreiben wird ein Name erwähnt, in dem sich der
jahrzehntelange Streit um die Namen von Bundeswehrkasernen
bündelt. Er war Gegenstand der Auseinandersetzung mit einem
antiquierten Traditionsverständnis, dessen Verfechter schließlich zäh-
neknirschend unter öffentlichem Druck nachgeben mußten. Und
doch hat der Name für einige nach wie vor einen guten Klang: Ich
spreche von Eduard Dietl – und seiner unendlichen Geschichte.

»Eigentlich sind Sie der Geburtshelfer des Dritten Reiches«.

Da in meinen Offenen Briefen die politische Kriminalstatistik dieses 1890 im oberbayerischen Bad Aibling geborenen Hitlerfavoriten nur unvollständig wiedergegeben werden konnte, hier einige Ergänzungen zum Leben des »Helden von Narvik«.

Nach dem Überfall der Wehrmacht am 9. April 1940 auf Norwegen und Dänemark hielt er die Hafenstadt am Ofotenfjord gegen eine britische Übermacht, wofür ihm als erstem Soldaten der Wehrmacht das Eichenlaub zum Ritterkreuz des Eisernen Kreuzes verliehen wurde. Das ist weithin bekannt, anderes dagegen weniger.

Zum Beispiel jene »sehr ernste Mahnung an die Vorgesetzten aller Dienstgrade« vom Oberkommando der 20. Gebirgsarmee, Abteilung II A, mit Datum vom 23. Dezember 1942, dem Stempel »Geheim« und Dietls Signatur, die mir in Kopie vorliegt. Darin wird unter *»Betr.: Heirat von Wehrmachtangehörigen mit Angehörigen der artverwandten germanischen Völker«* die Truppe belehrt, daß Europas nördlichstes Volk, besonders seine Frauen, bedauerlicherweise durch das Raster Dietlscher Rassenkriterien fallen, weshalb Ehen deutscher Soldaten mit Norwegerinnen nicht bewilligt werden können, weil es sich

»bei den vorgelegten Anträgen, abgesehen von ganz wenigen Ausnahmen, leider nur um recht geringwertige Vertreterinnen der Nachbarvölker handelt, die kaum noch artverwandt zu nennen sind. Von Mädchen mit stark ostischem Einschlag bis zur häßlichen und schlecht gewachsenen ›Braut‹ wurde in den beigefügten Bildern fast nur rassisches Treibholz gezeigt, das als angehende *deutsche Mutter* unmöglich ist. Das national eingestellte stolze nordische Mädchen, das vielleicht biologisch, aber auch nicht als Trägerin und Vererberin *deutscher Kultur* tragbar wäre, heiratet eben auch nur selten einen Ausländer.«

Doch sogar da, wo Dietl Reinrassigkeit attestierte, war er gegen den Gang zum Traualter:

»Eine Angehörige der nordischen Völker kann sogar beste Vertreterin des germanischen Typs sein, sie ist aber nicht in der deutschen Familie groß geworden, sie kennt wenig von der deutschen Geschichte, von den alten Sitten und Gebräuchen, die einen wesentlichen Teil unserer Kultur ausmachen. Ihre Kinder bleiben fast immer Mischlinge im *völkischen Sinne*. Hierbei muß den Soldaten klargemacht werden, daß auch große Liebe niemals die Unterschiede überbrücken kann, die nun einmal zwischen Angehörigen verschiedener Völker bestehen.« (Hervorhebungen im Original)

Eduard Dietl, der keineswegs wie eine nordische Heldengestalt aussah, erkannte die Schwierigkeiten seiner rassenpolitischen Mission in der bekannten »deutschen Gutmütigkeit und Anständigkeit« sowie in »schon bestehender sexueller Abhängigkeit«. Und so schließt der häufig als »Vater seiner Männer« gepriesene Gebirgsjägergeneral seinen Ukas an die Kommandeure mit der Forderung,

»sich dieser Frage mit dem großen Ernst anzunehmen, mit dem ich sie selber betrachte. In der Heimat warten Hunderttausende frischer deutscher Mädels und leider auch zahlreiche junge Kriegerwitwen auf unsere Soldaten.«

Schwerer noch als sein Bekenntnis zur NS-Rassenideologie dürfte allerdings wiegen, daß nicht zuletzt auch Eduard Dietl zahlreiche Ehefrauen zu Kriegerwitwen gemacht hat – was von seinen Verherrlichern nach 1945 genauso unterschlagen wird wie alles andere, was nicht in die Glorifizierung des Narvik-Helden paßt.

Zum Beispiel der ihm von den eigenen Leuten verpaßte Titel »Schlächter von Murmansk«: Der General soll seine Soldaten beim Vormarsch auf die (nie erreichte) eisfreie Hafenstadt im Osten der Kolabucht rücksichtslos ins russische Feuer getrieben haben; tatsächlich hatten Dietls Gebirgstruppen bis zum Winter 1941/42 prozentual die größten Verluste an der Ostfront erlitten. Und auch in seinem, dem »Unternehmen Barbarossa« zugehörigen Kommandobereich wurden die vier verbrecherischen Befehle, darunter der »Kommissarbefehl«, weitergegeben, auch im Operationsraum der 20. Gebirgsarmee wurden Kriegsgefangene an die Mordkommandos der SS ausgeliefert.

Ebenfalls mitverantwortlich war Dietl für die »Konzentrationslager der Wehrmacht«, die Feldstraflager I bis III, in Norwegen und
Finnland, militärische Variante der Vernichtung durch Arbeit. Beim
Bau von Straßen in Norwegen wurden Einheiten von Strafgefangenen der Organisation Todt aus den Emslandlagern (»Moorsolda-
ten«) verwendet – deutsche Arbeitssklaven, die zu Dietls Befehlsbereich gehörten und erbarmungslos ausgebeutet und schwer mißhandelt wurden. Viele von ihnen fanden den Tod durch Wachpersonal
der Wehrmacht.

Mir liegt die Kopie einer Schrift des Militärgeschichtlichen Forschungsamts in Freiburg vor mit dem Titel »Generaloberst Dietl und
die Feldstraflager I–III in Finnland«, eine auf den 23. September 1993
datierte Untersuchung, die sich stützt auf eine Studie des Forschungsamts vom 27. Juni 1989: »Generaloberst Dietl und der Einsatz von Strafgefangenen zum Straßenbau in Norwegen und Finnland«.

Der Inhalt zeugt zwar von sichtlicher Zurückhaltung der Autoren,
belastet den Generaloberst aber dennoch schwer.

Im Mittelpunkt steht der »Bewährungsmarsch« der Kolonne des
Feldstraflagers II. Die Gefangenen mußten die gut 500 Kilometer
lange Strecke Rovaniemi–Petsamo zu Fuß und überwiegend während der kurzen Nächte zurücklegen.

Davor, am 16. Juni 1942, hatte Dietl den zum Marsch Angetre-
tenen nach Zeugenaussagen verkündet, daß sie nur bei guter Führung die Eltern und deutschen Boden wiedersehen würden. Bei
Fluchtversuch würde sofort von der Waffe Gebrauch gemacht,
und jeder, der sich mehr als drei Schritte links oder rechts von der
Kolonne entferne, werde erschossen. Dann ging der Marsch los.
Viele »Verwahrte« (so ihre offizielle Bezeichnung) waren in
schlechtem gesundheitlichem Zustand, mußten aber trotzdem mit
Gepäck die geforderte Leistung von gut zwanzig Kilometern pro
Nacht erbringen. Die Folge: Zusammenbrüche, die als »Ungehorsam« oder »Fahnenflucht« ausgelegt und mit Erschießung geahndet
wurden:

»Angesichts einer Vielzahl von Zeugenaussagen muß davon ausgegangen werden, daß der wahre Grund für die Mehrzahl der Erschie-

ßungen darin lag, daß der Häftling aus Schwäche dem Marsch nicht mehr folgen konnte.«[141]

Die Zahl der Opfer des »Bewährungsmarsches« läßt sich nicht genau feststellen, das Militärgeschichtliche Forschungsamt kommt aber zu dem Ergebnis, daß sechzehn »Verwahrte« zu Tode kamen, davon vierzehn durch Erschießen, zwei durch Krankheit.

Das Resümee der Untersuchung von 1993:

»Angesichts der Knappheit der ihm zur Verfügung stehenden Arbeitskräfte blieb Dietl keine andere Wahl, als die ihm zur Verfügung gestellten Einheiten der OT* heranzuziehen. Andererseits besteht aber auch kein Grund zu der Annahme, daß Dietl den Einsatz von Strafgefangenen innerlich abgelehnt hätte. Da Dietl den Nationalsozialismus bejahte, kann es nicht überraschen, daß er auch dessen ›Rechtsordnung‹ positiv gegenüberstand.«[142]

Das ist milde ausgedrückt. Niemand hat sich von früh an öfter und glühender zu Hitler bekannt hat als Eduard Dietl – es ist die Biographie eines klassischen Nazis in Uniform.

Nach der Ermordung des bayerischen Ministerpräsidenten Kurt Eisner am 21. Februar 1919 in München durch den prominenten Revanchisten Arco droht Dietl:»Entweder Graf Arco wird begnadigt, oder die Regierung hängt morgen.«

Am 19. Juni 1919 ermöglicht er dem Ex-Gefreiten Adolf Hitler in der Münchener Türkenkaserne den ersten öffentlichen Auftritt. Im Herbst jenes Jahres wird Hauptmann Dietl Mitglied der DAP (Deutsche Arbeiterpartei), die am 24. Februar 1920 in NSDAP (Nationalsozialistische Deutsche Arbeiterpartei) umbenannt wird und der er vom gleichen Tag an angehört. Dietl macht mit bei den Vorbereitungen für den Hitler-Ludendorff-Putsch, den sogenannten »Marsch auf die Feldherrnhalle« in München vom 9. November 1923, und wird am 1. Februar 1930 als Major Kommandeur des Gebirgsjägerbataillons in Kempten. Am 20. April 1934, »Führers« 45. Geburtstag,

---

* OT: Organisation Todt; die nach ihrem Leiter genannte Organisation war zuständig für den Bau militärischer Anlagen.

paradiert der drei Wochen zuvor zum Oberstleutnant beförderte
Dietl in München bei der Umbenennung der Unterkunft des dort
stationierten 1. Bataillons des Infanterieregiments 19 in »Adolf-Hit-
ler-Kaserne« höchstpersönlich an seinem Idol vorbei. Er wird 1936,
nun Oberst, Standortältester in Füssen, marschiert zwei Jahre später
mit seinem Gebirgsjägerregiment 99 in die »Ostmark«, Österreich,
ein und ist beim Überfall auf Polen als Generalmajor Kommandeur
der 3. Gebirgsdivision – eine NS-Bilderbuchkarriere!

Am 30. November 1941 wird Hitler, bei einer vertraulichen Runde
in der Reichskanzlei auf seinen dortigen Einzug am 30. Januar 1933
anspielend, zu Dietl gewandt sagen: »Alles das verdanke ich Ihnen,
daß Sie mir damals mit Ihrer Kompanie ermöglicht haben zu sprechen. Eigentlich sind Sie der Geburtshelfer des Dritten Reiches.«[143]

Nachdem Dietl das Goldene Ehrenzeichen der NSDAP verliehen
worden war und er Goebbels zu dessen Sportpalastrede »Wollt ihr
den totalen Krieg?« der »uneingeschränkten Sympathie der Front«
versichert hatte, verkündete er am 9. November 1943 auf den Stufen
der Münchener Feldherrnhalle:

»Der Frontsoldat weiß, daß es sich um den Schicksalskampf des
deutschen Volkes handelt und daß sich die Juden der ganzen Welt
zusammengeschlossen haben zur Vernichtung Deutschlands und
Europas. Der Krieg ist der unerbittliche Läuterer der Vorsehung. Ich
erkläre feierlich: Ich glaube an den Führer!«[144]

Und so Dietl auch in Rosenheim, in Ingolstadt und in Graz.
Letzte Begegnung mit Hitler auf dem Obersalzberg am 22. Juni
1944 – einen Tag später kommt Dietl bei einem Flugzeugabsturz bei
Breitenbrunn in der Steiermark ums Leben.
Beim Staatsakt am 1. Juli 1944 auf Schloß Kleßheim nahe Salzburg
sagt Hitler in seiner Trauerrede, letzter öffentlicher Auftritt des
»Führers«:

»Als ich zum erstenmal diesem Mann gegenüberstand, da ermöglichte er mir mit seiner Kompanie die erste Einflußnahme auf ein
deutsches Regiment. Als erster Offizier der deutschen Wehrmacht

hat er mir seinen Verband zur Verfügung gestellt, um politisch auf ihn einzuwirken. Eine Stunde, nachdem ich damals zur dritten Kompanie seines Regiments gesprochen hatte, gab mir dieser Mann seine Hand und erklärte, er würde von jetzt an mein Gefolgsmann und Anhänger sein. Und dabei ist es geblieben, Jahr für Jahr. Dietl hat eigentlich den Typ des nationalsozialistischen Offiziers geschaffen, ein Nationalsozialist also nicht der Phrase, sondern dem Willen, der Überlegung und auch dem Herzen nach.

Ich verliere deshalb in ihm einen meiner treuesten Kameraden aus langer, schwerer, gemeinsamer Kampfzeit. Sein Name wird in seiner stolzen Gebirgsarmee weiterleben.«[145]

In diesem Punkt sollte Adolf Hitler Recht behalten, wenn auch erst neunzehn Jahre nach seinem Selbstmord in den Katakomben der Reichskanzlei.

»Ein politischer Kopf war Dietl sicher nicht, aber…«

Am 20. Mai 1964 wurde mit Genehmigung des Bundesministers für Verteidigung, Kai-Uwe von Hassel, die »Jäger-Kaserne« in Füssen (Allgäu) erst in »Dietl-Kaserne«, dann, am 1. Oktober 1965, durch den Standortältesten in »Generaloberst-Dietl-Kaserne« umbenannt.

In Übereinstimmung mit den immer noch wirksamen Verdrängungstendenzen und einem damit korrespondierenden Traditionsverständnis der Bundeswehr passierte nach dieser Ungeheuerlichkeit lange nichts. Der öffentliche Streit begann erst im Januar 1982, nachdem in Dietls Geburtsort Bad Aibling auch eine Straße nach dem General benannt worden war, es blieb jedoch zunächst ein lokaler Widerstand. Die Eskalation setzte fünf Jahre später ein, im Juli 1987, als eine Bürgerinitiative in Kempten (Allgäu) die Abschaffung der dortigen General-Dietl-Straße forderte. Ein Jahr später ging die katholische Friedensbewegung *Pax Christi* noch einen Schritt weiter und verlangte, auch die Füssener »Generaloberst-Dietl-Kaserne« umzubenennen. Eine Forderung, vor der Verteidigungsminister

Manfred Wörner (CDU) kniff, indem er den Schwarzen Peter an den konservativ dominierten Stadtrat weiterschob.

Der votierte einstimmig, mit den vier Stadträten der SPD, dafür, den Kasernenpatron Eduard Dietl zu behalten. Für die meisten Füssener war die Umbenennungsforderung offenbar eine Zumutung, ein Angriff auf einen mythischen Helden und keineswegs nur ortsgebundenen Totenkult.

Denn nun hagelte es von allen Seiten auf die Verfechter der Umbenennung ein, ging ein Trommelfeuer von anonymen Anrufen, Zuschriften und Morddrohungen auf sie nieder, allen voran auf Jakob Knab, den Kaufbeurer Oberstudienrat, Fachbetreuer Katholische Religionslehre und »Verfassungspatrioten«, wie er sich nennt, Autor der »Falschen Glorie«, eines Schlüsselbuchs im Kampf gegen die Traditionslüge: »Du Drecksau bist im Fadenkreuz« – »Ein Wort noch, und wir bringen deine zwei Buben um« sind charakteristische, aber keineswegs schon die schlimmsten schriftlichen oder telefonischen und selbstverständlich anonymen Drohungen.

Widerstand gegen eine Umbenennung leistete auch der Bundeswehrstandort. Der Stellvertretende Kommandeur der 1. Gebirgsdivision, Brigadegeneral Coqui, an die Stadt Kempten am 14. August 1986:

»Ein politischer Kopf war General Dietl sicher nicht, aber ein Patriot, der schon bald nach den Revolutionswirren von 1919 an eine nationale Erneuerung glaubten wollte. Sein schlichtes Vertrauen hierauf ließ ihn, zumal in der politischen Enthaltsamkeit und inneren Disziplin der Reichswehr, unangefochten gegenüber Erscheinungen bleiben, die andere skeptisch beurteilten. (...) Generaloberst Dietl gehört wie Generalfeldmarschall Rommel in die Tradition der Bundeswehr, in der beide Soldaten nicht als Helden, sondern als Menschen mit großen Stärken und ihren ganz persönlichen Fehlern gewürdigt werden.«[146]

Und das »Füssener Blatt« vom 30. März 1988:

»Oberstleutnant Peter Schäffer, der scheidende Standortälteste von Füssen, nennt die Befürworter der Umbenennung ›unzufriedene, ja beinahe unmündige Staatsbürger‹.«[147]

Daß der Offizier, dem übrigens an diesem Tag das Goldene Ehrenzeichen der Bundeswehr verliehen wurde, mit seiner Meinung nicht
allein dastand, sondern sich von höchster Stelle gedeckt fühlen
konnte, bezeugen diese Sätze:

»Dietls Leistungen als Truppenführer sind unbestritten und anerkannt. Sein menschlicher Umgang über Dienstgrade hinweg, seine
auf Vermeidung von Verlusten bedachte Führungsweise und seine
Fürsorge für Untergebene, wie sie in vielen Einzelschilderungen dargestellt werden, können auch nach heutigen Maßstäben als vorbildlich gelten. Für die Bundesregierung stellt sich die Frage der Umbenennung der ›Generaloberst-Dietl-Kaserne‹ in Füssen derzeit
nicht.«[148]

So am 18. Juli 1989 die Bundesregierung auf die Anfrage der Grünen,
wann an Stelle von Dietl die Füssener Kaserne den Namen eines
geschichtlichen Vorbildes für echten Mut und Unbeugsamkeit im
Kampf für Recht, Freiheit, Frieden und Menschenwürde, am besten
eines Widerstandskämpfers aus der Zeit des Nationalsozialismus
erhalten werde.

Als das Bild des angeblich unpolitischen und unbefleckten Helden
durch die Forschungsergebnisse deutscher Historiker endlich zu
wackeln begann und auf der Hardthöhe eine Umbenennung erwo-
gen wurde, schrieb der Protagonist aller Dietl-Verehrer, der Markt-
oberdorfer CSU-Bundestagsabgeordnete Kurt Rossmanith (ein
Mann, der nach rechtskräftigem Urteil der 2. Strafkammer des Land-
gerichts Kempten vom 14. August 1996 »Nazi-Fan« genannt werden
darf), am 18. Januar 1993 an Verteidigungsminister Volker Rühe
(CDU):

»Sehr geehrter Herr Bundesminister, lieber Volker,
zu meinem großen Bedauern und für mich völlig unverständlich, hat
der Petitionsausschuß des Deutschen Bundestages eine Beschluß-
empfehlung gefaßt, dem Bundesminister der Verteidigung die Umbenennung der ›Generaloberst-Dietl-Kaserne‹ in Füssen in Erwägung
zu stellen. (...) Ich glaube, ich muß nicht ausdrücklich betonen, daß

ich mich mit allem Nachdruck für eine Beibehaltung des bisherigen Namens der Füssener Kaserne ausspreche. Generaloberst Dietl war und ist für mich auch heute noch Vorbild in menschlichem und soldatischem Handeln. Dies wird auch vom weit überwiegenden Teil der Bevölkerung im Südbayerischen und dem daran angrenzenden Gebiet so gesehen. (...) Du hast selber beim feierlichen Gelöbnis am 17. 11. 1992 in Füssen miterlebt, daß die Bevölkerung hinter ihren Soldaten steht und für eine sinnvolle Traditionspflege eintritt. Der Namen des Generaloberst Dietl ist damit untrennbar verbunden.«[149]

Was kaum zu bezweifeln war. Dennoch verfügte der so freundschaftlich Angeschriebene am 10. November 1995, 31 Jahre nach der Beförderung Dietls zum Kasernenpatron und nach einem siebenjährigen »Krieg« Jakob Knabs und seiner Freunde, die Füssener Truppenunterkunft in »Allgäu-Kaserne« umzubenennen:

»Der Bundesverteidigungsminister für Verteidigung folgt damit der einhelligen Empfehlung aller zuständigen Truppenführer, der Heeresführung und des Generalinspekteurs der Bundeswehr. Auf der Grundlage wissenschaftlicher Gutachten wurde die Truppe am Meinungsprozeß beteiligt.

Die Benennung von Kasernen ist nicht zu trennen von der historisch-politischen und wertebezogenen Einordnung der Wehrmacht. Als Institution des Dritten Reiches kann die Wehrmacht keine Tradition der Bundeswehr für die Bundeswehr begründen. Soldaten, die tapfer, aufopferungsvoll und ehrenhaft dienten, verdienen jedoch Respekt und Anerkennung. Entscheidend für die Namensgebung sind letztendlich Gesamtpersönlichkeit und Gesamtverhalten. In diesem Grundverständnis entsprechen die bisherigen Namensgeber* nicht mehr unseren Maßstäben für traditionsbildende Namensgebung.«

Ein echter Sinneswandel, eine wirkliche Distanzierung, gemessen an der Antwort der Bundesregierung vom 18. Juli 1989?

---

* Die bisherigen Namensgeber: Neben der Generaloberst-Dietl-Kaserne wurde auch die General-Kübler-Kaserne in Mittenwald umbenannt; dazu später mehr.

Ja und nein.

Ja – weil in der Beurteilung Dietls ein deutlicher Unterschied zwischen den beiden Dokumenten sichtbar ist. Nein – weil die Erklärung vom 10. November 1995 trotzdem kein Bruch mit dem überkommenen Traditionsverständnis und der praktizierten Traditionspflege der Bundeswehr war. Denn abgesehen davon, daß die Umbenennung nur durch hartnäckigen Druck von außen zustande gekommen war: Auch in Rühes Text findet sich, eingekleidet in die Adjektive »tapfer«, »aufopferungsvoll«, »ehrenhaft«, wieder der Pferdefuß von den »zeitlosen soldatischen Tugenden«, bleibt das Mauseloch offen für diesen Teil der Traditionslüge, werden das »Wofür?« und »Für wen?« weiter abgekoppelt.

Wäre der Wille, sich an die eindeutigen Richtlinien zur Traditionsbildung zu halten – Ehrung nur für solche Personen, die sich im Kampf um Recht, Freiheit, Frieden und Menschenwürde verdient gemacht haben –, ernst gemeint gewesen, hätten gleich zwei Dutzend weitere Kasernenpatrone der Bundeswehr gestrichen werden müssen.

Statt dessen zeigte sich abermals, mit welchen Schwierigkeiten die Bundeswehrführung zu kämpfen hatte, die eigenen Traditionserlasse gegen deren Widersacher durchzusetzen.

Ein richterliches Machtwort – und ein Nachspiel

Es ist bezeichnend, wie lange die Traditionshüter trotz der vorliegenden Gegenbeweise auf Dietls »Vorbildhaftigkeit« beharrten. Allzu ausdauernd hatte die Hardthöhe jene Bad Aiblinger Bürger unterstützt, die erklärten: Es könne doch nicht verwerflich sein, »in Deutschland an einen deutschen Soldaten zu erinnern«. Und so gaben die Dietl-Verehrer auch nach der Umbenennungsentscheidung des Bundesverteidigungsministers nicht auf. Nachdem sie beim Gemeinderat mit ihrem Antrag auf ein Bürgerbegehren nicht durchgekommen waren, zogen sie vor Gericht.

Aber da zeigte sich, daß es noch Richter gibt – denn die heftigste Watschen erhielten die Dietl-Anhänger von einer Institution, von der sie es wohl am wenigsten erwartet hatten, nämlich von der so oft (und begründet) als reaktionär gescholtenen Justiz Bayerns! Unter dem Aktenzeichen M 7 K 97.122 befand das Münchener Verwaltungsgericht am 1. April 1998 in seinem Urteil, das an Entschiedenheit nichts zu wünschen übrigließ:

Über die Zulässigkeit eines Bürgerbegehrens entscheide der Gemeinderat. Der habe auch zu prüfen, ob die damit verfolgten Ziele mit der Rechtsordnung in Einklang stünden. Dies sei hier vom Gemeinderat zu Recht abschlägig beschieden worden: Die Wahl eines Straßennamens, der eine Gestalt aus der Zeit des NS-Regimes verherrlichen würde, widerspreche der demokratischen Grundordnung. General Dietl habe sich keine »hohen Verdienste« erworben, wie das kommunale Ehrenstatut dies von Persönlichkeiten verlange, nach denen Straßen und Plätze benannt werden sollen.
Und weiter:

»Mit seinem Bekenntnis zu Adolf Hitler, dem geäußerten Glauben an den Führer, mit der Anerkennung des Kriegs als Instrument eines sinnvollen Schicksals, mit der Identifizierung mit dem Nationalsozialismus, mit dessen Unterstützung sowie mit der Unterstützung, Verbreitung und praktischen Anwendung der nationalsozialistischen Rassenlehre stellt sich Dietl nicht als eine Persönlichkeit dar, die sich um die Menschheit, die Bundesrepublik Deutschland, den Freistaat Bayern oder die Stadt Aibling hohe Verdienste erworben hätte. Es kommt insoweit nicht darauf an, ob Dietl sich bei anderen Gelegenheiten positiv verhalten hat oder nicht. Denn die aufgezeigte Einstellung läßt es außerhalb jeglicher Diskussion erscheinen, daß eine Gesamtwürdigung der Persönlichkeit zu einem positiven Ergebnis gelangen könnte. Das ›Ehrenstatut der Stadt Bad Aibling‹ steht der Namensgebung deshalb entgegen. Nach alledem war die Klage mit der Kostenfolge der §§ 154 Abs.1, 159 Satz 2 VwGO abzuweisen.«

Ein richterliches Machwort von seltener Klarheit, Zeichen dafür, daß die Zeiten sich wandelten.

Dazu paßt eine kleine durch Bürgersinn erstrittene Erfolgschronik (deren Initialzündung mit der Tilgung der Dietlschen Ehrenbürgerschaft der steiermärkischen Landeshauptstadt Graz im März 1990 erstaunlicherweise in Österreich stattfand). Vier General-Dietl-Straßen wurden seitdem umbenannt: Januar 1993 in Kempten (nun »Prälat-Götz-Straße«); Januar 1996 in Bad Aibling (»Am Sonnenfeld«); Januar 1997 in Füssen (»Baumeister-Fischer-Straße«) und Januar 1998 in Freyung (»Ahornöder Straße«).

Dennoch geht die Geschichte des Eduard Dietl weiter, wie ein Ereignis von so unsäglicher Polittristesse lehrt, daß sich einem bei seiner Wiedergabe die Feder sträuben will.

»Wo, Herr Ministerpräsident, sind wir eigentlich?«

Am 27. Mai 1999, vier bzw. zwei Jahre nach Umbenennung der Füssener Kaserne und der Straße in Bad Aibling, verkündet das CSU-Stadtrats- und Kreistagsmitglied Willy Lindl, er werde Eduard Dietl, den »bekanntesten Sohn der Stadt«, trotz allem ehren. Vier Wochen später, am 23. Juni, dem 55. Todestag Dietls, schreitet er in Anwesenheit des Bayerischen Rundfunks Fernsehen zur Tat: Willy Lindl stellt auf seinem Grundstück ein großes Holzkreuz mit einem im Querbalken eingeschnitzten »Eduard Dietl« auf; dazu an Anfang und Ende eines (öffentlich zugänglichen) privaten Feldwegs, einspurig, 150 Meter lang, je ein Straßenschild »Eduard-Dietl-Weg«, das den amtlichen Schildern nachgeahmt ist.

Erste Reaktionen gibt es gleich am Tatort. Bekennt doch ein durch diesen Akt eines gleichgesinnten Mitbürgers ermutigter »alter Kamerad« in die Kamera: »Hätten wir mehr gehabt wie den Dietl, dann hätten wir den Krieg gewonnen.«

Bad Aibling, teils zustimmend, teils entsetzt, steht Kopf. Und bald auch die regionale und überregionale Presse, nachdem Willy Lindls Widersacher lautstark auftrumpfen: Hier liege ein Verstoß gegen das *Bayerische Straßen- und Wegegesetz* vor!

Das sieht das Landratsamt Rosenheim jedoch anders, wie ein Schreiben vom 30. Juli 1999 an den beschwerdeführenden Jakob Knab aus Kaufbeuren erkennen läßt:

»Der Weg, den Herr Lindl durch Straßennamensschilder als ›Eduard-Dietl-Weg‹ bezeichnet hat, sowie das Gedächtniskreuz befinden sich auf dem Grundstück des Herrn Lindl. Dieser Weg ist nicht gewidmet und stellt daher einen Privatweg dar. Aus Art. 1 des Bayer. Straßen- und Wegegesetzes ergibt sich, daß dieses Gesetz nur die Rechtsverhältnisse an dem öffentlichen Verkehr gewidmeten Straßen (öffentliche Straßen) regelt. Das Bayer. Straßen- und Wegegesetz ist daher für diesen Fall nicht anwendbar. (...)

Herr Lindl hat daher durch die Aufstellung der Straßennamensschilder sowie das Gedächtniskreuz keine öffentlich-rechtlichen Vorschriften verletzt. Das grundgesetzlich geschützte Eigentum des Einzelnen ermöglicht es dem Landratsamt Rosenheim nicht, auf eine Entfernung der Schilder bzw. des Kreuzes zu bestehen, auch wenn die Gesamtpersönlichkeit Dietls in der Geschichte umstritten ist.«

Trotz dieser amtlichen Rückendeckung ist der örtlichen CSU nicht wohl angesichts bundesweiter Medienaufmerksamkeit. In der Fraktion wie auch im Vorstand des Ortsverbands regt sich Ablehnung gegen Willy Lindl, allerdings folgenlos. Denn der Mann, der sich bis zuletzt am vehementesten gegen die Umbenennung der »Generaloberst-Dietl-Straße« in Bad Aibling gewehrt hatte, bleibt stur. Nicht nur, daß er Bürgern, die sich in Leserbriefen gegen ihn wenden, mit gerichtlichen Schritten droht – in einem Schreiben an den Landtag verwandelt er Eduard Dietl auch noch in einen aufrechten Widerstandskämpfer.

Das war des Bösen denn doch zuviel!

Von mehreren Seiten aufgefordert, zu dem Skandal Stellung zu nehmen, und in Kenntnis, daß die Vorfälle aus Bad Aibling inzwischen die bayerische Landespolitik beunruhigten, schrieb ich am 4. Juli 1999 dem Ministerpräsidenten und CSU-Vorsitzenden Edmund Stoiber einen Brief, mit Durchschrift an die »Süddeutsche Zeitung«. Darin heißt es, nach Auflistung der markantesten Eckdaten aus Dietls NS-Biographie und Schilderung der Vorgänge in Bad Aibling:

»Wo, Herr Ministerpräsident, sind wir eigentlich? Wo liegt Bayern? Und was geschieht da in unserer Gegenwart, 50 Jahre, nachdem jedermann absolute Informationsfreiheit hatte, seine NS-injizierten Feind-, Freund- und Geschichtsbilder zu korrigieren. Ich protestiere, daß diesem Uraltnazi Dietl Gedächtniskreuze errichtet werden. (...) Es gibt nur zwei Möglichkeiten für Willy Lindls Verhalten, wobei die eine so finster wäre wie die andere: Entweder er hat, was schwer zu glauben ist, keine Ahnung von der Biographie des Verherrlichten, oder, noch unverzeihlicher, er hat solche Kenntnis und zeichnete Dietl trotzdem aus.

Es hat sieben Jahre des Drucks von außen gedauert, bis der Name Eduard Dietl als Kasernenpatron der Bundeswehr, also der Streitkräfte des demokratischen Deutschlands, verschwand.

Sorgen Sie nun dafür, Herr Ministerpräsident, daß dem Dietl-Spuk in Bad Aibling ein definitives Ende gesetzt wird.«

Neun Tage nach Veröffentlichung meines Briefs in der »Süddeutschen Zeitung« am 6. Juli 1999 traf eine Antwort ein, nicht von Stoiber, sondern in seinem Auftrag vom Generalsekretär der Christlich-Sozialen Union, Dr. Thomas Goppel.

Seltsamerweise erwähnt dieser den Namen Eduard Dietl nicht ein einziges Mal. Nach ausführlichen, den größeren Teil des Schreibens einnehmenden Hinweisen auf die Geschichte der CSU (»Die Gründung der Partei war letztlich die Antwort christlich-orientierter Persönlichkeiten auf Diktatur und Totalitarismus der Gewalt- und Schreckensherrschaft der Nationalsozialisten. (...) Namhafte Mitbegründer der CSU gehörten in den Jahren des Nationalsozialismus zum aktiven Widerstand«) heißt es darin weiter:

»Die CSU nimmt ihren aus der Vorgeschichte mitformulierten Politikauftrag ernst; er läßt den extremen politischen Ideologien keinen Raum und warnt vor jeder Einseitigkeit.

Vor diesem Hintergrund distanzieren wir uns von allem, was die verbrecherischen Geschehnisse zwischen 33 und 45 falsch darstellt, verniedlicht oder gar zu rechtfertigen versucht. (...)

Um keinerlei Zweifel auch an der CSU *vor Ort* aufkommen zu lassen, habe ich dem Ortsverband von Bad Aibling Ihren besagten

Zuruf übersandt, damit er in der örtlichen Prüfung der Angelegenheit die deutliche Distanz der CSU zum nationalsozialistischen Regime in seinen unterschiedlichen Facetten zum Ausdruck bringt. (...)
Ihre Vermutungen ob einer zwiespältigen Grundhaltung der CSU entbehren deshalb jeder Grundlage. Politisches Denken und Handeln in der CSU sind eindeutig. Wir erwarten von Freunden, daß sie danach verfahren; dabei setzen wir auf Einsicht und nicht auf Zwang.«

Ohne die persönliche Integrität des Generalsekretärs Goppel antasten zu wollen: Um meine eigenen Betrachtungen und Erfahrungen mit einer so geschichtsentsorgten CSU-Interpretation in Übereinstimmung zu bringen, hätte ich die Jahrzehnte nach 1945/49 wohl auf einem anderen Planeten zubringen müssen.

Dennoch: Es war sicher auch der Intervention der besorgten Parteispitze zu verdanken, daß die Aiblinger CSU sich in einer außerordentlichen Vorstandssitzung abermals gegen die Aufstellung des Gedächtniskreuzes und der Namensschilder auf Willy Lindls Grundstück aussprach – wobei für mich offenbleibt, was daran Taktik, was Überzeugung war.

Die von Thomas Goppel bevorzugte Verfahrensweise – auf Einsicht zu hoffen, statt Zwang auszuüben – brachte im konkreten Fall leider nur einen Teilerfolg, und auch der wurde Willy Lindl mühsam abgerungen.

Das Resultat einer von mir erbetenen Besichtigung der Stätte durch eine vertrauenswürdige Bürgerin Bad Aiblings: Die beiden mit dem Namen des Verehrten versehenen Schilder am Feldweg stehen noch, ebenso das Kreuz von exakt 2,99 Meter Höhe (ab 3 Metern genehmigungspflichtig!), wobei der Name »Eduard Dietl« auf dem Querbalken durch ein Brett verdeckt ist. »Weil«, so das denkwürdige Motiv des Aufstellers, »die Leute daran Anstoß nehmen und glauben, da gehöre die Kreuzinschrift hin.«

Die seit längerem ausgestoßene Drohung Willy Lindls, er werde seinem Heroen auch noch eine Tafel setzen, ist nicht aus der Welt. Denn neben dem Kreuz findet sich seit einiger Zeit ein etwa 1,20 Meter hoher Felsbrocken, der sich für die Anbringung einer Gedenkplakette ebenso eignet wie für eine Eingravierung. Juristisch gesehen, kann der Dietl-Bewunderer ohnehin ruhig schlafen, wies die Staatsanwaltschaft Traunstein doch am 23. September 1999 die Strafanzeige Jakob Knabs gegen Willy Lindl »wegen Verbreitens von Propagandamitteln verfassungswidriger Organisationen« mit der Begründung ab:

»Das Verhalten des Beschuldigten, wie es der Anzeigenerstatter im Schreiben vom 16. August 1999 schildert, verletzt keinen Strafbestand. Eine Strafverfolgung scheidet aus diesen Gründen aus.«

Also gemach – der nächste Akt in der unendlichen Geschichte des Eduard Dietl kommt bestimmt.

»Um die nötige abschreckende Wirkung zu erzielen«

Zum zweiten Fall.

1964 wird die »Ludendorff-Kaserne« der Bundeswehr in Mittenwald umbenannt in »General-Ludwig-Kübler-Kaserne«.

Wer war der neue Kasernenpatron, dem der Ruf »Bluthund von Lemberg« und »Adria-Schreck« nachging?

In der Mittenwalder Standortbroschüre ist nichts zu finden, was solchen Leumund rechtfertigen könnte. Die Sache ändert sich, wenn man Küblers Biographie untersucht. Am 2. September 1889 geboren, fällt er erst nach 1918 politisch auf, zunächst mit nationalkonservativer Grundprägung: Teilnahme an den Kämpfen zur Niederschlagung der Räterepublik in Bayern 1919 und kompromißlose Ablehnung der demokratischen Republik von Weimar; dann aber bald schon, als Chef des Stabs der 7. Gebirgsdivision in München, enge Zusammenarbeit mit NSDAP, SS und SA, zunehmende Aufgeschlossenheit gegenüber dem »nationalsozialistischen Gedankengut« – ein früher Anhänger Adolf Hitlers. Der Gebirgsjägerkommandeur wird sein militärisches Leben lang von seiner Umgebung mit einer Mischung aus Respekt und Grauen als »äußerst hart« und »asketisch« charakterisiert. Das Dritte Reich ist die Erfüllung seiner Wünsche.

Von Kriegsbeginn an dabei, schält sich das Profil eines Menschenverächters heraus, mit Neigung zur Prahlsucht, ein Draufgänger, der immer vorneweg ist, ohne seine Truppe und sich selbst zu schonen. Es war die rücksichtslose Vorwärtstaktik, die Kübler nach ritterkreuzgefolgtem »schneidigem Eindringen in Polen« den Titel »Bluthund von Lemberg« einbrachte und der Schlacht um die Festung, des schweren Aderlasses der Truppe wegen, den Beinamen »Langemarck der 1. Gebirgsjägerdivision«.

In den Befehlen des Gebirgsjägerkommandeurs finden sich gehäuft die Formeln »Heil dem Führer!« und »Es lebe der Führer!«, wie sie sonst nur in Tagesbefehlen vorkamen, und das zu einer Zeit, da Küblers Vorgesetzte sich im allgemeinen auf den militärisch üblichen Sprachgebrauch beschränkten.

Dazu passen auch, mit Hang zur Überdosierung, seine Aufrufe an die Soldaten während und am Ende des Frankreichfeldzugs im Juni 1940: »Siegeslauf ohnegleichen« – »Zu neuen Taten« – »Unsterblicher Ruhm« – »Unermüdlich, unwiderstehlich, unüberwindlich«, eingeschlossen wieder das unvermeidliche »Es lebe der Führer!« – Stereotypen eines martialischen Kriegerkults.

Hier werden Eigenschaften bloßgelegt, die Kübler, gepaart mit seiner Bindung an die NS-Ideologie, als Herrn über Leben und Tod zu einem Gefahrenfaktor sowohl für die eigenen Leute wie erst recht für die Bevölkerung besetzter Gebiete machen mußten.

Im Sommer 1943 Befehlshaber im rückwärtigen Gebiet der Heeresgruppe Mitte an der Ostfront, fällt Kübler durch Befehle und Vorschläge auf, die so drakonisch sind, daß sie selbst von seinen gewiß nicht zimperlichen Vorgesetzten verworfen werden.

Als am 6. August 1941 ein mit 19 in der Schlacht bei Uman verwundeten deutschen Soldaten belegter Bus angegriffen und alle Insassen getötet werden, fordert Kübler als Vergeltungsmaßnahme: Zu erschießen seien sowohl die Oberbefehlshaber der 6. und 12. sowjetischen Armee wie auch sämtliche in der Schlacht von Podwyssokoje in deutsche Hände gefallenen kommandierenden Generäle, Divisions- und Stabsoffiziere:

»Um die nötige abschreckende Wirkung zu erzielen, wird es sich empfehlen, von den deutschen Vergeltungsmaßnahmen den sowjetrussischen Truppen durch Flugblätter Kenntnis zu geben.«[150]

Diesem formellen Antrag Küblers hat der Oberbefehlshaber der 17. Armee, Generaloberst von Stülpnagel, nicht entsprochen:

»Dem Vorschlag, als Repressalie für ermordete deutsche Verwundete gefangene Generäle zu erschießen und die Erschießung durch Flugblätter der Sowjetarmee bekannt zu geben, kann nicht beigepflichtet werden.«[151]

Allerdings kaum, weil die Maßnahme gegen das Kriegsvölkerrecht verstoßen hätte (solche Verstöße gab es allenthalben), sondern weil Stülpnagel in der gegebenen Situation der Meinung war:

»Nach übereinstimmenden Aussagen von Gefangenen aller Dienstgrade ist zähe russ. Gegenwehr unter anderen besonders auf Angst vor Erschießen zurückzuführen. Bekanntgabe der Repressalien wuerde daher russ. Greuelpropaganda gegenüber eigenen Soldaten den Beweis für die Richtigkeit sowjetrussischer Behauptungen liefern. Die Folge wäre weitere Versteifung der russ. Haltung.«[152]

Beteiligt an den verlustreichen Rückzügen im Mittelabschnitt des deutschen Ostheeres und zeitweise Oberbefehlshaber der 4. Armee, enttäuscht Kübler als Stratege, zeigt sich, daß Härte allein nicht ausreicht, um einer materiell und personell immer überlegeneren Roten Armee erfolgreich beizukommen – die Zeit der Parforceritte, des Rausches rascher Siege über Polen, Frankreich, Jugoslawien, Griechenland, sie waren mit der sowjetischen Gegenoffensive vom 6. Dezember 1941 vor Moskau vorbei.

Vom enttäuschten Hitler am 20. Januar 1942 seines Postens als Oberbefehlshaber der 4. Armee enthoben, bleibt der gescheiterte Feldherr eineinhalb Jahre, bis zum 21. Juli 1943, in der sogenannten *Führerreserve* des Oberkommandos der Wehrmacht.

Am 1. Oktober 1943 wird Ludwig Kübler mit der Order »Partisanenbekämpfung« zum Befehlshaber der »Operationszone Adriatisches Küstenland« (Triest, Istrien, Fiume, Ljubljana) ernannt – und betritt damit das Terrain, das ihm zum Schicksal werden wird, den anderen, zweiten großen Schauplatz des Vernichtungskriegs unter deutscher Besatzung: den Balkan.

»Das Erschießen der Juden ist einfacher als das der Zigeuner«

Am 6. April 1941, 4 Uhr früh, erscheinen 611 deutsche Bomber und Jagdflugzeuge am Himmel über dem von keiner Flugabwehr geschützten Belgrad und werfen unter dem Kommando von General Alexander Löhr 440 Tonnen Brand- und Splitterbomben ab, während die Wehrmacht von Norden her die Grenze überschreitet. Nach Polen, Luxemburg, Dänemark, Norwegen, Belgien und Holland überfällt Hitlerdeutschland unter dem zynischen Kodenamen »Unternehmen Strafgericht« das siebte Land Europas ohne Kriegserklärung – Jugoslawien.

Abermals bombardiert, liegen am Abend des 7. April weite Teile seiner Hauptstadt in Trümmern, gibt es Tausende von Toten. Elf Tage später kapituliert das militärisch weit unterlegene Jugoslawien (wie auch, achter deutscher Überfall, wenige Tage darauf Griechenland, an dessen zähem Widerstand sich bis dahin italienische Truppen ihre nicht sehr scharfen Zähne ausgebissen hatten).

Der 18. April 1941 wird Auftakt eines Besatzungsregimes von gnadenloser Rigorosität.

Hitlers Beauftragter, »mit den schärfsten Mitteln die Ordnung wiederherzustellen«, ist der aus Österreich stammende Kommandierende General der Infanterie und Befehlshaber in Serbien, Franz Böhme. Seine Parole:

»Brutales Durchgreifen, Niederbrennen von Gebäuden bzw. Dörfern, aus denen Überfälle auf deutsche Wehrmacht stattfinden; rücksichtsloses Erschießen im Kampf, Aufhängen überführter Attentäter gegen deutsche Wehrmacht und ihre Interessen.«[153]

Für einen getöteten deutschen Soldaten fordert Böhme die Exekution von hundert, für einen von »Aufständischen« Verwundeten die Erschießung von fünfzig jugoslawischen Gefangenen oder Geiseln. Die Situation ist von vornherein durch zwei Dinge gekennzeichnet: durch den sofort aufflammenden Widerstand in einem für den Guerillakampf ideal geeigneten Land, und durch die personell unterbesetzte Okkupationsarmee.

An diesen Verhältnissen wird sich bis zu ihrem erzwungenen Abzug nichts ändern – trotz des von deutschen Gnaden abhängigen faschistischen kroatischen Ustascha-Staats des Ante Pavelic, und trotz schwerer Zusammenstöße der königstreuen Tschetniks unter Oberst Dragoljub-Draza Mihailovic mit Titos immer klarer dominierenden »Volksbefreiungsarmee«.

Aber gerade die deutsche Schwäche entpuppt sich als eine Quelle der Brutalisierung. Was die Umdeutung des nationalen Widerstands in Bandentätigkeit für die Zivilbevölkerung bedeutet, dafür steht das frühe Beispiel von Pancevo. Als dort ein Soldat der Waffen-SS erschossen wird, läßt der zuständige Divisionskommandeur am 22. April 1941, also vier Tage nach der Kapitulation Jugoslawiens, 36 Serben erschießen und erhängen. Davon zeugt jenes berühmt gewordene Foto der Leichen an der Friedhofsmauer von Pancevo, auf dem in Gegenwart zahlreicher deutscher Soldaten ein stahlhelmbewehrter Pistolero auf eine der in ihrem Blut bereits am Boden liegenden Geiseln den »Finalschuß« abfeuert.

Geiselmord und Massaker an der Zivilbevölkerung werden von Anfang an zum festen Bestandteil einer Besatzungspolitik, die unverkennbar die Merkmale eines Vernichtungskriegs aufweist – der hier beginnt, im Frühling 1941, und nicht erst nach dem Überfall auf die Sowjetunion zweieinhalb Monate später.

Liegen an jenem 22. Juni 1941 doch bereits Tausende von Juden, Sinti und Roma ermordet unter jugoslawischer Erde.

Bei aller Überlegenheitsattitüde der »Herrenmenschen« und schwerer Repression auch im deutsch besetzten Nord- und Westeuropa, rangierte die dortige Bevölkerung auf der rassistischen NS-Bewertungsskala (die Juden ausgenommen) doch weit vor der in Ost- und Südosteuropa. Mit Jugoslawien kommt, nach der Tschechoslowakei im März und Polen im September 1939, das dritte Land unter deutsche Herrschaft, dessen slawische Einwohner als »völkisches Treibgut« und »minderwertiges Menschenmaterial« verachtet werden (eine in Deutschland weitverbreitete Auffassung, die keineswegs erst 1933 entstand).

Die Zahl der Juden im sogenannten Altserbien und im Banat betrug 17 000 (die der ihnen gleichgestellten Sinti und Roma ist unbekannt). Der Untergang beginnt, wie später im Osten, mit Registrierung, sofortiger Entrechtung, Beraubung und Einführung von Zwangsarbeit.

Aus der gemeinsam von Wehrmacht, Sicherheitspolizei und SS sowie Vertretern des Wirtschaftsstabs in Belgrad am 14. Mai erlassenen »Judenverordnung«:

Begrenzter täglicher Einkauf; Wasserholen an öffentlichen Brunnen erst, nachdem sich alle übrigen »Bürger-Arier« versorgt haben; bei Verstößen gegen die Verordnungen 30 Tage Haft oder Geldstrafen bis zu 10 000 Dinar. »Nach Gutdünken werden sie auch in Konzentrationslager geschickt werden.«

Ferner:

»Entlassung von Juden aus allen öffentlichen Ämtern; Arisierung ihrer Geschäfte und Betriebe; Aufstellung jüdischer Arbeitsgruppen« und »Benutzung von Straßenbahnen für Juden ist nur im Anhängerwagen zugelassen«.[154]

Es ist die Ausweitung der Nürnberger Rassengesetze auf außerdeutsche Gebiete – vor Beginn der Deportationen der Juden aus dem Reich nach Osteuropa in den Holocaust ab Herbst 1941.

Im besetzten Jugoslawien findet er an Ort und Stelle statt.

Die Repressionen gelten auch den Sinti und Roma – sie sollen ausdrücklich »wie Juden« behandelt werden: Registrierung durch deutsche Armeekommandeure; gelbe Armbinden mit dem Wort »Zigeuner«; in Straßenbahnen und Bussen Schilder mit der Aufschrift »Keine Juden und Zigeuner«; Zwangsarbeit, Massenverhaftungen. Dabei bleibt es nicht.

Mit dem gleichen Grundmuster wie wenig später in den deutsch besetzten Gebieten der Sowjetunion werden auch hier Juden, Sinti und Roma mit »Partisanen« und »Kommunisten« gleichgesetzt. Die Folge: kollektive »Strafmaßnahmen«, die den Beginn ihrer systematischen Vernichtung unter maßgeblicher Beteiligung von Wehrmachttruppen bedeuten. So standen etwa in den KZ Sabac und Belgrad 8000 internierte erwachsene Juden und nichtseßhafte Sinti und Roma als »verdächtige Kommunisten« für Erschießungen auf »Abruf« zur Verfügung.

Ausschnitt aus einem mit »Walther, Oberleutnant« unterzeichneten Tätigkeitsbericht der 704. Infanteriedivision vom 1. November 1941 über die Erschießung von Juden, Sinti und Roma aus einem solchen Lager nördlich von Pancevo:

»Das Ausheben der Gruben nimmt den größten Teil der Zeit in Anspruch, während das Erschießen selbst sehr schnell geht (100 Mann 40 Minuten). Gepäckstücke und Wertsachen wurden vorher eingesammelt und in meinem LKW mitgenommen.

Das Erschießen der Juden ist einfacher als das der Zigeuner. Man muß zugeben, daß die Juden sehr gefaßt in den Tod gehen – sie stehen sehr ruhig da, während die Zigeuner heulen, schreien und sich dauernd bewegen, wenn sie schon auf dem Erschießungsplatz stehen. Einige sprangen sogar vor der Salve in die Grube und versuchten sich tot zu stellen.

Anfangs waren meine Soldaten nicht beeindruckt. Am 2. Tage machte sich schon bemerkbar, daß der eine oder andere nicht die Nerven besitzt, auf längere Zeit eine Erschießung durchzuführen.

Mein persönlicher Eindruck ist, daß man während der Erschießung keine seelischen Hemmungen bekommt. Diese stellen sich jedoch erst ein, wenn man nach Tagen abends in Ruhe darüber nachdenkt.«[155]

Die »Sühnemaßnahmen« liefen alle nach dem gleichen Schema ab. Wenn Juden, Sinti und Roma nicht in geforderter Zahl verfügbar waren, wurde wahllos auf andere serbische Zivilisten zurückgegriffen. So in Kraljevo und Kragujevac, wo Einheiten der 717. Infanteriedivisionen innerhalb weniger Tage über 4000 Einwohner erschossen, darunter auch Schulkinder. Für die Massenmorde verantwortlich war der Bevollmächtigte Kommandierende General Franz Böhme. Ihm unterstanden alle zivilen und militärischen Dienststellen, er lieferte die organisatorischen und ideologischen Direktiven für die Vernichtung und bestimmte die Methoden ebenso wie die Opfergruppen. Nach drei Monaten abberufen, hinterließ Böhme eine mörderische Spur: 160 Toten und 278 Verwundeten der eigenen Truppe standen offiziell 3562 gefallene Gegner und 11164 erschossene Geiseln gegenüber. Geendet hat der serbische Holocaust mit ihm nicht. Im Frühjahr 1942 wurden innerhalb kurzer Frist 7000 im KZ Sajmiste bei Belgrad internierte jüdische Frauen und Kinder in einem eigens für diesen Zweck aus Berlin georderten Gaswagen ermordet.

Alle diese Maßnahmen waren, wie in Griechenland auch, nur möglich durch das Zusammenwirken der verschiedenen Besatzungsorgane in einem einheitlich agierenden Apparat zur Massentötung von Menschen. Zu sogenannten »Jagdkommandos« zusammengefügt, waren an den Massakern keineswegs nur SS und Polizei beteiligt, sondern genauso die Organisation, die mit ihrem zynisch »Unternehmen Strafgericht« genannten Überfall auf Jugoslawien erst die Voraussetzungen für den Vernichtungskrieg auf dem Balkan schuf – die Wehrmacht.

»Für die deutsche Gebirgstruppe war General Kübler als Mensch und Soldat ein Vorbild«

Ihre »besseren Tage« waren längst vorbei, als General Kübler am 1. Oktober 1943 seinen Dienst als Befehlshaber des »Sicherungsgebiets Adriatisches Küstenland« antrat. Seinen Auftrag »Partisanenbekämpfung« stellt er sofort unter das Motto: »Terror gegen Terror – Auge um Auge – Zahn um Zahn«.
Seine Botschaft:

»Im Kampf ist alles richtig und notwendig, was zum Erfolg führt. Ich werde jede Maßnahme persönlich decken, die diesem Grundsatz entspricht. Bei der Behandlung der Banditen ist äußerste Härte geboten. Gefangene Banditen sind zu erhängen oder zu erschießen. Daß im Kampf bisweilen auch Unschuldige mit Gut und Blut unter die Räder kommen, ist bedauerlich, aber nicht zu ändern. Sie mögen sich bei den Banden beklagen. Nicht wir haben den Bandenkrieg eröffnet.«[156]

Also der richtige Mann an der richtigen Stelle – wieder ist »Härte« gefragt. So kommt es unter Küblers Befehl bei der Bekämpfung von Partisanen zu zahlreichen Übergriffen gegen die Zivilbevölkerung, die ganze Dörfer in Schutt und Asche legen. In einer sonst eher auf zurückhaltende Bewertung bedachten wissenschaftlichen Studie über den »General der Gebirgstruppe Ludwig Kübler« kommt der Mitarbeiter des Militärgeschichtlichen Forschungsamtes Potsdam, Oberstleutnant Klaus Schönherr, zu dem Schluß:

»Insgesamt trug der Befehlshaber in der ›Operationszone Adriatisches Küstenland‹ mit dazu bei, daß die brutale und unmenschliche Kampfweise sowohl der Wehrmacht als auch der Aufständischen ständig eskalierte.«[157]

Hier erwarb sich der General – neben »Bluthund von Lemberg« – einen weiteren Beinamen: »Adria-Schreck«.

Beide Titel lassen darauf schließen, daß sie Kübler von der Truppe, nicht vom Feind verliehen wurden – der zweite auch wegen seiner Kampfweise gegen die »Banditen«, also Partisanen.

Die hatten inzwischen den größeren Teil Jugoslawiens erobert und die Macht der Besatzer auf Inseln im befreiten Territorium reduziert.

Nach dem längst überfälligen Abfall Italiens von der »Achse« im September 1943 und dem Frontwechsel Rumäniens und Bulgariens im Oktober 1944 angesichts der sicheren Niederlage Deutschlands war die Situation der Okkupationsmacht vollends unhaltbar geworden – ihre Tage waren gezählt.

Und die Ludwig Küblers auch.

Nach Umwandlung seiner Dienststelle in das »Generalkommando LXXXXVII. AK z. b. V.*« mußte Küblers Truppe nun neben der Partisanenbekämpfung und dem Schutz der istrischen Küste vor alliierten Landungen den Rückzug der Heeresgruppen E und F aus Griechenland und vom Balkan ins Reich decken. Als es Kübler im allgemeinen Chaos nicht gelang, seinem Korps einen Rückzugsweg nach Österreich offenzuhalten, wurde es Ende April 1945 bei Triest durch Titos »Volksbefreiungsarmee« eingeschlossen, am 2. Mai zur Kapitulation gezwungen und in Kriegsgefangenschaft geführt – darunter der in den Schlußkämpfen schwerverwundete Kommandeur.

Am 10. Juli 1947 vor einem Militärgericht der Volksrepublik Jugoslawien wegen zahlreicher Kriegsverbrechen angeklagt, wird Kübler am 17. Juli zum Tod verurteilt und am selben Tag in Belgrad hingerichtet.

In seiner »Schlußbetrachtung« kommt Oberstleutnant Klaus Schönherr zu dem Resümee:

»In seinem Ehrgeiz, daß die ihm unterstellten Truppen die besten von allen Wehrmachtverbänden zu sein hätten, ging er weit über die Ziele hinaus, die bei einem großzügigen Maßstab noch zu vertreten sind. Mit der äußerst ehrgeizigen Absicht, immer an der Spitze des Angriffs zu kämpfen, trieb er seine Truppen ohne Rücksicht auf personelle Verluste an und erweckte damit den starken Eindruck der menschenverachtenden Brutalität und eines Hasardeurs. Diese Impression verstärkt sich noch, wenn seine Einstellung zum Gegner betrachtet wird, wie dies in seinen Forderungen nach Repressalien im Rußlandfeldzug und in der Partisanenbekämpfung zum Ausdruck kommt. (...) Nach diesen besonders negativen Merkmalen in seinem Persönlichkeitsbild ist auch die politische Auffassung des Generals geprägt von einer äußerst positiven Einstellung zum Nationalsozialismus.«[158]

Dagegen Franz Josef Strauß am 17. Februar 1986 zum dreißigjährigen Jubiläum der 1. Gebirgsdivision der Bundeswehr:

---

* AK z. b. V.: Armeekorps zur besonderen Verwendung

»Als ehemaliger Verteidigungsminister und Vater der 1. Gebirgsdivision fühle ich mich der deutschen Gebirgstruppe eng verbunden. Für die deutsche Gebirgstruppe war General Kübler als Mensch und als Soldat ein Vorbild. Ihm hat die Truppe bis auf den heutigen Tag viel zu verdanken.«[159]

Es war dann auch der damalige Verteidigungsminister Strauß gewesen, der nach einem Besuch des Bundeswehrstandortes Mittenwald 1956 den Anstoß dazu gab, die im Zug der Hitlerschen Traditionsoffensive benannte »Ludendorff-Kaserne« umbenennen zu lassen – »alsbaldig«, wie er forderte. So schnell ging es allerdings nicht. Erst 1964 wurde die Mittenwalder Truppenunterkunft der Bundeswehr nach dem Kriegsverbrecher Ludwig Kübler benannt – eine Gebirgs- und Winterkampfschule, in der deutsche Soldaten für weltweite Aktionen ausgebildet werden (was Assoziationen hervorruft, die einen im Zusammenhang mit dem Namen Kübler erschaudern lassen).

Welcher Teufel hatte das Bundeswehrkommando des Standorts, die militärische und politische Spitze des Verteidigungsministeriums geritten, als sie diesen Mann im Zeichen des »sauberen Waffenrocks« zum Kasernenpatron machten? Ignoranz gegenüber Küblers Beteiligung am Vernichtungskrieg in der Sowjetunion und auf dem Balkan? Das übliche »Von all dem nichts gewußt«? Oder eben doch davon gewußt und den »Bluthund von Lemberg« und »Adria-Schreck« trotzdem zum Kasernenpatron und damit zu einem Vorbild für die Streitkräfte des demokratischen Deutschlands erhoben? Als die Mittenwalder »General-Kübler-Kaserne« am 9. November 1995 – zeitgleich mit der Dietl-Kaserne in Füssen – in »Karwendel-Kaserne« umgetauft wurde, waren 31 Jahre vergangen.

Student – Heidrich – Bräuer – Rodenwaldt

Beide Standorte der Bundeswehr hätten, wie mehr als zwei Dutzend andere bis zum heutigen Tag, weiterhin die alten Namen geführt, wäre da nicht der hartnäckige Druck von außen gewesen, allen voran der von Jakob Knab aus Kaufbeuren.

Ihm vor allem sind auch andere, wenngleich seltene Namenstilgungen zu verdanken – so im Fall von drei nach den Generälen Bräuer, Student und Heidrich betitelten Straßen im Bundeswehrstandort Altenstadt im Jahr 1966, auch das »Mutterhaus der Fallschirmjäger« genannt.

Kurt Student (»Vater der Fallschirmjäger«) war für Kriegsverbrechen im Juni 1941 auf der Insel Kreta verantwortlich, darunter für die Ausrottung des Dorfes Kondomari; Richard Heidrich für Kriegsverbrechen der 1. Fallschirmjägerdivision in Italien ab Herbst 1943, darunter das Massaker in Limmari (Valle della Vita) – 112 Tote, davon 50 Frauen und 31 Kinder, und Bruno Bräuer für die Vernichtung der Juden in der kretischen Küstenstadt Chania.

Dennoch zählte Student nach 1945 zu den führenden Köpfen der Traditionsverbände und war ein gerngesehener Ehrengast, wenn »alte Kameraden« der Wehrmacht und Soldaten der Bundeswehr alljährlich am 20. Mai feierlich den »Kreta-Tag« begingen (der erst 1998 nach rechtsradikalen Ausschreitungen sein spätes Ende fand).

Es sollte bis zum 6. Oktober 1998 dauern, ehe die Namen Student, Bräuer und Heidrich von den Straßenschildern auf dem Gelände der »Franz-Josef-Strauß-Kaserne« in Altenstadt verschwanden.

Wobei man kaum fehlgehen dürfte in der Annahme, daß diese Tilgungen auf den energischen Widerspruch des Kübler-Laudators Franz Josef Strauß gestoßen wären.

Ein weiterer Erfolg Knabs war die Tilgung des Namens »Ernst Rodenwaldt« am *Zentralen Instituts des Sanitärdienstes der Bundeswehr* in Koblenz.

Zur Begründung der Wahl war in einer Broschüre des Standorts Koblenz-Lahnstein von 1967 zu lesen:

»Seinen zusätzlichen Namen Ernst-Rodenwaldt-Institut hat das Institut zu Ehren des Generalarztes und Professors für Hygiene und Tropenkrankheiten Ernst Rodenwaldt (1878–1965) erhalten.«

Der allerdings war ein herausragender Rassenhygieniker und Herausgeber des Archivs für Rassen- und Gesellschaftsbiologie gewesen, dazu ein Befürworter der Nürnberger Rassengesetze vom September 1935, ein Mann, der, wie er 1938 formulierte,»den liberalistisch-jüdischen rasseverneinenden Geist der Systemzeit« haßte.

Mit anderen NS-Medizinern begründete er vor Ausbruch des Zweiten Weltkriegs die sogenannte *Geomedizin,* eine Mischung aus Geographie, Rassewahn und Blut-und-Boden-Mystik, die auch als eine der »Kampfgrundlagen« für die Gestaltung der Medizin »im eroberten Ostraum« konzipiert war.

Rodenwaldt, nach 1945 entnazifiziert und wieder in seinem Heidelberger Ordinariat, als wäre nichts gewesen, starb am 4. Juni 1965 hochgeehrt in Ruhpolding.

Das Verteidigungsministerium, von Jakob Knab befragt, wie und warum der Name ungeachtet der NS-Vergangenheit seines Trägers als Dekor an das Koblenzer Bundeswehrinstitut geraten sei, antwortet am 18. Januar 1994:

»Das Institut trägt seit 1967 den Namen eines Mannes, der als Nestor der deutschen Tropenmedizin gilt. Bei seinen zahlreichen Auslandsaufenthalten – darunter auch in Afrika – hat er bedeutende wissenschaftliche Erkenntnisse, insbesondere auf dem Gebiet der Hygiene und Seuchenlehre, hier vor allem der Malariabekämpfung, erarbeitet. Noch 1976, über fünf Jahrzehnte nach der Tätigkeit Ernst Rodenwaldts in Afrika, wurde in Togo ein Hygiene-Institut mit seinem Namen der Bestimmung übergeben. Gerade dort hätten die Bedenken hinsichtlich seiner rassistisch geprägten Forschung diese Würdigung auf jeden Fall verhindert.«[160]

Wie bitte? Nicht hier in Deutschland, so nahe der Quelle, sollte nachgeforscht und der Name des Geehrten auf seine Würdefestigkeit hin abgeklopft werden, sondern – Gipfel der Unverfrorenheit – in Togo von Afrikanern, die ohne jede Kenntnis der Rodenwaldtschen Gesamtvita die Benennung nur in gutem Glauben vorgenommen haben können?

Immerhin müssen der Hardthöhe dann doch einige Zweifel an der eigenen Ignoranz gekommen sein, denn im Schreiben heißt es weiter:

»Gleichwohl hat der Inspekteur des Sanitäts- und Gesundheitswesens erst kürzlich zwei bedeutende deutsche Medizinhistoriker gebeten, voneinander unabhängige Gutachten zur Person Rodenwaldts und seinem beruflichen Engagement im Dritten Reich zu erstellen, die auch die von Ihnen gestellten Fragen wissenschaftlich begründet beantworten werden.«[161]

Jahrelang geschieht nichts, aber der Bürger mit Zivilcourage aus Kaufbeuren gibt nicht nach – und seine Hartnäckigkeit zahlt sich aus. Am 27. Mai 1998 teilt das Bundesministerium der Verteidigung, gezeichnet vom Inspekteur des Sanitätsdienstes der Bundeswehr, »zum Vorbringen des Petenten, Herrn Jakob Knab« folgende Entscheidung des Bundestagspetitionsausschusses mit:

»In die bereits seit einiger Zeit laufenden Überprüfungen zur Traditionspflege in der Bundeswehr ist auch die Frage der Namensgebung des Zentralen Instituts des Sanitätsdienstes der Bundeswehr in Koblenz mit einbezogen. In diesem Zusammenhang wurden nicht nur die Expertisen zweier Medizinhistoriker aus dem Jahr 1994, sondern auch neueste Literaturquellen, wie beispielsweise das Buch von Ernst Klee, ›Auschwitz, die NS-Medizin und ihre Opfer‹, ausgewertet.

Da hierbei nicht mit letzter Sicherheit ausgeschlossen werden konnte, ob und wieweit Ernst Rodenwaldt um Menschenversuche im Dritten Reich wußte bzw. ggf. mittelbar daran beteiligt war, hat der Inspekteur des Sanitätsdienstes der Bundeswehr bereits im März dieses Jahres entschieden, den Zusatz ›Ernst-Rodenwaldt-Institut‹ für das Zentrale Institut des Sanitätsdienstes der Bundeswehr in Koblenz ersatzlos zu streichen. Die entsprechende Umsetzung hierzu wurde zum 24. März 1998 abgeschlossen.«

In Klees Buch heißt es im Kapitel »Menschenversuche der Wehrmacht« unter mehrfacher Erwähnung des Namens von Prof. Dr. Ernst Rodenwaldt:

»Die Teilnehmer der Gruppe ›Hygiene und Tropenhygiene‹ wissen, daß die Versuchspersonen künstlich zu Fleckfieberkranken gemacht werden.«[162]

Am 20. Oktober 1998 teilt das Auswärtige Amt Jakob Knab mit,

»daß die togoische Regierung der Tilgung des Namenszusatzes ›Ernst-Rodenwaldt-Institut‹ für das nationale Hygiene-Institut in Lome zugestimmt hat. Das Institut wird in Zukunft den Namen ›Institut National d'Hygiène – un projet allemand-togolais‹ tragen. Ich möchte die Gelegenheit nutzen, um mich ausdrücklich für den Hinweis und Ihre Initiative zu bedanken.«

Die hatte sieben Jahre gebraucht, um zum Erfolg zu kommen! Eine Entschuldigung des Bundesministeriums der Verteidigung wegen seines Abwehrkampfes gegen die Umbenennung auch in diesem Fall wäre angemessener und ehrlicher gewesen, denn ohne Druck von außen wäre gar nichts geschehen. 31 Jahre lang, von 1967 bis 1998, hat das *Zentrale Institut des Sanitätsdienstes der Bundeswehr* den Namen eines Mannes geführt, der sich offen zum nazistischen Rassenwahn bekannt und ihm nachweisbar gedient hatte – und immer noch werden die Fachstudien über Ernst Rodenwaldt unter Verschluß gehalten.

Die bisherigen Umbenennungen von Kasernen und Straßen sind ein Tropfen auf dem heißen Stein, mehr nicht.

Dabei hat die Bundeswehrführung ihren Widerwillen und ihre Unlust gegen Umbenennungen stets hinter einem »bewährten Verfahren« versteckt, bei dem die Verantwortung nach unten delegiert wird – die Namen von Bundeswehrstandorten nur in Abstimmung mit kommunalen Gremien und Behörden vorzunehmen. Genau diese Methode läßt fragen, ob historisch ahnungsfreie Entscheidungen eines Kommunalparlaments, ob Ignoranz oder vergangenheitsgeprägte Gesinnungen bei Teilen der Einwohner zum Vorwand genommen werden dürfen, historisch belastete Namen weiterhin als traditionswürdig auszugeben. Hier geht es um eine Kraftprobe, auf die sich die militärische und politische Führung der Bundeswehr wider besseres Wissen bis heute nicht einlassen will.

Was ist es, das den Bruch mit der vordemokratischen Epoche der deutschen Militärgeschichte so schwermacht, den konsequenten Abschied von der Traditionslüge so dauerhaft verzögert?

Hat schon die Rubrik »Der Skandal der Kasernenpatrone Kriegerkult I«, mit den Namen vom Zeitalter der sogenannten Befreiungskriege bis zum Ende des Ersten Weltkriegs, den Kern des Auslesesy-
stems offenbart, so bestätigt erst recht die Liste der Militärs aus
NS-Zeit und Zweitem Weltkrieg, was die nunmehr fast fünfzigjäh-
rige Geschichte dieser Patronatschaft entscheidend geprägt hat:
Kriegerkult!

»Du junger, du glücklicher, du sieggekrönter, strahlender Mensch«

Das Oberkommando der Wehrmacht am 21. Juni 1942: »Hauptmann Lent erzielte seinen 35. Nachtjagdabschuß.«
Am 18. Juni 1944: »Oberstleutnant Lent, Kommodore eines
Nachtjagdgeschwaders, schoß in der Nacht vom 15. zum 16. Juni seinen 100. Gegner ab.«
Und am 11. Oktober 1944: »Geschwaderkommodore Oberstleutnant Helmut Lent, Inhaber der höchsten deutschen Tapferkeitsauszeichnung, fand den Fliegertod. Mit ihm verliert die Luftwaffe ihren
erfolgreichsten Nachtjäger, der im Kampf gegen die nächtlichen Ter-
rorangriffe der englischen Luftwaffe 102 Luftsiege errungen hat.«

Hermann Göring, laut »Völkischer Beobachter« vom 12. Oktober
1944, in seiner Gedenkrede:

»Unser Lent war ein begeisterter Soldat, ein harter und zäher Kämpfer, ein strahlender Held. Aber er war nicht nur Soldat, er war auch
ein leidenschaftlicher Anhänger unserer nationalsozialistischen Weltanschauung und auch hier Erzieher und Vorbild seiner Männer.
Und nun, mein braver, tapferer Kamerad, geh ein zu den anderen
Helden.«

Die offizielle Bundeswehrzeitschrift »Das Heer« (Nr. 10/1983):

»Lent war einer von denen, die in verzweifelten Luftkämpfen die Nacht zum Tag machten und versuchten, Lücken in die Front der angreifenden alliierten Bombengeschwader zu reißen. Seine Leistungen und Tapferkeit sind Symbol für das Opfer von Millionen Soldaten im Zweiten Weltkrieg.«

Dazu Jakob Knabs Kommentar in seinem Buch »Falsche Glorie«:

»Die Wortwahl ›Opfer von Millionen‹ evoziert todesmutige Verteidigung eines heimtückisch überfallenen Vaterlandes; hätte man das Verbrechen des deutschen Angriffskrieges vor Augen, würde sie garantiert anders ausfallen.«[163]

Aus einer Broschüre der Bundeswehr, die Lent die Erfindung des Radargeräts »Lichtenstein SN 2« und den Einbau einer neuen 20-Millimeter-Maschinenkanone in die Messerschmidt 110 hoch anrechnet:

»Oberst Helmut Lent, Kommodore des Nachtjagdgeschwaders 3, war mit 110 Abschüssen und ca. 300 Feindflügen Inhaber der höchsten Tapferkeitsauszeichnung, des Ritterkreuzes mit Eichenlaub, Schwertern und Brillanten. Er war als Nachtjäger das, was Oberst Mölders für die Tagjagd war, ein Leitbild für die gesamten Nachtjäger.«[164]

Helmut Lent ist Kasernenpatron in Rotenburg (Wümme).

Das Oberkommando der Wehrmacht am 16. Juli 1941:

»Bei den Kämpfen an der Ostfront schoß Oberstleutnant Mölders, Kommodore eines Jagdgeschwaders, gestern fünf Flugzeuge ab. Er hat damit in diesem Krieg insgesamt 101 Abschüsse erzielt und einschließlich seiner 14 Abschüsse im Spanienfeldzug insgesamt 115 Luftsiege errungen. Der Führer und Oberste Befehlshaber der Wehrmacht hat diesem heldenhaften Vorbild der deutschen Wehrmacht die höchste deutsche Tapferkeitsauszeichnung, das Eichenlaub mit Schwertern und Brillanten zum Ritterkreuz des Eisernen Kreuzes verliehen.«

Werner Mölders stürzt am 22. November 1941 mit einer Kuriermaschine auf dem Flug von Sewastopol auf der Krim nach Deutschland ab, stirbt und wird auf dem Berliner Invalidenfriedhof neben Manfred von Richthofen, einem Flieger-As des Ersten Weltkriegs, beigesetzt.

Reichsmarschall Hermann Göring in Anwesenheit Hitlers bei der Totenfeier am 28. November 1941:

»Während all der harten Kämpfe bist du immer Sieger geblieben! Unsterblich sind deine Taten. Unsterblich bleibt dein Name. Du bist so vielen Vorbild gewesen und hast so viele deiner jungen Kameraden auch zu Helden erzogen. Und wie nahe du meinem Herzen gestanden hast, weißt du selbst, du junger, du glücklicher, du sieggekrönter, strahlender Mensch. Ein Volk, das solche Helden hat, ist zum Sieg bestimmt.«[165]

Und auch dies wird ihm nachgerufen:

»Für alle, die überlebten, blieb Oberst Werner Mölders ein zeitloses Vorbild an Geist, Haltung und soldatischer Pflichterfüllung, ein Vermächtnis, das im Jagdgeschwader 74 ›Mölders‹ fortgeführt wird.«[166]

Das allerdings kam nicht mehr aus Görings Mund, sondern stammt aus der Standortbroschüre besagten Jagdgeschwaders der Bundesluftwaffe in Neuburg an der Donau. Womit nicht nur bestätigt wird, daß, ganz im Sinn der »zeitlosen soldatischen Tugenden«, Pflichterfüllung im Dienst Hitlers ein Vermächtnis für die Streitkräfte des demokratischen Deutschlands sein soll, sondern auch, daß Görings Tagesbefehl vom 24. November 1941 offenbar heute noch gilt:

»So wird Oberst Mölders in der Luftwaffe wie in der Geschichte des deutschen Volkes bis in alle Ewigkeit fortleben. Sein Andenken soll uns stolze Tradition und stets Vorbild höchster militärischer Tugend sein. Seinem kühnen Angriffsgeist sollt ihr nacheifern, um so die Lücke zu schließen, die sein Tod in unsere Reihen gerissen hat. Darum vorwärts, Kameraden, zum Endsieg im Geiste unseres unvergeßlichen Helden.«[167]

Aber nicht nur das Jagdgeschwader 74 ist nach dem erfolgreichsten Tagjäger der NS-Luftwaffe benannt worden – der »Spanienkämpfer« Werner Mölders ist auch der Namenspatron eines Lenkwaffenzerstörers sowie der Bundeswehrkasernen in Visselhövede und Braunschweig.

Die zitierte Standortbroschüre beteuert zwar, daß »nicht Abschüsse oder Auszeichnungen für die Namenspatenschaft entscheidend« gewesen seien, sondern das »Vorbild Mölders«. Doch ist es ein Zufall, daß gerade *die* Tag- und Nachtjäger postum geehrt werden, die die höchsten Abschußzahlen zu verzeichnen und die höchsten Auszeichnungen empfangen hatten?

Dazu zählt ebenfalls Hans-Joachim Marseille, auch »Stern des Südens« oder »Adler von Afrika« genannt.

»Am 24. Februar 1942 wurde ihm zum 48. Luftsieg das Ritterkreuz des Eisernen Kreuzes verliehen. Am 20. April 1942 wurde er zum Oberleutnant befördert. Als er am 3. Juni 1942 sechs Luftsiege in elf Minuten errang, erfolgte die Verleihung des Eichenlaubes zum Ritterkreuz; und schon am 17. Juni 1942 für den 101. Luftsieg die Verleihung der Schwerter zu dieser Tapferkeitsauszeichnung. Am 1. September 1942 errang Hauptmann Marseille bei drei Einsatzflügen 17 Luftsiege an einem Tag, wofür ihm am 3. September 1942 die Brillanten zum Eichenlaub mit Schwertern zum Ritterkreuz des Eisernen Kreuzes verliehen wurden. Am 26. September 1942 errang er mit dem 158. Luftsieg seinen letzten Erfolg. Vier Tage später, am 30. September 1942, fand Hans-Joachim Marseille bei seinem 482. Feindflug den Fliegertod.«[168]

So der Nachruf im Wehrmachtbericht? Keineswegs, sondern zitiert aus einer Broschüre des Bundeswehrstandorts Appen-Uetersen, Schleswig-Holstein, wo Marseille Kasernenpatron ist – ein Nekrolog, dessen Tenor sich nicht unterscheidet von den lyrischen Tönen des »Völkischen Beobachters« am 2. Oktober 1942:

»Auf 158 Luftsiege hat er es gebracht – und zwar ausschließlich gegen Briten! –, bevor er zur großen Armee, in den Fliegerhimmel der

Richthofen und Mölders, abberufen wurde. Aber noch in hundert Jahren werden deutsche Jungenaugen leuchten, wenn sie den Namen Marseille lesen.«[169]

Die Überschrift in diesem Zentralorgan der NSDAP lautete:»Marseille starb unbesiegt den Fliegertod«. Was stimmt: Als auf einem Patrouillenflug der Motor seiner Maschine ausfiel und der Pilot absprang, öffnete sich der Fallschirm nicht.

Wenn es auch selbstverständlich ist, daß Joseph Goebbels in dem Naziblatt vom»strahlenden Helden«spricht und kein Wort darüber verliert, was solche fliegerische Könnerschaft die gegnerischen Seite gekostet hat – auch in der Standortbroschüre der Bundeswehr fehlt jeder Hinweis auf diesen Tribut, werden das»Für wen?«und das»Für was?«notorisch ausgeblendet.

Statt dessen wird darin eine von Marseille erfundene Angriffstaktik so bejubelt:

»Schießen mit Vorhaltemaß im Kurvenflug mit einem Minimum an Munitionsverbrauch aus dem Sturzflug oder beim Hochziehen, um so erfolgreich in den Abwehrkreis der gegnerischen Jäger einzubrechen. Der Zeitpunkt, an dem er dieses Verfahren bis zur Perfektion erlernt hatte, läßt sich auf den Tag genau festlegen. Am 24. September 1941 äußerte er sich, nachdem er fünf Luftsiege an einem Tag errungen hatte, gegenüber seinem Freund mit den Worten:›Ich glaube, jetzt hab ich's gefressen.‹«

Und dann, abermals aus Bundeswehrfeder:

»Im Jahre 1942 strebte Hans-Joachim Marseille in kurzen Schritten dem Zenit als Jagdflieger zu – zugleich sollte sich sein junges Leben vollenden.«

Vollenden? Hans-Joachim Marseille hätte heute noch leben können, er wäre nicht der einzige Achtzigjährige gewesen.

Zu Nachruhm gelangte der erfolgreiche Jagdflieger dann aber noch in den fünfziger Jahren durch den Film»Stern von Afrika«, einen der so unzähligen wie unsäglichen Entsorgungsstreifen im Zei-

chen des »sauberen Waffenrocks«, Luftwaffe und Marine eingeschlossen, nach dem stets gleichen Schema: »gute Wehrmacht – böse
Nazis«. Mögen andere glauben, daß die Koinzidenz dieser verlogenen Zelluloidepidemie mit Gründung und Aufbau der Bundeswehr
durch die alten »Fachkräfte« Zufall gewesen sei.

Traditionsverständnis und Traditionspflege der Bundeswehr ehren
aber nicht nur volkstümliche WK-II-Helden im Offiziersrang, auch
untere Chargen werden bedacht – ganz im Stil des Kriegerkults.

Von »Unser Dierk ist unvergessen« bis zur »Werner-Freiherr-von-Fritsch-Kaserne«

So etwa Unteroffizier Bernhard Hülsmann und Feldwebel Dierk
Lilienthal.

Hülsmann setzte als 22jähriger 1943 innerhalb von drei Tagen 25
sowjetische Panzer vom Typ T 34 außer Gefecht, wofür er das Ritterkreuz erhielt. Anderes gibt es aus der Biographie des seit April 1945
Vermißten nicht zu vermelden.

Bernhard Hülsmann ist Kasernenpatron des Bundeswehrstandorts Iserlohn.

Als Gründe, die Truppenunterkunft in Delmenhorst-Adelheide
»Feldwebel-Lilienthal-Kaserne« zu nennen, führt ein Schreiben des
Nachschubregiments 1 vom 5. Oktober 1994 »hervorragende soldati-
sche Leistungen an der Ostfront« an, um dann näher auszuführen:

»Am 4. Februar 1941 wurde er Soldat; am 1. Dezember 1942 während
der schweren Abwehrkämpfe im Kessel von Demjansk bei Rossino
wurde er zum Unteroffizier befördert. In den Abwehrkämpfen zur
Räumung des Kessels von Demjansk schoß Unteroffizier Lilienthal
vom 15. bis zum 17. Februar 1943 im stärksten Abwehrfeuer persönlich mit seinem 7,5-cm-Panzergeschütz 18 Panzer ab. Am 2. April
1943 wurde er hierfür mit dem Ritterkreuz zum Eisernen Kreuz ausgezeichnet und zum Feldwebel befördert.«[170]

Über den Panzerjäger der 290. Infanteriedivision ist weiter zu erfahren:

>»Kaltblütig wartet Lilienthal hinter seinem Pakgeschütz, bis die
feindlichen Panzer schußgerecht vor sein Rohr kommen. Der erste
Panzer, der durch sein gezieltes Feuer dem Stützpunkt am gefährlich-
sten wird, bleibt schließlich durch Volltreffer im Motor brennend liegen. Auch ein zweiter wird auf gleiche Weise erledigt. Immer wieder
neue Panzer rollen heran und drohen den Stützpunkt zu umklam-
mern. Doch Lilienthal behält Nerven. Er feuert seine Leute an und
jagt den Panzern in rasender Schußfolge Granat um Granate entgegen, bis alle brennend liegenbleiben.«[171]

Das hätte dem Geist nach die Fortsetzung des vorangegangenen
Zitats sein können, entstammt aber der Zeitschrift »Alte Kameraden« (Nr. 8/1998). Der ist weiter zu entnehmen, daß der Traditions-
verband der ehemaligen 290. Infanteriedivision – unter dem Motto
»Unser Dierk ist unvergessen« – der Kaserne einen Gedenkstein mit
einem Kupferrelief geschenkt hat, das das Porträt des 1944 an der
Ostfront gefallenen Ritterkreuzträgers Lilienthal zeigt. Der Standortälteste, Oberstleutnant Sengespeick, nahm den Gedenkstein, der
seitdem den Kaserneneingang ziert, mit der Versicherung an,

»daß die Adelheider Panzergrenadiere der Bundeswehr die Tradition
der ehemaligen ›Schwertdivision‹ weiter in hohem Maße ehren und
bewahren wollen«.[172]

Der Patron der Patrone aus der NS-Ära aber ist Werner Freiherr
von Fritsch (1880–1939). Von den sechs im Zug der Hitlerschen Traditionsoffensive des Jahres 1937 nach ihm benannten Kasernen –
Itzehoe-Breitenburg, Hannover, Celle, Koblenz, Pfullendorf und
Darmstadt – hat die Bundeswehr fünf ohne Namensänderung übernommen. Lediglich in Darmstadt blieb Fritsch nicht Kasernenpatron, dort zogen US-Truppen ein.

Mit der Fritsch-Inflation lieferten Traditionsverständnis und Traditionspflege ihr »Meisterstück der Verdrängung« (Jakob Knab) – trifft
doch in diesem Fall kein einziges Kriterium der »Richtlinien« zu.
Als Begründung ist in der Koblenzer Standortbroschüre zu lesen:

»Werner Freiherr von Fritsch war Chef der Heeresleitung und schied 1938 aus dem aktiven Dienst, als er Hitlers Angriffsvorbereitungen für den Zweiten Weltkrieg widersprach.«[173]

Das klingt, als hätte der Adlige zur Militäropposition gezählt ... Deshalb ein paar Zusatzinformationen.

Fritsch ist Teilnehmer am Ersten Weltkrieg und ein Verächter der Weimarer Republik, der den sozialdemokratischen Reichspräsidenten Friedrich Ebert einen »großen Schweinehund« nennt, schon im Juli 1933 erklärt, die »nationalsozialistische Ideenwelt ist zum Träger des deutschen Geisteslebens schlechthin geworden«, und am 1. Februar 1934 Chef der Heeresleitung wird. Zur Ermordung der Generäle von Schleicher und von Bredow beim »Röhmputsch« Ende Juni 1934 schweigt er, läßt aber in einem Rundschreiben vom 19. August 1935 alle Kommandierenden Generäle wissen:

»Nach meiner festen Überzeugung ist Deutschlands Zukunft auf Gedeih und Verderb mit dem Nationalsozialismus fest verbunden. Wer schädigend gegen den nationalsozialistischen Staat handelt, ist ein Verbrecher.«[174]

Als Hitler am 16. März 1935 die allgemeine Wehrpflicht einführt, begeistert sich Fritsch zusammen mit Reichskriegsminister Werner von Blomberg über eine »von allen Hemmungen befreite Aufrüstung« – und stellt einen gigantischen Rüstungsplan auf. Als ihm dann aber doch Bedenken kommen, er die von Hitler angekündigte expansive »Politik des Risikos« moniert und ihm dazu noch in verleumderischer Absicht Homosexualität unterstellt wird, folgt am 4. Februar 1938 seine Entlassung als Oberbefehlshaber des Heeres.

Es kann angenommen werden, daß dieser »Abgang« für die Traditionspfleger der Bundeswehr der Anlaß war, den Freiherrn als fünffachen Kasernenpatron aus der NS-Zeit zu belassen. Was jedoch nicht berücksichtigt, daß Fritsch trotz Maßregelung und falscher Beschuldigung ein Anhänger des »Führers« blieb, von dem er nach seiner Entlassung sagte: Hitler sei »das Schicksal Deutschlands, und dieses Schicksal werde seinen Lauf nehmen bis zum Ende«, womit er wohl kaum das vom 8. Mai 1945 meinte.

Daß Fritsch auch Antisemit war, zeigt ein Schreiben, das er am 11. Dezember 1938, vier Wochen nach der Reichspogromnacht im November 1938, an die Baronin Schutzbar richtete. Darin bekannte er:

»Bald nach dem Krieg kam ich zu der Ansicht, daß drei Schlachten siegreich zu schlagen seien, wenn Deutschland wieder mächtig werden sollte: Die Schlacht gegen die Arbeiterschaft, gegen die katholische Kirche und gegen die Juden. Aber der Kampf gegen die Juden ist der schwerste.«

Und einen Monat vor Beginn des Zweiten Weltkriegs:

»Der Endsieg ist eben nur möglich, wie der Führer betont hat, wenn das ganze Volk innerlich einig ist und fest dasteht, bereit, alles einzusetzen.«[175]

Nachdem Generaloberst von Fritsch am 22. September 1939 von einer polnischen Maschinengewehrgarbe tödlich getroffen worden war, zitierte der Feldbischof beim Staatsbegräbnis am 26. September Theodor Körners Schlachtenlied »Vater, ich rufe dich«.

Zu Beginn des Nürnberger Kriegsverbrecherprozesses plädierte der amerikanische Hauptankläger dafür, Werner Freiherr von Fritsch unter die »Naziverschwörer« einzureihen, wobei Telford Taylor den Brief an die Baronin Schutzbar mit seinen »drei Schlachten« erwähnte, als er die »Verbrechen gegen die Menschlichkeit« auflistete.

Auch bei Fritsch stellt sich wieder die Frage, welches Traditionsverständnis in der Bundeswehr waltete, als die Kasernenbenennung nach ihm aus der Nazizeit beibehalten wurde, und was an diesem Lebenslauf vorbildhaft für die Streitkräfte des demokratischen Deutschlands sein könnte.

Vom Feldwebel bis zum General – »zeitlose soldatische Tugenden«?

Welch ein Blankoscheck für Soldaten, nicht zu fragen, in wessen Diensten sie stehen, kämpfen, töten! Und welch ein Bekenntnis zum einstigen Ministerpräsidenten von Baden-Württemberg und Marinerichter im Zweiten Weltkrieg, Hans Filbinger (CDU). Der, fleischgewordene Unbußfertigkeit und Unbelehrbarkeit, rechtfertigte die von ihm veranlaßte Hinrichtung des Matrosen Walter Gröger *nach* der Kapitulation Hitlerdeutschlands bekanntlich mit den Worten: »Was gestern Recht war, kann heute nicht Unrecht sein.« Das Dutzend militärischer und ziviler Widerständler, die darunter gemengt sind, ändert nichts an dem zentralen Kriterium für die Auswahl der Kasernenpatrone der Bundeswehr: dem Kriegerkult, dessen Kehrseite die Opferferne ist.

Ob die Briesen-Kaserne in Flensburg, die General-Fahnert-Kaserne in Karlsruhe, die General-Henkel-Kaserne in Neuwied, die Lutz-Kaserne in Munster, die General-Martini-Kaserne in Osnabrück, die Freiherr-von-Medem-Kaserne in Holzminden oder die General-Ohnacker-Kaserne in Ahrbergen – alle diese Patrone waren des Teufels Generäle, mitverantwortlich für seinen Krieg und das Leid in dessen Gefolge.

Darunter die Galionsfigur der Traditionalisten und Wehrmachtapologeten, ihre Ikone, der mehrfache Kasernenpatron und Namensgeber eines Lenkwaffenzerstörers – Erwin Rommel.

So blutig-kitschig, so tragisch verlogen kann Geschichte sein

»Die deutsche Wehrmacht hat Italien besetzt. Wer kommunistische und anarchistische Bestrebungen gegen die Sicherheit unterstützt, ist ein Feind seines Vaterlandes und verfällt einer strengen Bestrafung durch ein Militärgericht nach den härtesten Gesetzen. Kommunisten und Ihr alle, die Ihr solchen Parolen folgt, seid gewarnt!«

So am 18. September 1943 Erwin Rommel, Oberbefehlshaber der Heeresgruppe B, nach dem späten Ausstieg des Achsenpartners Italien am 8. September jenes Jahres aus der Untergangsallianz mit Hitlerdeutschland unter Marschall Pietro Badoglio.

Der Verfasser der obigen Drohung ist bis heute Namenspatron der Bundeswehrkaserne in Augustdorf bei Bielefeld.

Rommel am 23. September 1943:

»Irgendwelche sentimentalen Hemmungen des deutschen Soldaten gegenüber badogliohörigen Banden in Uniform des ehemaligen Waffenkameraden sind völlig unangebracht. Wer gegen den deutschen Soldaten kämpft, hat jedes Anrecht auf Schonung verloren und ist mit der Härte zu behandeln, die dem Gesindel gebührt, das plötzlich seine Waffen gegen seinen Freund wendet. Diese Auffassungen müssen beschleunigt Allgemeingut der deutschen Truppen werden.«

Das zur Kenntnis des Wehrbereichskommandos Niedersachsen, in dessen Zuständigkeit die Erwin-Rommel-Kaserne in Osterode fällt. Der Feldmarschall am 1. Oktober 1943:

»Dieser Krieg ist ein totaler Krieg. Soweit die Männer Italiens nicht mehr die Gelegenheit haben, mit der Waffe für die Freiheit und die Ehre ihres Vaterlandes zu kämpfen, haben sie die Pflicht, ihre volle Arbeitskraft in diesem Kampf einzusetzen.«

Ob dieser Befehl dazu beitragen wird, daß die Bundeswehrkaserne im süddeutschen Dornstadt den Namen »Erwin Rommel« verliert? Dessen Wort nämlich setzte eine gigantische Internierungs- und Deportationsmaschinerie in Gang, nachdem eine Sondermeldung des Oberkommandos der Wehrmacht über die Vorgeschichte verkündet hatte: »Nach kurzem, aber von unseren Truppen mit tiefster Erbitterung geführten Kampf wurden die italienischen Verbände zur Kapitulation gezwungen.«

Von den 1,5 Millionen Mann der italienischen Streitkräfte waren in Rommels Befehlsbereich 416 000 Soldaten gefangengenommen worden. Tausende von ihnen, wie nach einer Rommelschen Verordnung auch Tausende zwangsausgehobener Zivilisten der Jahrgänge 1910–25, wurden nach Deutschland deportiert und dort unter qualvollen Bedingungen zur Arbeit in der Rüstungsindustrie gezwungen.

Darüber, wie Entwaffnung und Zwangsaushebung vor sich gingen, schreibt Friedrich Andreae in seinem erschütternden Buch »Auch gegen Frauen und Kinder«:

»Die Befehle, die von den deutschen Generälen ohne Protest angenommen und weitergegeben wurden, waren rechtswidrig. Wer sie dennoch befolgte, handelte verbrecherisch, zumindestens als Mittäter.«

Und Gerhard Schreiber, bester Kenner der deutsch-italienischen Beziehungen im Zweiten Weltkrieg, konstatiert über die Deportation der Italiener:

»20 000 kamen in den Lagern um. Tausende wurden ermordet. Zehntausende verloren bei Gefangenentransporten das Leben.«[176]

Auch das waren Folgen aus einem Konvolut von Befehlen, Aufrufen und Direktiven, für die der Oberbefehlshaber der Heeresgruppe B mitverantwortlich war, blutige Konsequenzen, die die Führung der Bundesmarine aber nicht davon abgehalten hat, 1968 einem ihrer Zerstörer den Namen »Erwin Rommel« zu geben. Inzwischen ein veraltetes Kriegsschiff, rostet es im Hafen von Kiel eingemottet vor sich hin, trägt aber immer noch den Namen des Mannes, der 1938 erklärt hatte: »Die deutsche Wehrmacht ist das Schwert der neuen Weltanschauung.«
Wie wahr!
An sich genügte schon das bisher Geschilderte, um einen der ranghöchsten Militärs der Wehrmacht als Vorbild einer demokratischen Armee auszuschließen, auch ohne weitere Nachweise, daß es sich bei Erwin Rommel um einen glühenden Gefolgsmann Adolf Hitlers gehandelt hat. Deren gibt es aber noch einige, so etwa, daß Joseph Goebbels in der Tischrunde des »Führers« enthusiastisch, und diesmal ausnahmsweise in Übereinstimmung mit der Wahrheit, ausrief: »Kaum ein General ist so durchdrungen von der Wichtigkeit des Propagandaeinsatzes wie Rommel.«
Rommel nach dem 20. Juli 1944 in einem Brief an seine Frau: »Zu meinem Unfall hat mich das Attentat auf den Führer besonders stark erschüttert. Man kann Gott danken, daß es so gut abgegangen ist.«
Dazu zwei Anmerkungen.
Erstens: Für die Menschheit, eingeschlossen die Deutschen, war der Fehlschlag des Attentats eine Tragödie sondergleichen. In den knapp zehn Monaten vom 20. Juli 1944 bis zum 8. Mai 1945 fielen und starben an den Fronten mehr Soldaten als seit dem 1. Septem-

ber 1939. Aber Erwin Rommel begrüßte es, daß Hitler davongekommen war.

Zweitens: Wie vereinbart sich solches Bekenntnis damit, daß Erwin Rommel in manchen Kreisen immer noch als Widerständler gehandelt wird? Gar nicht, auch wenn die Legende dafür immer wieder kronzeugenhaft Rommels Selbsttötung anzuführen pflegt.

Da dieser Punkt meist absichtsvoll diffus bleibt, hier noch einmal, aufs Wesentliche komprimiert, die nachprüfbaren Zusammenhänge.

Unter der Folter hatte der Verschwörer Cäsar von Hofacker Rommels Stabchef Hans Speidel der Mitwisserschaft am Attentat auf Hitler bezichtigt. In dieser gefährlichen Situation behauptete Speidel, er habe zwar durch Hofacker von dem geplanten Anschlag Kenntnis bekommen, sie aber »pflichtgemäß« an seinen Vorgesetzten Erwin Rommel weitergegeben (dem Speidel damit die Verantwortung für die eigene Unterlassung zuschob). Über die Glaubwürdigkeit dieser Aussage sollte ein sogenannter »Ehrenhof des Heeres« entscheiden – in dessen Reihen langjährige Neider und Rivalen Rommels saßen. Die hielten den Daumen nach unten. Daraufhin Hitlers Alternative: Volksgerichtshof oder Selbsttötung. Am 14. Oktober 1944 holte die Gestapo Rommel in Herlingen ab – es heißt, die Ledermäntel hätten das Gift gleich mitgebracht.

Beim Staatsbegräbnis in Ulm schloß Generalfeldmarschall von Rundstedt, zutreffend und makaber zugleich, seine Trauerrede mit den Worten:

»Sein Herz gehörte dem Führer.«

So blutig-kitschig, so tragisch verlogen kann Geschichte sein.

Natürlich höre ich schon die Einwände: Aber der »Wüstenfuchs« und sein »fairer Kampf« in Libyens und Ägyptens Sand mit den »Tommys« der (schließlich doch siegreichen) 8. Armee des britischen Feldmarschalls Montgomery! Der ritterliche Kämpfer vor Tobruk und El Alamein!

Darauf gibt es eine klare Entgegnung: Wo immer Erwin Rommel befahl, ob in Afrika, in Italien, in Frankreich oder als der Hitler direkt unterstellte Verantwortliche für die Verteidigung an der französi-

schen Westküste – Erwin Rommel blieb stets des »Teufels General«
(in dessen Siegertroß die Häscherkommandos Adolf Eichmanns mit-
gezogen wären, um den Juden Palästinas die bewährte Behandlung
zukommen zu lassen). Und: Wenngleich der unverwüstliche Alfred
Dregger es uns immer wieder weiszumachen versucht – ein verbrecherischer Angriffskrieg verwandelt sich auch durch seine erzwungenen Rückzüge und Niederlagen nicht in einen Verteidigungskrieg!

Nein, es gibt keine persönliche Integrität für den, der in solchen
Höhen einem Verbrecher so lange so erfolgreich und so hingebungs-
voll gedient hat. Der Zweifel, der Rommel angesichts der sicheren
Niederlage kam und der ihn veranlaßte, seine Kenntnisse vom
geplanten Attentat auf Hitler nicht weiterzugeben, kompensiert
nicht die angesammelte Schuld.

Es ist charakteristisch, daß eine Generalität, die Herr über Leben
und Tod so vieler Millionen Menschen war, vor dem Katastrophen-
strategen in der Wolfsschanze kuschte, obwohl sie wie Rommel
glaubte, Hitlers Krieg besser führen zu können als dieser selbst.
Wenn das tatsächlich geschehen wäre – was anderes wäre dabei her-
ausgekommen, als Hitlers Herrschaft und das Massenmorden zu
verlängern?

Alle diese Fakten über Rommel habe ich im November 1996 dem
damaligen Verteidigungsminister Volker Rühe in einem Offenen
Brief zugesandt, dessen letzter Absatz lautete:

»Nichts, gar nichts sollte Sie daran hindern, wie in den Fällen Dietl
und Kübler nun auch der Erwin-Rommel-Variante innerhalb der
großen Traditionslüge vom sauberen Waffenrock der Hitlerwehrmacht ein möglichst rasches Ende zu bereiten.«

Dieser Brief blieb unbeantwortet.

Sein Hintergrund ist ein in der Öffentlichkeit ebenso unbekannter
wie grausamer Schauplatz massierter Wehrmachtverbrechen – das
deutsch besetzte Italien von September 1943 bis Mai 1945.

»Das sind doch nur Italiener«

Am 7./8. November 1942 gelingt Amerikanern und Briten eine Groß-
landung in Marokko und Algerien, bei der sie nur auf geringen
Widerstand stoßen; am 31. Januar und 2. Februar 1943 ergeben sich
die Reste der 6. Armee in Stalingrad; am 13. Mai 1943 kapituliert die
auf eine tunesische Brückenkopfstellung zurückgeworfene deutsche
Heeresgruppe Afrika, 250 000 Mann geraten in Gefangenschaft; am
10. Juli 1943 landen die Alliierten auf Sizilien – jeder General mußte es
wissen: Der Krieg ist für Deutschland verloren.

Fünf Tage nach einem furchtbaren Bombenangriff auf Rom am
19. Juli wird Benito Mussolini, der »Duce«, durch ein Mißtrauens-
votum des *Großen Faschistischen Rats* entmachtet, dann auf Order
Victor Emanuels III. verhaftet und Pietro Badoglio vom König zum
Regierungschef ernannt. Als der Marschall am 8. September 1943
den fünf Tage zuvor mit den Alliierten abgeschlossenen Waffenstill-
stand bekanntgibt, laufen die seit dem Sturz Mussolinis vorbereite-
ten deutschen Gegenmaßnahmen sofort an.

Erstes Ziel: etwa 3,7 Millionen italienische Soldaten in Nord- und
Mittelitalien, in Südfrankreich und auf dem Balkan entwaffnen und
die bis dahin von ihnen gehaltenen Gebiete zu besetzen – durch
600 000 Soldaten der Wehrmacht und der Waffen-SS.

Ihr Vorgehen gegen die »italienischen Militärinternierten« (so der
amtliche Sprachgebrauch) ist von unerhörter Rigorosität.

Am 8. September, kurz vor Mitternacht, befiehlt der Oberbefehlshaber Süd, Generalfeldmarschall Albert Kesselring, daß es »für Ver-
räter keine Schonung geben« dürfe.

Dazu bemerkt der NS-Experte Till Bastian in seinem Buch »Furchtbare Soldaten. Deutsche Kriegsverbrechen im Zweiten Weltkrieg«:

»Offensichtlich kam keiner der vermutlich ernsthaft empörten deutschen Offiziere auf den eigentlich naheliegenden Gedanken, daß,
wenn es denn je einen Verrat eines ehemaligen Verbündeten am einstigen Bundesgenossen gegeben habe, dieser Fall ja viel eher beim
ohne jede Kriegserklärung erfolgten Überfall der deutschen Wehrmacht auf die Sowjetunion vorgelegen haben müsse.«[177]

Schon am 10. September erging der erste einer Reihe von »reinen Mordbefehlen« – so der Historiker Gerhard Schreiber, dessen Forschungsarbeit die Einzelheiten dieses Kapitels zu verdanken sind.[178] Die Militärs, der Widerrechtlichkeit ihres Vorgehens bewußt, sprachen von »außerhalb der gerichtlichen Zuständigkeit der Wehrmachtjustiz« liegenden Maßnahmen: standrechtliche Erschießung von Truppenkommandeuren, deren Untergebene nach Ablauf eines knapp befristeten Ultimatums nicht gleich die Waffen streckten; Exekutierung von Offizieren, falls ihre Soldaten Waffen oder Munition in die Hände von »Aufständischen« fallenließen oder mit ihnen zusammenarbeiteten (»Dabei ist zum Ausdruck zu bringen, daß die für den Widerstand verantwortlichen ital. Kommandeure als Freischärler erschossen werden, wenn sie bis zur festgesetzten Zeit nicht den Befehls an ihre Truppen zur Abgabe der Waffen an die deutschen Verbände gegeben haben«); Massendeportation von italienischen Unteroffizieren und Mannschaften zum Arbeitseinsatz für das deutsche Heer im Osten (was allein über 5000 Exsoldaten das Leben kostete); »ohne alle Formalitäten« befohlene »Erschießung aller in Zivil angetroffener italienischer Soldaten«; dazu Hitlers Befehl, auf der griechischen Insel Kefallenia unter den Widerstand leistenden Soldaten der Division »Acqui« keine Gefangenen zu machen.

Diese verbrecherischen Befehle kosteten mindestens 12 000 bis 13 000 italienischen Soldaten das Leben.

Zur Einstufung der königlichen Soldaten als »Freischärler« durch die deutsche Besatzungsmacht wird der Internationale Militärgerichtshof in Nürnberg erklären:

»Die italienischen Truppen, die ihren Widerstand fortsetzten, erfüllten hinsichtlich ihres Status als Kriegsführende alle Bedingungen der Haager Konvention. Sie waren in keinem Sinne des Wortes Freischärler.«[179]

Es waren nur wenige deutsche Offiziere, die sich weigerten, die Straftaten auszuführen, aber es gab sie – und keinem von ihnen ist ein Haar gekrümmt worden. Der sogenannte Befehlsnotstand, auf den sich alle nach 1945 angeklagten Täter beriefen, ist eine Legende. Das gilt nicht nur für Italien.

Von den 615 812 entwaffneten Italienern werden 503 773 zur Zwangs-arbeit befohlen – für die meisten von ihnen eine grausame Odyssee. Schon während der Transporte werden die Gefangenen von den Wachmannschaften brutal, ja haßerfüllt behandelt. In den Lagern müssen sie zwar alle Pflichten von Kriegsgefangenen übernehmen, aber ob ihre Rechte respektiert wurden oder nicht, entschieden Wehrmacht und SS nach Gutdünken. Die internierten Italiener machten unterschiedliche Erfahrungen mit ihren deutschen Aufse-hern, die meisten aber berichteten von Dauerhunger und Kälte. Die medizinische Versorgung war, wie die Ernährung, schlecht bis skan-dalös, die Arbeit überschritt die Grenze des Erträglichen, die Behandlung durch das Bewachungspersonal war willkürlich, man-che Italiener wurden von Angehörigen der Wehrmacht, der SS und der Gestapo beraubt. Es gab körperliche Züchtigungen, Kollektiv-strafen und sonstige Demütigungen. Aus Augenzeugenberichten des Jahres 1944 geht hervor, daß die Gefangen in den Lagern dahinvege-tierten, von Entbehrungen entstellt, Menschen wie Gespenster, Ske-lette. Arbeitstiere, die vierzehn Stunden pro Tag in der deutschen Rüstungsindustrie schuften mußten, Tuberkulose hatten und in Abfällen nach Kartoffelschalen suchten.

Mussolinis faschistische Salò-Republik, ein Marionettenstaat von Hitlers Gnaden, vermochte als »Schutzmacht« so gut wie nichts zu erreichen.

Auch das Bemühen des »Duce«, bei einer Zusammenkunft mit Hitler nach dem Attentat vom 20. Juli 1944 in dessen Hauptquartier »Wolfsschanze« etwas für die Kriegsinternierten zu erreichen, schlug fehl. Der Vorschlag, eine Zahl von Internierten versuchsweise in ein ziviles Arbeitsverhältnis zu überführen, wurde ebenfalls abgelehnt.

Es war längst klar, daß die italienischen Militärinternierten auf den untersten Stufen der Gefangenenhierarchie des Dritten Reichs stan-den, gleichgestellt mit Deportierten der besetzten Gebiete, mit Fremd- und Zwangsarbeitern. Ganz offensichtlich wurde es den Ita-lienern übelgenommen, daß sie nicht bereit waren, den aussichtslo-sen Krieg für Mussolini und Hitler so ausdauernd weiterzuführen, wie ihre Bewacher es wollten.

Alldem zugrunde aber lag die unter den Deutschen weitverbrei-tete Negativbewertung des »Südländers«, die Verachtung Italiens und seiner Menschen, die sich durch den Abfall der Achsenmacht nur vergrößerte, aber nicht durch ihn entstanden war.

Daß Eheschließungen zwischen Deutschen und Italienern per Befehl auch dann verboten wurden, wenn der männliche Teil ein Wehrmachtangehöriger war, und Kinder aus solchen Verbindungen als »Verunreinigung deutschen Blutes« bezeichnet wurden, war eher die Arabeske einer rassenideologischen Attitüde von weit größerer Bösartigkeit. Sie bietet den Schlüssel für die ressentimentgeladene Skrupellosigkeit jener verbrecherischen Befehle, mit denen sich die deutsche Kriegführung nun vieltausendfach über italienisches Leben hinwegsetzte. Kein Zweifel, daß die Verachtung vieler Deutscher die Hemmschwelle der Gewalt tief herabgesetzt und den unvorstellbaren Greueln an der italienischen Bevölkerung so etwas wie eine rassistische Weihe gegeben hat.

Das bestätigt eine erst im März 1990 bekannt gewordene Blutschuld von Mitte November 1943, deren Zeuge ein zwanzigjähriger Obergefreiter wurde: die Massentötung von 59 malariakranken italienischen Offizieren durch Angehörige der Division »Brandenburg«.

Bei Kriegsaustritt ihres Landes zur Genesung in Nordalbanien, sollte eine Kompanie der Division sie als Gefangene in die Stadt Ohrid bringen. Als aber starke Regenfälle die Kompanie vom rückwärtigen Gebiet abgeschnitten hatten und in der Gegend Partisanentätigkeit beobachtet worden war, kam aus Belgrad der Befehl, »die Italiener zu liquidieren, um die volle Bewegungsfreiheit der eigenen Truppe zu erreichen«.

In der Kompanie schwankten die Meinungen zwischen Rache und davonkommen lassen. Die Entscheidung über Leben und Tod der von Hunger und Fieber geschwächten, flucht- und kampfunfähigen Kranken lag beim Kompaniechef, einem 23jährigen Oberleutnant. Der befahl die Erschießung der Gefangenen mit den Worten: »Das sind doch nur Italiener!«

Daraufhin mußten die weinenden, betenden und schreienden Delinquenten aus einem Schafstall, in dem sie gefangengehalten worden waren, an das Ufer eines nahen Flusses treten und dort am Böschungsrand niederknien, damit sie »nach dem Genickschuß automatisch die Steilwand herabstürzten«. Falls nötig, half ein Fußtritt nach – »Tretwillige waren genügend vorhanden.« So trieben am 22. November 1943 denn in den Fluten des Drin i Zi 41 Leichen, gefolgt von 18 weiteren Erschossenen zwei Tage später.[180] Eine Momentaufnahme nur, ein Atom des terroristischen Kalküls der politischen und militärischen Führung, eine Choreographie des Grauens, die nun für zwanzig Monate, bis zum Ende des Zweiten Weltkriegs in Europa, über die Bevölkerung Italiens hinter der unter den alliierten Schlägen immer weiter nach Norden zurückweichenden deutschen Front hereinbrechen wird.

La guerra dimenticata

Wenn in Deutschland überhaupt etwas bekannt geworden ist über Verbrechen von Wehrmacht, SS und Polizei in Italien, dann erschöpft es sich meist in vagen Erinnerungen an den Prozeß gegen den ehemaligen SS-Hauptsturmführer Erich Priebke vor einem Militärgericht in Rom; vielleicht sind auch zwei Ortsnamen im Gedächtnis geblieben.

Der erste: die *Cave* oder *Fosse Ardeatine*, Tuffsteinhöhlen an der römischen Stadtgrenze unweit der Katakomben von Santo Castillo. Einem Anschlag von Partisanen in der Via Rasella, bei dem 33 Polizisten getötet und 67 verwundet wurden, folgte eine monströse Vergeltungsaktion unter dem Befehl des SS-Obersturmbannführers Herbert Kappler. 330 italienische Gefängnisinsassen und – fünf dazugeholte Juden wurden erschossen (wofür Priebke, ein seltener Fall, von einem römischen Gericht »Lebenslänglich« erhielt). Zwischen den Hingerichteten und dem Attentat in der Via Rasella gab es keine Verbindungen.

Der zweite Ortsname: *Marzabotto*, eine Gemeinde rund sechzehn Kilometer südlich von Bologna mit etwa 4200 Einwohnern. Dort verübten Wehrmachteinheiten und SS am 28. Mai 1944, dem Beginn einer dreitägigen »Durchkämmungsaktion«, Mord, Raub und Brandstiftung, mit Hunderten von Opfern, denen später weitere in anderen Ortsteilen der Gemeinde folgten.

Die *Ardeatinischen Höhlen* und *Marzabotto* in der Emilia Romagna sind nur zwei Namen aus einem Universum von Todesstätten, die zeigen, wie groß und verbreitet die Geringschätzung italienischen Lebens auf seiten der Besatzer war. Und das, wie im Osten und auf dem Balkan, immer wieder unter dem Deckmantel der Partisanenbekämpfung.

»Alles in allem«, resümiert Gerhard Schreiber, »kriminalisierte die Wehrmacht die gesamte italienische *Resistenza*.«

Viele Deutsche hätten zur Kompensierung ihrer Gebundenheit an das NS-Regime nach 1945 so gern auf einen breiteren deutschen Widerstand gegen den Nationalsozialismus hingewiesen. Der reale und mächtig expandierende italienische Widerstand aber wurde nicht nur blutig bekämpft, sondern auch zum Vorwand genommen für einen Kampf gegen die Zivilbevölkerung, der stellenweise Merkmale des Vernichtungskriegs in Polen, der Sowjetunion und auf dem Balkan aufwies.

Auch im Italien des Achsenbruchs setzten die Okkupanten *Widerstand* und *Bandentum* gleich, auch hier galt, was in Hitlers »Kampfanweisung für die Bandenbekämpfung im Osten« vom November 1942 und seiner Erweiterung vom 16. Dezember stand, nämlich daß »ohne Einschränkung auch gegen Frauen und Kinder jedes Mittel anzuwenden [ist], wenn es nur zum Erfolg führt«.

Der stellte sich zwar nicht ein, dafür aber gab es eine Kette von Bluttaten an Zivilisten jeden Alters und Geschlechts, ein Crescendo der Vernichtung.

Am 1. und 2. Oktober 1943, als die Alliierten nur noch zwei Kilometer entfernt sind, werden bei der Durchkämmung der Ortschaft Acerra, nordöstlich von Neapel gelegen, Häuser in Brand gesteckt oder in die Luft gesprengt; wer Widerstand oder Protest wagt, wird erschossen oder erhängt, wobei die Leichen zur Abschreckung mit dem Kopf nach unten am Gerüst bleiben. Nach italienischen Quellen sterben 87 Menschen.

Werden Gebäude hochgejagt, sind die Bewohner oft ungewarnt. So kommen am 4. Oktober 1943 in der Via Gallatina in Santo Clemente, Provinz Caserta, 25 Personen um, darunter 4 Mädchen und 7 Jungen vom Säuglingsalter bis zu 14 Jahren. An die Opfer dieser »Ferocia teutonica« (»deutsche Grausamkeit«) erinnert heute ein Gedenkstein.

Am 6. Oktober 1943 jagen Fallschirmjäger der Division »Hermann Göring« in Bellona, einem 4000-Seelen-Ort 17 Kilometer nordwestlich von Caserta, Frauen, um sie zu vergewaltigen. Als Verwandte dies verhindern wollen, fallen Schüsse, und einer der Soldaten stirbt. Am nächsten Tag umstellt eine Kompanie des Panzerregiments 115 den Ort, führt 54 »sühnegefangene« Zivilisten ab und erschießt sie in einer Tuffsteinhöhle mit Maschinengewehren.

Eine Wegmarkierung in der breiten Blutspur, die die deutschen Truppen bei ihrem Rückzug nach Norden zogen, trägt den Namen Cajazo, eine kleine Stadt am rechten Ufer des Volturno. Am Abend des 13. Oktober 1943 töteten dort Soldaten der 3. Kompanie des (mot.) Grenadierregiments 29 der 3. Panzergrenadierdivision unter Führung von Leutnant Wolfgang Lehnigk-Emden 22 italienische Zivilpersonen auf bestialische Weise. Dabei rotteten sie die Familien Albanese, d'Agostino, Massadoro und Perrone auf einen Schlag aus, darunter zehn Kinder zwischen 3 und 14 Jahren, ein 16jähriges Mädchen, und 7 Frauen im Alter von 18 bis 63 Jahren, darunter eine im sechsten Monat Schwangere.

Diese Morde stellten nichts Außergewöhnliches dar, ebensowenig wie die Tatsache, daß die Täter ungeschoren davonkamen, so auch Wolfgang Lehnigk-Emden. Abgesehen von einer kurzen Untersuchungshaft, blieb er trotz jahrzehntelanger Ermittlungen auf Landesgerichts- und Bundesgerichtshofsebene ein freier Mann – auch wenn das Gericht von Santa Maria Capua Vetere in Italien den Exleutnant am 25. Oktober 1995 zu lebenslangem Zuchthaus verurteilt hatte – in Abwesenheit.

Dann die Katastrophe des kleinen Ortes Pietransieri (Limmari) – 400 bis 500 Einwohner, im mittleren Apennin 1288 Meter hoch gelegen und, ein Verhängnis, ein idealer Punkt zur Überwachung des Sangrotals. Am 7. November 1943 befiehlt der Kommandeur der 1. Fallschirmjägerdivision, General Heidrich (nach dem lange eine Straße in Altenstadt hieß): Evakuierung des an der sogenannten Gustav-Bernhard-Verteidigungslinie gelegenen Orts. Ein Teil der Bevölkerung gehorcht und macht sich auf den Weg in das vierzig Kilometer entfernte Sulmona – wobei es bereits Tote durch Kälte, Hunger und die großen körperlichen Anstrengungen gibt. 200 Einwohner, meist Alte, Kinder und Frauen, ignorieren Befehl und angedrohte Strafen und bleiben im Niemandsland. Sie fühlen sich den Strapazen des Marsches nicht gewachsen oder wollen einfach bleiben.

Daraufhin beginnt das Töten – nicht schnell, wie sonst, nicht auf einen Streich, sondern nach und nach, und zwar unter Berufung auf Befehle für gesperrte Kampfzonen, die forderten, »daß rücksichtslos alle Italiener in und hinter der HKL (Hauptkampflinie; R. G.) zu erschießen sind«.[181]

Am 15. November stirbt eine junge Frau, am nächsten Tag sechs Männer durch deutsche Hand – es wird von Menschenjagden berichtet. Am 17. werden eine 77jährige und ihr 80jähriger Mann erschossen, 24 Stunden später zwei junge Frauen und ein 70jähriger mit seinem Sohn.

Der 18. November 1943 und die folgenden Tage bringen den Untergang der Ortschaft durch Angehörige des 3. Bataillons des Fallschirmjägerregiments 1: Ein Teil der Einwohner wird in den Häusern ermordet, die anderen, Kinder, Frauen, Alte, müssen sich um den Stamm einer alleinstehenden Eiche scharen, um den die Soldaten vorher einen Ring aus Panzerminen gelegt hatten, die sie durch Fernzündung explodieren lassen.

Das Massaker kostet 112 Menschen das Leben.

Die Wahrheit über dieses eine Verbrechen unter Hunderten ähnlicher Art, die von keinem Wehrmachtrichter verfolgt wurden, kam nur an den Tag, weil ein kleines Mädchen, die siebenjährige Virginia Macerelli, überlebt hatte – unter dem Körper ihrer toten Mutter. Sie verbrachte drei Tage inmitten der Ermordeten, bis es, eher zufällig, von einer Italienerin gefunden wurde.

Als Virginia Macerelli 1995, nun über sechzig, ihre Geschichte in dem Dokumentarfilm »La guerra dimenticata« (»Der vergessene Krieg«) von Massimo Sani erzählt, ist die Nation erschüttert. Seinen Weg in deutsche Kinos oder Fernsehanstalten hat der Film bisher nicht gefunden.

Eine Ahnung von dem inflationären Ausmaß der Enthemmung gegenüber der einheimischen Bevölkerung mit Mord, Diebstahl, Erpressung und Vergewaltigung aber kann sich erst einstellen, wenn man die Aufrufe an die Truppe kennt, zu denen sich schließlich die beiden Hauptverantwortlichen gezwungen sahen, wenn auch nicht aus humanitären, sondern aus Disziplinargründen: die Generalfeldmarschälle Albert Kesselring und Erwin Rommel.

Kesselring, seit dem 21. November 1943 als Oberbefehlshaber auf dem italienischen Kriegsschauplatz, am 8. Juli 1944:

»Alle auf frischer Tat angetroffenen Plünderer sind sofort und ohne kriegs- oder standgerichtliches Verfahren zu erschießen.«[182]

Daraufhin wurden zwar ein Unteroffizier und zwei Soldaten exekutiert, tatsächlich aber waren die Hinrichtungen, wie sich rasch erwies, nur das Feigenblatt für die exemplarische Aussetzung jeder Art von Gerichtsbarkeit und blieben ohne Folgen. Als der Chef des Oberkommandos der Wehrmacht, Keitel, die rigorose Weisung des Generalfeldmarschalls rügte, parierte der sofort. Dazu Gerhard Schreiber, lapidar: »Kesselring wäre nicht er selbst gewesen, hätte er seinen Befehl daraufhin nicht umgehend aufgehoben.«[183]

Am 21. August 1944 in einer »Anordnung« das Eingeständnis des Großverbrechens durch den Oberbefehlshaber Südwest selbst:

»Im Zuge der Bandenbekämpfung und Großaktionen gegen die Banditen ereigneten sich Vorfälle, die das Ansehen und die Disziplin der Wehrmacht aufs schwerste beschädigten und nichts mehr mit Vergeltungsaktionen zu tun haben.«[184]

Das paßt zu einer von Kesselring im Jahr 1957 zu Protokoll gegebenen eidesstattlichen Erklärung, daß »deutsche Uniformträger in großer Zahl auch friedliche Ortschaften und Bewohner heimsuchten und plünderten«, was »selbst gutgesinnte Kreise der italienischen Bevölkerung in die Reihen der Partisanen trieb«.[185]

Auch Rommel stellte in einem Befehl, im Oktober 1943, fest, daß »Soldaten aller Waffengattungen« in erschreckendem Ausmaß in »italienischen Vorratslagern, öffentlichen Geschäften und Privathäusern« plünderten und versuchten, ihre Beute »kistenweise auf der Bahn oder auf Kraftfahrzeugen nach Deutschland« abzutransportieren. Darüber hinaus fehle nicht nur jedes Schuldgefühl, sondern die Plünderer schrieben in Briefen auch offen darüber und rühmten sich darin dessen.[186]

Einmal abgesehen davon, daß die Massenmorde an der italienischen Zivilbevölkerung hier schamhaft verschwiegen werden – wie sehr gerade Rommel dazu beigetragen hatte, die Geister aus der

Flasche zu lassen, die dann außer Rand und Band gerieten, geht aus den Worten des Rittmeisters Udo von Alvensleben hervor, eines für die Gegenaufklärung und Abwehr verantwortlichen Offiziers der 16. Panzerdivision: Das besagte Verhalten vieler Soldaten sei ein Ergebnis eben *der* Befehle gewesen, die »die deutsche Führung unter den Stürmen des Verrats im Affekt ergehen ließ«. Und die ich oben zitiert habe.

In dem Punkt also, der Initialzündung des Großverbrechens im deutsch besetzten Italien, ist der von Mai bis Dezember 1943 als Oberbefehlshaber der Heeresgruppe B fungierende Rommel verantwortlicher als der erst gegen Jahresende auf diesem Kriegsschauplatz erscheinende Kesselring.

Es soll schon etwas heißen, wenn der von den Deutschen aus italienischer Haft befreite Mussolini mit Datum vom 21. Oktober 1944 an den deutschen Botschafter in der Salò-Republik schreibt:

»Ich habe geglaubt, daß das von Feldmarschall Kesselring am 21. August verschickte Rundschreiben den blindwütigen Repressalien ein Ende gesetzt hätte, aber ich mußte feststellen, daß man in derselben Art weitermacht. Als Mensch und Faschist kann ich für dieses Massakrieren von Frauen und Kindern nicht länger die, sei es auch nur indirekte, Verantwortung tragen.«[187]

Falls der Botschafter das Schreiben überhaupt wie gewünscht weitergeleitet haben sollte, kann man sich die Verachtung vorstellen, die höheren Orts dem vom einstigen Muskelprotz Südeuropas und Möchtegernimperialisten zu Hitlers Gnadenbrotempfänger geschrumpften Absender entgegengeschlagen haben mag.

Der »Duce«, einst im Verhältnis zum »Führer« Primus inter pares – Benito Mussolini war längst gestorben, als er kurz vor Kriegsende in Mailand von Widerstandskämpfern erschossen und neben seiner Geliebten Clara Petacci an den Füßen aufgehängt wurde.

Erschießungen in Pietralata, Prata Sanita, Orchi, Cave, Ponterotto, Caprile und Pitiano – die Beispiele der Massaker an italienischen Zivilisten beim zähen Rückzug von Wehrmacht und Waffen-SS nach Norden könnten schon aufgrund der immer noch unvollständigen Forschungsergebnisse seitenlang fortgesetzt werden.

Die Schlächtereien enden erst mit dem Zusammenbruch der deutschen Besatzungsherrschaft, Ende April 1945. Noch in den letzten Tagen gab es Gemetzel im norditalienischen Narzole, in San Martino di Lupari nördlich von Padua, in Genola an der Straße zwischen Turin und Cuneo, und – allerletzter Willkürakt nach der Gefangennahme einer 400 Mann zählenden Einheit der Waffen-SS – die Hinschlachtung von 35 Zivilisten, Frauen, Alten und Kindern, am 4. Mai 1945 in Stramentizzo.

Die Reaktion der deutschen militärischen Führung im besetzten Italien auf die Herausforderung durch die Partisanenbewegung waren fast ausschließlich Rachemaßnahmen: Terror und Kriegsverbrechen.

Gerhard Schreiber, der Chronist der deutschen Kriegsverbrechen in Italien, zieht eine Bilanz:

»Insgesamt starben zwischen dem 8. September 1943 und dem 8. Mai 1945 auf direkte oder indirekte Weise durch deutsche Hand ca. 46 000 Militärinternierte oder Kriegsgefangene, 37 000 politische Deportierte und 16 000 zivile italienische Staatsbürger, darunter 7400 Juden. Das bedeutet, daß im statistischen Mittel – ohne die gefallenen Partisanen und regulären Soldaten – täglich 165 Kinder, Frauen und Männer jeden Alters ihr Leben ließen.«[188]

Der »letzte Sieg« der Wehrmacht

»... darunter 7400 Juden.«
Ihre Deportation setzte nach der deutschen Besetzung Italiens ein. Zwar hatte Mussolini am 17. November 1938 ebenfalls Gesetze erlassen, die sich gegen die jüdischen Staatsbürger richteten, aber der Unterschied zur Politik des nördlichen Bundesgenossen war von Anfang an fundamental – weder entpuppte sich, bis auf eine Minorität, die Bevölkerung als antisemitisch, noch gab es auch nur die Andeutung eines Gedankens an physische Vernichtung. Die Behandlung der *Judenfrage* gehörte zu den Streitpunkten zwischen den Achsenmächten.

Daß hier unüberbrückbare Gegensätze walteten, zeigte sich in der Handhabung der Rassengesetze in Italien und in den von italienischen Truppen besetzten Gebieten, wie einer grollenden Tagebucheintragung des Reichsministers für Propaganda und Volksaufklärung, Joseph Goebbels, entnommen werden kann:

»Übrigens sind die Italiener in der Behandlung der Judenfrage außerordentlich lasch. Sie nehmen die italienischen Juden sowohl in Tunis wie im besetzten Frankreich in Schutz und dulden durchaus nicht, daß sie zur Arbeit eingesetzt oder zum Tragen eines Judensterns gezwungen werden.«[189]

So hatte, zum Beispiel, das italienische Generalkonsulat in Saloniki den dortigen Juden die italienische Staatsbürgerschaft verliehen. Dagegen begannen die Drangsalierungen im deutschen Besatzungsgebiet sofort nach dem Einmarsch der Wehrmacht in Griechenland im April 1941, um im März 1943 in der Deportation aller Juden zu gipfeln, deren Eichmanns Häscher habhaft werden konnten. Als die Deutschen die Einführung des Judensterns in Griechenland verlangen, um die Flucht griechischer Juden in die italienische Besatzungszone zu verhindern, kam von dort ein klares Nein. Die gleiche Zurückweisung erfuhr Generaloberst Alexander Löhr, als er Anfang 1943 sein italienisches Pendant, Generaloberst Carlo Geloso, überzeugen wollte, mit den griechischen Juden seines Gebiets nach deutschem Vorbild zu verfahren, also sie deportieren und ermorden zu lassen.

Was Goebbels zu dem trübsinnigen Kommentar veranlaßte: Dem »Duce fehlt eben eine SS im Weltanschauungskrieg«.

Offenbar, denn auch im italienisch besetzten Kroatien fanden die Juden Schutz. Auslieferungsforderungen wurden abgelehnt, und der Chef des Stabs der in Mostar liegenden Infanteriedivision »Murge« weigerte sich, gegen angeblich aufrührerische Juden vorzugehen: Sondermaßnahmen gegen jüdische Bürger seien unvereinbar mit der Ehre der italienischen Armee – schließlich habe deren Führung allen Einwohnern Gleichbehandlung zugesichert.

Dazu kam, daß sich Offiziere in Dubrovnik offen in Begleitung jüdischer Frauen zeigten, was die deutsche Seite ebenso irritierte wie die Nachricht von 500 aus Sarajevo in die Adriastadt eingeschleusten und dort mit gefälschten Pässen lebenden Juden.

Auch in Kroatien bewahrten italienische Militärs jüdische Männer, Frauen und Kinder vor Gefangennahme und Abtransport ins Gas, was von deutscher Seite zu schweren Vorwürfen gegen die lokalen Behörden der verbündeten Besatzungsmacht führte. General Löhr und zwei Mitunterzeichner denunzierten das italienische Verhalten in einem Brief an Hitler als »bündnisfeindliches Handeln und projüdische Aktivitäten« so:

»Die Durchführung der Judengesetze des kroatischen Staates wird von italienischen Dienststellen derart behindert, daß in der Küstenzone, insbesondere in Mostar, Dubrovnik und Crikvenica, zahlreiche Juden unter italienischem militärischen Schutz stehen und andere Juden nach Italienisch-Dalmatien und nach Italien über die Grenze gebracht werden. Dadurch gewinnen Juden Hilfe und können ihre staatsfeindliche Arbeit und damit diejenige gegen unsere gemeinsamen Kriegsziele weiterführen.«[190]

Es war diese Haltung aus menschlichem Mitgefühl und fehlender Härte, die den deutschen Achsenpartner mit Mißtrauen erfüllte und die Italiener keineswegs nur in den Augen schwarzuniformierter Fanatiker disqualifizierte, sondern auch in denen ungezählter Wehrmachtangehöriger– ein entscheidender Grund für jene Verachtung, die schon lange vor dem Abfall Italiens erkennbar gewesen war.

In Tripolis äußerten sich 1942 deutsche Soldaten voller Abscheu darüber, daß italienische Behörden die etwa 16 000 jüdischen Einwohner der Stadt beschützten, was »diesen ermöglichte, ungehindert ihre unlauteren Geschäfte zu betreiben und gegen den faschistischen Staat zu komplottieren«.[191] Und blankes Unverständnis erzeugte die Meinung dortiger italienischer Beamter und Polizisten, »daß die libyschen Juden anständige Kerle« seien und »zwischen Italienern und Juden kein Unterschied gemacht« werde.[192]

Zitate wie diese können weder den italienischen Faschismus verharmlosen, noch darf verschwiegen werden, daß italienische Okkupanten auf dem Balkan Mord und Kriegsverbrechen begingen, besonders in Slowenien. Aber das blieben Sonderfälle. Nie sind die

Deutschen wankend geworden in ihrer Überzeugung, Rom übe ein laxes Besatzungsregime aus, und die Italiener seien »esseri inferiori«, »niedere Wesen«.

Solche Bewertungen durch seine Bundesgenossen mögen Mussolini schon lange vor dem September 1943 bekannt gewesen sein, etwa von den sogenannten »Meldungen aus dem Reich«, in denen es unter anderem hieß, das italienische Volk verdiene, mit den Juden, »also dem Auswurf der Menschheit«, gemeinsam genannt zu werden.[193] Auch dürfte es dem damals wahrscheinlich längst desillusionierten »Duce« kaum verborgen geblieben sein, daß den Italienern nach dem Sieg Deutschlands in Übereinstimmung mit den Maximen des NS-Rassismus die Rolle eines entwaffneten Arbeitervolks zugedacht war, obwohl Vertreter des Oberkommandos der Wehrmacht solche Vorstellungen erst nach Errichtung der *Repubblica Sociale Italiana*, der Marionettenrepublik in Salò am Gardasee, offen äußerten.

Die jämmerliche Rolle, die diese traurige Nachgeburt der größenwahnsinnigen Geschichte des italienischen Faschismus gespielt hat, wird weder durch die Eingaben ihres Ministerrats bei der deutschen Führung um bessere Behandlung der Militärinternierten aufgehoben, noch durch die aus diesem Mund groteske Aufforderung Anfang 1945, die Deutschen sollten endlich aufhören, das Territorium der Republik samt deren »Bürger und Güter« als ihre »Kriegsbeute« anzusehen.[194]

Das Bündnis der Achse, seit Kriegsausbruch ohnehin keine Allianz gleichwertiger Partner, war lange vor Badoglios Schritt aus den Klauen der sich im Rückzug befindlichen deutschen Militärmacht zerbrochen. Gerhard Schreiber bilanzierend zu deren Reaktion:

»Erklärungen für dieses staatlich legitimierte Töten ergeben sich – abgesehen von situativ bedingten Motiven – aus den vorstehend thematisierten militärischen, machtpolitischen, besatzungspolitischen, völkischen und rassenideologischen Faktoren, die in ihrer Gesamtheit auf direkte oder indirekte Weise die Hemmschwelle hinsichtlich der Vernichtung italienischen Lebens – insbesondere bei der Auseinandersetzung mit dem Widerstand – absenkten, das heißt eine Mentalität entstehen ließen, die auf dem Kriegsschauplatz Italien die Anordnung, Ausführung und Duldung von Mord leichtmachte.«[195]

Es war »der letzte Sieg« der Wehrmacht – und sie, auch hier, der große Unglücksbringer.

Soll der Skandal der Kasernenpatrone ewig weitergehen?

Man kann den Verfechtern der Traditionslüge einen selektiven Instinkt bei der Auswahl der Kasernenpatrone nicht absprechen – auch die verbissensten schreckten vor bestimmten Namen der Wehrmachthierarchie zurück – eine Siebung, die Bände spricht über die Auslesekriterien. Durch dieses Raster fielen zum Beispiel: die Generalfeldmarschälle Albert Kesselring, Wilhelm Keitel, Walter von Reichenau, Ferdinand Schörner und Walter Model, Generaloberst Alfred Jodl, die Generäle der Artillerie Walter Warlimont und Eduard Wagner, die Generäle der Infanterie Rudolf Schmundt und Hermann Reinecke und, obwohl von der frühen Bundeswehrführung kräftig hofiert, auch Generalfeldmarschall Erich von Manstein. Das gleiche Schicksal war dem Generalstabschef des Heeres Franz Halder und einigen anderen Generälen beschieden, auch wenn ihnen nach 1945 kein Haar gekrümmt wurde und sie vielen weiter als Patrioten galten.

Nach welchem System wurde entschieden, wer zum Kasernenpatron erhöht wurde und wer nicht?

Schwankungen gab es etwa, als die Bundeswehr eine Kaserne in Münster nach Generaloberst Heinz Guderian benennen wollte, also dem Mann, der in seinem ersten Tagesbefehl als neuer Chef des Generalstabes des Heeres die Männer des 20. Juli 1944 disqualifizierte als

»ein paar teilweise schon pensionierte Offiziere, die den Mut verloren hatten und aus Feigheit und Schwäche von dem für einen ehrlichen Soldaten einzig möglichen Weg der Pflicht und Ehre abgewichen sind und den Weg der Schande vorgezogen haben«.

Als sich die Befürworter des Kasernenpatrons Guderian auch durch solche Töne nicht abschrecken ließen, griff Marion Gräfin Dönhoff ein und schrieb in der »Zeit« vom 23. April 1965 unter dem Titel »Der Geist Guderians – Wo die Grenzen der Tradition für die Bundeswehr liegen«:

»Guderian gehörte jenem ›Ehrenhof‹ an, der von Hitler beauftragt worden war, die am 20. Juli beteiligten Offiziere – unter denen sich ein Feldmarschall und zehn Generäle befanden – aus der Wehrmacht auszustoßen und sie dadurch der Wehrmachtgerichtsbarkeit zu entziehen, um sie dem Henker Freisler auszuliefern. Ohne daß auch nur einer der 55 beschuldigten Offiziere vorgeführt worden wäre und Gelegenheit zur Verteidigung erhielt, hatte der ›Ehrenhof‹ sie allesamt innerhalb weniger Minuten aus der Wehrmacht ausgestoßen und entlassen.«

Es folgt ein Zitat aus H. G. von Studnitz' Buch »Als Berlin brannte« – der Auftritt Guderians am 7. März 1945 zusammen mit Reichspressechef Otto Dietrich im Berliner Propagandaministerium vor der Presse:

»Der Generaloberst zitierte dann einen Armeebefehl des Sowjetmarschalls Schukow, in dem es heißt: Jetzt gilt es, dem faschistischen Tier in seiner eigenen Höhle den Garaus zu machen. Am Schluß seiner Ausführungen erklärte Guderian: Ich habe selbst in der Sowjetunion gekämpft, aber nie etwas von Teufelsöfen, Gaskammern und ähnlichen Erzeugnissen einer kranken Phantasie bemerkt. Die Absicht ist unverkennbar, mit solchen Lügen die Haßgefühle der primitiven Sowjetsoldaten aufzustacheln.

In seinem Tagebuch kommentierte Studnitz: ›Der Eindruck dieser Ausführungen war kein guter. Die Welt kennt jetzt Photographien, Filme und Augenzeugenberichte über das Todeslager von Maidanek, das Todeslager Auschwitz und ähnliche Institutionen in den besetzt gewesenen Gebieten. Das deutsche Volk weiß von diesen Dingen allerdings nichts. Immerhin sollte man annehmen, daß Guderian über sie unterrichtet ist. Um so eigenartiger berührt es, daß er die Angelegenheit in dieser Form aufgreift.‹«

Die Schlußfolgerung der Autorin:

»Nimmt man dies alles zusammen, so ist doch wohl ganz klar, daß ein Mann wie Guderian unter gar keinen Umständen zum Vorbild der Bundeswehr erklärt werden darf.«

Da waren die Initiatoren einer Benennung nach Generaloberst Heinz Guderian ganz anderer Meinung oder hatten, ebenso schlimm, wieder einmal »von nichts gewußt«.
Aber diesmal kamen sie nicht durch oder genauer: nicht ganz. Denn die Kasernen in Münster erhielten jetzt Namen, die geeignet waren, die Enttäuschten zu trösten, nämlich nach Generalmajor Adalbert Schulz (»Panzer-Schulz«) und Generalmajor Oswald Lutz (»Vater der deutschen Panzerwaffe«). Paßten beide Kasernenpatrone doch in das Schema eines Kriegerkults, wie er sich etwa im »Völkischen Beobachter« vom 3. Februar 1944 artikuliert hatte:

»Generalmajor Schulz ist tot. Rattern der Panzermotoren, Klirren der Raupenketten, Krachen der Panzerkanonen – das ist sein Trauermarsch.«

Im Heeresbericht vom 28. Januar 1944 hatte es geheißen:

»Schicksal und Haltung dieses Mannes sind ein leuchtendes und verpflichtendes Vorbild.«[196]

Offenbar auch für die Traditionspfleger der Bundeswehr – bis heute.
Soll der Skandal der Kasernenpatrone ewig weitergehen?
Offenbar, denn die Benennungen sollen weiter gehandhabt werden wie bisher.
Das jedenfalls ist einem Schreiben des Petitionsausschusses des Deutschen Bundestags vom 28. Oktober 1999 an den Petenten Jakob Knab zu entnehmen. Darin wird zwar angekündigt, daß seine Petition zur Umbenennung von immer noch nach 26 Hitlermilitärs getauften Kasernen der Bundeswehr dem Verteidigungsministerium überwiesen werde, gleichzeitig aber erklärt:

»Wie der Petitionsausschuß im Zusammenhang mit früheren Eingaben zur Kasernenbenennung ausgeführt hat, sollte diese nicht ›von oben‹ befohlen, sondern auf Vorschlag der Truppe vor Ort und unter Beteiligung der jeweiligen Kommunalbehörden/Kommunalparlamente, ggfls. auch der Bürger des jeweiligen Ortes, erfolgen. Dies ist auch weiterhin im Grundsatz die Auffassung des Ausschusses.«

Da beißt sich argumentativ etwas in den Schwanz und straft sich selbst Lügen – denn die Dietl- und Kübler-Kasernen sind »von oben« umgetauft worden, wenn auch erst nach langjährigem politischem Druck. Wieso soll es bei diesen beiden Beispielen bleiben, warum soll die politische und militärische Führung der Bundeswehr ihr Gewicht nicht auch anderswo ins Spiel bringen?

Wie lange muß gewartet werden etwa in Sachen »General-Hüttner-Kaserne« in Hof an der Saale – 1985 eingeweiht, und das sinnigerweise am 30. April, also Hitlers 40. Todestag?

Der 1885 geborene und 1956 verstorbene Generalmajor Hans Hüttner allerdings hätte gewiß nichts gegen die Symbolik des Datums einzuwenden gehabt, war er doch in seiner großen Zeit in dienstlichen Beurteilungen als »überzeugter Nationalsozialist« und »vom Nationalsozialismus erfüllter soldatischer Führer« charakterisiert worden. Was bestätigt wird von der martialischen Durchhalterede, die der spätere Kasernenpatron der Bundeswehr Hüttner am 20. April 1943 zu »Führers« Geburtstag in Hof hielt, schließend mit dem Satz:

»Einmal wird auch dieser Krieg siegreich zu Ende gehen, und dazu wollen wir alle unserem Führer helfen.«

Das stellte sich zwar als falsche Prophezeiung heraus, doch kann gesagt werden, daß Hüttner alles tat, sie zu erfüllen, gab er doch bei der Eroberung des ukrainischen Shitomir an vorderster Front ein Lehrbeispiel für die arbeitsteilige Täterschaft von Wehrmacht und Vernichtungsapparat: Als die Truppe die Stadt erobert hatte, folgten ihr die Mordgesellen der Einsatzgruppe C und richteten ein Blutbad unter den Juden an.

Was kann vorbildhaft sein an diesem Mann? Wie ist die Benennung der Kaserne in Hof zu vereinbaren mit den Richtlinien zum Traditionsverständnis:

»Kasernen und andere Einrichtungen der Bundeswehr können mit Zustimmung des Bundesministers für Verteidigung nach Persönlichkeiten benannt werden, die sich durch ihr gesamtes Wirken oder eine herausragende Tat um Freiheit und Recht verdient gemacht haben.«

Da steht es doch – »mit Zustimmung des Bundesministers der Verteidigung« –, was besagt, daß die letzte Verantwortung für die Ernennung von Kasernenpatronen beim Bundesverteidigungsministerium liegt und immer gelegen hat. Warum aber wird dann im Schreiben des Petitionsausschusses an Jakob Knab vom 28. Oktober 1999 die Verantwortung an die Truppe vor Ort und die jeweiligen Kommunalbehörden/Kommunalparlamente delegiert?

Die Wahrheit: weil man in Berlin genau weiß, welches heiße Eisen da, immer noch, angefaßt wird – nicht gerade ein Ruhmesblatt für Politik und Öffentlichkeit.

Der Testfall

Das Unheimliche bei der Auswahl von Kasernenpatronen bleibt die Differenzierung unter Soldaten, die unterschiedslos im Dienst Hitlers standen und von denen jeder sich um den »Führer« verdient gemacht hatte. Es gab also sehr wohl ein Bewußtsein, daß Verbrechen im Spiel waren, bei gleichzeitig völliger Bewußtlosigkeit gegenüber dem Krieg der Waffen als das Hauptverbrechen Hitlerdeutschlands. Nirgendwo taucht auch nur eine Spur dieses Gedankens auf. Teile der Wehrmacht werden nur insoweit kritisch bewertet, wie sie an der Niedermetzelung von Zivilisten hinter den Fronten und jenseits von Kampfhandlungen beteiligt waren – die Apokalypse, das Zentralverbrechen des Angriffskriegs, hat keinen Eingang in das öffentliche Bewußtsein gefunden und bleibt hinter dem Eisernen Vorhang der »zeitlosen soldatischen Tugenden« verborgen.

Dieser Blackout, dieses Defizit in Traditionsverständnis und Traditionspflege der Bundeswehr, macht es möglich, daß zwischen 1939 und 1945 verherrlichte Militärs zu Lichtgestalten der Bundeswehr werden – allen voran Erwin Rommel.

Seine Mitverantwortung für den deutschen Anschlag auf die Welt beschränkte sich keineswegs auf seine Zeit als Oberbefehlshaber der Heeresgruppe B in Italien (obwohl die allein hätte genügen müssen, um ihn als Kasernenpatron der Bundeswehr ein für allemal auszuschließen). Gleich nach dem Sieg über Polen schrieb Rommel über Hitler:

»Von ihm geht eine magnetische, vielleicht hypnotische Kraft aus, die ihren tiefsten Ursprung in dem Glauben hat, er sei von Gott oder der Vorsehung berufen, das deutsche Volk ›zur Sonne empor‹ zu führen.«[197]

Dabei ist es geblieben – auch wenn Rommel angesichts der bevorstehenden deutschen Niederlage im Sommer 1944 Kritik an Hitlers militärischen Entscheidungen übte, ja, in seinem berühmten Brief an den »Führer« vom 15. Juli jenes Jahres mit Blick auf die Überlegenheit der Alliierten im Westen »politische Folgerungen« forderte; auch wenn er durch Äußerungen seines Generalstabschefs Hans Speidel in das Attentat vom 20. Juli hineingezogen wurde und sich vor der Wahl Volksgerichtshof oder Freitod für das von der Gestapo gleich mitgebrachte Gift entschied – Erwin Rommel war bis zuletzt des »Führers« General, die Ikone der Wehrmacht, und das über deren Untergang hinaus.

Noch nach mehr als einem halben Jahrhundert verkörpert kein anderer Militär aus der Ära des Nationalsozialismus und des Zweiten Weltkriegs stärker die ahistorische Teilung in eine *gute* und eine *schlechte* Wehrmacht, versperrt nichts so nachhaltig den Blick auf den Krieg als deutsches Hauptverbrechen wie die Rommelsche Legende von etwas, was es unter dem Oberbefehlshaber Adolf Hitler nicht geben konnte: den *anständigen Kampf.*

An Rommel scheiden sich die Geister. Sein Bleiben oder sein Verschwinden als Kasernenpatron der Bundeswehr wird zeigen, wie ernst es ihr mit der Korrektur der Traditionspraxis ist.

Rommel ist der Testfall.

P. S.

Letzte Nachricht vor Drucklegung von der Dietl-Front in Bad Aibling: Willy Lindl hat an dem neben dem Felsblock stehenden Kreuz ein Schild aus Metall angebracht, mit der Inschrift: »Gedenket den Toten der Gebirgstruppe und Eduard Dietl«.

So steht es da, wortwörtlich.

Die Große Diskussion

»Je mehr Bürger mit Zivilcourage unser Land hat,
desto weniger Helden wird es einmal brauchen.«
Heinrich Böll

Falsch untertitelte Fotos sind falsch untertitelte Fotos, basta! Aber...

Nach mehr als fünfzig Jahren der Legende brachte die Ausstellung »Vernichtungskrieg – Verbrechen der Wehrmacht 1941 bis 1944« die Wende im öffentlichen Bewußtsein, das Ende des Mythos vom »sauberen Waffenrock«, »wertfreien Kampf« und von den »zeitlosen soldatischen Tugenden«.

Gegen eine fast die gesamte Nation umfassende Konspiration ist knapp vor Beginn des 21. Jahrhunderts das Geschwür der Lebenslügen von Generationen aufgebrochen, ist endlich das hartnäckigste Segment der Verdrängung, das zentrale Tabu der deutschen Nachkriegsgeschichte vom Gesetz der Wahrheitsforschung eingeholt worden.

Es war wie ein Dammbruch, als würden die Wellen neugieriger Erregung hineinschießen in das Vakuum eines mühsam aufrechterhaltenen Wissens- und Bewußtseinsdefizits. Nun sog der Zeitgeist das Thema auf wie ein trockener Schwamm.

Und das, obwohl die Ausstellung nicht einmal die Spitze des Eisbergs zeigte, sondern wegen ihrer optisch begrenzten Möglichkeiten nur einen molekularen Ausschnitt aus der obersten Schicht des Morduniversums belichten konnte. Wenn im besagten Zeitraum – 1941–44 – bei jedem Verbrechen NS-Deutschlands, darunter von Wehrmacht-SS, Wehrmacht-Einsatzgruppen, Wehrmacht-Gestapo, Wehrmacht-Polizeibataillonen, eine Kamera gefilmt hätte – kein Archiv der Welt wäre groß genug gewesen, um die Negative unter einem Dach zu stapeln (wobei, notabene, in der Ausstellung die Jahre 1933 bis 1941 und das Jahr 1945 fehlen).

In diesem Zusammenhang ein Wort zur Unterbrechung der Ausstellung und zu den Gründen dafür.

Falsch untertitelte Fotos sind falsch untertitelte Fotos, basta! Das ist eine schlimme, überflüssige und, angesichts der Lauerhaltung der

Gegner, selbstzerstörerische Glaubwürdigkeitseinbuße. Leitung, Hersteller und Organisatoren der sonst epochalen Ausstellung wären besser beraten gewesen, wenn sie das Material vorher auf Hieb und Stich geprüft hätten, statt es den notorischen Abwieglern so leichtzumachen. Also bevor Wasser auf die Mühlen der Leute geleitet wurde, die sich mit dem, was sie bestreiten, niemals wirklich beschäftigt haben – und deshalb stets unglaubwürdig sind. Ich jedenfalls nehme ihnen kein Quentchen jenes Empörungsgehabes ab, das sie angesichts der Verbrechen des NKWD auf den falsch untertitelten Ausstellungsphotos bekundeten. Denn welche Abscheu, welches Entsetzen müßte sie dann erst angesichts der deutschen Verbrechen gepackt haben. Wovon selbstverständlich keine Rede sein kann, da auch hier wieder jene Spezies Pate steht, die, à la Professor Seidler, Mitleid für deutsche Opfer vorgaukelt, ohne daß die geringste innere Beziehung zur Welt der deutsch verursachten Opfer sichtbar wird – Falschspieler auf der Klaviatur einer entseelten Toten- und Aufrechnungsarithmetik.

Noch einmal: Falsch untertitelte Fotos sind falsch untertitelte Fotos, basta! Aber: Der Kern der Ausstellung, ihre Notwendigkeit, Dringlichkeit und Berechtigung, sie werden davon nicht berührt – die Verbrechen der Wehrmacht existieren unabhängig davon. Keine noch so lange Reihe von Verwechslungen könnte widerlegen, daß im Osten und auf dem Balkan ein rassischer Vernichtungskrieg geführt wurde und daß die Wehrmacht, neben ihrer Rolle als Trägerin des Hauptverbrechens Krieg der Waffen, eine aktive Rolle dabei gespielt hat. Die von zahlreichen deutschen Historikern erarbeiteten Erkenntnisse lagen längst vor und bedurften der Ausstellung nicht.

Obwohl unvermeidlicherweise ein Fragment, ist es ihr bleibendes Verdienst, das Thema weit über den Radius der Fachleute hinaus ins öffentliche Bewußtsein befördert zu haben, und zwar unumkehrbar. Dazu kann schon heute als sicher gelten, daß die dadurch angestoßene historische Forschungsarbeit in den nächsten Jahren das Wissen über den Alltag des Kriegs vertiefen wird. Nach allem, was bereits jetzt zu erkennen ist, wird sich das Bild des Vernichtungskriegs weiter verdüstern, und womöglich ist der Anteil der Wehrmacht daran größer, als wir heute wissen.

Die Zeiten haben sich geändert, die Ausgangspositionen der Kontrahenten sich umgekehrt: Kritiker der Wehrmacht, des Traditionsverständnisses und der Traditionspflege der Bundeswehr sind in der Offensive, Traditionalisten und Wehrmachtapologeten auf dem Rückmarsch. Und am Pranger steht die Traditionslüge (ein von mir geprägter Begriff, der aber inzwischen auch von ihren Verfechtern benutzt wird, wenn auch mit anderer Absicht, wie später gezeigt wird).

Die bedeutendste Folge der Ausstellung, ihre geschichtliche Rolle, besteht darin, daß sie die Nebelfront eines halben Jahrhunderts zerteilt und die Große Diskussion eingeleitet hat.

Dabei kam es zu zwei Ereignissen, die in die Annalen der Auseinandersetzung mit Hitlerdeutschland und seinem Erbe eingehen werden.

»Wir haben nicht zwei verschiedene Kriege geführt«

Das erste Ereignis war die Fachtagung zur Eröffnung der Ausstellung am 26. Februar 1997 im Bremer Rathaus.

Daran beteiligt: Angehörige der Bundeswehr und Offiziere a. D., Historiker, Journalisten, Bundestagsabgeordnete der SPD, der CDU und der Grünen, Professoren und Dozenten der Universitäten Berlin, Bremen, Mainz, Bonn, Wien und Münster, sowie der Leiter des Hamburger Instituts für Sozialforschung und Vater der Ausstellung »Vernichtungskrieg – Verbrechen der Wehrmacht 1941–1944«, Jan Philipp Reemtsma.

In der späteren Diskussion mit den Teilnehmern der Fachtagung und in Arbeitsgruppen meldeten sich auch Zuhörer zu Wort.

Die Fronten sind rasch geklärt, die Positionen bald eingenommen – Befürworter der Ausstellung hie, ihre Gegner dort, mit Zwischentönen, aber der Spielraum für einen Ausgleich erweist sich als eng. Bei der Härte der Gegensätze ist die Rhetorik erstaunlich verbalinjurienfrei, das intellektuelle Niveau beträchtlich, die Widersprüche jedoch prinzipiell. Und die Aktualität des Themas ist von Anfang an mit Händen greifbar. Diese Vergangenheit lebt weiter in der Gegenwart, ergreift fast die gesamte Gesellschaft, die Bundeswehr prominent darin eingeschlossen. Daher sprengt der Bremer Disput seine lokale und zeitliche Gebundenheit und gewinnt durch die Beispielhaftigkeit der Gegensätze die Dimension einer Großen Diskussion.

Am Anfang der Debatte standen Argumente von Hans-Adolf Jacobsen, die das Problem klar beleuchten (und deshalb zum Teil weiter oben schon einmal zitiert worden sind):

»Im Jahre 1996 erschien eine der zahlreichen Divisionsgeschichten, hervorragend gemacht, eine großartige Dokumentation von tapferen Offizieren, ich bin überzeugt davon, daß das im alten guten preußischen Geist geschehen ist, was da abgelaufen ist. Aber in der Einführung schreibt der Herausgeber: ›Wir vorne an der Front haben unsere Pflicht ehrenvoll tapfer erfüllt, nämlich, den Krieg gegen den Gegner zu führen, so wie es uns als Soldaten befohlen war. Aber hinter uns wüteten die Kolonnen Hitlers, dafür tragen wir keine Verantwortung.‹

Ich weiß nicht, ob den Autoren dabei klargeworden ist, daß die Soldaten vor und die SS hinter der Front denselben Krieg geführt haben. Es war – leider – fast eine Art Arbeitsteilung. Der eine hatte die Aufgabe, die militärischen Gegner niederzuhalten, das waren wir Soldaten, oder sogar zu versuchen, ihn zu schlagen, und der andere hatte den Auftrag, zum Teil unterstützt von einzelnen Einheiten des Heeres, den ideologischen Gegner zu vernichten.

Wir haben nicht zwei verschiedene Kriege geführt!

Wenn wir also den Gesamtzusammenhang von Politik und Kriegführung ernst nehmen, müssen wir bekennen – ich beziehe mich da mit ein –, daß wir letzten Endes historisch gesehen Mittäter gewesen sind. Mittäter nicht an den Verbrechen als solchen, denn dafür kann man nur denjenigen zur Rechenschaft ziehen, der aktiv oder in anderer Weise mitgewirkt hat.

Die historische Mittäterverantwortung gilt es schweren Herzens – aus heutiger Sicht – einzusehen, weil wir als Angehörige der Wehr-

macht diesen Krieg für Hitler und nicht etwa für Deutschland oder
für unsere Heimat, wie wir das geglaubt haben, geführt haben. Und
noch tragischer, das ist mir eigentlich jetzt erst in den letzten Jahren
mehr und mehr deutlich geworden vor dem Hintergrund des neuen
Materials: Die Mitverantwortung, die wir sehen müssen, im Kontext
der Wechselwirkung von Politik und Kriegführung, liegt auch darin:
Hätten wir vorne an der Front nicht so hervorragend gekämpft oder
wären unsere Fronten schneller zusammengebrochen, dann hätten
die Mordakteure gar nicht tun können, was sie getan haben. Mit
anderen Worten: Ob wir wollten oder nicht, wir haben die SS-Sonderkommandos abgeschirmt. Hier zeigt sich also jene unabdingbare
Wechselwirkung des Rollenspiels: auf der einen Seite des Militärs
und auf der anderen Seite der Sonderkommandos, zum Teil direkt
oder indirekt auch unterstützt von Soldaten.«[198]

In diesen Ausführungen von großer historischer Kompression wird
der Krieg der Waffen zwar nicht als Hitlerdeutschlands Hauptverbrechen definiert, aber doch als Hintergrundraster sichtbar. Die Wehrmacht, so Jacobsen weiter, sei das Instrument einer wahnwitzigen
Doktrin und Politik gewesen, deren Ziel es war, »Lebensraum« zu
erkämpfen, die »Rassenfeinde« zu vernichten und eine totalitäre
Herrschaft in Europa zu errichten. Indoktriniert, manipuliert und
tragisch verstrickt, könne nicht nur von Opfern einer gewissenlosen
politischen Führung gesprochen werden, sondern auch im militärischen Sinn von Mittätern.

Dann die Gegenseite:

»Wie andere Kenner der Tatsachen halte ich diese Behauptung für
falsch und infam. Sie beinhaltet eine unglaubliche Diffamierung der
Millionen gefallener, gestorbener und noch lebender Soldaten der
Wehrmacht. (. . .) Sie haben im Krieg ihren Auftrag zuverlässig ausgeführt und durch ihre Leistungen hohes Ansehen, selbst bei den einstigen Gegnern, erworben.«[199]

So Professor Ernst Rebentisch, Generaloberstabsarzt a. D. der Bundeswehr und Weltkriegsteilnehmer, nachdem er die Wehrmacht eingangs zutreffend als das »bedeutendste Machtinstrument des Deut-

schen Reiches« bezeichnet hatte. Doch nur, um danach zwecks
Generalabsolution und unter der ahistorischen Losung »Hie die
Nazis – hie die Deutschen« Schlag auf Schlag ein Stereotyp der Traditionalisten nach dem anderen aufzulisten.

Darunter: die Wehrmacht – ein Zufluchtsort für zahlreiche Persönlichkeiten, um sich der Pression durch Partei und ihre Organisationen zu entziehen; die jungen Offiziere, in den Jahren 1937–39
selbst erlebt, frei von nationalsozialistischer Schulung und Einflußnahme; das Konzept der NS-Führungsoffiziere bei den Kampftruppen gescheitert; trotz Rassengesetzen nichtarische Deutsche in der
Wehrmacht, auch Offiziere; der Kommissarbefehl lediglich vereinzelt befolgt; nur eine kleine Zahl verbrecherischer Elemente in der
Wehrmacht, sie selbst vom Nürnberger Tribunal nicht als verbrecherische Organisation eingestuft; Kriegsverbrechen von den Siegermächten und zum Teil auch von deutschen Gerichten hart geahndet;
die Kritik an der Wehrmacht steht unter dem Motto »Alle Soldaten
sind Verbrecher« und, bezogen auf den Partisanenkampf:

»Sie alle werden den Kopf einziehen, wenn zum erstenmal in Bosnien aus dem Hinterhalt auf deutsche Soldaten geschossen wird und
Gefallene und Verwundete zu beklagen sind.«[200]

Dieser Vergleich zwischen den NATO-Streitkräften zur Beendigung
eines Bürgerkriegs im zerfallenden Jugoslawien, mit zuvor bereits
Hunderttausenden von Toten, und den Invasionsarmeen Hitlers ist
an Zynismus nicht zu überbieten. So ist Rebentischs gesamtes Denkmuster, jedes seiner Argumente ist falsch: Er verkennt, wie tief die
Jugend NS-indoktriniert war und also auch die Truppe. Er führt den
unexemplarischen Verbleib weniger »nichtarischer« Wehrmachtangehöriger an, um die furchtbare Lage der »jüdischen Mischlinge I.
und II. Grades« nach der NS-Rassengesetzgebung zu verdecken. Er
verharmlost den Kommissarbefehl und unterschlägt die damit verbundenen drei anderen verbrecherischen Befehle. Er behauptet,
Kriegsverbrechen seien von den Alliierten und von deutschen
Gerichten streng geahndet worden, obwohl kein einziger General
wegen der NS-Zeit vor bundesdeutschen Gerichten gestanden hat.
Er verfälscht die Entscheidung des Nürnberger Tribunals, General-

stab und Oberkommando nicht unter die verbrecherischen Organisationen einzuordnen, in einen Freispruch für die Wehrmacht und verschweigt die Begründung (wegen des fehlenden Gruppenstatus) genauso wie die Bewertung von Generalstab und Oberkommando der Wehrmacht durch das Nürnberger Gericht, deren vernichtende Quintessenz lautete:

»Die Wahrheit ist, daß sie an alle diesen Verbrechen teilgenommen haben oder in stillschweigender Zustimmung verharrten, wenn vor ihren Augen größer angelegte und empörendere Verbrechen begangen wurden, als die Welt je zu sehen das Unglück hatte.«

Natürlich taucht bei Rebentisch die falsche Anschuldigung gegen die Kritiker der Wehrmacht auf, sie stempelten alle ihre Angehörigen zu Verbrechern, um sich die Schlußfolgerung zurechtzulegen:

»Selbst in einem Rechtsstaat hat der Verbrecher das Recht, daß ihm vor der Verurteilung die Tat nachgewiesen wird, andernfalls ist er freizusprechen. Solange dies den 19 Millionen ehemaliger deutscher Soldaten verwehrt wird, die befehlsgetreu und opferbereit ihre Pflicht für das Vaterland getan haben, darf sich niemand wundern, wenn sich die noch Überlebenden gegen pauschale Diffamierungen zur Wehr setzen.«[201]

Das ist die unverblümte Forderung nach kollektiver Freisprechung des »bedeutendsten Machtinstruments des Dritten Reiches« aus dem Munde eines Mannes, der fortwährend nach Differenzierung ruft.

Worüber sich tatsächlich gewundert werden sollte, ist, daß für diesen ehemals hohen Offizier der Bundeswehr Hitlers verbrecherischer Angriffskrieg also immer noch ein »Kampf fürs Vaterland« war, das heißt, Rebentisch Wertvorstellungen und Geschichtsinterpretationen huldigt, die denen vor 60 Jahren gleichen. Nirgendwo ist eine wirklich durchgearbeitet ablehnende Position gegenüber der NS-Epoche zu erkennen, sondern nur unscharfe Wahrnehmungsmuster. Was abermals bestätigt, daß die Einstellung zur Wehrmacht grundbestimmt wird von der Einstellung zum Dritten Reich und seiner Geschichte.

In Rebentisch dauert die These von den zwei Kriegen – dem der »sauberen Wehrmacht« und dem der SS – also fort.

»Aber ihr selbst müßt das wissen, um überhaupt leben zu können«

Der Gegensatz zu anderen Teilnehmern der Tagung könnte nicht größer sein. Jan Philipp Reemtsma, mit der gewohnten Fähigkeit, ein Thema zu raffen:

»Der Krieg der deutschen Wehrmacht im – pauschal gesprochen – ›Osten‹ ist kein Krieg einer Armee gegen eine andere Armee gewesen, sondern er sollte der Krieg gegen eine Bevölkerung sein, von der ein Teil – die Juden – ausgerottet, der andere dezimiert und versklavt werden sollte. Kriegsverbrechen waren in diesem Krieg nicht Grenzüberschreitungen, die erklärungsbedürftig sind, sondern das Gesicht des Krieges selbst.

Warum ist die Wehrmacht der Bevölkerungsteil, dessen Rolle in den Jahren 1933 bis 1945 zu diskutieren nach wie vor so schwierig ist?«[202]

Und Professor Wolfgang Benz von der Technischen Universität Berlin, Direktor des Zentrums für Antisemitismusforschung, zu den Kenntnisdefiziten über den Vernichtungskrieg:

»Im kollektiven Bewußtsein der Deutschen sind die Leiden der sowjetischen Menschen und die Schrecken des Krieges auf sowjetischem Boden immer noch nicht – mindestens nicht in ihrem Ausmaß – präsent.

Die Kriegsgeneration schwieg oder drängte die schrecklichen Bilder und Erfahrungen aus ihrem Gedächtnis. Deckerinnerungen an die deutschen Kriegsgefangenen, die in der Sowjetunion zurückgehalten wurden, an die Grausamkeiten der Roten Armee bei der Besetzung Deutschlands, an das Schicksal der Flüchtlinge und der

Vertriebenen dienten dazu, die deutschen Grausamkeiten und Verbrechen zu verdrängen. In der Erinnerung der meisten Zeitgenossen wurde so aus dem Überfall auf die Sowjetunion ein Krieg, den man als schicksalhaft und notwendig fand, und mit dieser Empfindung waren die eigene Mitwirkung und das eigene Verhalten ohne weitere Reflexion zu rechtfertigen. Und aus dem kollektiven Bewußtsein verschwunden sind folgerichtig die Befehle der deutschen Führung, die geltende Gesetze der Kriegführung außer Kraft setzten und den Kampf gegen die Sowjetunion zu einem Vernichtungs- und Ausrottungskrieg machten.«[203]

Der Tagungsteilnehmer Professor Wolfgang Eichwede von der Universität Bremen, Direktor der Forschungsstelle Osteuropa, über ein erschütterndes persönliches Erlebnis:

»Ich kenne eine der ganz wenigen Frauen, nun in hohem Alter, die Babi Jar überlebt hat. Dort wurden am 29. und 30. September 1941 die Kiewer Juden erschossen – 30 000 – und in die Schlucht gestürzt. Rahil, dem kleinen Mädchen, gelang es, sich unter den Leichenbergen ihrer Eltern und Geschwister zu verstecken und dann hervorzukriechen. Bei unserer ersten Begegnung 1981 fragte sie mich mit leiser, bebender Stimme: ›Wer von euch hat das gemacht? Wer war verantwortlich, wer hat geschossen und das Schießen ermöglicht? Wir müssen das wissen, um mit euch leben zu können, aber ihr selbst müßt das wissen, um überhaupt leben zu können.‹

Die Wehrmacht hat in Babi Jar den Mordkommandos Amtshilfe geleistet. Über unserer Diskussion liegen die Worte der greisen Jüdin wie ein Vermächtnis. Wir werden uns von ihnen nicht lösen können.«[204]

Was keineswegs für alle Tagungsteilnehmer galt, zum Beispiel nicht für den Brigadegeneral a. D. Dr. Günther Roth, ehemaliger Amtschef des Militärgeschichtlichen Forschungsamts des Bundeswehr im bayerischen Burggen:

»Es ist schließlich nicht zu bestreiten, daß die deutsche Wehrmacht, wie jede andere Armee eines andern Staates, ein Mittel der Politik war. Als militärisches Instrument war sie durch den Primat der Politik gezwungen, der Staatsführung zu gehorchen, als diese militärische Gewalt zur Durchsetzung ihrer politischen Absichten als unabdingbar notwendig erklärte.«[205]

»Wie jede andere Armee eines andern Staates«? Welche Auffassungen liegen solcher Nivellierung zugrunde? Was kann das Stichwort vom Primat der Politik hier anderes bedeuten, als die für diese Politik mitverantwortliche Generalität aus der Feuerlinie zu ziehen? Als wenn der Primat der Politik in Hitlerdeutschland mit dem in Demokratien zu vergleichen war!

Und Roth weiter: Die überwiegende Mehrheit der Soldaten habe bei Kriegsausausbruch nichts von den rassenideologischen Zielen Hitlers gewußt.

Wie sieht in den Augen des ehemaligen Brigadegenerals der Bundeswehr eigentlich das Deutschland zwischen dem 30. Januar 1933 und dem 1. September 1939 aus? Waren nicht Haß und Feindschaft gegen Juden seit Jahr und Tag der Kern aller NS-Propaganda gewesen? Ihre Verfolgung und Drangsalierung im Reich und die Kodifizierung ihrer Entrechtung durch die Nürnberger Rassengesetze nicht in aller Öffentlichkeit vor sich gegangen? Hatte das Scherbengewitter der Reichspogromnacht nicht durch Großdeutschland gehallt, der Widerschein der brennenden Synagogen nicht bis in seine letzten Winkel geleuchtet, der Schrei der Geschlagenen, Getretenen und Ermordeten nicht in alle Ohren gedrungen? Waren die Konzentrationslager in einer anderen Galaxis errichtet und bis Kriegsausbruch nicht schon Zehntausende von Deutschen festgehalten, gefoltert und getötet worden? Was war das für ein Vaterland, in dem, nach Roth, »die Wehrmacht als militärisches Instrument gezwungen war, dem politischen Willen der Staatsführung zu gehorchen«?

Welcher Staatsführung? Gerät der Bundeswehroffizier a. D. Roth nicht in Konflikt mit dem Bundeswehrpflichtbekenntnis zum Widerstand von Stauffenberg und Kameraden? Roth spricht es zwar aus, aber es hört sich seltsam deplaciert an, weil das eine mit dem anderen nicht vereinbar ist.

Und was kann der Satz, die Aufgabe jeder Armee bestehe darin, »den Gegner niederzuwerfen, wehrlos zu machen und seine Streitkräfte zu vernichten«, anderes bedeuten, als dem Angriff der Wehrmacht auf Europa und die Welt als »Krieg an sich« den Anstrich eines völkerrechtskonformen Akts zu geben?

Kein Wunder, daß bei solcher Sicht eine Ungeheuerlichkeit wie diese herauskommt: Den Betrachtern der Ausstellung, so Roth, verschlösse sich bei den Fotos oft der Zugang,

»ob es sich beispielsweise um gehenkte Juden handelt, die den rassenideologischen verbrecherischen Fixierungen des NS-Regimes durch die SS zum Opfer fielen, um gefangengenommene und exekutierte Partisanen, oder ob es sich um Geiselnahmen handelt, deren Hinrichtung mit den Genfer und Haager Konventionen im Einklang standen«.[206]

Da ist heraus, was von dieser Seite unter »Differenzierung« verstanden wird – die Ignoranz gegenüber einem Vernichtungskrieg, dessen Ausmaß und Einzelheiten zur Kenntnis zu nehmen man ein Leben lang verweigert hat. Verbergen läßt sich solches Defizit allerdings nicht:

»Die Wehrmachtangehörigen, die zu Exekutionen befohlen worden sind, hatten oft gar nicht die Möglichkeiten, zwischen Recht und Unrecht von Erschießungen und Deportationen zu unterscheiden.«[207]

Demnach hat ein Angreifer, der alle Konventionen gebrochen hat, also ein Recht auf Erschießungen und Deportationen? Wer so redet, gesteht nur ein, daß er von der grauenhaften Wirklichkeit, um die es hier geht, nichts wissen will. Denn selbst wenn man die Auffassung des Brigadegenerals a. D. vom Partisanenkampf teilen würde – beim Anblick wehrloser Männer, Frauen, Kinder und Alter, also angesichts einer Situation eindeutiger Verbrechen, wie sie ungezählte Male dokumentiert sind, soll für die Exekutoren die Möglichkeit nicht bestanden haben, »zwischen Recht und Unrecht von Erschießungen und Deportationen zu unterscheiden«?

Es folgen weitere Ausführungen, die bestätigen, wie unwissend Roth entweder tut oder, wahrscheinlicher noch, ist:

»Von den Ausstellungsmachern wäre zu verlangen gewesen, unmißverständlich auf die Konsequenz einer Befehlsverweigerung hinzuweisen. Sie hießen Tod, Verfolgung, Sippenhaft für die Angehörigen im Konzentrationslager.

In diesem Zusammenhang wird der Widerstand der Offiziere um Generaloberst Ludwig Beck, Generalmajor Henning von Tresckow und Oberst Graf von Stauffenberg ebensowenig in seiner Tiefe und Bedeutung gewürdigt wie die weitreichenden Gehorsamsverweigerungen von Generälen der Heeres und der Waffen-SS.«[208]

Es ist für den Kenntnisstand des Brigadegenerals a. D. charakteristisch, daß er hier zweierlei durcheinanderbringt: die Folgen einer Verweigerung an der Front des Vernichtungskriegs einerseits und die Konsequenzen für den Widerstand von Militärs gegen Hitler andererseits. Roth sagt die Unwahrheit. Niemand, der bei der Ermordung von Zivilisten oder wehrlosen Gefangenen den Befehl verweigerte, wurde bestraft. Jeder, der an den NS-Prozessen vor bundesdeutschen Gerichten teilgenommen hat, kann bestätigen, was die Ludwigsburger Zentralstelle der Landesjustizverwaltungen zur Aufklärung nationalsozialistischer Verbrechen über vierzig Prozeßjahre hin aktenkundig machte: Es gibt keinen Fall, in dem die Weigerung, sich an Erschießungen von Zivilisten zu beteiligen, zu nennenswerten Nachteilen für den Betreffenden geführt hätte, nicht einen! Ganz anders bei den widerständigen Offizieren, die wußten, welches Risiko sie für ihre Angehörigen und für sich übernahmen. Nämlich »Tod, Verfolgung und Sippenhaft für die Angehörigen im Konzentrationslager« – das macht ja gerade ihren Ruhm aus. Konzessionen an die unwiderlegbaren Ergebnisse wissenschaftlicher Forschung können Roth nur mühsam abgerungen werden: »Verbrechen *in* der Wehrmacht« ist schon das Äußerste, was er zugesteht, nicht »Verbrechen *der* Wehrmacht«. Alles andere wird von ihm als Diffamierung von Millionen von deutschen Soldaten und als Tendenzhistorie abqualifiziert. Deshalb natürlich auch keinerlei Unrechtsbewußtsein hinsichtlich des Kriegs der Waffen. Exemplarisches Symptom der Ausstellungskritiker wie Roth und anderer ehemaliger oder noch aktiver Bundeswehroffiziere: Die deutsch verursachten Opfer finden, wenn überhaupt, nur am Rand

Erwähnung, als anonyme Masse, und werden weder personalisiert noch individualisiert. Anteilnahme wird erst hörbar, wenn es um deutsche Opfer geht – das eigentlich Entsetzliche an den Beiträgen der Rebentischs und Roths zur Großen Diskussion.

Dazu auf der Bremer Fachtagung aus dem Auditorium die Studentin Inge Marßolek fassungslos:

»Was mich irritiert und was auch die Studenten und Studentinnen in meinem Seminar, wo wir diese Diskussion mit den Älteren geführt haben, irritiert, ist, daß von den Älteren sehr selten und wirklich nur in der Minderheit mal etwas kommt wie ein Ausdruck von Scham, von Verantwortung, die sie übernehmen.

Dieses Gefühl von Scham, dieses Mitgefühl für die Opfer, für diejenigen, die tatsächlich ermordet worden sind. Ich glaube, es würde der Diskussion sehr guttun, wenn man gerade diese Emotionen noch mal hochkommen lassen könnte. Ich finde es schade, daß auf dem Podium die Vertreter der Veteranen überhaupt nicht in der Lage waren, eben dieses Gefühl zu thematisieren.«[209]

Ein vergeblicher Appell.

Roths Fazit ist eine einzige Verdammung der Ausstellung, der Versuch, gegen sie eine Ehre zu retten, die keine sein kann. Es ist der Rundumkahlschlag einer Mentalität, die fortwährend nach Differenzierung ruft, während sie selbst um kollektive Exkulpierung bemüht ist. Das Mittel dazu ist die Marginalisierung von Verbrechen, die einer kleinen Gruppe angelastet werden. Den Argumenten liegt die These vom »sauberen Waffenrock« zugrunde, die sich nun, durch die Ausstellung provoziert wie nie zuvor, nicht ergeben und abtreten will.

Dabei kommt es zu unbeabsichtigten Widersprüchen zwischen sonst eher Gleichgesinnten. Während Roth, als Ausweis einer Kollektivunschuld, die ungeheure Zahl von Wehrmachtangehörigen beschwört, erklärte General a. D. Wolfgang Altenburg, Exgeneralinspekteur der Bundeswehr und ehemaliger Vorsitzender des NATO-Militärausschusses:

»Es war Hitlers Wehrmacht. Es war nicht die Wehrmacht des deutschen Volkes.«[210]

Wie das? Die immer wieder erwähnten achtzehn oder neunzehn Millionen Eingezogenen also nicht zum deutschen Volk gehörig? Was verrennt sich da? Europa in Trümmern, am Ende fünfzig Millionen Tote, aber die Armee, auf deren Konto die Apokalypse geht, entschuldet? Das heißt, die Wehrmacht und ihre Historie immer noch mit den Augen der Wehrmacht zu sehen und von dem Gedanken, daß der Krieg der Waffen das deutsche Hauptverbrechen war, nie berührt worden zu sein.

Jan Philipp Reemtsma, ein begnadeter Analytiker:

»Die These der Ausstellung ist selbstverständlich nicht, daß hier und dort Kriegsverbrechen vorgekommen seien, sondern daß der Krieg auf dem Balkan und gegen die Sowjetunion ein anderer Krieg gewesen ist als derjenige, den die Wehrmacht im Westen geführt hat. Daß hier von vornherein systematisch das, was Gewalteinschränkung war, außer Kraft gesetzt worden ist und daß die Wehrmacht als Organisation, als Institution, Verbrechen begangen hat.«[211]

Auch hier die alte Frage: Was lehrten die Rebentischs und Roths als Vorbilder ihre Rekruten?

»Die Bundeswehr lebt nicht mit der Traditionslüge«

Die gleiche Frage hätte auch anderen Teilnehmern der Tagung gestellt werden können, zum Beispiel Generalleutnant a. D. Werner von Scheven. Der Gegner der Ausstellung erklärte in Gegensatz zu Altenburg: »Die Wehrmacht war das deutsche Volk in Waffen«, und er leugnete den Vernichtungskrieg nicht: »Das war etwas Neues, Niedagewesenes in der Geschichte des zivilisierten Europa.«[212]
Aber dann sagte er:

»Die Partisanen-Kriegführung als eine Reaktion auf deutsche Kriegsgreuel zurückzuführen ist unwahr. Die Darstellung ignoriert die –

auch auf der eigenen Seite – äußerst brutale Instrumentalisierung dieser Kriegsform durch Stalin und die kriegerischen Traditionen einiger Balkanvölker.

Geiselnahme und Erschießungen von Geiseln entsprachen dem damaligen Kriegsrecht, wenn Nichtkombattanten in das Kriegshandeln völkerrechtswidrig, d. h. bewaffnet und hinterlistig, eingriffen. Diese dem Schutz von Nichtkombattanten zugedachte, wenn auch furchtbare Repressalie wird in der Ausstellung mit Handlungen nationalsozialistischer Ausrottungspolitik in eins gesetzt.«[213]

Man muß es zweimal lesen, um es zu glauben – dieses Bekenntnis, daß Überfallene sich gegenüber den Angreifern an das Völkerrecht zu halten hätten, das die Angreifer absichtlich mißachteten! Womit alles aufgehoben wird, was Scheven gegen den Vernichtungskrieg sagt. Das ist die Kriegsrechtsinterpretation der Hakenkreuzära durch einen Bundeswehroffizier aus der Nachkriegsgeneration. Nichts entblößt rückwärtsorientierte Gesinnungen offener als die »Partisanen-Pathologie«, samt der Unaufhebbarkeit ihres inneren Widerspruchs: den deutschen Widerstand gegen den Nationalsozialismus, namentlich den von Militärs, zum Vorbild für die Bundeswehr zu erheben, gleichzeitig jedoch den in jeder Hinsicht verständlichen Kampf von Zivilisten und paramilitärischen Verbänden gegen einen grausamen Feind zu kriminalisieren.

Mich hat dieses Unverständnis um so mehr getroffen, als Scheven zu den wenigen Kritikern der Ausstellung zählte, die manches gesagt haben, was nur unterschrieben werden kann. So etwa, daß das Dritte Reich Europa nicht allein mit Krieg überzogen hat, sondern auch mit anderen Formen von Gewalt und Unterdrückung, ja, mehr noch, einem Teil der Europäer das Recht abgesprochen hat zu existieren. Und daß zwischen der »ersten Armee in einem demokratischen Rechtsstaat Deutschland« und der 1945 untergegangenen Wehrmacht die Traditionsbeziehungen »besonders problematisch« seien und die »Traditionsräume« der Bundeswehr »ein Schwachpunkt«. Scheven räumt auch ein: Die Bundeswehr habe zu lange mit »einigen prekären Kasernennamen« gelebt, statt sie zum Gegenstand politisch-historischer Bildung zu machen. Allzu oft »bloß Teil der örtlichen Adressenverzeichnisse, bestenfalls der Lokalgeschichte oder Heimatfolklore«, entstammten die meisten Kasernennamen »der Initiative der örtlichen Truppenteile, der Ortsgemeinde der Kaserne und der Familienangehörigen des Namensgebers, die ein Mitbestimmungsrecht« hätten.

Und weiter:

»Der Bundesminister Rühe hat im vergangenen Jahr die am meisten umstrittenen Namen – Dietl und Kübler – aus dem Verkehr gezogen, das hielt ich für richtig. Der Druck wird aber weitergehen, alle Namen aus der Wehrmacht zu tilgen, soweit sie nicht an den Widerstand erinnern, zum Beispiel auch Fritsch und Rommel.«[214]

Nach dieser Schilderung des Status quo der Bundeswehr, die »Probleme hat mit der Tradition und die damit verbundene Arbeit gelegentlich vernachlässigt«, kommt die Kehrtwendung:

»Die Bundeswehr lebt nicht mit der Traditionslüge. Wer den Kasus von Kasernen-Namensgebern aus der Zeit von 1933 bis 1945 so herausdestilliert und dramatisiert wie Ralph Giordano in seinen öffentlichen Briefen von 1995 an General Naumann, der kennt entweder die Bundeswehr nicht, oder er blendet absichtlich eine Realität aus, die sehr viel bedeutender ist.«[215]

Jeder Leser dieses Buches weiß, daß Werner von Scheven, Generalleutnant a. D., durch die Fakten widerlegt ist. Es geht beim Kampf um die Kasernennamen (allerdings keineswegs bloß solcher aus der Ära des Zweiten Weltkriegs) um mehr als um Namen. Es geht um das am meisten tabuisierte Verdrängungsthema der deutschen Nachkriegsgeschichte: die Rolle der Wehrmacht im Kontext des Dritten Reichs. Erst die Übernahme des Kriegerkults in Traditionsverständnis und Traditionspflege der Bundeswehr gebar jenen Begriff, der nun auch in den Wortschatz seiner Gegner übernommen worden ist und diesem Buch den Titel lieferte: Traditionslüge.

»Auch wenn keiner auf uns hört«

Die Fachtagung in Bremen brachte nicht nur einen Zusammenstoß zweier Gruppen – von Kritikern der Wehrmacht und ihren Verteidigern, von Befürwortern der Ausstellung und ihren Gegnern. Es gab Zwischentöne, ambivalente Beiträge, wie den von Oberst Bernhard Gertz, dem besonnenen Vorsitzenden des Deutschen Bundeswehrverbands. Er stimmte zwar in manchem mit der Ausstellung nicht überein, lehnte aber nicht nur ihren Boykott ab, sondern forderte auch eine kritische Auseinandersetzung mit der Wehrmacht unter Soldaten. Da gab es auch den unter die Maxime »Erinnern für die Zukunft« gestellten Gegenwartsbezug von Hans-Ulrich Seidt, Bonn: Angesichts der zeitlichen und räumlichen Nähe des Jugoslawienkriegs die Diskussion als Herausforderung an die Außen- und Sicherheitspolitik Deutschlands nach dem Ende des Kalten Kriegs und der Wiedervereinigung zu sehen.

Dennoch blieb der Gegensatz von Traditionalisten und Reformern die deutlichste Kontur der Fachtagung. Auch in Bremen fielen als Quintessenz konservativer Betrachtungsweise drei Thesen auf: fehlendes Unrechtsbewußtsein gegenüber dem Krieg der Waffen als Hitlerdeutschlands Hauptverbrechen, mangelhafte bis fehlende Kenntnisse von Ausmaß und Details des Vernichtungskriegs und Beziehungslosigkeit zur Welt der Opfer.

Wo aus diesem Mund Distanzierung zum Nationalsozialismus hörbar wird, walten Vorsicht und Sprachregelungen. Allenthalben wird eine starke Hemmung fühlbar, furchtbaren Wirklichkeiten ins furchtbare Antlitz zu blicken, Grausamkeiten auch beim grausamen Namen zu nennen. Wo sich diese Seite Hitlerdeutschlands annimmt, sieht es sich quasi in Watte gepackt, wird es weichgezeichnet, der NS-Einfluß auf die damaligen Deutschen geschönt, die Massenübereinstimmung mit dem herrschenden System vermindert oder gar verneint: »Hie die Nazis – hie die Deutschen«. Der Tonfall ändert sich in Nuancen, quasi pflichtgemäß, nur dort, wo Terrororgane wie Gestapo und SS erwähnt werden oder Hitler – meist jedoch nur ein geringer Teil vom Gesamtbeitrag.

Andere Töne aber, wenn es gegen die Kritiker der Wehrmacht geht und ihre angebliche Behauptung, »wir alle seien Verbrecher gewesen«. Erst da beginnt die Unterlippe von »alten Kameraden« zu zittern, droht bei der Attacke gegen »Ehrabschneidung und Diffamierung von Millionen deutscher Soldaten« die Gefahr von Herzinfarkten.

Es gibt auch Gegenbeispiele – wie dieses:

»Das Schrecklichste für mich war, als mir klar wurde, daß ich an der Front die Greuel in Auschwitz ermöglichen helfe. Als diese Erkenntnis bei mir mit voller Wucht durchbrach, das ist bis heute mein schrecklichstes Erlebnis. Und das macht mich auch bereit, in diesem Sinne Zeitzeuge zu sein. Wir Überlebenden schämen uns, aber wir danken auch für unser Leben und fühlen uns verpflichtet, über diese Dinge zu sprechen – auch wenn keiner auf uns hört.«[216]

Was veranlaßte den ehemaligen Fernmeldeunteroffizier der Wehrmacht Rudolf Weckerling Ende der neunziger Jahre in seinem Statement in der TV-Serie des Senders Freies Berlin »Soldaten für Hitler« zu dem Anhängsel »auch wenn keiner auf uns hört«?

Und warum konnte dieses große Bekenntnis, das er sich gewiß schwer abgerungen hatte, nicht die Summe aller Stimmen auf der Bremer Fachtagung sein, wie unterschiedlich sonst im einzelnen die Auffassungen auch immer sein mochten?

»Die Vernichtung der Juden war ein Verlust für Deutschland«

Das zweite Ereignis, das die Große Diskussion anfachte, und dies auf eine weit spektakulärere Weise als die Bremer Fachtagung, war die Debatte des Deutschen Bundestags über die Ausstellung am 13. März 1997.

Sie kam zustande, nachdem die Arbeit des Hamburger Instituts für Sozialforschung schon fast zwei Jahre in vierzehn deutschen Städten unterwegs gewesen war, erhielt aber erst durch Reaktionen aus Bayern das große öffentliche Interesse. Als die Ausstellung in München eröffnet wurde, nannte das CSU-Organ »Bayernkurier« sie »einen Vernichtungsfeldzug gegen Deutschland«, wobei auch von »Siegerjustiz« die Rede war. Der CSU-Landtagsabgeordnete Peter Gauweiler verrechnete die Zahl der Toten des Zweiten Weltkriegs mit der Zahl jener, die durch Rauchen gestorben sind – in Anspielung darauf, daß der Direktor des Hamburger Instituts, Jan Philipp Reemtsma, Erbe des 1959 verstorbenen Zigarettenfabrikanten Philipp Reemtsma ist. Eine Infamie und Maßlosigkeit, die von rechtsextremistischer Hetzpropaganda nicht mehr zu unterscheiden war. Sie wurde auch aus den Reihen der Union, allen voran von Heiner Geißler, gerügt und trug mehr zur Publizität der Ausstellung bei, als jede Werbung es vermocht hätte.

Die Aufregung mündete in einer Sternstunde des Bundestags, aber das mit einem Verlauf, den sich ihr Initiator nicht gewünscht hatte: der Mentor deutscher Unbelehrbarkeit, die Fanfare des nationalkonservativen Traditionalismus – Alfred Dregger!

Wie zu erwarten, fuhr der damals 77jährige Ehrenvorsitzende der CDU, unter Schmähung (»niederträchtig und gemein«) Jan Philipp Reemtsmas, der Ausstellung und des sie bejahenden Vorredners Gerald Häfner vom Bündnis 90/Die Grünen, das ganze Arsenal seiner Apologetik auf – ich folge dem stenographischen Bericht.

Gleich eingangs die kollektive Exkulpierung: Auf den Beginn des Krieges und die Art der Kriegführung hätten die über achtzehn Millionen Wehrmachtangehörigen nicht den geringsten Einfluß gehabt – »Soldaten waren immer Opfer des Krieges« (Zwischenruf: »Auch die Generalität?«); Berufung auf »entlastende« Stimmen aus dem Ausland, so auf den russischen Präsidenten Boris Jelzin 1994 (»Man habe in Moskau immer zwischen dem großen deutschen Volk und der verbrecherischen Clique, die sich seiner bemächtigt hätte, zu unterscheiden gewußt«) und den französischen Staatspräsidenten François Mitterrand 1995 (»Die Soldaten nahmen den Verlust ihres Lebens hin für eine schlechte Sache. Aber ihre Haltung hatte damit nichts zu tun. Sie liebten ihr Vaterland. Es ist notwendig, daß uns das klar wird. Europa, das bauen wir. Aber unsere Vaterländer lieben wir. Bleiben wir uns selbst treu«).

Dann Dregger weiter:

»Diejenigen, die versuchen, die deutsche Wehrmacht pauschal als verbrecherische Organisation darzustellen (Zwischenruf: »Wer tut denn das?«), sagen nicht die Wahrheit. Sie hetzen und verleumden. Dem müssen wir entgegentreten. (...) Wer versucht – diese Versuche gibt es –, die gesamte Kriegsgeneration pauschal als Angehörige und Helfershelfer einer Verbrecherbande abzustempeln, der will Deutschland ins Mark treffen. Dagegen wehren wir uns.«

Darauf, wie üblich, erst die Halbwahrheit:

»Die Kritiker der Wehrmacht sollten bedenken, daß nicht einmal das Nürnberger Siegergericht die Wehrmacht verurteilt hat und daß unsere ehemaligen Kriegsgegner ihr zum Teil hervorragende Zeugnisse ausgestellt haben. Ich nenne General de Gaulle, General Eisenhower, Marschall Schukow und den bedeutenden britischen Militärschriftsteller Liddell Hart.«

Dann Dreggers Bekenntnis zur Kontinuität Wehrmacht-Bundeswehr:

»Als nach dem Krieg die Lage für den Westen angesichts der beginnenden Auseinandersetzung mit der Sowjetunion schwieriger wurde, hat sich der Westen bei Bundeskanzler Adenauer um die Neuaufstellung deutscher Streitkräfte bemüht. Diese Neuaufstellung wurde zu einer grundlegenden Militärreform genutzt. So entstand im Auftrag Konrad Adenauers und seiner Koalition, von erfahrenen Wehrmachtoffizieren herangebildet, unsere Bundeswehr, auf die wir stolz sind.«

Und schließlich Dreggers Interpretation des Holocaust:

»Die Vernichtung der deutschen Juden war ein Verlust für Deutschland. Wer weiß, was die deutschen Juden in der deutschen Wissenschaft, in der deutschen Wirtschaft und in der deutschen Kultur geleistet haben, der wird mir vielleicht zustimmen.«

Die fast völlige Ausrottung der deutschen Juden also vor allem ein Verlust für Deutschland, wogegen die weit größere Zahl ermordeter nichtdeutscher Juden in der Denkwelt des CDU-Ehrenvorsitzenden nicht auftaucht.

Mit diesem immer wieder durch Zwischenrufe wie »Unglaublich!« – »Nie schien diese Ausstellung nötiger als bei Ihrer Rede!« oder »Das ist ja furchtbar!« von SPD, Grünen und PDS, aber auch von Zustimmung der Fraktionen von CDU/CSU und FDP unterbrochenen Beitrag hatte Dregger etwas losgetreten, was nun wider seinen Willen zu einer Verteidigung der Menschlichkeit werden sollte.

»Wir sind das Volk! Nie wieder Krieg! Mit uns nicht!«

Der erste Gegenschlag kam von Volker Beck, Bündnis 90/Die Grünen:

»Herr Kollege Dregger, ich fand die Rede, die Sie hier gehalten haben, wirklich bestürzend. Sie haben in ihr die Verantwortung der Deutschen für die grauenhaften Verbrechen im Zweiten Weltkrieg und im Dritten Reich zurückgewiesen. Sie haben die Propagandalüge von der Pauschalverurteilung der Wehrmacht wiederholt. Auf der ersten Tafel am Eingang der Ausstellung – wenn Sie sie denn einmal ansehen würden – wird ausdrücklich erwähnt, daß ihr Ziel keine Pauschalverurteilung aller Wehrmachtsoldaten ist. Diese Ausstellung bricht allerdings unwiderruflich mit der Mär, der Legende – die in diesem Volk, dieser Republik lange en vogue war – von der sauberen Wehrmacht, von dem sauberen Krieg an der Ostfront. Sie zeigt, daß systematisch internationales Kriegsrecht gebrochen werden sollte.

Die Deutschen haben Hitler an die Macht verholfen. Die Nazis kamen nicht wie braune Marsmenschen vom Himmel. Wir haben hier als Volk Verantwortung und Schuld auf uns geladen, zu der man sich auch bekennen muß. Sie können auch nicht leugnen, daß die deutsche Wehrmacht einen verbrecherischen Angriffs- und Vernichtungskrieg im Osten geführt hat und daß objektiv der deutsche Wehrmachtsoldat die falsche Seite gekämpft hat. Ich finde es eine

Schande, daß diejenigen, die die Waffen weggeworfen haben, die desertiert sind und diesen schmutzigen Krieg nicht mehr mitgeführt haben, rechtlich immer noch wie Kriminelle behandelt werden. Damit muß endlich Schluß sein. Sie wehren sich auch dabei mit dem absurden Argument, eine eindeutige Rehabilitierung der Wehrmachtdeserteure käme einer Pauschalverurteilung aller Wehrmachtsoldaten gleich. Man kann nicht leugnen, daß die Einheiten der Wehrmacht auf obersten Befehl an massenhaften Verbrechen im Osten beteiligt waren. Millionen von Menschen mußten außerhalb von kriegerischen Handlungen sterben, weil die Wehrmacht Zivilbevölkerung erschossen, sich selbst am Judenmord beteiligt hat, Kriegsgefangene verhungern ließ und feige ermordet hat.

Zu all diesen Verbrechen haben Sie in Ihrer Rede geschwiegen und die Verantwortung und die Schuld in dieser historischen Epoche kleingeredet.

Deshalb finde ich diese Rede eine Schande für das Parlament.«

Dann Freimut Duve, SPD:

»Herr Dr. Dregger, ich habe mich während Ihrer Rede gemeldet. Dieser Krieg läßt uns alle nicht los – diejenigen nicht, die ihn als Soldaten oder als Kinder erlebt haben, und diejenigen nicht, die nach seiner Beendigung geboren wurden. Ich habe mich gemeldet, als Sie die Formulierung ›die Militärreform, die dann in der Bundesrepublik Deutschland gemacht wurde‹ gebraucht haben. Dagegen sage ich: Es hat keine Militärreform gegeben. Vielmehr hat es die Neugründung einer demokratisch legitimierten Armee gegeben!

Herr Dr. Dregger, hieran kann man doch auch das dramatische Mißverständnis der Kritiker der Ausstellung und auch derjenigen, die diese Ausstellung für ihre Zwecke instrumentalisieren wollen, festmachen. Jeder Soldat der Wehrmacht war auf einen Verbrecher vereidigt. Jeder Soldat mußte im Laufe des Krieges merken – das wissen wir aus den Briefen der inhaftierten Leute des 20. Juli –, daß der persönliche Eid ein Eid auf einen Verbrecher war. Das war auch die Tragödie vieler Soldaten. Nach dem Krieg hat es keine Reform gegeben – weder war das Amt Blank eine Reform, noch war es die Bundeswehr. Vielmehr gab es zum erstenmal in der Geschichte ein deutsches Militär, das auf eine demokratische Verfassung vereidigt war. Das ist ein wesentlicher, ein qualitativer und grundsätzlicher Unterschied. Deshalb kritisieren wir auch alle diejenigen, die Emotionen in der Bundeswehr schüren wollen, indem sie sagen: Ihr müßt euch jetzt beleidigt fühlen. Das zeigt, daß die Zäsur und dieser Bruch von denen, die so etwas sagen und entsprechend handeln, nicht gesehen werden.

Das, Herr Dregger, wäre Ihre große Aufgabe gewesen als ein Soldat der Hitlerarmee, der Wehrmacht, der hier – manchmal sehr ergreifend – berichtet hat, was er erlebt hat und was er empfinden mußte, als er mit den Flüchtlingen zurückgetrieben wurde und versuchte, Flüchtlinge zu schützen. Ich habe sehr wohl im Ohr, was Sie dazu gesagt haben. Aber diesen Unterschied zwischen Soldaten, die auf ein solches System und einen solchen Mann vereidigt waren, und einer demokratischen Bundeswehr, der eine Verfassung den Rahmen und das Recht gibt, dürfen wir keine Sekunde vergessen.«

Nach dieser fundamentalen Zurechtweisung, wie man sie sich blamabler nicht vorstellen kann für den Juristen, langjährigen Oberbürgermeister und Kämmerer der Stadt Fulda und Ehrenvorsitzenden einer demokratischen Partei, Gerhard Zwerenz, PDS, Schriftsteller, Teilnehmer am Zweiten Weltkrieg und Deserteur:

»Was mich aufrichtig erzürnt, ist, daß es zwei gestanzte Formeln gibt, nämlich erstens von der Wehrmacht, die in Kriegsverbrechen verstrickt gewesen sei, und zweitens, daß die Wehrmachtausstellung eine pauschale Verurteilung aller 18 Millionen deutscher Soldaten sei. Das redet einer dem andern nach. Denkt vielleicht wenigstens einer daran, was gewesen wäre, wenn diese 18 Millionen Soldaten ausgerufen hätten: ›Wir sind das Volk! Nie wieder Krieg! Mit uns nicht!‹? Wenn diese Soldaten nach Hause gegangen wären, wäre der Krieg aus gewesen. Ohne diese Wehrmacht hätte es keinen Holocaust, keinen Genozid, keinen Zweiten Weltkrieg und nicht seine 50 Millionen Toten gegeben. Darüber sollte man einmal nachdenken. Das ist doch eine Alternative gewesen. So haben einige Soldaten gehandelt. Sie sind allerdings mit dem Tode bestraft worden. Es hat außerdem Widerständler der ersten Stunde gegeben, die schon 1933 gesagt haben: Hitler, das ist der Krieg. Aber das waren in der Hauptsache Kommunisten und nur ganz wenige Pazifisten und Katholiken. Deswegen spricht man nicht so gern darüber. Man spricht erst über die Widerständler vom 20. Juli 1944. Auch das ist noch zu bewerten. Ich muß fragen: Wie ist es dazu gekommen, daß wir – jetzt spreche ich als Frontsoldat, als Infanterist – nach dem 20. Juli 1944 in eine ganz tiefe Verzweiflung gestürzt worden sind? Das waren sehr viele, da gebe ich Ihnen recht, Herr Dregger. Da war uns klar, wie dieser Krieg enden würde. Wir müssen uns daran erinnern, daß in diesem letzten Kriegsjahr mehr Menschen zu Tode gekommen sind als in den gesamten Kriegsjahren zuvor. Man muß also sagen: Diejenigen, die diesen Krieg beenden wollten – eingeschlossen die Deserteure, aber nicht nur sie –, haben doch wohl das Richtige getan. Sie können sich aber nicht einmal jetzt dazu durchringen, das zuzugeben.

Der Antrag von CDU/CSU und FDP beginnt mit großen Worten im Wagnerschen Opernton. Ich zitiere: ›Der Zweite Weltkrieg gehört zu den furchtbarsten Tragödien der deutschen und der europäischen Geschichte. Ihr fielen Millionen auch deutscher Soldaten und Zivilisten zum Opfer.‹

Das ist bezeichnend, meine Damen und Herren: Bevor Sie auch nur ein einziges jüdisches, polnisches, russisches Opfer des deutschen Vernichtungskrieges genannt haben, denken Sie sofort an die deutschen Opfer. Täter gibt es in Deutschland offensichtlich nicht. (...)

Daß man versucht, sich um diese furchtbaren Wahrheiten herumzuschwindeln, ist der eigentliche Skandal unserer Zeit.«

»Der einzige, der für eine gerechte Sache kämpfte«

Dann meldet sich Otto Schily, SPD – womit plötzlich, nach Austausch konträrer Standpunkte, die ursprünglich auf sechzig Minuten begrenzte Debatte eine Wendung nimmt, die niemand vorausgesehen hatte.

Schily, nach einem Anlauf, der auf innere Bewegung schließen läßt:

»Herr Präsident! Meine Damen und Herren! Gestatten Sie mir an dieser Stelle einige persönliche Bemerkungen.

Mein Onkel Fritz Schily, ein Mann von lauterem Charakter, war Oberst der Luftwaffe (der Redner hält inne). Entschuldigung. Zum Ende des Krieges war er Kommandeur eines Fliegerhorstes in der Nähe von Ulm. Er suchte in Verzweiflung über die Verbrechen des Hitlerregimes bei einem Tieffliegerbeschuß den Tod. Mein ältester Bruder Peter Schily verweigerte sich der Mitgliedschaft in der Hitlerjugend und versuchte zunächst ins Ausland zu fliehen. Da es ihm nicht gelang, meldete er sich freiwillig an die Front. Er wurde nach kurzer Ausbildung als Pionier im Rußlandfeldzug eingesetzt, erlitt schwere Verwundungen und verlor ein Auge sowie die Bewegungsfähigkeit eines Armes. Mein Vater, eine herausragende Unternehmerpersönlichkeit, dem ich unendlich viel für mein Leben verdanke, war ein erklärter Gegner des Naziregimes, empfand es aber als tiefe Demütigung, daß er auf Grund seiner Mitgliedschaft in der von den Nazis verbotenen anthroposophischen Gesellschaft nicht zum Wehrdienst eingezogen wurde. Erst später hat er die Verrücktheit – ich verwende seine eigenen Worte – seiner damaligen Einstellung erkannt. Der Vater meiner Frau, Jindrich Chajmowic, ein ungewöhnlich mutiger und opferbereiter Mensch, hat als jüdischer Partisan in Rußland gegen die deutsche Wehrmacht gekämpft. Nun sage ich einen Satz, der in der Härte und Klarheit von mir und uns allen angenommen werden muß: Der einzige von allen vier genannten Personen – der einzige! –, der für eine gerechte Sache sein Leben eingesetzt hat, war Jindrich Chajmowic! Denn er kämpfte gegen eine Armee, in deren Rücken sich Gaskammern befanden, in denen seine Eltern und seine ganze Familie ermordet wurden. Er kämpfte gegen eine Armee, die einen Ausrottungs- und Vernichtungskrieg führte, die die Massenmorde der berüchtigten Einsatzgruppen unterstützte oder diese jedenfalls gewähren ließ. Er kämpfte, damit nicht weiter Tausende von Frauen, Kindern und Greisen auf brutalste Weise umgebracht wurden. Er kämpfte gegen eine deutsche Wehrmacht, die sich zum Vollstrecker des Rassenwahns, der Unmenschlichkeit des Hitlerregimes erniedrigt und damit ihre Ehre verloren hatte. (Beifall bei allen Fraktionen)«

Der Redner, dessen Stimme einige Male zu brechen drohte, nutzt die Zustimmung, um sich zu sammeln, da er seinen Beitrag offenbar noch fortsetzen will. Was dann auch geschieht:

»Was glauben Sie, wie auf einen, der als Partisan für eine gerechte Sache gekämpft hat, folgender Kommentar in der ›Frankfurter Allgemeinen Zeitung‹ vom 26. Februar 1997 zu der Wehrmachtausstellung wirken würde? Ich zitiere:

›Gewiß wirkt erschreckend, wenn zu sehen ist, wie ein nach der Uniform unverkennbarer Wehrmachtsoldat jemandem den Strick um den Hals legt. Aber es verschwindet unter der scheinbar dokumentarischen Suggestivkraft des Bildes, ob es sich um eine Hinrichtung von Partisanen handelt – bis heute gerechtfertigt vom Kriegsvölkerrecht, das das Recht zum Töten den ›Kombattanten‹ vorbehält, also den von ihrem Staat in die Pflicht des Tötens genommenen Soldaten. Selbst der Staat hat, als er Ende 1944 das letzte Aufgebot, den ›Volkssturm‹, aus halben Kindern und gebrechlichen älteren Männern aufstellte, darauf Bedacht genommen, die Reste der Uniformvorräte zusammenzukratzen, damit die Volkssturm-Männer als Kombattanten anerkannt würden.‹

Verstehen Sie, was in dieser eiskalten, trüben Logik zum Ausdruck kommt? Gerechtfertigt war es, einen Menschen, der für eine gerechte Sache kämpfte, zu erhängen. Es war ganz selbstverständlich, daß die Soldaten vom NS-Staat in die Pflicht genommen wurden. Der NS-Staat findet eine Huldigung, weil er in seiner verbrecherischen Energie immer noch so penibel ordnungsliebend blieb, daß er die Kinder und Greise, die er am Schluß des Krieges in das Granatfeuer geschickt hat, mit Uniformen ausstattete. Meine Damen und Herren, das ist eine erbärmliche Logik, die in der starren Welt formalistischer Begriffe nicht mehr die Wirklichkeit zu erreichen vermag« (Beifall bei der SPD, dem Bündnis 90/Die Grünen und der PDS sowie bei Abgeordneten der CDU/CSU und der FDP).

Dann, direkt an Dregger gewandt:

»Wer sich aus dieser Starrheit nicht befreien kann, macht sich blind
dafür, was in jenen Schreckensjahren wirklich vor sich gegangen ist.
Zu den Starrsinnigen gehören – ich kann Ihnen das nicht ersparen,
Herr Kollege Dr. Dregger – leider immer noch Sie. Ich sage Ihnen,
Herr Dr. Dregger: Wir haben hier im Hause festgestellt, daß Sie im
Laufe der Jahre zu einigen sehr beachtlichen Einsichten gelangt sind,
für die Sie den Beifall des ganzen Hauses erhalten haben. Aber wenn
Sie, Herr Dr. Dregger, äußern, die Wehrmachtausstellung verdiene –
ich zitiere Sie wörtlich – ›nur Verachtung, besser noch Nichtbeach-
tung‹ (Zustimmung bei Abgeordneten der CDU/CSU), schmähen
Sie damit nicht auch Ignatz Bubis, Andrzej Szczypiorski, Jutta Lim-
bach, die Präsidentin des Bundesverfassungsgerichts, und viele
andere bedeutende Persönlichkeiten, die Eröffnungsreden für diese
Wehrmachtausstellung gehalten haben?

(Beifall bei der SPD, dem Bündnis 90/Die Grünen und der PDS
sowie bei Abgeordneten der FDP)

Schlimmer aber ist, daß Sie – Sie haben das heute wieder getan –
immer noch an Ihrer These vom verlorenen Zweiten Weltkrieg fest-
halten. Sie sollten sich endlich zu der Einsicht durchringen, daß
Deutschland nur dadurch zur Demokratie geworden ist, daß Nazi-
Deutschland den Krieg verloren hat. Das ist die Wahrheit.

(Beifall bei der SPD, dem Bündnis 90/Die Grünen und der PDS sowie bei Abgeordneten der CDU/CSU und der FDP)«. (Thiele, S. 183)

Die immer wieder von Zeichen der Beklommenheit durchsetzte
Rede Otto Schilys mit ihrem persönlichen Bezug zu Jindrich Chajmowic, der die offizielle Interpretation des Partisanenkriegs im Zweiten Weltkrieg mitten in ihr Herz traf, hatte eine starke Wirkung.
Gewann die Gegenpolemik des Abgeordneten ihr Gewicht doch
dadurch, daß sie mit innerer Bewegung etwas vor dieses Forum trug,
das Abgeordnete sonst panisch scheuen – Subjektivität, Intimität,
Familiarität! Endlich Spontanes, unfähig, die emotionale Beteiligung
zu verbergen, endlich etwas anderes als die bei diesem Thema übliche Nabelschau.

So, noch einmal, Freimut Duve:

»Ich war letzte Woche in der merkwürdigen Situation, daß ich das Haus in Osijek fand, in dem meine jüdische Großmutter abgeholt wurde. Nie hätte ich gedacht – diese 60 Jahre, die ich lebe –, daß ich eine Frau sprechen würde, die das gesehen hat. Wir dachten nicht, daß noch irgend jemand lebt. Ich habe mit dieser Frau gesprochen. Sie hat mir genau beschrieben, wie das passiert ist: unter Schutz auch deutscher Soldaten. Aber es waren kroatische Ustaschas, die die alte Frau, die beinbehindert war, auf einen Lastwagen geschmissen haben. Wir wissen nicht, ob sie in Auschwitz oder in einem andern Lager umgekommen ist.

Aber ich habe auch zwei Brüder meiner Mutter, die in der Wehrmacht, die in Rußland waren. Beide Soldaten hat dieser Krieg bis zu ihrem Tode nicht verlassen. Ich glaube, viele von uns, uns alle, wird dieser Krieg bis zu unserem Tod nicht verlassen. Deshalb sollten wir sehr behutsam und sehr sorgsam mit ihm umgehen – so, wie es der Kollege Schily gemacht hat.

(Beifall bei der SPD und dem Bündnis 90/Die Grünen sowie bei Abgeordneten der CDU/CSU, der FDP und der PDS)«

Dann Christa Nickels, Bündnis 90/Die Grünen, die erst als Erwachsene erfahren hatte, daß ihr Vater SS-Mann war – ein Geständnis, das auch bei ihr erst kam, nachdem eine schwer zu überwindende innere Hürde genommen worden war:

»Ich habe meinen Vater natürlich sehr geliebt. Er hat nie erzählt, wie es war, wenn man zum erstenmal auf einen Menschen schießt. Heute wundert mich das. Allenfalls haben die Männer, wenn sie auf einer Familienfeier betrunken waren, die Geschichte erzählt, daß sie zur damaligen Zeit ins Ausland kamen, aber niemand hat gesagt, wie es war, wenn man zum erstenmal auf jemanden schießen mußte.

Vor einigen Jahren reichten sich unser Bundeskanzler und Präsident Reagan auf einem Friedhof in Bitburg die Hand. Dabei ist mir zum erstenmal aufgefallen, daß mein Vater auf dem einzigen Foto, das es aus dieser Zeit von ihm gibt, eine Uniform trägt, die schwarz ist und auf der Totenköpfe sind. Damals war ich schon für die Grünen im Bundestag und habe es nicht gewagt, meinen Vater zu fragen;

denn es fiel mir unendlich schwer. Ich habe es nicht übers Herz gebracht, ich konnte das nicht.«

Während sie spricht, kämpft die Abgeordnete mit sich selbst. Dann wird klar, daß Christa Nickels den Gedanken, daß ihr Vater zu den Tätern zählte, nur zu ertragen vermag, indem sie auch ihn zum Opfer macht:

»Ich war im KZ in Majdanek und sage Ihnen: Eines Nachts bin ich regelrecht zusammengebrochen, weil ich furchtbar erschüttert war, was in Majdanek passiert war, aber genauso über das, was man mit den Männern, zu denen auch mein Vater gehört hat, gemacht hat. Es waren überwiegend Männer, die das Leben und Kinder liebten. Es ist furchtbar, zu was man diese Männer in diesem verbrecherischen Krieg gemacht hat. Die meisten von ihnen hatten nicht die Kraft, sich dem zu entziehen. Sie alle haben unendliche entsetzliche Schuld auf sich geladen. Die Männer, Frauen und Kinder – ich bin die Tochter eines solchen Soldaten – sind bis heute davon geprägt.«

Und dann, mit direkter Anrede:

»Herr Dregger, es stimmt doch nicht, daß man dann, wenn man diese Wunden ungeschminkt zeigt und anfängt, darüber zu reden, die Betroffenen mit Schmutz überschüttet oder in eine Ecke stellt. Im Gegenteil, ich glaube, das Beste, das uns passieren könnte, wäre, wenn wir ein Klima in Deutschland bekämen, in dem die Väter und Mütter und ihre Kinder – ich bin ein Nachkriegskind und mittlerweile 45 Jahre alt – endlich einmal in aller Ruhe miteinander darüber reden könnten, was mit ihnen passiert ist und warum das so gekommen ist.

Ich bin Mutter, ich habe Kinder. Ich sage Ihnen eines: Für mich steht außer Frage, daß ich, wenn ich jemals einem Deserteur helfen kann, weil er sich weigert, einen anderen Menschen zu erschießen, das tun werde.

Die Debatte beeindruckt mich. Ich habe mir sehr überlegt, ob ich das alles sagen soll, weil vielleicht jemand fragen könnte: Wie kannst du denn so etwas machen? Er ist doch dein Vater gewesen. Aber ich empfinde das, was ich gesagt habe, nicht als Nestbeschmutzung, weil jeder, der mich kennt, weiß, wie sehr ich meine Eltern – auch meinen Vater – liebe und geliebt habe.

Wenn diese Debatte wirklich stilbildend war, dann dadurch, daß man ansatzweise die politische Reflexion und die eigene Geschichte ehrlich, ungeschminkt, in einfachen, wenn auch schrecklichen Bildern dargestellt hat. Das würde ich mir wünschen. Ich glaube, daß diese Wehrmachtausstellung genau das in Gang setzen kann, wenn man nicht anfängt, die Wunden zuzukleistern, billigen Trost zu geben, der im Prinzip nicht Brot, sondern Steine ist, indem man denjenigen, die darin verwoben waren, im nachhinein sagt: Es soll dich nicht mehr schmerzen, weil du gezwungen worden bist.

Das hilft überhaupt nicht weiter.

(Beifall bei Bündnis 90/Die Grünen und bei der SPD sowie bei Abgeordneten der CDU/CSU, der FDP und der PDS)«

Gebündelt im Leid schuldlos beladener Nachgeborener

An diesem 13. März 1997 wurde im Deutschen Bundestag für wenige unvergeßliche Minuten der Schutzvorhang vor den wirksamsten Verdrängungsmechanismen weggerissen. Kurze Zeit wehte durch das Parlament ein Hauch, der fast alle anrührte – sogar Alfred Dregger!

Denn der Mann, der mehr als ein halbes Jahrhundert nach Hitlers Tod mit seinem Beitrag geholfen hatte, dessen Erfolg zu erklären, der den deutschen Angriffskrieg in einen vaterländischen Verteidigungskrieg umzufälschen versuchte, der in all den Dezennien seiner parlamentarischen Präsenz nie ein Zeichen von Nachgiebigkeit in solchen Fragen gezeigt hatte, dieses lebende Fossil der Legende vom sauberen Waffenrock, Alfred Dregger, erklärte jetzt:

»Herr Präsident! Meine Damen und Herren! Ich will mich kurz fassen und bekunden, daß die Kritik, die an mir geübt worden ist, von

mir geprüft werden wird, daß ich sie nicht schlankweg zurückweisen werde. (Beifall im ganzen Hause)
Meine Damen und Herren, wir sollten irgendwann einmal – vielleicht könnte Herr Duve die Anregung geben – ein Gespräch führen, mit dem Ziel, Mißverständnisse – soweit es Mißverständnisse sind – auszuräumen. Ich würde es sehr gut finden, wenn unser Parlamentarismus so liefe, daß wir offen und anständig miteinander reden können, wie es jetzt in diesem Teil der Debatte war. Allen denjenigen, die dazu beigetragen haben, möchte ich herzlich danken. (Beifall bei der CDU/CSU und der FDP sowie bei Abgeordneten der SPD)«

Schöne Worte, wie sich bald herausstellte, denn Dregger hat sich nicht daran gehalten und war bald mit neuer Kritik an der Ausstellung wieder ganz der Alte. Außerdem schwächten Reden von Abgeordneten der christlich-liberalen Koalition zum selben Thema in der Sitzung des Deutschen Bundestags vom 24. April 1997 die am 13. März gewonnene Nachdenklichkeit so stark ab, daß aus allen Fraktionen Stimmen laut wurden, die zweite Debatte hätte besser nicht stattgefunden.

Dennoch waren an jenem Vorfrühlingstag in Bonn Sätze gefallen, Gedanken geäußert worden, die nicht mehr rückgängig gemacht werden können. Zwar hatten wichtige Selbstverständlichkeiten vierzig Jahre gebraucht, um vor dem Bundestag artikuliert zu werden, was ein verheerendes Licht auf die Geschichte des deutschen Parlamentarismus wirft, gleichzeitig aber kündigte sich ein neues Verständnis von Mensch, Menschlichkeit, Demokratie und Staat an, eine neue Ära, in der es nie wieder so sein würde wie zuvor.

Das Kuriose daran ist, daß Alfred Dregger, der die Lawine auslöste und dann für kurze Zeit unter ihr begraben wurde, solchen Verlauf weder beabsichtigt noch vorausgesehen hatte. Mich erinnerte sein Auftritt an den Mechanismus der antiken Tragödie – daß man durch eben die Maßnahmen, mit denen man ein Schicksal abwenden will, es nur um so eher herbeiführt.

Es haben auch andere als die Genannten gesprochen, Befürworter und Gegner der Ausstellung, wenngleich unter diesen gemäßigtere als Dregger, so Otto Graf Lambsdorff oder Volker Rühe. Der, damals Bundesminister für Verteidigung, bestand zwar darauf, daß die Wehrmacht als Institution keine Tradition begründen könne, versäumte es jedoch, sich konsequent von der Traditionslüge zu trennen, weil er an der These von den »zeitlosen soldatischen Tugenden« festhielt. Natürlich konnte ich die Debatte vom 13. März 1997 angesichts ihrer Länge nur teilweise wiedergeben, aber ihren Tenor habe ich nicht verfälscht.

Die großen Beiträge wurden von den Kritikern der Wehrmacht, nicht von den Gegnern der Ausstellung geliefert. Nichts, was von dieser Seite kam, reichte auch nur entfernt an die Eindringlichkeit der Gegenposition heran, nichts an deren intellektuelle Durchdringung des Stoffs.

Es war eine Stunde der Wahrheit, in der aus der Tiefe der Vergangenheit die Tragik der Gegenwart sichtbar wurde: die Taten der Täter und die Qualen der Opfer – gebündelt im Leid schuldlos beladener Nachgeborener.

Die »anderen Soldaten« –
Ehrenretter?

Der Stuttgarter Schuhmacher und Kriegsdienstverweigerer
Gustav Stange, 1942 in einer Kriegsgerichtsverhandlung gefragt,
was geschehen würde, wenn alle Menschen so handelten
wie er: »Dann wäre der Krieg gleich zu Ende.«

»Heil unserm Führer/
Wir werden immer dürrer«

Niemand ist in der von den Kriegsgenerationen geprägten öffentlichen Meinung der Nachkriegsgesellschaft so verächtlich behandelt, niemand von Traditionsverständnis und Traditionspflege der Bundeswehr so nachhaltig ausgegrenzt worden wie die Opfer eines der düstersten Kapitel deutscher Militär- und Militärjustizgeschichte: die Deserteure, Wehrkraftzersetzer, Gehorsamsverweigerer, Fahnenflüchtigen und Zwangsrekrutierten, kurz: die »anderen Soldaten«.[217]

Ein Thema, das, jahrzehntelang tabuisiert, erst in jüngster Zeit in die Große Diskussion einbezogen und zum Teil neu bewertet, aber immer noch nicht rechtlich geregelt worden ist.

Die Kriegsgerichte des kaiserlichen Deutschlands verhängten zwischen 1914 und 1918 150 Todesurteile wegen Desertion, von denen 48 vollstreckt wurden. Die deutschen Militärgerichte des Zweiten Weltkriegs dagegen fällten nach heutigem Forschungsstand etwa 50 000 Todesurteile, die in wenigstens 35 000 Fällen gegen Angehörige der Wehrmacht ergingen, die meisten nach Paragraph 69 des Militärstrafgesetzbuches – Desertion. Da von einer Vollstreckungsrate von zwei Dritteln ausgegangen werden muß, dürften mindestens 15 000 deutsche Soldaten als Deserteure hingerichtet worden sein.*

Also 350mal mehr als im Ersten Weltkrieg.

Wobei weder die Todesurteile von SS- und Polizeigerichten noch die zahlreichen Hinrichtungen durch die Fliegenden Standgerichte der letzten Kriegsmonate einbegriffen sind.

---

* Zum Vergleich: In den US-Streitkräften des Zweiten Weltkriegs wurde 146 Todesurteile vollstreckt, davon nur eines wegen Fahnenflucht; in Großbritannien 40, davon keines wegen Fahnenflucht; in Frankreich 103 wegen Desertion.

Keiner dieser mörderischen Wehrmachtrichter hat nach 1945 öffentlich bedauert oder bereut, keiner von ihnen ist verurteilt worden. Im Gegenteil, viele konnten ihre Karrieren in der bundesdeutschen Nachkriegsjustiz unbeschadet fortsetzen – als Amtsrichter, Vorsitzende von Landgerichten, Oberlandesgerichtspräsidenten, Bundesanwälte und Ministerpräsidenten.

Rechtsprechungsorgan der Wehrmacht waren die Gerichte des Feld- und Ersatzheeres. Der Verlust von Akten macht genaue Angaben unmöglich, aber Schätzungen von 1000 bis 1200 Tribunalen mit rund 3000 Richtern dürften der Wirklichkeit nahekommen.

Erregt schon die Kriegsstrafverfahrensordnung vom 17. August 1938 und die Kriegssonderstrafrechtsverordnung vom 26. August 1939 mit ihren »Todesstrafe-unerläßlich-Paragraphen« und Wortungetümen wie dem von der »Kriegsnotwendigkeit« genug Schrecken, so wird das Studium der Praxis nach Kriegsausbruch zur Qual.

Da ist der Fall des 23jährigen Ludwig Sch., Schlossergeselle aus Wien, seit 1940 Soldat, der dichtete:

»Heil unserm Führer/wir werden immer dürrer/Keine Kartoffeln im Keller/keine Wurst auf dem Teller/Führer befiehl weiter/wir sterben lustig und heiter.«

Der »junge und politisch nicht vorbelastete Angeklagte«, so das Gericht des »Militärbefehlshabers Südost«, wurde am 2. Mai 1944 zum Tod verurteilt und erschossen. Desgleichen elf Seeleute des Minensuchboots »M 612« am 6. Mai 1945, weil sie angesichts des nahen Kriegsendes ihr Schiff auf Heimatkurs gebracht hatten. Die Matrosen Alfred Gail, Martin Schilling und Fritz Wehrmann wurden am 10. Mai 1945, zwei Tage nach der Kapitulation, wegen »schwerer Fahnenflucht« an Bord ihres Schiffes in der Geltinger Bucht exekutiert. Wem fällt in diesem Zusammenhang nicht der Name Hans Filbinger ein, der als Marinerichter für die Exekution des Matrosen Walter Gröger nach dem 8. Mai 1945 verantwortlich war und deshalb später als Ministerpräsident Baden-Württembergs zurücktreten mußte?

Was mögen Bruno Dörfer und Rainer Beck im Augenblick des Befehls »Gebt Feuer!« empfunden haben? Überzeugte Hitlergegner, die sich während der Besetzung dem niederländischen Widerstand angeschlossen hatten, wurden sie nach ihrer Einlieferung in ein unter kanadischer Aufsicht stehendes Amsterdamer Gefangenenlager von einem deutschen »Kriegsgericht« zum Tod verurteilt und hingerichtet, am 13. Mai 1945. Da die Gefangenen entwaffnet waren, forderten sie von den Kanadiern Karabiner – und erhielten sie.

Nichts entblößt die Verfallenheit großer Massen von Wehrmachtangehörigen an die nazistische Ideenwelt mehr als die Mißhandlungen, Verfolgungen und Morde von antinazistischen Mitgefangenen durch eigene »Kameraden« in den Lagern noch nach dem Ende Hitlerdeutschlands.

Konzentrationslager – für die Wehrmacht

Die Topographie des militärischen Strafgefangenenwesens zeigt eine verwirrende Vielfalt, ein wahres Spinnennetz von Gefängnissen und Lagern im ganzen Reichsgebiet, mit dem Zentrum Fort Zinna in Torgau, der Stadt, wo ab August 1943 auch das übel beleumundete Reichskriegsgericht tagte.

Im »Heimatkriegsgebiet« waren dem Oberkommando der Wehrmacht acht große Gefängnisse unterstellt, wie weitere Wehrmacht- und Wehrmachtuntersuchungsgefängnisse in allen Teilen des besetzten Europas – Orte der Haft und von Hinrichtungen:

»Das Auto mit dem Verurteilten kommt an. (…) Die Hände werden ihm um den Pfahl auf dem Rücken gefesselt. (…) Der Oberst selbst verliest das Urteil. (…) Während dieser Zeit hat das Erschießungskommando zwölf bis fünfzehn Meter vom Pfahl Aufstellung genommen. (…) Wir hören die Worte: ›Nicht auf das Gesicht zielen‹. (…) Der Offizier senkt den Degen. Eine Salve kracht durch den Morgen und durchlöchert die Brust wie ein Sieb.«

Ausschnitte aus einem erschütternden Bericht des wegen »unerlaubten Entfernens von der Truppe« im August 1941 zu vier Jahren Gefängnis verurteilten Hans Frese, Augenzeuge dieser Erschießung eines im Fort Zinna inhaftierten Deserteurs.

Allein für Torgau werden bis zu 1000 Erschießungen angenommen, die Zahlen der über die Kriegsjahre dort eingesperrten Wehrmachtsoldaten wird auf 60 000 bis 70 000 geschätzt – die unter grauenhaften Bedingungen leben mußten, hier wie überall. So waren etwa im Wehrmachtgefängnis von Anklam die Verurteilten, an Händen und Füßen angekettet, in den Todeszellen des Kellergeschosses eingeschlossen.

Der Militärstrafvollzug benutzte auch die berüchtigten, bereits seit 1933/34 als KZ bestehenden nördlichen Moorlager – Esterwegen, Börgermoor, Aschendorfermoor. Nun auch Strafgefangenenlager für Soldaten, wurden sie zu Stätten notorischer Demütigungen und Schikanen, schwerer Arbeit, unzureichender Ernährung, zahlreicher Krankheiten und extremer Witterung. Etwa 25 000 kriegsgerichtlich verurteilte Wehrmachtangehörige, etliche von ihnen kaum über zwanzig Jahre, sollen zwischen 1939 und 1945 in die Emslager eingeliefert worden und viele von ihnen darin umgekommen sein.

Eine trügerische Hoffnung, »das Moor« zu überleben, bestand für die Militärstrafgefangenen darin, ins »Lager Nord« verlegt zu werden, eine Sammelbezeichnung für eine Reihe kleinerer Lager an der zerklüfteten norwegischen Eismeerküste, wo sie Straßen instandsetzen, Brücken bauen oder Stellungen ausheben mußten. Die 2000, die 1942 dorthin versetzt wurden, mußten aber bald ihren Irrtum erkennen. Der Militärstrafvollzug im »Lager Nord« kostete fast die Hälfte der Emslandhäftlinge das Leben – erfroren, verhungert, erschlagen, erschossen.

Außer Wehrmachtgefängnissen und Strafgefangenenlagern gab es noch Feldsonderabteilungen, Feldsonderbataillone, die Kriegssonderabteilung Hela, die Schiffsstammabteilung der Kriegsmarine und das Prüfungslager der Luftwaffe – kurz das, was die »Zeitschrift für Wehrrecht« im Jahr 1940 offen und zutreffend »Konzentrationslager für die Wehrmacht« nannte. Und das schon zu einer Zeit, als der Kriegsgott Mars noch auf Seiten des Aggressors zu stehen schien. Als sich das änderte, etablierte sich unter den Stichworten »Hochverrat«, »Landesverrat«, »Kriegsverrat«, »Wehrkraftzersetzung« ein Strafsystem, wie es in der Geschichte der Militärjustiz nicht seinesgleichen gehabt hatte.

Was da aus den erhaltenen Akten hervorbricht und in wahre Bestrafungs- und Hinrichtungsorgien mündet, ist eine pathologische Furcht der Herrschaft vor Disziplinlosigkeit, Eigenständigkeit und Ungehorsam, gepaart mit der Bereitschaft zu unerhörter Härte gegen Angehörige des eigenen Volks, eine kaum faßbare justitielle Energie. Und die richtete sich gegen Massen von Wehrmachtangehörigen.

Auf der Grundlage der vorhandenen Straflisten kann für den Kriegszeitraum hochgerechnet werden, daß etwa 3 Millionen Strafverfahren gegen Wehrmachtangehörige anfielen, von denen 1,3 Millionen zu Verurteilungen führten.

Dabei standen die Strafen oft in keinem Verhältnis zu den Taten – Schwäche, Abweichung vom Normverhalten, Verzweiflung über das auferlegte Los reichten für die Todesstrafe.

Kanonier Gerecht, 26 Jahre, Vortragskünstler: vier Diebstähle, unerlaubte Entfernung von der Truppe, »für die Volksgemeinschaft wertlos« – Todesurteil.

Soldat Elsner, 21 Jahre, Hilfsarbeiter, Fürsorgeerziehung: unerlaubte Entfernung von der Truppe, Diebstahl, Eisernes Kreuz Erster Klasse vorgetäuscht – Todesurteil.

Kanonier Graf, 20 Jahre, Landarbeiter: Wehrmittelbeschädigung, Feldstrafgefangener, beim Kaffeeholen geflüchtet – »Im Interesse der Manneszucht nach den Richtlinien des Führers ist die Todesstrafe geboten«.[218]

Ab 1942 wurden die Insassen der Feldstraflager in sogenannte »Bewährungsbataillone« gesteckt und an den Nordabschnitt der Ostfront geschickt, wo sie Leichenfelder zu beseitigen oder Minen zu räumen hatten – Himmelfahrtskommandos mit voraussehbar schweren Verlusten. Besonders betroffen waren die Bewährungseinheit 500 und, bekannter noch, die »999er«.

Das ganze Spektrum mit seinen Schreckvokabeln »militärischer Strafvollzug«, »Wehrrecht«, »Militärjustiz« und »Disziplinarwesen« hatte eine einzige Funktion: Unruhe von der Truppe fernzuhalten und »Elemente«, die sie herbeiführen könnten, so früh wie möglich zu separieren und unschädlich zu machen.

Begonnen hatte es mit dem Paragraphen 13 im Wehrgesetz vom 31. Mai 1935, der die meisten politisch vorbestraften Gegner des NS-Regimes als »Wehrunwürdige« von der Wehrpflicht ausschloß. Die Prophylaxe setzte also bereits vor Ausbruch des Kriegs ein, der in seinem Verlauf dann zu immer härteren Urteilen führte.

»Konzentrationslager für die Wehrmacht« – schon beim heutigen Stand der Forschung zeigt sich ein Militärstrafwesen, das sich nahtlos in das NS-Gesamtsystem von Verfolgung, Ausgrenzung, Mord und Totschlag einfügte. Ausmaß und Praxis der Militärgerichtsbarkeit machen jedem, der sich da hineinvertieft, auf überwältigende Weise sichtbar: Das von der Führung immer wieder bekundete Vertrauen in die Truppe kann so groß nicht gewesen sein.

Die lügenhaft geschönte Landschaft der deutschen Kriegsjustiz

Keineswegs alle Wehrmachtangehörigen haben die gefährliche Entscheidung für Desertion, Ungehorsam und Widerstand allein aus politischen Gründen oder Idealismus gefällt. Es gab ein Kompendium von Verweigerungsantrieben jenseits des Antinazismus: moralische Skrupel, Abscheu vor Erfahrungen mit der deutschen Kriegführung im allgemeinen und dem Vernichtungskrieg im besonderen, Einsicht in den Unrechtscharakter von beidem, zerrüttete Nerven durch unerträgliche Belastungen, die Suche nach Vorteilen und Erleichterungen in einer erdrückenden, als nicht selbst herbeigeführt empfundenen Lage und schließlich, gegen das Ende hin, die Erkenntnis, daß der Krieg für Deutschland verloren und jedes geopferte Leben sinnlos war – all das Momente, die bei Hunderttausenden zusammengespielt haben. Wobei niemand von ihnen, selbst Nazigegner nicht, nur einem einzigen Motiv gefolgt sein dürfte. Was sie aber alle aus der Masse heraushob, war die gefährliche Courage zu einer inneren und äußeren Grenzüberschreitung – sie konnte niemandem schwerer gefallen sein als Deutschen.

Welche Gründe die »kleinen« Dissidenten, Fahnenflüchtigen und Überläufer auch immer gehabt haben mögen – hätte ihr Verhalten auf eine größere Menge, gar auf die Mehrheit übergegriffen, so wäre Deutschland einen anderen Weg gegangen als nach Auschwitz und Stalingrad, wäre ihm die Teilung so erspart geblieben wie der Verlust riesiger Gebiete. Dann wäre der Krieg, so der Stuttgarter Schuhmacher Gustav Stange, »gleich zu Ende gewesen«.

Wer dieses Buch aufmerksam liest, erkennt das Mitempfinden des Autors für Millionen von deutschen Soldaten und Zivilisten, die Furchtbares erlitten, eingeschlossen einige meiner Freunde. Die schlechteste Sache der Geschichte forderte auch von den Deutschen blutigen Tribut, vernichtete ganze Jahrgänge junger Menschen. Aber meine Sympathien liegen bei denen, die nicht bereit waren, ihre Haut für das Großdeutsche Reich und seine Weltherrschaft zu Markte zu tragen. Wenn also Soldaten der Wehrmacht überhaupt Gefühle von Zustimmung erzeugen können, dann jene, die sich für Ungehorsam und Widerstand entschieden – die »anderen Soldaten«.

Langsam, sehr langsam ist auch in Deutschland ein Bewußtsein dafür aufgekeimt, zeigt sich, daß die Fronten doch aufbrechen und Meinungen über die Deserteure sich wandeln. Die lange unter Ausschluß der Öffentlichkeit geführte Debatte hat Wellen geschlagen, und erste rechtliche Erfolge wurden erzielt.

Begonnen hat es vor zwanzig Jahren, genauer: mit der Aufstellung von Denkmalen für den »unbekannten Deserteur« in Kassel 1981 und in Bremen 1983 durch lokale Initiativen, um einer verfemten und vergessenen Minderheit Gerechtigkeit widerfahren zu lassen. Seither sind es mehr als sechzig Mahnmale geworden, eine Bewegung, der sich Publizisten und Wissenschaftler von Rang anschlossen. Sie forderte, die Gehorsamsverweigerung als politische Aktion und damit als Teil des Widerstands gegen das nationalsozialistische Unrechtsregime zu bewerten. Wobei es, wie bei dem ebenfalls mehr als ein halbes Jahrhundert lang verschleppten Zwangsarbeiterproblem, um eine Entschädigung für die wenigen Überlebenden oder für die Hinterbliebenen ermordeter Deserteure geht.

Ich habe 1994 zusammen mit Gerhard Zwerenz an einer Denkmaleinweihung für Deserteure in Erfurt teilgenommen – ein bewegender, unvergeßlicher Tag.

Die Voraussetzungen für die Neubewertung schufen wissenschaftliche Untersuchungen, die die geringen Kenntnisse über die Desertion in der NS-Zeit und die Militärjustiz schlagartig erweiterten. Allen voran Manfred Messerschmidts und Fritz Wüllners Arbeit »Die Wehrmachtjustiz im Dienste des Nationalsozialismus. Zerstörung einer Legende« (1987) und, vier Jahre später, Wüllners Untersuchung »Die NS-Militärjustiz und das Elend der Geschichtsschreibung«. Ein gegen die apologetische Nachkriegsliteratur gerichtetes epochales Werk, das, so in einer Rezension, »wie ein Trompetensturm die bisher lügenhaft geschönte Landschaft der deutschen Kriegsjustiz zerstörte«.[219]

Für eine größere Öffentlichkeit sorgte Anfang der neunziger Jahre der Historiker Volker Ullrich in der »Zeit« mit einem ausführlichen Überblick über die militärrechtliche Forschung über Deserteure im Zweiten Weltkrieg, dessen Essenz er so zusammenfaßte:

»Über eines sollte Einverständnis möglich sein – darüber, daß die Frage der Bewertung der Desertion im Zweiten Weltkrieg sich nicht trennen läßt vom Charakter dieses Krieges, der von Anfang an auf die Unterjochung und Vernichtung ganzer Völker zielte. Angesichts dieser verbrecherischen Dimension des Krieges war ›Wehrkraftzersetzung‹ oder ›Fahnenflucht‹, war überhaupt jede Form der Verweigerung eine achtenswerte, moralisch gebotene Handlung. (...) Jeder Soldat, der sich – aus welchen Gründen auch immer – im Zweiten Weltkrieg den Streitkräften Hitlers entzog, verdient deshalb unseren Respekt.«[220]

Jetzt zeigten sich Wirkungen.

Auf dem Prüfstand – die »Gehorcher«

»Wenn Sie nicht grundlegendes Material darüber beibringen können, daß Ihre Tat politische Hintergründe hatte, müssen wir Ihren Fall leider ruhen lassen. Fahnenflucht allein als solche genügt nicht für Anerkennung.«[221]

So die typische gerichtliche Abweisung der Klage eines Deserteurs aus dem Jahr 1949 nach dem Bundesentschädigungsgesetz.[222]

32 Jahre später, am 11. September 1991, fällte das Kasseler Bundessozialgericht ein letztinstanzliches Urteil, das als Durchbruch in der

Rechtsprechung über die Deserteure gewertet wurde: Es bewilligte der Witwe eines am 10. März 1945 erschossenen Wehrpflichtigen eine Entschädigung nach dem Bundesversorgungsgesetz, hob damit die bisherige Rechtsprechung auf und bestimmte, daß Hinterbliebene deutscher Soldaten, die von der NS-Militärjustiz wegen Fahnenflucht, Wehrkraftzersetzung, Befehlsverweigerung und ähnlichem antinazistischem Verhalten hingerichtet wurden, Opferentschädigung zustehe. Eine sozialpolitische Revolution, da die Angehörigen dieser Gruppe durch das Bundesentschädigungsgesetz aus der Rehabilitierung und Entschädigung ausgegrenzt und bis dahin vor den Sozialgerichten schlechter gestellt waren als Angehörige der Waffen-SS (was nicht zuletzt damit zusammenhing, daß über lange Jahre der Nachkriegszeit dort ehemalige Nazi- und Militärrichter saßen).

Gefällt unter dem Eindruck der militärgeschichtlichen und militärrechtshistorischen Forschungen von Messerschmidt und Wüllner, war das Kasseler Urteil eine Ohrfeige für die bis dahin gültige Rechtsauffassung: Es sprach der NS-Militärjustiz jeden rechtsstaatlichen Charakter ab, brandmarkte die Institution als »terroristisch« und »verbrecherisch«, qualifizierte die Richter als von ihrem militärischen Gerichtsherrn »weisungsabhängige Gehilfen des NS-Terrors« und »Mittäter in einem völkerrechtswidrigen Krieg« und bezeichnete die Todesurteile gegen Deserteure generell als »offensichtlich unrechtmäßig«. Wer in diesem Unrechtsstaat die Truppe verließ oder den Gehorsam verweigerte, so das Kasseler Urteil, »leistete Widerstand«.

National und international wurde dieses Urteil überwiegend begrüßt unter Schlagzeilen wie »Das Bundessozialgericht verurteilt die NS-Justiz« oder »Legitimitätsentzug für die NS-Kriegsgerichte«. Aber es gab, wie zu erwarten, auch Protest – nicht zuletzt aus der Bundeswehr.

Im November 1998 kam es in Mannheim während der offiziellen Totengedenkfeier am Volkstrauertag zu einem bezeichnenden Vorfall.

Von der Stadt als einer der Redner eingeladen war auch der Vorsitzende der Bundesvereinigung der Opfer der NS-Militärjustiz, der Bremer Ludwig Baumann. Stationen seiner Vita: 1940 Soldat geworden, 1942 in Frankreich desertiert, das in Bordeaux gefällte Todesurteil in zwölf Jahre Zuchthaus umgewandelt, KZ Esterwegen, Wehrmacht-KZ Torgau.

Als der unermüdliche Streiter für seine Sache in Mannheim der ermordeten Wehrmachtdeserteure gedachte, verließ die Abordnung der Bundeswehr die Feier – mit der nachgelieferten Erklärung: Solches Gedenken sei »eine Diffamierung der Wehrmacht«.

Da hatte sich plötzlich bis in seinen Kern entblößt, was der Freiburger Historiker Wolfram Wette 1997 so auf den Punkt brachte:

»Eines war immer klar: Die – von vielen als überfällig angesehene – Rehabilitierung der Deserteure und ihre Einordnung in den Widerstand gegen das nationalsozialistische Unrechtssystem würde notwendigerweise die Frage aufwerfen, wie der gefügige Gehorsam und die treue Pflichterfüllung der übrigen Millionen von Wehrmachtangehörigen im Rückblick zu bewerten sein würden. Die wenigen Deserteure stellten, ob man dies politisch wollte oder nicht, die vielen ›Gehorcher‹ und das extrem repressive Umfeld, in dem sie sich gefangen fühlten, auf den Prüfstand. Das war das Politikum von Anfang an. An diesem Problem ist – bei allen sonstigen Diskussionsfortschritten – der Durchbruch auf politischer Ebene bislang wohl letztlich gescheitert.«

Genau das war die populistische Argumentation der damals regierenden christlich-liberalen Koalition, allen voran die des rechtspolitischen Sprechers der CDU/CSU-Bundestagsfraktion Norbert Geis: »Millionen konnten sich nicht irren.«

Sie konnten! Und die Zeit war reif, es auszusprechen.

Baumann legte nach dem Abgang der Bundeswehrabordnung in Mannheim Dienstaufsichtsbeschwerde beim dortigen Standortältesten der Bundeswehr und beim Verteidigungsminister ein. Zwar mußte er auf eine Antwort monatelang warten, die dann aber dennoch auf eine gewisse Sinnesänderung im Ministerium schließen ließ. Der zuständige Referatsleiter, Oberst Günther Schwarz, an Baumann in kritischer Abgrenzung vom Mannheimer Standortältesten: »Deserteure dürften beim Gedenken an die Opfer von Krieg und Gewaltherrschaft nicht ausgeklammert werden.«

Soweit, so gut.

Trotzdem kam wieder der alte Pferdefuß zum Vorschein, und das gleich dreifach. Zwar könne es, so mußte Baumann lesen, als unstrittig gelten, daß »die Wehrmacht von einem Unrechtsregime als Instrument zur Führung eines verbrecherischen Angriffskrieges mißbraucht« worden sei und man deshalb den Widerstandskämpfern gegen das Regime hohen Respekt schulde, aber, zweitens: »Die Bundeswehr darf auch den Soldaten der Wehrmacht, die ehrenhaft und in gutem Glauben gekämpft haben, ihre Achtung und ihren Respekt nicht versagen.«

Und weiter, nach der Kollektiventschuldung durch die Hintertür der Mißbrauchthese, der dritte Rückzug: Die Frage, ob die Deserteure zum »politischen Widerstand« gehörten, könne nicht generalisierend, sondern nur durch Prüfung des Einzelfalls beantwortet werden. Für diesen von den Traditionalisten unbeirrt vertretenen Grundsatz berief sich Oberst Schwarz auf das Urteil des Kasseler Bundessozialgerichts vom 11. September 1991 – fälschlicherweise. Hatte das doch ausdrücklich für rechtens erkannt, daß in Hitlers völkerrechtswidrigem Krieg auch einfacher Ungehorsam und das Verlassen der Truppe als »Widerstand gegen das Unrechtsregime« zu werten seien.

Es sollte dann auch lange bei dieser ambivalenten Haltung der christlich-liberalen Parlamentsmehrheit zur Deserteurfrage bleiben, getreu dem infamen Wort von Norbert Geis: Manche Soldaten seien »eben nur schlau gewesen, während andere den Kopf hingehalten« hätten. Daß mindestens 15 000 dieser Schlauberger ihren Kopf im buchstäblichen Sinn verloren, kam dem rechtspolitischen Sprecher der CDU/CSU-Fraktion offenbar nicht in den Sinn: Hebe man »die Urteile gegen die Deserteure auf, so würde man gleichzeitig den Einsatz jener Wehrmachtsoldaten, die den Mut hatten, bei der Stange zu bleiben, pauschal für unrechtmäßig erklären«. Daß Widerstand und Ungehorsam weit mehr Mut erforderten, hatte im Kopf des Hardliners Geis sowenig Platz wie der Gedanke, daß viele Soldaten nur deshalb »bei der Stange blieben«, weil ihnen der Mut zur Desertion fehlte.

Hinter solchen Thesen stecken wahltaktischer Opportunismus und, wie Manfred Messerschmidt es einmal formuliert hat, die »Einstellung zur Geschichte des Dritten Reichs«.

Wenn man den Schauplatz des Geschehens wechselt

Kein Wunder also, daß alle Anträge von SPD und Grünen zur Rehabilitierung und Entschädigung der Deserteure, Kriegsdienstverweigerer und »Wehrkraftzersetzer« im Bundestag des wiedervereinigten
Deutschlands abgeschmettert wurden. Bis es dann doch unter dem
Druck neuer Erkenntnisse über die Rolle der Wehrmacht in der Bun-
destagssitzung vom 15. Mai 1997 zu einer Entschließung kam, deren
zwei erste von insgesamt fünf Punkten aufhorchen ließen:

1. »Der Zweite Weltkrieg war ein Angriffs- und Vernichtungskrieg,
   ein vom nationalsozialistischen Deutschland verschuldetes Verbrechen.
2. Im Verlaufe des Zweiten Weltkrieges wurden Zehntausende deutscher Soldaten und Zivilpersonen Opfer von Verurteilungen
   wegen der Tatbestände ›Kriegsdienstverweigerung‹, ›Desertion/
   Fahnenflucht‹ und ›Wehrkraftzersetzung‹. Tausende von ihnen
   wurden hingerichtet.«

Wer die einschlägigen Reden von Vertretern der konservativen Mehrheit noch im Ohr hatte, der konnte sich nun wie auf einem anderen
Parlamentsstern wähnen. Doch gemach – auch in dieser Entschließung mit neuem Tenor finden sich Haken und Häkchen, die einer
offenbar unüberwindlichen Traditionsauffassung entstammen. Unter Punkt 3 heißt es, der Bundestag bezeuge den Opfern und ihren
Familien Achtung und Mitgefühl und stelle fest, daß die von der
Wehrmachtjustiz verhängten Urteile unter Anlegung rechtsstaat-
licher Wertmaßstäbe Unrecht waren, aber dann steht da:

»Anderes gilt, wenn bei Anlegung dieser Maßstäbe die der Verurteilung zugrundeliegende Handlung auch heute Unrecht wäre.«

Und unter Punkt 4 auch hier wieder die unvermeidliche General-
floskel:

»Eine Rehabilitierung von Deserteuren und die Entschädigung der Überlebenden bedeuten keine Abwertung der deutschen Soldaten des Zweiten Weltkrieges.«

Schließlich wird unter Punkt 5 den »Opfern der Wehrmachtjustiz bzw. ihren Angehörigen« eine einmalige Zahlung von 7500 Mark gewährt – ein halbes Jahrhundert nach Kriegsende. Die Ausführung der Bundestagsentschließung vom 15. Mai 1997 wird dem Finanzministerium von Theo Waigel überantwortet. Von dort ergeht am 17. Dezember 1997 der Erlaß zur »abschließenden Regelung der Rehabilitierung und Entschädigung von während des Zweiten Weltkrieges aufgrund der Tatbestände Wehrkraftzersetzung, Kriegsdienstverweigerung und Fahnenflucht Verurteilten« – ein Satzungetüm, dem man anmerkt, daß seine Verfasser das Thema mit der Zange angefaßt hatten. Immerhin aber steht darin unter Punkt 1 klipp und klar:

»Mehr als 50 Jahre nach dem Zweiten Weltkrieg Untersuchungen über jede einzelne Desertion anzustellen, ist unmöglich.«

Dieser Grundsatz findet sich aber nicht in dem am 28. Mai 1998 vom Bundestag verabschiedeten und am 1. September in Kraft getretenen Gesetz zur Aufhebung der nationalsozialistischen Unrechtsurteile: Was Deserteure betrifft, bleibt es bei der Einzelprüfung. Norbert Geis und seinem christlich-liberalen Anhang im Parlament ging es vor allem darum, den Eindruck zu vermeiden, man wolle »nichtfahnenflüchtigen Kriegsteilnehmern vorwerfen, sie hätten ein Terrorregime unterstützt«.

Erstaunlicherweise hatten diese Kreise weit weniger Vorbehalte gegenüber anderen Gehorsamsverweigerern und Soldaten, die nicht »bei der Stange« blieben – dazu Wolfram Wette:

»Den Befund, daß die deutsche Deserteursdiskussion ganz unmittelbar mit einer unterschiedlichen Bewertung der Geschichte des Dritten Reichs zusammenhängt, bestätigt sich einmal mehr, wenn man den Schauplatz des Geschehens wechselt. Dieselben Tabuhalter, die sich immer gegen die Rehabilitierung der Wehrmachtdeserteure sperren, fanden in der Zeit des Ost-West-Konfliktes gar nichts dabei, Deserteure der Nationalen Volksarmee (NVA) der DDR propagandistisch als Helden herauszustellen. Starke Verbreitung fand ein Foto, das einen uniformierten und bewaffneten NVA-Soldaten zeigte, der mit einem großen Satz ein Stacheldrahthindernis übersprang, um dem Dienst in dieser Armee zu entkommen. Nach der deutschen Einigung wurde diese aus der Zeit der Ost-West-Konfrontation stammende politische Bewertung von NVA-Deserteuren beibehalten.«

Wette erinnert auch daran, daß die Massendesertion aus Jugoslawien nach Deutschland die an Wehrmachttraditionen orientierte »Pflicht-, Gehorsams- und Opferideologie« nicht wiederbelebte.

In der Tat hat kein deutscher Politiker je gefordert, die Deserteure der Kriegsparteien auf dem Balkan so einzustufen, wie ein großer Teil der Deutschen immer noch die Wehrmachtdeserteure beurteilt. Noch einmal Wette:

»Kann man auf die Dauer NVA-Deserteure politisch beloben, serbische, bosnische oder kroatische Deserteure unterstützen, aber den deutschen Deserteuren, die sich vor einem halben Jahrhundert dem Hitlerschen Unrechtsstaat und seiner Wehrmacht verweigerten, die Rehabilitation versagen? Wie lange müssen diese Widersprüche noch ausgehalten werden? Bis der letzte ›Gehorcher‹ im Grabe liegt?«

Offenbar kann man.

Die Zahl der »anderen Soldaten« ist zusammengeschmolzen, aber ihre restlose Rehabilitierung steht weiter aus. Zwar hat der 14. Deutsche Bundestag mit seiner rot-grünen Mehrheit der Frage gegenüber eine andere Haltung als die Vorgänger, die zugesagte Nachbesserung des »Gesetzes zur Aufhebung der nationalsozialistischen Unrechtsurteile« hat es jedoch bis zur Stunde dieser Niederschrift nicht gegeben.

Am 15. Mai 1998 wird an der Stadtmauer von Bernau ein Deserteurdenkmal enthüllt. Es zeigt einen Mann im Augenblick der Erschie-

ßung, namenlos und gefesselt. In einer Ansprache vor diesem Denkmal sagte der 1944 mit achtzehn Jahren an der Ostfront desertierte
Reimar Gilsenbach:

»Obwohl ich kaum ein halbes Jahr bei der Wehrmacht war, hatte ich
genug ihrer Verbrechen gesehen: geraubtes Vieh, verhungernde Bauern, in die Zwangsarbeit verschleppte Frauen, zerstörtes Land, Jagd
auf Partisanen, das grauenhafte Leid der Juden. (...) Desertion ist der
Widerstand des kleinen Mannes, der Widerstand von ganz unten.
Ich schuldete die Desertion meinem Gewissen. In unserm Bruch des
Fahneneids, in unserer Weigerung, dem Kriegsverbrecher Hitler zu
folgen, ruht die Würde der Nation, nicht im Marsch der Wehrmacht
bis in den Kaukasus, nicht in ihrer Flucht zurück in die Ruinen-
wüsten des eigenen Landes.
Zum Thema Entschädigung für Deserteure fällt mir nichts mehr
ein. Kriegsversehrte und Kriegerwitwen erhalten passable Renten,
zu schweigen von Generälen und anderen Stabsoffizieren. Für
Deserteure, die im Naziknast und in den Strafeinheiten Schreck-
liches durchgemacht haben, bewilligte die Bundesrepublik bisher
keinen Pfennig.«[223]

Der Deserteur und der General

Die Verfassung der Bundesrepublik Deutschland verbrieft nach Artikel 4 (Glaubens- und Bekenntnisfreiheit) das Grundrecht auf Kriegsdienstverweigerung. Und in Paragraph II des bundesdeutschen Sol-
datengesetzes, Absätze 2 und 3, heißt es:

»Der Untergebene hat seinen Vorgesetzten zu gehorchen und ihre
Befehle nach besten Kräften vollständig, gewissenhaft und unverzüglich auszuführen. Keinesfalls hat er den Vorgesetzten unbedingten
Gehorsam zu leisten. Ist ein Befehl unverbindlich, d. h., verstößt er
gegen die Menschenwürde, ist er ohne dienstlichen Zweck, braucht
er nicht befolgt zu werden.«

Das sind, wie das Verbot des Angriffskriegs, wichtige Lehren aus der vordemokratischen Epoche der deutschen Geschichte, speziell des Dritten Reichs und seiner Wehrmacht.

Gleichwohl aber müssen besagte Sätze Bundeswehroffizieren, besonders aus älteren Jahrgängen, von Anfang an nicht geheuer gewesen sein, und das mit Ausläufern bis in unsere Tage. Es gibt viele Beispiele dafür, daß von einer Neubewertung der Wehrmachtdeserteure unter Bundeswehroffizieren nicht die Rede sein kann. Eines der erschreckendsten war ein Streitgespräch im NDR-Hörfunk zwischen Ludwig Baumann und Dr. Jürgen Schreiber: Jahrgang 1926; 1944/45 Soldat und Offizier der Wehrmacht, ab 1966 Offizier der Bundeswehr, zuletzt Kommandeur des Luftwaffenausbildungskommandos, zur Zeit des Gesprächs, 1994, Generalmajor a. D., Präsident des Ringes Deutscher Soldatenverbände (RDS), Bundesvorsitzender des Verbandes Deutscher Soldaten (VdS) und Bundesvorsitzender des Deutschen Luftwaffenringes (DLwR).[224]

Nachdem Baumann die Motive für seine Desertion, das Gerichtsverfahren gegen ihn und die furchtbaren Verhältnisse im Straf-KZ Torgau bewegt geschildert hatte, fragte der Moderator Schreiber: »Im Todesurteil von Ludwig Baumann, der begnadigt wurde, heißt es: ›Die Fahnenflucht ist das schlimmste Verbrechen, das ein Soldat begehen kann.‹ Würden Sie das auch unterschreiben?«

Schreiber, unbeeindruckt davon, daß mindestens 15 000 Soldaten hingerichtet worden sind:

»Im Prinzip, ja. (…) Die Regel ist, daß der Soldat, der seine Truppe verläßt, eben schlechthin Fahnenflucht begeht, daß er damit einen Strafbestand verwirklicht oder früher verwirklicht hat, der in allen Ländern – ich sage es noch einmal – der Welt ein Strafbestand ist.«

Moderator: »Sehen Sie das auch nicht anders im Zweiten Weltkrieg, der ja nun völkerrechtswidrig und ein Angriffskrieg war von seiten der Wehrmacht?«

Schreiber: »Wissen Sie, Ihnen gehen die Worte – wie heute allgemein – so sehr leicht von den Lippen, mit dem ›völkerrechtlich‹, und Herr Baumann hier mit dem Überfall (auf die Sowjetunion; R. G.) und all diesen Dingen, das ist ein Vokabular, das wir z. Zt. hinreichend kennen, das aber wahrscheinlich in zehn, oder vielleicht auch erst in zwanzig Jahren doch anders aussieht.«

Dann, nach mehr oder weniger gewundenen Ausführungen über den deutschen »Präventivkrieg« 1941, der einer angriffsbereiten Sowjetunion lediglich zuvorgekommen sei, weiter: »Aber wir müssen einmal sehen, daß die Masse der Deserteure, und das sage ich mit aller Betonung, Leute waren, die sich entweder drücken wollten – der berühmte Drückeberger –, letzten Endes der Feigling, oder aber, und das ist viel wichtiger zu wissen, Leute waren, die eine Strafverfolgung durch die Militärgerichte, durch die sogenannten Kriegsgerichte zu erwarten hatten wegen ganz anderer Taten. (...) Allein schon die Redensart von der Militärjustiz, die ist ja schon eine Vorverurteilung.«

Schreiber, nachdem Baumann erschütternde Einzelheiten des Vernichtungskriegs durch Einheiten der Wehrmacht in Weißrußland angeführt hatte: »Hier wird so getan, auch von der Vielzahl von vernichteten Dörfern, von Hunderttausenden von Menschen, die angeblich von der Wehrmacht ermordet worden sind. So sind die Dinge doch nicht. (...) Ich bestreite nicht, daß Verbrechen passiert sind, schlimme Verbrechen, deren wir uns wirklich schämen müssen. Aber fragen Sie doch einmal, wie viele denn nachweislich daran beteiligt waren. (...) Sie haben selbst vorhin gesprochen davon, daß Leute Gerüchte gehört haben von Ermordungen usw., das ist ganz gewiß klar. Bloß, was sind Gerüchte wert? Der Soldat spricht gerne von ›Latrinenparolen‹, also das, was hintenherum erzählt wird.«

Darauf Ludwig Baumann, mühsam beherrscht: »Ich habe einen Kriegsgerichtsbarkeitsbefehl ›Barbarossa‹ vom 14. 5. 1941 (...), und da steht: ›Für Handlungen, die Angehörige der Wehrmacht und des Gefolges gegen feindliche Zivilpersonen begehen, besteht kein Verfolgungszwang, auch dann nicht, wenn es zugleich ein Verbrechen ist.‹ Und dieser Befehl ist überall an der Ostfront befolgt worden.

Man konnte morden, plündern, wie man wollte, es wurde nicht bestraft. Und auch die Soldaten, die nicht desertierten, haben ja hunderttausendfach irgendwelche kriminellen Handlungen begangen. Und das finde ich ja schon ungeheuerlich, daß alle alles tun konnten im Krieg, nur Deserteure mußten eine lupenreine Weste haben.«

Der Deserteur und der General ...

Was hat dieser Mann, Präsident und Bundesvorsitzender mehrerer Soldatenverbände, deren Mitglieder gewiß so denken wie er – was hat dieser Mann seine Rekruten gelehrt?

Es war ein erschreckendes Charakterbild, das da über den Äther ging: ein hoher Offizier der Bundeswehr ohne jedes Unrechtsbewußtsein für den deutschen Angriffskrieg, ohne die geringste Erkenntnis seines verbrecherischen Charakters, völlig begrifflos auch dafür, was der Überfall für die besetzten Völker bedeutete. Dazu ohne jede Beziehung zur Welt der Opfer, ohne Kenntnis des Vernichtungskriegs und seines Apparats, aber bestrebt, die Beteiligung der Wehrmacht und der Mordkommandos zu bagatellisieren. Also historische Tatsachen zu bestreiten, um die sich der Generalmajor niemals gekümmert, gegen die er sich sein Leben lang abgekapselt hat, weil sie ihn nie interessiert haben. Und schließlich, gegen Ende des Jahrhunderts, die gleiche Auffassung von Deserteuren der Wehrmacht wie fünfzig Jahre zuvor.

Ein Gespräch also, das als akustisches Trauerspiel hätte gelten können – wenn da nicht die Reaktionen der Zuhörer gewesen wären, die sich einschalten konnten und es taten, zahlreich und einhellig.

Eine Auswahl:

»Was die Nazis angerichtet haben, auch die Wehrmacht, auch die SS. (...) Es war richtig, zu desertieren.«

»Es war auf jeden Fall richtig.«

»Ich bin dafür. Ich bewundere jeden Deserteur. Ich bin 73 Jahre alt. Ich habe den Zweiten Weltkrieg in Hamburg von Anfang bis Ende mitgemacht und vor einigen Jahren in Planten und Blomen ein Treffen der Beinamputierten miterlebt. Und ich kann nur jedem sagen, der gegen einen Deserteur ist, er soll sich dieses Treffen einmal ansehen und mit den Frauen reden, was die ihr Leben lang durchgemacht haben, das ist ja alles mein Jahrgang.«

»Wie ich das damals gesehen habe? Ich habe vollstes Verständnis dafür gehabt.«

»Ich finde es unsäglich, was uns Herr Dr. Schreiber sagt, denn er rechtfertigt mit seinen Gegenargumenten gegen die Desertion im Grunde einen verbrecherischen Krieg. Es geht ja nicht nur um die individuelle Entscheidung bei dieser Sache, sondern auch um die politische Bewertung. Hitlerkriege nach Westen und Osten waren verbrecherische Kriege, egal, wie einzelne Soldaten darin gestanden haben.«

»Was ich sehr schlimm finde, ist eigentlich, wie Herr Schreiber noch diesen Krieg zu rechtfertigen versucht und über die Schiene versucht, die Deserteure zu verurteilen.«

»Ich denke gerade, daß durch solche Argumentation, wie Herr Schreiber sie vollführt, viele wieder dazu gebracht werden, eigentlich die Bundeswehr wie die Wehrmacht zu sehen. Und es hätte uns sehr gut angestanden, da einen Bruch zu vollziehen. Ich finde es noch viel schlimmer, wie Herr Schreiber diesen Krieg verteidigt. Ich denke, da wird eine unheimliche Geschichtsklitterung gemacht, und man muß wirklich sagen, dieser Krieg war verbrecherisch, und er wurde auch von Wehrmachtangehörigen, nicht nur von der SS und so, mit verbrecherischen Methoden geführt.«

»Ich meine, so einen Herrn überhaupt einzuladen, finde ich schon eine Ungeheuerlichkeit. Es scheint offensichtlich schon wieder Mode und möglich zu sein, solche Menschen in dieser Art und Weise einzubinden, und ihre wirklich absolut reaktionären faschistischen Dinge so abzusondern zu lassen.«[225]

In dieser langen Radiostunde gab es keine einzige Stimme, die die Auffassungen des Generalmajors a. D. teilte, was selbstverständlich nicht heißt, daß es solche nicht gibt.

Kein verfrühter Optimismus, aber es mehren sich die Zeichen, daß einer der großen Götzen der Traditionslüge begonnen hat, auf seinem Thron zu wackeln – die Verdammung der Wehrmachtdeserteure, die Ächtung der »anderen Soldaten«!

Warum nicht »Clara-Immerwahr«- und »Feldwebel-Hugo-Armann-Kaserne«?

Es ist charakteristisch, daß die Gruppe, die das Bild der Wehrmachtangehörigen als Hitlers willige Vollstrecker partiell korrigieren könnte, vom konventionellen Traditionsverständnis ausgeschlossen war.

Darin aufgenommen wurde, wenn auch nach zähen Mühen, eine andere Gruppe von Gehorsamsverweigerern: die Männer des 20. Juli. Warum diese Ehrungsbereitschaft gegenüber höheren Rängen bei gleichzeitiger Abscheu gegenüber unbotmäßigem Verhalten niedrigerer Dienstgrade?

Von den Verfechtern der »zeitlosen soldatischen Tugenden« ist eine Stellungnahme zu den Tötungen von Kriegsdienstverweigerern 1939–45 einzufordern. Sie müssen außerdem erklären, wie sie es mit ihrem Gewissen vereinbaren können, die »deutsche Soldatenehre« retten zu wollen, die 15 000 Hingerichteten aber davon auszunehmen? Warum haben sie sich niemals bemüht um Kenntnisse über die Wehrmachtjustiz im Zweiten Weltkrieg, über das Strafgefangenenwesen, über seine Sonder- und Bewährungseinheiten, über den Justiz- und Strafvollzug im Nationalsozialismus? Haben sie jemals erfahren wollen, wie deutsche Soldaten hinter den Mauern der Wehrmachtgefängnisse von Wachmannschaften entwürdigt und gequält wurden? Haben sie auch nur eine einzige Sekunde darauf verschwendet, sich über Verfolgungsinstanzen im militärischen Strafvollzug zu informieren, sich mit jenen dunklen Seiten zu befassen, die nicht zu ihrer geschönten Wehrmachtattrappe passen?

So ignorant wie bei den Deserteuren, so abstinent verhalten sich die Traditionalisten in Sachen Kriegsgerichtsbarkeit. Haben sie je auch nur den kleinsten Beitrag geleistet, die Mörder in Uniform, all diese Kriegs- und Sondergerichtsräte nach 1945 ihrer verdienten Strafe zuzuführen? Nein, statt dessen haben sie sich zu Fürsprechern dieser »furchtbaren Juristen« gemacht.

Wenn es überhaupt etwas gibt, was Schuld und Schande zwar nicht aufzuheben, aber zu reduzieren vermag – wären es nicht die »Vaterlandsverräter« und »Feiglinge«, deren Desertion oft mehr Mut erforderte, als dem Kugelhagel an den Fronten des Gehorsams standzuhalten? Wären es nicht die »Wehrunwürdigen«, die »Zersetzer«, die »Schwer- und Unerziehbaren«, die »Disziplinlosen«, die »Verweigerer« und »Zwangsrekrutierten« – eben die »anderen Soldaten«?

Wieso wählte die Bundeswehr keine Kasernenpatrone aus deren Reihen? Nicht als »Ehrenretter« der Wehrmacht – wie könnte eine Ehre gerettet werden, die es nie gab? Wohl aber als das, was sie vorgelebt hatten – und wofür so viele von ihnen sterben mußten.

Etwa der Gefreite Franz Jägerstätter, ein einfacher Bauer, ein Mann von schlichter Frömmigkeit, für den der Nationalsozialismus des Teufels und der Krieg ungerecht war – eine Haltung, mit der er bei den von ihm um Rat gebetenen katholischen Geistlichen allerdings auf vollständiges Unverständnis stieß. Dennoch auf seiner Überzeugung beharrend, wurde Jägerstätter am 6. Juli 1943 vom Reichskriegsgericht als Kriegsdienstverweigerer zum Tod verurteilt und einen Monat später in Brandenburg-Görden hingerichtet.[226]

Oder Otto Bruser, Zeuge Jehovas, siebzehn Jahre, als die Verhandlung gegen ihn als Kriegsdienstverweigerer am 23. März 1944 begann; achtzehn, als er am 25. Mai 1944 zum Tod verurteilt und drei Wochen später, am 19. Juni 1944, hingerichtet wurde (wie weitere etwa 250 deutsche und österreichische Zeugen Jehovas während des Kriegs).[227]

Oder der Gefreite Miesch, neunzehn Jahre, Arbeiter, am 4. Februar 1945 vor der schwedischen Grenze bei der Fahnenflucht gefaßt. Im März wird das Verfahren eröffnet. Der soldatische Beisitzer des Militärgerichts ist für Gnadenerweis, der Jurist und der Offiziersbeisitzer nicht: »In einem Zeitpunkt, wo in Deutschland selbst Hitlerjungen mit der Waffe in der Hand kämpfen, kann ich mich nicht für eine Begnadigung einsetzen.« Dennoch wird sie eingereicht. Karl Dönitz, Oberbefehlshaber der Kriegsmarine und seit Hitlers Selbsttötung am 30. April dessen Nachfolger, entscheidet am 4. Mai 1945: »Einen Gnadenerweis lehne ich ab. Ich ordne die Vollstreckung des Urteils an.«[228]

Wie wäre es, wenn der in Yad Vashem, der zentralen Jerusalemer Holocaustgedenkstätte, als einer der »Gerechten unter den Völkern« geehrte Feldwebel Hugo Armann Kasernenpatron der Bundeswehr würde? In Baranowice, Ostpolen, stationiert, half er vielen Juden bei der Flucht und stattete sie mit Waffen aus.

Oder der ebenfalls in Yad Vashem geehrte Major Max Liedtke, der in Przemysl, Polen, versucht hatte, einen Überfall der SS durch seine Soldaten aufzuhalten, dafür seines Postens enthoben und an die Front geschickt wurde, wo er in Gefangenschaft geriet und in ihr umkam?

Oder, um potentielle Kasernenpatroninnen nicht zu vergessen, Clara Immerwahr, Frau des bereits im Kapitel »Hurrapatriotismus – Ypern – Gaskrieg« erwähnten Hauptmanns und späteren Nobelpreisträgers Fritz Haber (für den die Verwendung von Giftgas »eine höhere Form des Tötens« war). Eine der damals noch seltenen Wissenschaftlerinnen, behielt Clara Immerwahr auch als bürgerliche Ehefrau ihren Mädchennamen bei.

Am 2. Mai 1915 setzte sie ihrem Leben mit der Dienstpistole Fritz Habers ein Ende – als Protest gegen die Konsequenzen moderner Massenvernichtungsmittel, besonders von Giftgas, an dessen Entwicklung ihr Mann einen so maßgeblichen Anteil hatte.

Wäre die Benennung einer »Clara-Immerwahr-Kaserne« für die Bundeswehr nicht ein Zeichen für eine humane Wissenschaft, für die Grenzen der Kriegführung und gleichzeitig die Aufforderung, die Namen der nach dem Gaskrieg getauften Kasernen wie »Ypern« in Reutlingen, »Karfreit« in Brannenburg oder »General von Stein« in Freising zu tilgen?

Die Liste von Kriegsgegnern könnte seitenlang fortgesetzt werden.

Ihre Ausblendung aus dem Traditionsgefüge der Bundeswehr entblößt Ethikmuster, denen jeglicher Widerstand gegen die Staatsgewalt fremd ist, vor allem aber Ungehorsam in den Streitkräften. Die Vertreter dieser Staatsräson empfinden die Forderung, die »anderen Soldaten« in Traditionsverständnis und Traditionspflege der Bundeswehr zu integrieren, als eine unsittliche Zumutung.

Junge deutsche Soldaten, an Pfähle gefesselt und nach Verlesung des Urteils im Namen des »Führers« und des »deutschen Volkes« (also auch der eigenen Mütter, Väter, Geschwister und Ehefrauen) von Kameraden hingerichtet, zur »Abschreckung«, wie es hieß, und mit den Särgen gleich dahinter – keine für die Armee einer Demokratie traditionswürdigen Schicksale?

Der Gedanke, daß unter den an »Out-of-area-Aktionen« beteiligten Soldaten und Offizieren der Bundeswehr sich auch solche befinden, die glauben, deutsche Deserteure des Zweiten Weltkriegs seien zu Recht erschossen und der Partisanenkrieg sei von den deutschen Angreifern nach kriegsrechtlichen Bestimmungen geführt worden, die Wehrmacht und SS deshalb auch für sich hätten beanspruchen dürfen – dieser Gedanke ist beunruhigend. Wo NS-Vergangenheit unaufgearbeitet fortlebt, kann sie jederzeit in ein Gegenwartsproblem umschlagen.

Aber wann auch immer die Traditionslüge sich aufgelöst haben wird – die »anderen Soldaten« werden dabei die letzte Hürde sein.

Ein Wort zur NVA oder
Die »ganz anderen Soldaten«

Daß Deserteur und Deserteur in Deutschland keineswegs das gleiche ist, dafür steht das besagte Foto des im Westen mit offenen Armen empfangenen Soldaten der Nationalen Volksarmee (NVA), dem am Tag des Mauerbaus in vollem militärischen Wichs die Fahnenflucht durch eine Stacheldrahtlücke gelang.

Aber das blieb nicht das einzige Beispiel unterschiedlicher Bewertung von Angehörigen der Wehrmacht und der NVA durch die Bundeswehr und das Verteidigungsministerium seit dem 3. Oktober 1990, dem Tag der deutschen Einheit.

In die Redensart von den »Brüdern und Schwestern drüben« waren die »Brüder in Uniform« nicht einbezogen. Sozialisten als »vaterlandslose Gesellen« – das geisterte seit Kaisers Zeiten in den Köpfen herum, besonders von Militärs, und war nach 1945 keineswegs daraus verschwunden. Hinzu kam, daß mit der Einbindung der DDR-Streitmacht in den Warschauer Pakt die NVA neben dem innenpolitischen Feindbild auch das außenpolitische symbolisierte. Der undemokratische Antisozialismus hat eine hundertjährige Tradition von Bismarck und Wilhelm II. über Weimarer Republik und Nationalsozialismus bis hinein in die Ära der Bonner Republik (was nicht bedeutet, daß mit dem Umzug nach Berlin die These von den »vaterlandslosen Gesellen« aus Sprachschatz und Hirn aller deutschen Konservativen verschwunden wäre).

Der Leser dieses Buch weiß, mit welcher Zähigkeit die Bundeswehr an Namenspatronen aus der Hitlerzeit festhält. Es ginge auch anders: Am 2.Oktober 1990, einen Tag vor dem Beitritt der DDR zur Bundesrepublik, tilgte Rainer Eppelmann, Minister für Abrüstung und Verteidigung der (ersten und letzten) frei gewählten DDR-Regierung, alle 299 Kasernennamen der NVA. Kahlschlag einer politischen Hygiene, wie ihn die Bundeswehr im Hinblick auf Hitlers Generäle nie erfahren hat. Die Tilgung von Namen wie des am 29. September 1944 in Plötzensee hingerichteten sozialdemokratischen Gewerkschafters und Politikers Wilhelm Leuschner wurde später wieder aufgehoben. Aber das ändert nichts an der Rigorosität, mit der am 3. Oktober 1990 der Bundesminister für Verteidigung Gerhard Stoltenberg die Befehls- und Kommandogewalt über die Soldaten in den fünf neuen Bundesländern übernahm.

Einige Zahlen einer konsequent betriebenen Abwicklung:

Nach der radikalen Entlassung der obersten Führung waren von den 32 000 Offizieren bis Ende 1990 noch 12 000, von 2110 Obersten/Kapitänen ein Jahr später noch 28 und von den 8180 übernommenen Oberstleutnants noch 612 übriggeblieben. Ältere Offiziere gab es faktisch nicht mehr. In der Bundeswehr waren Töne zu hören, man sei sie »elegant« losgeworden. Das NVA-Offizierskorps schrumpfte auf 8,4 Prozent seines ursprünglichen Bestands, wobei nur junge und in ihren Dienstgraden herabgestufte Offiziere nach Erprobung, Ausbildung und Schulung bleiben durften. Am Ende wurden 2720 Offiziere der NVA als Berufsoffiziere von der Bundeswehr übernommen.

Es war eine feindliche Übernahme, an deren Ende die Auflösung der NVA stand, ein lautloses Verschwinden, als hätte diese Armee nie existiert – etwas, wofür es in der deutschen Militärgeschichte keinen Vergleich gibt. Ein größerer Gegensatz als den zwischen dem Ende der Wehrmacht und dem der NVA läßt sich nicht denken – die eine geht in einem Inferno sondergleichen unter, die andere löst sich einfach auf, ohne einen Schuß, ohne einen Tropfen vergossenen Bluts, ohne Gegenwehr. Allerdings, es sei dahingestellt, was geschehen wäre, wenn es einen Einsatzbefehl gegeben hätte. Im Gegensatz zum 17. Juni 1953 in der DDR, zu Ungarn 1956 und zur CSSR 1968 war die Sowjetunion der Perestroika unter Michail Gorbatschow jedoch nicht mehr bereit, die Motoren ihrer Panzer zur Rettung des maroden Bundesgenossen anzuwerfen.

Das hat beigetragen zum unblutigen Wunder der ersten gelungenen deutschen Revolution.

Der Zugriff auf die NVA kam einer Demontage gleich, die Deklassierung der DDR-Soldaten war beabsichtigt, andere Maßstäbe als die des Westens wurden nicht herangezogen. Welch Gegensatz zum Wohlwollen, das die Bundeswehrführung Wehrmachtangehörigen gegenüber an den Tag gelegt hatte.

Aus Berichten zu kritischer Selbstsicht fähiger NVA-Angehöriger lassen sich Diskriminierungen herauslesen, die Anteilnahme hervorrufen, auch dann, wenn es um finanzielle Benachteiligungen geht, während die Westelite in den neuen Ländern »Buschgeld« erhielt. Allerdings habe ich bislang von keinem NVA-Offizier gehört, der sich vom Sockel seiner DDR-geprägten Biographie lösen konnte. Das zeigt sich in der oft vielleicht sogar unbewußten Flucht in die Nischen »positiver« Regimezüge, obwohl doch keine Differenzierung etwas an der Grundsituation ändern könnte – am Unrechtscharakter des DDR-Systems, dem jede demokratische Legitimation fehlte, und das von allem Anfang an und ohne Abstriche.

Die Omnipotenz der Bonner Republik, auch militärisch, muß das eigentlich Bedrückende für die Soldaten der NVA gewesen sein. Am 9. Februar wurde den ehemaligen Offizieren, als »Gedienten in fremden Streitkräften«, das Tragen des alten Dienstgrades mit dem Zusatz »i. R.« oder »a. D.« untersagt, und in den Traditionsrichtlinien (Zentrale Dienstvorschrift – ZDV – 10/1) vom 16. Februar 1995 heißt es nicht ohne herrische Note, »daß die aufgelöste Nationale Volksarmee keine Tradition für die Bundeswehr stiften kann«.

Als ein ehemaliger NVA-General vom Bonner Verteidigungsministerium wissen wollte, ob er sich, ohne Pensionsansprüche zu stellen, wenigstens »General a. D.« nennen dürfe, wurde ihm von dort beschieden: Nein, das dürfe er nicht. Als er daraufhin dem damaligen Verteidigungsminister Volker Rühe schrieb, daß er in der Hitlerwehrmacht Leutnant gewesen sei, wurde ihm dagegen erlaubt, sich »Leutnant a. D.« zu nennen.

Nur ein weiteres Beispiel jener prototypischen Geisteshaltung, der die Wehrmacht allemal näher steht als die NVA.

Um das NVA-Erbe loszuwerden – keine Rede vom »sauberen Waffenrock«, »wertfreien Kampf« und »zeitlosen soldatischen Tugenden« –, bedurfte es kaum fünf Jahre, wogegen fast vierzig Jahre seit Gründung der Bundeswehr vergehen mußten für die Teilaufhebung der Traditionslüge – zwar sei die Wehrmacht als Institution nicht traditionswürdig, individuelles Kämpfertum aber doch.

Jeder Versuch, auch nur zu einem zeitlich begrenzten Miteinander bei der Übernahme zu kommen, erwies sich als Illusion. Dabei hatte der Westen solche Hoffnungen zunächst durchaus genährt. Noch Mitte 1990 verteilte der Führungsstab der Streitkräfte in Bonn »Erläuterungen zum Organisationsschema – Ministerium für Abrüstung und Verteidigung – Struktur 93«, die den Ostsoldaten eine Zukunft zu eröffnen schienen.

Aber das Verwirrspiel um die Zukunft der NVA dauerte nicht lange.

Rainer Eppelmann, der sein Ministeramt noch in der Annahme angetreten hatte, nach der Vereinigung werde es eine zweite deutsche Armee geben, etwa zur Ausübung von Sicherheitsfunktionen, schrieb am 2. Oktober 1990 in sein Tagebuch:

»Leider stieß ich bei den Kollegen und Generälen auf der Hardthöhe auf wenig Gegenliebe.«[229]

Dazu der Historiker Detlef Bald:

»Die Disqualifikation der NVA ist inhaltlich stark mit dem Selbstbild der Bundeswehr verknüpft: mit der militärischen Tradition, der Akzeptanz der Offiziere der Wehrmacht und der personellen Kontinuität bei der ›Wiederaufrüstung‹. Die Bonner Vergangenheitspolitik der fünfziger Jahre schlug nach 1989 voll durch. Neben dem ›Zerbröseln des SED-Staates‹ führten ideologisch fixierte Vorstellungen dazu, die NVA als Muster ohne Wert in der deutschen Geschichte abzutun.«[230]

Nicht, daß es im persönlichen Umgang von Angehörigen der beiden Armeen keine Achtung, kein Verständnis gegeben hätte für die so offensichtlich Unterlegenen. Am Überlegenheitsgefühl des Stärkeren änderte das jedoch nichts. Womit nicht gesagt ist, daß der Fall schon ausgestanden ist – dazu hat die NVA zu lange existiert. Sind auch die äußeren Spuren ihres Daseins überraschend schnell getilgt worden, die inneren werden so leicht nicht zu löschen sein. NVA und Bundeswehr – ihr gegenseitiges Verhältnis bleibt ein Segment der großen Hypothek des so lange in Bundesrepublik und DDR geteilten Deutschlands, der Gegenstand einer Forschungsarbeit, die noch am Anfang steht.

Fest steht aber schon heute, daß die Integrationsbereitschaft der Bundeswehrführung gegenüber Geschichte und Soldaten der Wehrmacht unmeßbar viel größer gewesen ist als gegenüber Geschichte und Soldaten der NVA. Das gilt für die Zeit der Teilung genauso wie für die danach. Die NVA – das waren immer die »ganz anderen Soldaten«.

Dabei hatten Bundeswehr und NVA, bei aller elementaren Gegensätzlichkeit der Systeme, manches gemeinsam. So die preußischdeutsche Vergangenheit als Vorgeschichte, die Vergötzung des Staats, die kritiklose Hinnahme seiner Entscheidungen, politische Anpassung aus Karrieregründen. Traditionen, die in beiden Armee wirksam waren, obwohl sich die NVA durch die Annexion des Antifaschismus davon distanziert zu haben meinte (eine Position, die sich durch Stechschritt und Ähnlichkeit der NVA-Uniformen mit Mustern aus der Militärepoche vor 1945 nicht glaubwürdiger machte).

Es gab eine weitere Gemeinsamkeit, die allerdings nicht nur auf Bundeswehr und NVA zutrifft, sondern einen größeren Rahmen deutscher Militärgeschichte bis in unsere Tage umspannt und einer kuriosen Note nicht entbehrt.

Wer nur ein bißchen Einblick nahm in den Agitpropkulturbetrieb der DDR und ihre Suche nach historischen Vorbildern, dem fiel auf, wie stark die sogenannten Freiheits- oder Befreiungskriege zu Beginn des 19. Jahrhunderts hervorgehoben wurden, vor allem da, wo deutsch-russische Waffenbrüderschaft in Erscheinung trat. Bei den Namen von NVA-Kasernen schlug sich diese Vorliebe nicht nieder, weil die Unterkünfte meist nach Einheiten benannt wurden, wenn aber nach Personen, dann nach solchen des antifaschistischen Widerstands, mit der üblichen Überhöhung des kommunistischen Spektrums.

Diese Lücke wurde bei den Benennungen von Kasernen in Ostdeutschland bis Mitte der neunziger Jahre geschlossen. Denn nun tauchten Personen als Kasernenpatrone der gesamtdeutschen Bundeswehr auf, die (wie Kant, Goethe und Friedrich II. von Preußen) schon lange vorher vom Politbüro zu patriotischen Vorläufern der SED-Herrschaft erklärt worden waren – so Blücher (Sternbuchholz, Mecklenburg-Vorpommern), Gneisenau (Lindhardt, Sachsen), Lützow (Doberlug-Kirchhain, Brandenburg), Schill (Spechtberg, Mecklenburg-Vorpommern) und, natürlich, die beiden größten Herolde ihrer Ära: Theodor Körner in Leipzig und im mecklenburg-vorpommerschen Hagenow Ernst Moritz Arndt!

Zu Beginn des 21. Jahrhunderts kann konstatiert werden: Diesen beiden, Körner und Arndt, haben sie alle gehuldigt – die preußische Armee der Einigungskriege von 1864, 1866 und 1870/71, die Armee des kaiserlichen Deutschlands bis 1918, die Reichswehr bis 1935, die Wehrmacht bis 1945, die NVA der DDR bis 1990 sowie die Bundeswehr des geteilten und des wiedervereinten Deutschlands bis in unsere Gegenwart.

Ausgerechnet sie, die »Leyer und das Schwert« aus Dresden, und der Dichter »des Gottes, der Eisen wachsen ließ«, sind zu epochenübergreifenden Symbolen, zum Traditionsnenner deutscher Militärgeschichte der letzten zweihundert Jahre geworden, die lautesten Sänger des Schlachtentods zu Beginn des deutschen Sonderwegs.

Der endete 1945, sein Kriegerkult nicht.

Ich lese:

»Um eines hohen Zieles willen ist der Heldentod schön, denn er bejaht und rühmt das Leben angesichts des Todes. Dank der moralischen Schönheit einer Handlung unter tragischen Umständen entfaltet sich jene kraftvolle emotionale Erregung und Anspannung, die man gewöhnlich als Gefechtsrausch bezeichnet.

Leider wird in einigen Kunstwerken das häßliche Gesicht des Krieges allzu detailliert mit all seinen Grausamkeiten beschrieben. Die naturalistische Darstellung ›bloßes Entsetzen‹ verhüllt das wichtigste in einem gerechten Krieg – seine ideelle Schönheit. Die Darstellung des entsetzlichen Antlitzes, das der Krieg auch besitzt, setzt so den ideellen Wert der Schönheit einer Heldentat herab und erzeugt unter Umständen pazifistische Stimmungen. Ein Krieg zur Verteidigung des Vaterlandes ist schön. Ein solcher Kampf läßt keine niedrigen Gefühle aufkommen, sondern ruft starke, reine Leidenschaft hervor, entfaltet im Menschen wahrhaft Schönes und Menschliches.«

Und weiter:

»Wenn ein Mann den tödlichen Schuß, der ihm die Eingeweide zerreißt, empfangen hat, dann soll keiner mehr hinsehen. Denn was dann kommt, ist häßlich und gehört nicht mehr zu ihm. Das Große und Schöne, das heldische Leben ist vorüber.«

Die beiden Zitate, so einig in der Verdrängung und Mythisierung des Todes, stammen nicht vom selben Autor. Das erste ist einer Publikation des Berliner Militärverlags der DDR aus dem Jahr 1979 entnommen, das zweite hat Walter Flex geschrieben: geboren 1887, gefallen 1917, ein nationalistischer Dichter mit starker Wirkung auf die damalige Jugendbewegung und – Namenspatron der Bundeswehrkaserne in Lingen (Emsland) bis 1979.

Nun täte man der Truppe und dem Offizierskorps der NVA einen Tort an, das unsägliche Geschreibsel aus dem Militärverlag pauschal auf sie zu übertragen – manch einem von ihnen wäre bei der Lektüre der Brechreiz hochgekommen. Aber die schauerliche Kontinuität ist doch offensichtlich.

Ein Zufall war die schnelle Auflösung der Nationalen Volksarmee nicht, sondern ein Akt historischer Gesetzmäßigkeit: Vollständig verzahnt mit einem politisch ausgehöhlten und wirtschaftlich ineffizienten System, das an seinen inneren Widersprüchen scheiterte, war der Untergang des DDR-Systems auch das Ende der NVA, einer obrigkeitsstaatlichen, mit den Schüssen an der innerdeutschen Grenze und ihren über 900 Toten unlösbar assoziierten Armee. Versuche einer Militärreform, so am »Runden Tisch« von Berlin-Grünau, mit Friedensforschern und Vertretern der Friedensbewegung, waren verspätet und zu utopisch, um der kühl kalkulierenden westlichen Ablösungspolitik widerstehen zu können.

Doch keine Mißverständnisse: So mitleiderregend viele Schicksale von Angehörigen der NVA nach der Wende auch gewesen sind, der Nationalen Volksarmee, wie dem System, dessen bewaffneter Arm sie war, ist keine Träne nachzuweinen.

Niemand hat ihren Charakter plastischer geschildert, als der viel zu früh verstorbene und unvergessene Schriftsteller, Humanist, Menschenrechtler und »Bausoldat« (so die DDR-Bezeichnung für Verweigerer) Jürgen Fuchs – in seinem Buch »Fassonschnitt« sowie in zahlreichen Artikeln, Essays und Reden: das Gebrüll der »Uffze« (Unteroffiziere), ihr »Komm Se«, »Häschen hüpf«, »Keine Müdigkeit vortäuschen«, »Arsch einziehen« – eine Sprache, die auf den Kasernenhöfen vieler Armeen üblich ist und die doch hier, wie Fuchs bis an die Grenze des Erträglichen schildert, versehen war mit einem spezifischen Hang zur Rekrutenschindung.

Im übrigen kann ich über DDR und NVA nicht nachdenken, ohne eine schreckliche Vision, einen fürchterlichen Konjunktiv der Geschichte im Kopf zu haben – nämlich die Folgen einer roten, einer SED-Wende, mit der NVA als Wacht am Rhein! Bei all den kritischen Stimmen aus dem Osten seit 1989/90, auch denen, die einen hohen Grad von Einsichten, Lernbereitschaft und -fähigkeit erkennen lassen – die Frage, was sich im Fall einer gesamtdeutschen DDR getan, wer sich dann wie verhalten hätte, stellt sich so unterschwellig wie ununterdrückbar. Die Lektüre von Christian v. Ditfurths Buch »Die Mauer steht am Rhein«, mit seinen ebenso phantasievollen wie für jeden Kenner des DDR-Systems realistischen Visionen, läßt einem das Blut in den Adern erstarren.

Doch so historisch unmöglich zu unser aller Glück solche Wende auch war – wer unser Jahrhundert abklopft nach den Folgen von Diktaturen, linker wie rechter, der braucht seine Phantasie nicht groß anzustrengen, um sich die erspart gebliebenen Schreckenszenarien auszumalen. Und an der Spitze der gesamtdeutschen Diktatur stünden jene, die heute über »Rache«, »Vergeltung« und »Siegerjustiz« zetern – also das beklagen, was sie getan hätten, wenn die Geschichte ihnen die Möglichkeit dazu gegeben hätte.

Nein, kein System war für eine ehrliche Aufarbeitung der NS-Geschichte weniger geeignet als das der SED, deren Politbüro sich im Gefolge der Sowjetunion zum postumen Mitsieger des Zweiten Weltkriegs, quasi zu einem Teil der Anti-Hitler-Koalition erklärt hatte und alle Bewohner der DDR, ob groß, ob klein, ob Mann, ob Frau, in die Würde von naturgeborenen Nazigegnern erhob. Abenteuerliche Lügen, aber mit den langen Beinen von fast zwei Generationen.

Dabei galt jener von Wolfgang Leonhardt als Augen- und Ohrenzeuge übermittelte Satz Walter Ulbrichts aus den Maitagen des Jahres 1945: »Es muß alles demokratisch aussehen, aber wir müssen alles in der Hand haben.«

An diesem Imperativ hat sich bis zum Ende der DDR nichts geändert.

Der als Staatsräson und Parteidekret verordnete Antifaschismus, gleichsam die ostdeutsche Version der Traditionslüge, war der Salto mortale, mit dem sich die DDR-Führung früh aus ihrem Teil der deutschen Verantwortung für das Dritte Reich herausstahl und sie allein der Bundesrepublik zuschob – eine bis zum Ende des östlichen Teilstaats streng aufrechterhaltene Doktrin.

Allerdings: Die Abwicklung der NVA und die Übernahme ihrer personellen Restbestände wurden vorgenommen von einer Bundeswehr, die ihr Verhältnis zur vordemokratischen Militärgeschichte Deutschlands keineswegs ins reine gebracht hatte und deshalb allen Grund gehabt hätte, die eigenen Fehlleistungen in die kritischen Reflexionen einzubeziehen und nicht nur die der NVA. Eine geistige Nähe wie zu Soldaten der Wehrmacht hat es zu Angehörigen der NVA nie gegeben.

Sie blieben, noch einmal, immer die »ganz anderen Soldaten«.

Bundeswehr, was nun?

»Wissen, wann man nicht gehorcht« oder Der Fall des Brigadegenerals Winfried Vogel

»Die Wehrmacht war das Instrument Hitlers für seine verbrecherische Kriegführung. Sie hat sich z. T. willfährig den Plänen und Ideen Hitlers geöffnet, diese unterstützt und zum Teil in vorauseilendem Gehorsam gefördert.

Die Wehrmacht war spätestens ab Juni 1941 bereit, einen ideologisch begründeten Ausrottungs- und Vernichtungskrieg unter Außerkraftsetzung rechtlicher, völkerrechtlicher und soldatischer Bindungen und Verpflichtungen zu führen.«[231]

Schon wenn diese Sätze aus dem Mund von Wehrdienstverweigerern oder Pazifisten gekommen wären, hätte es allen Erfahrungen nach wütende Reaktionen gegeben aus dem konservativen Lager. Sie kamen aber nicht von daher, sondern waren abgedruckt in der Zeitschrift »Truppenpraxis« (Nr. 3, April 1990), einem Organ des Bundesverteidigungsministeriums für Offiziere und höhere Unteroffiziersgrade: aus der Feder des Brigadegenerals Winfried Vogel. Und so brach denn ein Sturm der Empörung los, dem eine Lawine von Leserbriefen folgte.

An der Wiege gesungen waren dem damaligen General im Streitkräfteamt Bonn, Stellvertreter des Amtschefs und Leiter der Fachabteilungen, die deutlichen Worte allerdings nicht.

Lebensstationen eines Mannes, der auf 35 Jahre als Berufssoldat der Bundeswehr zurückblicken konnte: 1937 in Bad Kreuznach als Sohn katholischer Eltern geboren, mit Erinnerungen an Bombennächte und heulende Sirenen über Bingen am Rhein, an Hitlerjungen, alte Volkssturmmänner, Panzergräben, Brückensprengungen, an weiße Fahnen und den Einzug Kaugummi verteilender Amerikaner. Humanistische Erziehung in einem Privatgymnasium der Evangelischen Kirche Rheinland, mit Forderung zu selbständigem

Denken. 1956 Abitur und am 1. Mai jenes Jahres Eintritt in die Bundeswehr. Motive dafür, nach eigener Auskunft: »Das Zusammensein mit Gleichaltrigen, Spaß am Sport, Wunsch nach einem abwechslungsreichen Leben, Erziehung und Führung junger Menschen, auch Lust auf ein unbekanntes Abenteuer.« Nach oppositioneller Verfassung a priori klingt das nicht gerade.

Obwohl noch weit entfernt von jenem späteren kritischen Staatsbürger mit Sympathien für die Französische Revolution von 1789, »die meiner Heimat, der Pfalz, Freiheitsrechte brachte, von denen andere Gebiete Deutschlands nur träumen konnten«, fühlte sich der Kompaniechef Vogel peinlich berührt von der Mühelosigkeit, mit der allzu viele Deutsche im Zeichen des Kalten Kriegs aus der Täterin die Opferrolle schlüpften.

Da werden schon in dem frischgebackenen Leutnant (1957) hochempfindliche Sensoren in einer bestimmten Richtung ausgefahren. Vogel macht in den ersten Jahren unterschiedliche Erfahrungen. Harte, aber gute Ausbildung, durchgeführt meist von Vorgesetzten mit Wehrmachtbiographie. Meinungsfreiheit in der Auseinandersetzung zwischen jüngeren und älteren Offizieren und Unteroffizieren, aber das Casino nicht der Ort für Kritik. Alle Ausbilder Vogels, auch die höheren Offiziere, standen der Wehrmacht unkritisch gegenüber, nach wie vor fasziniert von ihrem technischen und operativen Standard. In dieser Haltung sahen sie sich bestätigt durch die Apologetik memoirenschreibender Generäle und Feldmarschälle, wie Halder, Guderian und vor allem Manstein, hochgeachtete Gäste in der jungen Bundeswehr, die auf Denkmalsockel gestellt wurden – und das, nach eigenem Zeugnis, auch von Winfried Vogel:

»Ich erinnere mich noch eines Besuches der Generäle Hoth* und Zeitzler** an der Offiziersschule in Hamburg und im Lehrbataillon, in dem ich jetzt als Leutnant Dienst tat. Solche Veranstaltungen waren ›Pontifikalämter‹, d. h. eher militärische Gottesdienste als

---

* Hermann Hoth war Generaloberst der Wehrmacht. Im Prozeß gegen das Oberkommando der Wehrmacht verurteilte ihn das Nürnberger Militärtribunal zu fünfzehn Jahren Haft. Hoth wurde 1954 begnadigt und entlassen.
** Kurt Zeitzler war von 1942-44 Generalstabschef des Heeres.

militärhistorisch kritische Veranstaltungen. Auch ich platzte vor
Stolz und Bedeutung, als ich Hoth von der Kasernenwache ins
Casino geleiten durfte.«

Anhalten wird diese Verehrung bei ihm nicht, wenngleich die Wehrmacht als entscheidendes Machtinstrument des Dritten Reichs
von kritischer Bewertung vorerst nur gestreift wird. Wohl aber werden unbequeme Fragen gestellt: Hatten hohe Offiziere wirklich
nichts gewußt von Verbrechen an Juden und Gefangenen, von falschen Lagebeurteilungen der Führung und fehlender Winterausrü-
stung im Ostkrieg? Und wieso hatten schon 1942 und 1943 die
Geschwister Scholl und ihre Freunde in München und Ulm auf
Flugblättern der »Weißen Rose« unter Gefährdung von Leib und
Leben versucht, den Deutschen Erkenntnisse mitzuteilen, von
denen die Feldmarschälle auch in den Jahren nach 1945 nichts
gewußt haben wollten?

»Nichts ist eines Kulturvolks unwürdiger, als sich ohne Widerstand
von einer verantwortungslosen und dunklen Trieben ergebenen
Herrscherclique regieren zu lassen. Ist es nicht so, daß sich jeder ehrliche Deutsche heute seiner Regierung schämt? Und wer von uns
ahnt das Ausmaß der Schmach, die über uns und unsere Kinder
kommen wird, wenn einst der Schleier von unseren Augen gefallen
ist und die grauenvollsten und jegliches Maß unendlich überschrei-
tenden Verbrechen ans Tageslicht treten?«

Vogel: »So stand es in den fünf Flugblättern, die ich schon im Gym-
nasium gelesen hatte.«

Daß dieser Schleier immer noch vor den Augen nur allzu vieler
Gründungs- und Aufbauväter der Bundeswehr wehte, zeigte sich an
der hartnäckigen Abwehr einer Mehrheit des Offizierskorps gegen
die Anstrengungen der obersten Führung, den Widerstand des 20.
Juli als patriotische Tat anzuerkennen und im Bewußtsein der Offiziere zu verankern – statt dessen meist Unverständnis und eisige
Distanz. Für Vogel der Zeitpunkt, einen offenen Widerspruch zu ent-
decken:

»Ich fragte mich mit vielen anderen jüngeren Kameraden: Hatten diese Offiziere vergessen, daß sie uns im selben Atemzug viel von preußischen Tugenden erzählten, die auch eine Verweigerung von Befehlen einschließen, wenn diese Befehle unehrenhaft, unsinnig oder gar unrechtmäßig waren? Warum war der Widerstand eines von der Marwitz gegen Friedrich II. ehrenhaft, warum wurde der Yorck-sche Ungehorsam 1812 in Tauroggen zum Symbol, warum wurden uns Sätze wie ›Seine Majestät hat Sie zum Stabsoffizier gemacht, damit Sie wissen, wann Sie nicht gehorchen müssen‹ gelehrt, wenn man gleichzeitig für Stauffenberg, Beck und die anderen Helden des 20. Juli nur Ablehnung empfand?«

Hier war ein Traditionsverständnis im Spiel, das zwar Widerstand und Ungehorsam in der Vergangenheit pries, die Verlängerung solcher Haltung in das eigene Jahrhundert und seine mörderischen Kriege jedoch verweigerte – und sich dadurch unglaubwürdig machte. Unter der Lupe eines geschärften Bewußtseins erwiesen sich wie selbstverständlich herrschende Ideen plötzlich als brüchig.

Nächste Etappe: Vogel wird Zeuge, wie Graf von Baudissin zur Unperson und sein Konzept der Inneren Führung als »inneres Gewürge« diffamiert wird. Die bahnbrechenden Arbeiten des Militärgeschichtlichen Forschungsamts Freiburg über die Verstrickung der Wehrmacht in Verbrechen werden nicht zur Kenntnis genommen. Standardwerke wie Manfred Messerschmidts »Die Wehrmacht im NS-Staat« und Klaus Jürgen Müllers »Das Heer und Hitler«, später auch Christian Streits »Keine Kameraden. Die Wehrmacht und die sowjetischen Kriegsgefangenen 1941–1945«, werden, unfaßbar, nicht in die militärhistorische Lehre einbezogen.

Da beginnt in dem Rheinländer zu schwelen, was nicht mehr ausgetreten werden kann – trotz rascher Karriere: Stabsoffizier für Organisation, Führung und Ausbildung im Truppenamt Köln, heute Heeresamt (1968), Major im Leitungsstab unter Verteidigungsminister Helmut Schmidt und dessen Stellvertretender Adjutant (1970), Persönlicher Referent der parlamentarischen Staatssekretäre Berkhan und Schmidt-Würgendorf (1972), Oberst (1974), Stellvertretender Kommandeur der Panzerbrigade 24 in Landshut, Referatsleiter Innere Führung, Öffentlichkeitsarbeit, Nachwuchswerbung des

Heeres, Kommandeur der Panzerbrigade 29 in Sigmaringen (1977–82). Und am 1. Oktober 1982 Beförderung zum Brigadegeneral. Eine hoffnungsvolle Laufbahn, scheint's. Doch die stockt nun. Warum?

Man kann die Antwort in jene Kurzformel bringen, auf die die politische Auseinandersetzung dieses Lebens mit deutscher Geschichte und ihrer Widerspiegelung im Traditionsverständnis der Bundeswehr sich immer klarer zugespitzt hatte, und die lautet: »Wie hältst du's mit der Wehrmacht?«

Das hat seine Geschichte.

Während der Stationierung in Hamburg 1960–66 hatte Vogel, ein Mann des zweiten Bildungswegs, an der Universität Geschichte gehört bei Fritz Fischer, jenem Historiker, der mit seinem Buch »Griff nach der Weltmacht« (1961) einen Aufstand in seiner Zunft heraufbeschworen hatte. Nicht von ungefähr, revolutionierte die These vom kaiserlichen Deutschland als Hauptauslöser des Ersten Weltkriegs doch von Grund auf das Bild, das sich über Generationen hin erhalten hatte und nach 1945, als Gegengewicht zur unleugbaren Alleinschuld Hitlerdeutschlands am Zweiten Weltkrieg, um so kostbarer geworden war.

Dazu kam bei Vogel, daß sich die Quellenlage über die so lange absichtsvoll verschwiegenen Verbrechen im Krieg durch die Forschungsarbeiten von Historikern, neben Messerschmidt und Müller Martin Broszat, Helmut Krausnick und Eberhard Jaeckel, erheblich erweitert hatte. Die Einbindung der Wehrmacht in den kriminellen Gesamtverbund des Dritten Reichs erschien nun unbezweifelbar. Winfried Vogel, nach diesen wissenschaftlichen Erkenntnissen: »Ehrlichkeit ist gefragt und Mut zur Konsequenz.«

Das sahen einflußreiche Kreisen anders, und damit war der Punkt erreicht, an dem das Faß überlief. Wenn man den Karriereknick dieses Generals auf ein Datum festnageln wollte, so wäre es unschwer herauszufinden. Es ist der April 1990, als sein Beitrag in der Zeitschrift »Truppenpraxis« erschienen.

Darin steht:

»Die Brutalität und Entgrenzung des Krieges gegen die Sowjetunion war kein einmaliges Ereignis. Dies zeigt die Ermordung der Juden in

Serbien vor Beginn des Rußlandfeldzuges durch die Wehrmacht und die Vorfälle bei der Entwaffnung der italienischen Armee nach dem Abfall Italiens von der Achse ab dem 8. September 1943.

Viele Personen in der obersten militärischen, aber auch in der politischen Elite haben während der Zeit des Nationalsozialismus geahnt oder gewußt, was wirklich geschah. Sie erlebten auch, wofür sie eingesetzt und mißbraucht wurden. Dies beweisen heute zahllose Quellen. Daher ist es nicht möglich, die Wehrmacht, die den größten Teil Europas mit Krieg überzog und die in allen eroberten Territorien als unnachgiebiger Sieger auftrat, im nachhinein auf die Summe einzelner tapferer Vaterlandsverteidiger zu reduzieren, die nur ihrer Pflicht folgten.«[232]

Der Beitrag des Brigadegenerals mündete in der Forderung, »Traditionsnamen zu überprüfen, die bei Beginn der Bundeswehr wegen der unzureichenden historischen Dokumentenlage noch nicht im Kreuzfeuer der Kritik gestanden hatten, heute jedoch nicht mehr als Traditionsträger angesehen werden können«.

Das schlug ein wie eine Bombe.

Die Folge war ein Leserbriefkrieg, der sich über ein Jahr hinziehen sollte, mit Reaktionen auch in der Bundeswehrführung, und der in der Aufforderung gipfelte, einen General mit solcher Gesinnung aus der Armee auszustoßen oder wenigstens disziplinarische Maßnahmen gegen ihn zu ergreifen (»Eine sehr seltsame Auffassung von Meinungs- und Pressefreiheit«, so der Kommentar des Geschmähten).

Zum Rausschmiß kam es zwar nicht, aber auch nicht zu einem Gespräch mit Vogels Vorgesetzten, obschon gerade sie eine Fülle von Briefen mit derartigen Forderungen erhalten hatten. Erst nach einem knappen Jahr, am 13. Februar 1991, traf ein Schreiben des Stellvertretenden Generalinspekteurs, Generalleutnant Storbecks, ein, das Winfried Vogel »als Freispruch erster Klasse, obwohl es vielleicht ganz anders gemeint war«, charakterisierte – und in dem es heißt:

»Die historische Forschung hat die weitreichende Verstrickung der Wehrmacht in Kriegsverbrechen während des Zweiten Weltkrieges

nachgewiesen und dazu gerade in jüngster Zeit bisher unbekannte Erkenntnisse vorgelegt. Auch wird sich die historische Forschung (...) mit zunehmender Gewißheit darüber klar, daß Hitler den Krieg von Anfang an als Rassenkrieg führte. (...)
Meine Kritik an den Ausführungen von Brigadegeneral Vogel richtet sich nicht gegen die Darstellung des Forschungsstandes in der Frage der Verstrickung der Wehrmacht in Kriegsverbrechen. (...) Ich wende mich aber gegen jede undifferenzierte Beurteilung der Wehrmacht, ob gewollt oder ungewollt.«

Was der Autor des Artikels nie getan hat, ohne jedoch Gelegenheit zu erhalten, diesen Punkt zu klären. Dafür aber mußte, so Vogel,

»auf Betreiben des damaligen Generalinspekteurs, Admiral Wellershoff, die Zeitschrift ›Truppenpraxis‹ dem Präsidenten des Ringes Deutscher Soldatenverbände, Generalmajor der Bundeswehr a. D. Dr. Schreiber, breiten Raum für eine dümmliche Gegenvorstellung zu meinen Ansichten einräumen. Sie ist vom Umfang her doppelt so groß angelegt, wie mein pointierter Beitrag gewesen war. Als die Redaktion am Ende des Leserbriefkriegs mich um eine Abschlußbewertung bat und mir dazu sozusagen einen ›Kasten‹ zur Verfügung stellte, wie dies üblich ist, griff die oberste militärische Führung wiederum ein, und meine knappen Abschlußbemerkungen wurden in der Form eines schlichten Leserbriefes abgedruckt.«

Einziger Trost in dieser trostlosen Angelegenheit: Viele von Vogels jüngeren Kameraden stellten sich auf seine Seite, nachdem sie schon seinen »Krieg« gegen das System in Traditionsfragen als Hauptleute an der Hamburger Führungsakademie mit Zustimmung und Interesse verfolgt hatten, wie ihm Stabs- und Generalstabsoffiziere später berichten werden.
Illusionen machte sich der ketzerische General dennoch nicht:

»Spätestens nach diesem Ereignis hatte ich meinen ›Reiter‹ auf der Personaldateikartei in der Personalabteilung weg, war ich abgestempelt; meine Karriere, die mit der Beförderung 1982 zum Brigadegeneral noch hoffnungsvoll weiterzugehen schien, war beendet.«

In der Tat – denn nun kam es Schlag auf Schlag.

Aufgrund seiner jahrzehntelangen Beschäftigung mit Wehrmacht und Bundeswehr wurde Winfried Vogel vom Leiter des Hamburger Instituts für Sozialforschung, Jan Philipp Reemtsma, im Dezember 1995 eingeladen, zur Eröffnung der Ausstellung in Wien an einer Podiumsdiskussion teilzunehmen. Gesprächspartner als Vertreter des österreichischen Heeres war Brigadier Trauttenberg. Vogel war kurz vorher, im November 1995, auf der Kommandeurstagung der Bundeswehr in München gewesen, wo Verteidigungsminister Rühe – »vielleicht mehr von den Umständen gedrängt als kraft innerer Überzeugung« – die von Vogel schon 1990 formulierte These von der Traditionsunfähigkeit der Wehrmacht als *Institution* bekräftigte. Vogel empfand die Erklärung Rühes als Rückendeckung für seinen Auftritt in Wien. Trotzdem machte sich der Brigadegeneral damit in der Bundeswehr keine Freunde, zumal er sich inzwischen auch sonst für die Ausstellung engagiert hatte.

Während Brigadier Trauttenberg danach zum Adjutanten des österreichischen Bundespräsidenten Klestil avancierte, geriet Vogel 1996 in noch größere Schwierigkeiten. Hatte er sich doch bereit erklärt, bei der Eröffnungsveranstaltung der Reemtsma-Ausstellung in Mönchengladbach zu sprechen:

»Eine Woche lang versuchten zahlreiche Personen, wie Rüdiger Proske* und der Stellvertreter des Generalinspekteurs, mich von diesem Vorhaben abzubringen. Als ich mich weigerte, wurden die Pressionen verstärkt und damit gedroht, per Befehl mir das Auftreten in Mönchengladbach (an einem Sonntag in Zivil) zu verbieten. Ich antwortete mit der Bemerkung, was ich an einem Sonntag um 11.00 Uhr in Zivil mache, gehe die Bundeswehr erst dann etwas an, wenn ich mich eines Disziplinarvergehens schuldig gemacht hätte. Im übrigen hätte ich einen Privatvertrag mit dem Hamburger Institut unterzeichnet und würde bei einem gegenläufigen Befehl eine einstweilige Verfügung gegen diesen Befehl erwirken. Das machte Eindruck. Die letzten beiden Tage vor meinem Auftritt blieb es still.«

---

* Rüdiger Proske ist ein konservativer Journalist und Buchautor.

Man traut seinen Augen nicht, wenn man das liest. »Wissen, wann man nicht gehorcht« wird denn auch die »Zeit« in einer Hommage Haug von Kuenheims nach dem Ende von Vogels Dienstzeit titeln – und zutreffend anfügen: »Ein Militär mit Zivilcourage«.

Die brauchte er, denn die Folgen des Mönchengladbacher Auftritts waren klar:

»Durch meine eindeutige Stellungnahme für die Ausstellung ›Vernichtungskrieg‹ in einer Armee, die Sachprobleme gerne personalisierte, hatten ich meinen ›zweiten Stempel‹ bekommen.«

Bezeichnenderweise wurde dieser kritische Kopf international anders bewertet.

Hochgeachtet, war er 1992 von der European Military Press Association (EMPA), einer regierungsunabhängigen Vereinigung von Militärjournalisten aus siebzehn Ländern, zum Präsidenten gewählt worden, eine Position, die er 1997 aufgab, um einem Jüngeren Platz zu machen. Ehrenpräsident der EMPA ist er heute noch.

Am 1. Januar 1997, im sechzigsten Lebensjahr, ging Brigadegeneral Winfried Vogel in Pension – 15 Jahre nach seiner letzten Beförderung zum Ein-Stern-Brigadegeneral.

Ein komprimiertes Fazit dieser Biographie.

Obwohl er auf solche Fragen eher zurückhaltend reagiert: Es ist es eindeutig, daß die Einstellung dieses Bundeswehroffiziers zur Wehrmacht seine Laufbahn blockiert hat. Diese Tatsache ist nicht dazu angetan, das Vertrauen in die demokratische Haltung der Führung zu stärken. Zumal just vor Drucklegung die Botschaft eintrifft, daß dem wehrmachtnostalgischen Christian Millotat (»In den Schlachten des Zweiten Weltkrieges zeigte der deutsche Generalstab wiederum herausragendes Können«; siehe oben) mit seiner Beförderung zum Generalmajor gerade der zweite Stern auf die Epauletten geheftet wird.

Der Fall Winfried Vogel wird hier mit seiner Einwilligung publiziert, weil an ihm ein Exempel statuiert worden ist – so kann es also auch zugehen in der Bundeswehr. Offensichtlich tut es nicht gut, in den Streitkräften tradierten Auffassungen zu trotzen und die ketzerische Ansicht zu vertreten, daß allzu lange schon falsches Pathos, falsche Helden, falsche Ehrbegriffe und falsche Alibis gelten, daß also – kurz gesagt – die Traditionslüge immer noch umgeht, wenn auch angeschlagen.

Und daß er meinte, in das Spektrum des Ungehorsams und des Widerstands seien neben Konservativen auch Linke einzubeziehen, Gewerkschafter und Kommunisten wie die »Rote Kapelle«, und, trotz der späteren Preisung durch die SED, auch das sowjetisch initiierte Nationalkomitee Freies Deutschland und der Bund Deutscher Offiziere – all das hat den General in einflußreichen Kreisen nicht gerade beliebter gemacht. Sowenig wie sein Hinweis, daß die demokratischen Traditionen in Deutschland zwar schwach seien und eigentlich erst mit dem Hambacher Fest 1832 und der mißglückten Revolution von 1848/49 beginnen, dennoch aber Möglichkeiten zur Benennung von Bundeswehrkasernen ohne Kriegerkult bieten. Statt dessen habe der zähe Kampf um die Umbenennung der »Generaloberst-Dietl-Kaserne« in Füssen deutlich gemacht,

»daß wir von einer Bereitschaft der Obersten Führung, das Problem Tradition und Traditionsnamen zu lösen und die eigenen Erlasse in der Realität anzuwenden, noch weit entfernt sind«.[233]

Hat dieses 1995 gesprochene Wort etwas von seiner Richtigkeit verloren?

Vor der Antwort: Auf einen eingeschüchterten, gar niedergedrückten Pensionär trifft allerdings nicht, wer dem General a. D. heute in seinem Heim hoch über Bad Breisig begegnet. Von kernigem Äußeren, unvermindert streitwillig und nunmehr Herr über seine Zeit, hat er, zusammen mit Gerd R. Ueberschär, jüngst das Buch »Dienen und Verdienen. Hitlers Geschenke an seine Eliten« herausgebracht – ein Werk, das Anbetern von Wehrmachtgeneralen die Bestechlichkeit der Angebeteten reich dokumentiert unter die Nase reibt. Weitere Pläne des aktiven Ruheständlers zur Stiftung heilsamer Unruhe sind nicht ausgeschlossen.

Und so stellt sich denn nach dem Abschied auf der Fahrt aus der luftigen Breisacher Höhe hinab in die Ebene des Rheintals eigentlich weniger Sorge ein um die Gegenwart und Zukunft des Brigadegenerals a. D. Winfried Vogel als vielmehr die Frage:

Bundeswehr, was nun?

Erleichterung in Munster

Es ist 11 Uhr vormittags.

Am wolkenlosen Himmel Niedersachsens eine Tropensonne, die ihr Licht auf ein stählernes Ungetüm von 39,6 Tonnen und 830 PS grellt – den »Leopard«, einen Panzer; daneben der schwere Kampfpanzer »Tiger I« und ein dritter, dessen Beschriftung zu entnehmen ist, daß er ein Gewicht von 29,9 Tonnen hat und aus der Bauserie 1961–64 stammt.

Ich bin im Panzermuseum Munster.

Über vier Bauabschnitte zwischen 1985 und 1991 errichtet, zeigt es in mehreren Hallen und im Freien Gegenstände der deutschen Heeresgeschichte der letzten hundert Jahre, wie Handwaffen und Uniformen, vor allem aber Panzer, Panzer, Panzer.

Dazu wird gleich am Eingang verkündet:

»Die Bundeswehr legt besonderen Wert auf ein kritisches Bekenntnis zur deutschen Geschichte. Die Ausstellungsstücke der Vergangenheit gehören zu ihr. Unser Grundgesetz ist Antwort auf die deutsche Geschichte, seine Verpflichtungen gegenüber Freiheit, Recht, Frieden und den unveräußerlichen Menschenrechten sind heute Grundlage soldatischen Verständnisses in der Demokratie. Auch wenn in diesem Museum Militärgeschichte im Vordergrund steht, so geschieht dies doch im Bewußtsein und in der Absicht kritischer Geschichtsauseinandersetzung. Diesem Ziel dient das Panzermuseum.«

Auf solche Weise schon vorn über die zentrale Absicht des Hauses belehrt, mache ich mich auf die Suche nach ihren Spuren.

Bereits nach den ersten Schritten erfahre ich, daß zu den bedeutenden Förderern des Waffensystems Kampfpanzer und seiner Einsatzgrundsätze auch Generaloberst Heinz Guderian (1888–1954) gehörte, seines Zeichens, so steht es da, »berühmter Panzerführer des 2. Weltkrieges«, dessen koloriertes Großporträt ich nun an einer Wand entdecke. Kein Zweifel, es handelt sich um jenen Heinz Guderian, der unter Hitler entscheidend am Aufbau der deutschen Panzerwaffe beteiligt war; der in einem Tagesbefehl als neuer Chef des General-

stabs die Männer des 20. Juli beschimpfte als »ein paar, teilweise
schon pensionierte Offiziere, die den Mut verloren hatten und aus
Feigheit und Schwäche von dem für einen ehrlichen Soldaten einzig
möglichen Weg der Pflicht und Ehre abgewichen sind und den Weg
der Schande vorgezogen haben«. Diesen Ansichten hat Guderian
dann Nachdruck verleihen können als Angehöriger des von Hitler
beauftragten Ehrenhofes, der die Verschwörer aus der Wehrmacht
ausstieß, sie so der Wehrmachtgerichtsbarkeit entzog und damit dem
Henker Freisler auslieferte – ohne daß vor diesem Ehrenhof auch nur
einer der 55 beschuldigten Offiziere vorgeführt worden wäre und
Gelegenheit zur Verteidigung gehabt hätte.

Von solchen Details des Guderianschen Wirkens finde ich im Panzermuseum Munster kein Wort. Wohl aber in einer Vitrine wie eine
Trophäe die Feldjacke des Generalobersts, eine Leihgabe seines Soh-
nes, H. G. Guderian, Generalmajor der Bundeswehr a. D., sowie die
»Erinnerungen eines Soldaten«, ein Buch aus dem Jahr 1951 – unter
Glas und damit nicht einsehbar. Was auch sinnlos wäre für jedermann, der etwas anderes als Wehrmachtapologetik suchte. Kritisches über Guderian ist im Panzermuseum weit und breit nicht auf-
zuspüren, obwohl das am Eingang für die deutsche Militärgeschichte
angekündigt worden war. Zählte der »berühmte Panzerführer des
2. Weltkrieges« etwa nicht zu ihr?

Da, in diesem Moment, kommt in der Halle 1 ein schlanker Zivi-
list gesetzten Alters daher, hinter sich einen Schwanz von etwa zwanzig Leuten, meist Männer, die bei einer der hier üblichen Führungen
lauschen. Mein Tonbandgerät gibt folgenden Text des Cicerone vor
einer Phalanx panzerbrechender Waffen wieder:

»Dieser Hartkern mit den kleinen Flügeln fliegt nach Verlassen des
Rohres weiter, mit zirka fünffacher Schallgeschwindigkeit, das sind
etwa 1600 Meter pro Sekunde, und dieser Hartkern durchschlägt auch
massive Panzerplatten bis zu 40 Zentimeter Stärke, da marschiert er
durch. Anders bei diesem Geschoß – wenn das auftrifft, wird diese
gelbe Ladung gezündet. Durch Abbrennen der Ladung entsteht Energie, und diese Energie, laienhaft gesagt, schweißt im Bruchteil einer
Sekunde alle bisher bekannten massiven Panzerplatten auf. Die heutigen Raketen schaffen sogar 80 bis 100 Zentimeter Stahl.«

Ehrfürchtiges Schweigen.

Ich denke: Diese Führung durchs Panzermuseum Munster ist sicher Routine, und da dürfte es nicht leicht sein, Nuancen einzubringen. Nur, muß der Mann, erstens, die Wirkung so mörderischer Details mit der Emotionslosigkeit eines Staubsaugervertreters vortragen, und dann auch noch, zweitens, den Eindruck erwecken, als würde im »Ernstfall« außer Stahl nichts getroffen werden?

In diese Gedanken hinein tönt es aber auch schon weiter:

»Da drüben sehen Sie eine große Vitrine Wehrmachtuniformen, immer nur bezogen auf das Heer, auf die Kampftruppe. Dabei sind auch mehrere Originaluniformröcke von ehemaligen Generälen. Zwei will ich kurz ansprechen: Da gegenüber in der hellen Vitrine sehe ich die Panzeruniformjacke von Generaloberst Guderian, rechts die Afrikajacke von Generalfeldmarschall Rommel. So, und da drüben haben wir dann die Dienstanzüge der Bundeswehr.«

Da von der Seite Neues wohl nicht mehr kommt, wende ich mich dem avisierten Kleidungsstück des »Wüstenfuchses« zu, das da wie eine Reliquie ausgestellt ist. Dazu ein Buch von ihm mit dem Titel »Infanterie greift an«; daneben ein Foto, wie man den Generalfeldmarschall aus seinen afrikanischen Glanztagen kennt; ein anderes vom jugendlichen »Oberleutnant Erwin Rommel im Ersten Weltkrieg 1916 Westfront« und neben der Totenmaske diese Urkunde:

»Im Namen des deutschen Volkes verleihe ich dem Generalleutnant Erwin Rommel das Eichenlaub zum Ritterkreuz des Eisernen Kreuzes – Führerhauptquartier 20. März 1941. Der Führer und Oberste Befehlshaber der Wehrmacht«, signiert mit »Adolf Hitler«.

Sonst nichts – obschon über Rommel, siehe oben, Erhellendes zu berichten gewesen wäre.

Bald stößt der Besucher aber auf eine ähnlich verstümmelte Biographie, illustriert durch ein Foto mit dem Text

»Michail N. Tuchatschewski, Marschall der Sowjetunion, geb. 16. 2. 1893, bedeutender Förderer des Waffensystems Kampfpanzer und

seiner Einsatzgrundsätze, gestorben 11. 6. 1937. Leiter des Rüstungswesens und Hauptverantwortlicher für die Modernisierung der
Armee.«

Da muß doch jeder stutzen, der auch nur ein wenig in die Geschichte
der Sowjetunion hineingerochen hat: »gestorben 11. 6. 1937«? Der
wollte nicht sterben, der Michail Nikolajewitsch Tuchatschewski,
Generalstabschef der Roten Armee 1925–28 und, seit 1931, stellvertretender Volkskommissar für Verteidigung, als er 1937 in die Mühlen
der Tschistka, der Stalinschen »Säuberungen«, geriet und wegen
angeblicher Spionage zum Tod verurteilt und erschossen wurde!
Doch warum steht das hier nicht, ebensowenig wie Tuchatschewskis
Rehabilitierung 1961, die ihn zwar nicht wieder lebendig machen
konnte, aber erwähnenswert gewesen wäre? Weshalb also für ein
Datum wie den 11. Juni 1937 das dieses Schicksal verharmlosende
Verb »gestorben«? Mit der Wahrheit würde doch ein bezeichnendes
Licht auf den Terror der Moskauer Prozesse fallen, eigentliche Schöpfer des Archipels Gulag. Warum aber ist darauf gerade hier verzichtet
worden, wo sich sonst doch Zeugnisse eines unreflektierten Antikommunismus im Zeichen des Kalten Kriegs erhalten haben? Steigt
da nicht unweigerlich der Verdacht auf, daß man sich in das Dasein
dieses sowjetischen »Leiters des Rüstungswesens und Hauptverantwortlichen für die Modernisierung der Armee« nur deshalb nicht
vertieft hat, weil man es sonst auch bei den aufgeführten Namen der
deutschen Militär- und Panzergeschichte hätte tun müssen?
　Doch bei der Verwunderung darüber bleibt es nicht.
　Spätestens vor der umfassenden Kollektion »Trageberechtigter
abgeänderter Formen der Orden und Ehrenzeichen des Zweiten
Weltkrieges« stellt es sich wieder ein: Kreuze, Kreuze, Kreuze – das
Deutsche Kreuz in Gold, Kriegsverdienstkreuze, Ritterkreuze des
Eisernen Kreuzes, Verwundetenabzeichen, Nahkampfspangen,
Schilde – Cholmschild, Krimschild, Narvikschild, Kubanschild,
Demjanskschild, Kurlandschild (was, um Himmels willen, wollten
die Deutschen da?). Nur – aus allen ist das Hakenkreuz herausgekratzt worden, gerade, als könnte es auch aus der Geschichte entfernt werden. Was geht hier vor? Nach welchen Kriterien ist verfahren worden gegenüber Orden und Ehrenzeichen, die sämtlich im

Dienst des Hakenkreuzes und des NS-Staats erworben wurden?
Welcher Eiertanz gekünstelter Differenzierung in trageberechtigte
und nichttrageberechtigte (oder müßte man sagen trageunberech-
tigte?) ist vollführt worden, ehe das ganze Lametta nun im Panzermuseum Munster ausgestellt wurde?

Wo überhaupt bleibt die vorn bekundete Absicht »kritischer
Geschichtsauseinandersetzung«? Statt ihrer stoße ich auf diesen
Text:

»Wohl niemals in der Geschichte hat eine Armee, schmählich mißbraucht von einem verbrecherischen Obersten Befehlshaber, gegen
eine Übermacht von Feinden bis zum bitteren Ende so opfervoll ihre
militärische Pflicht erfüllt.«

Karl Günther von Hase, 1967–69 Staatssekretär im Verteidigungsministerium, in Koblenz-Ehrenbreitstein am 20. November 1997.

Da ist sie wieder, die pauschale Exkulpierung und Entnazifizierung der Wehrmacht – hie Hitler, der große Verführer, hie die Millionen Verführten in Uniform, und über allem das alte Lied von der
Pflichterfüllung. Nur, wie sich das Verbrecherische des Obersten
Befehlshabers realisiert hat, davon keine Silbe.

Dann der nächste Schlag: »Flucht und Vertreibung, eine Ausstellung des Bundes der Vertriebenen, Vereinigte Landsmannschaften
und Landesverbände«: »Die Vertreibung der Deutschen, ein unbewältigtes Kapitel europäischer Geschichte.« Ich stehe davor und will
es, wieder, nicht glauben, muß es dann aber doch. Diese Verbrechen,
die an Deutschen begangen wurden, haben hier keine Vorgeschichte,
sondern fanden offenbar in einem historischen Leerraum statt am
Ende des Zweiten Weltkriegs und danach, abgetrennt von allem Vorangegangenen. Es gibt weder Hitler noch seine Anhänger, weder die
deutsche Aggression und die von ihr verursachten Millionen und
Abermillionen von Vertriebenen als »unbewältigtes Kapitel europäischer Geschichte« (siehe Zwangsarbeiter!), noch gar die Erwähnung
der Vertriebenen der »ersten Stunde« 1933, Juden und Nichtjuden.
Hier ist das Wort Richard von Weizsäckers in seiner großen Rede im
Bundestag zum 40. Jahrestag der Befreiung am 8. Mai 1985 – »Die
wahre Ursache der Vertreibung liegt nicht am Ende, sondern am

Anfang des Krieges« – unbekannt geblieben und Deutschland das wahre Opfer der Geschichte – ganz im Stil der »Charta der Heimatvertriebenen« von 1950, nur ein halbes Jahrhundert später. Dafür wird der Haß der Tschechen beschworen, der »oft noch gewalttätiger war als die Rotarmisten«, und die 12 000 bis 15 000 Flüchtlingstoten der torpedierten »Wilhelm Gustloff«, der »Goya« und der »Steuben« werden geschmackvollerweise in Relation gesetzt zu den 1513 Ertrunkenen der »Titanic«.

Wo bin ich hier? Im Kalten Krieg oder im Jahr 2000? Was soll dieses Zeugnis einer geschichtsentstellenden Unbelehrbarkeit und ihrer gespaltenen Menschlichkeit im Panzermuseum Munster, das »besonderen Wert auf ein kritisches Bekenntnis zur deutschen Geschichte legt«? Erschöpft es sich, da ich anderes nicht entdecke, in dem Satz der Abteilung »Das Dritte Reich 1933–1945«:

»Mit dem Ostfeldzug beginnt nicht nur der Versuch, die Rote Armee militärisch auszuschalten, sondern auch eine systematische Vernichtung der osteuropäischen Juden«?

Und wenn ja, dann wäre auch das nur die halbe Wahrheit, da der Völkermord an Nichtjuden ausgespart bleibt, gar nicht zu reden davon, daß der Krieg als Hauptverbrechen Hitlerdeutschlands in der Vorstellungswelt der Museumsgründer nicht vorhanden war.

Nächste Etappe: »Wir gedenken« – deutsche Soldatenfriedhöfe im Ausland, in Frankreich, Ägypten, Italien, Belgien, Norwegen. Eine Karte zeigt das deutsch besetzte Gebiet der Sowjetunion zur Zeit seiner größten Ausdehnung, von Leningrad bis zum Kaukasus. Wird jedenfalls hier, einmal, Antwort auf die Frage gegeben: Was, zum Teufel, wollten die Deutschen da?

Nichts.

Wieder draußen, lese ich:

»Ich rede nicht dem Wahn das Wort, daß der Tod vor dem Feind köstlich sei. Ich rede einer Wahrheit das Wort, daß es zu allen Zeiten ein unentrinnbarer Zwang ist, das, was man liebt, verteidigen zu müssen, auch mit dem Leben.

Perikles, 430 vor christlicher Zeitrechnung.«

Wer hat diese verquaste, gleichmacherische Historienmalerei zu verantworten, wer hat sie verbrochen in einem Museum, dessen Mittelpunkt die Panzergeschichte des Dritten Reichs ist? Welchem »unent-
rinnbaren Zwang« war sein Angriffskrieg unterworfen gewesen, und
welcher Deutsche hatte, was er liebte, verteidigen müssen, »auch mit
dem Leben«: am Kaspischen Meer, in Libyen und Ägypten, vor
Murmansk und in U-Booten, deren Sehrohre die beleuchtete Sky-
line von Manhattan widerspiegelten?

Da, in diese dumpfen Gedanken hinein, höre ich Kinderlachen –
zehn-, zwölfjährige Knaben spielen auf »Wotan«, einem deutschen
Tank-Original aus dem Ersten Weltkrieg, ein ungefügiger Panzer-
würfel, klotzig, schwerfällig und mit wirkungslosen Tarnfarben – ein
Ziel von ungeheurer Angreifbarkeit.

Darauf wird nun herumgeturnt, in kurzen Hosen und mit Begei-
sterungsschreien, die frei sind von jeder Vorstellung, welchem Zweck
das bestiegene Objekt einst gedient hatte.

Ich schaue eine Weile zu und verlasse dann die Stätte, die mir doch
eher zugesetzt hat, seltsamerweise mit einem Gefühl von Erleichterung – ohne mir jedoch auch schon über die Gründe dafür im klaren
zu sein.

In dem Zustand mache ich mich auf den Weg zur nächsten Sta-
tion.

Weit ist es nicht bis dahin, zur Panzerschule Munster der Bundeswehr, genauer: zu dem dortigen Ehrenhain.

In der Mitte ein Obelisk mit emblemlosem Eisernem Kreuz,
ringsum gesäumt von beschrifteten und plakettierten Steinen – Panzergrenadierdivision »Brandenburg«, Panzerdivision »GD« (»Großdeutschland« – warum nicht ausgeschrieben?); Steine, darunter
gewaltige Findlinge, zur Erinnerung an die Gefallenen der 24. Panzerdivision, der 90. (Afrika und Italien), und der 16., mit der Auskunft:

»Erde aus Stalingrad wurde hier zum Gedenken an die Gefallenen
der 16. Panzerdivision eingesenkt«, Munster, den 8. Mai 1991.

Warum gerade an dem Datum? Als das der Befreiung war es 1945
kaum empfunden worden, und für die »alten Kameraden« war es das
auch an jenem Frühlingstag 46 Jahre später nicht. Was also zeigt sich

hier anderes als unreflektierte Trauer über eigene Tote, ohne jede innere Beziehung zu den fremden Opfern?

Der Ehrenhain wurde am 1. Juli 1961 eingeweiht: mit rund um den Obelisken aufgepflanzten Standarten von Regimentern Friedrichs II. von Preußen, die in dem 1927 errichteten, beim Anrücken der Roten Armee gegen Ende des Zweiten Weltkriegs aber gesprengten ostpreußischen Tannenbergdenkmal aufbewahrt worden waren. Bei der Einweihung anwesend war der im Dezember 1949 von einem britischen Militärgericht zu achtzehn Jahren Gefängnis verurteilte, daraus jedoch schon 1953 entlassene Generalfeldmarschall Erich von Manstein.

Welcher Geist bei der Einweihung vor vierzig Jahren unter Beteiligung des Hausherrn Bundeswehr über dieser Stätte geschwebt hat, mag aus den damaligen Worten eines alten Panzergenerals der Wehrmacht hervorgehen:

»Wir ehemaligen Soldaten können der Bundeswehr und den Schöpfern des Ehrenhains nur aus tiefstem Herzen dafür danken, daß sich die jungen Soldaten durch diese Ehrung für alle Zeiten des Heldenmuts, der Einsatzbereitschaft und der ruhmvollen Taten der alten Panzertruppe erinnern wollen.«

Auch ein Blick zurück ...

Daß es noch schlimmer hätte kommen können, läßt sich aus folgender Beschwerde erahnen:

»Wenn wir an die Gedenksteine der Panzerdivisionen in Munster denken, dann war dort geplant, diese Steine auch mit den Traditionsabzeichen unserer Panzerdivisionen (Leibstandarte Adolf Hitler, Das Reich, Totenkopf, Wiking, Hohenstaufen Frundsberg, Hitler-Jugend) zu versehen. Es ist unterblieben. Hier haben es heute die Deutschen an Mut und Anstand fehlen lassen, um die Gefallenen aller Panzerdivisionen unserer eigenen Wehrmacht zu ehren, auch wenn einige eine etwas andere Uniform trugen.«

So am 6. Januar 1979 Albert Stenwedel, Vorsitzender des Bundesverbands der Soldaten der ehemaligen Waffen-SS. Und weiter:

»Bei der Tradition handelt es sich um die Überlieferung zeitloser innerer Werte, kurz um die Soldatentugenden. Tradition ist aber ebenso die Erfüllung der moralischen Werte, ohne die auch in Zukunft kein Kampfauftrag erfüllt werden kann. Manneszucht, Gehorsam, Treue, Kameradschaft und Pflichterfüllung bis zum letzten hat man von uns gefordert. Dies mit Überzeugung getan zu haben, war unser Stolz und unsere Ehre.«

Traditionslüge und Kriegerkult pur.

Seltsamerweise jedoch hat sich das Gefühl der Erleichterung, seit ich hier angekommen bin, eher verstärkt. Wieso?

Die Erkenntnis für den Grund, für die Ursache der inneren Entlastung kommt plötzlich, vor dem Stein am Eingang mit den geographischen Umrissen des geeinten Deutschlands: Ich verlasse Munster, sein Panzermuseum und seinen Ehrenhain mit dem Empfinden eines Abschieds. Aber das nicht in dem persönlichen Sinn, daß ich den Stätten adieu sage, sondern daß hier *etwas verabschiedet* wird: überholte Wahrzeichen einer Vergangenheit, die in unserer Gegenwart, und erst recht in der Zukunft, nicht mehr errichtet werden könnten! Die Zeit, die öffentliche Meinung ließen es nicht mehr zu. Denn das kann nicht die Richtung sein, in der es weitergeht – liegt doch da, als ich fortgehe, etwas nicht nur buchstäblich Begrabenes hinter mir.

Es ist ein Erlebnis sondergleichen, eine, wenn auch scheue Gewißheit – es hat sich inzwischen, gegen alle Widerstände, eben doch etwas getan!

Nicht, daß mich dieses »Heureka« in einen Optimisten verwandelt, bleibt doch genug zu tun, mehr als genug. Aber jetzt stellt sich noch deutlicher als vorher die Frage:

Bundeswehr – was nun?

»Das ändern wir jetzt.
Das schwör ich Ihnen!«

Ja, was?

Welche Antwort gibt es auf die Ankündigung in der Einleitung dieses Buches, vor Drucklegung zu prüfen, ob es seit dem rot-grünen Regierungsantritt vom September 1998 eine Änderung in der Traditionspraxis der Bundeswehr gegeben hat, ob darauf eingewirkt worden ist und Folgen zu verzeichnen sind?

Optimistischer Beginn, rasche Verlautbarungen, die rot-grüne Bundesregierung werde die nach fragwürdigen Vorbildern aus der NS-Zeit oder dem Ersten Weltkrieg benannten Kasernen umtaufen und dabei drei Traditionsquellen sprudeln lassen: die preußischen Reformer, die Widerstandskämpfer in der Wehrmacht und die Tradition der Bundeswehr. Dazu feste Front der Sprecher von Regierung und Verteidigungsministerium gegenüber der erwarteten Warnung aus den Reihen der CDU/CSU- und FDP-Opposition, keine »ideologische Geschichtsbereinigung zu betreiben und das Kind nicht mit dem Bade auszuschütten«.

Durch die neuen Töne ermutigt, richtete ich am 5. März 1999 an den Bundesverteidigungsminister Rudolf Scharping ein Schreiben, in dem es unter anderem heißt:

»Mit großer innerer Genugtuung werde ich Zeuge, daß unter Ihrer Ministerschaft endlich in der Frage des Traditionsverständnisses und der Traditionspflege der Bundeswehr Bewegung kommt. Insbesondere begrüße ich den Vorschlag, eine ihrer Kasernen nach Winston Churchill zu benennen, einem der großen Widersacher Hitlers, denen die Menschheit den Sieg über das nationalsozialistische Deutschland zu verdanken hatte.

Obwohl die ›Richtlinien‹ eindeutig sind: ›Ein Unrechtsregime wie das Dritte Reich kann Traditionen nicht begründen‹ und ›Kasernen und andere Einrichtungen der Bundeswehr können nur nach Personen benannt werden, die sich durch ihr gesamtes Wirken oder eine herausragende Tat um Freiheit und Recht verdient gemacht haben‹, geht der Skandal der Kasernenpatrone mit NS-Vorzeichen weiter. (...)

Deshalb, sehr geehrter Herr Verteidigungsminister, beenden Sie die Verzögerungs- und Beschwichtigungspolitik Ihrer Vorgänger gegenüber einem bis heute konservativ geprägten Traditionsbild, machen Sie endlich Schluß mit der Traditionslüge – und beginnen Sie dabei mit Erwin Rommel! (...)

Aus der Geschichte gibt es viele Namen, die für die Bundeswehr Vorbilder sein können und zum Teil auch schon sind. Aber solange noch der Riesenschatten der Wehrmacht über ihrem Traditionsverständnis und ihrer Traditionspflege liegt, solange kann es in den Streitkräften der Demokratie Deutschland keine ehrliche Aufarbeitung der NS-Zeit geben. Und solange wird auch in der Epoche der ›Out-of-area-Einsätze‹ der Kampf der Bundeswehr um Friedensbewahrung und Menschenrechte mit dem Odium der Unglaubwürdigkeit behaftet sein. Es gilt, die Einheitlichkeit zwischen den demokratischen Normen der deutschen Zivilgesellschaft und ihren Streitkräften herzustellen.

Deshalb, Herr Verteidigungsminister, noch einmal: Machen Sie endlich Schluß mit der Traditionslüge in der Bundeswehr – und fangen Sie mit Erwin Rommel an. Sein Name ist der Testfall, bei ihm kommt es zum Schwur.«

Dieser Brief blieb unbeantwortet.

Was um so mehr enttäuschte, als mir ein anderer Schwur noch laut im Ohr klang – der aus dem Mund des Staatsministers für Kultur, Michael Naumann, als er in einer Fernsehrunde im Januar 1999, auf die immer noch nach Hitlermilitärs benannten Kasernen angesprochen, geantwortet hatte: »Das ändern wir jetzt. Das schwör ich Ihnen. In zwei Jahren finden Sie keine mehr!«

Die Frist ist fast um, ohne daß der außergerichtliche Eid eingelöst wurde. Heißt das, daß sich seither gar nichts getan hat?

Nicht ganz.

Eine Liegenschaft der Bundeswehr ist umbenannt worden: die von 1200 Luftwaffensoldaten belegte Rendsburger »Generaloberst-Rüdel-Kaserne« in »Feldwebel-Anton-Schmid-Kaserne« – mit einem feierlichen Akt am 8. Mai 2000, dem Tag der Befreiung, in Anwesenheit des Verteidigungsministers Rudolf Scharping und mit einer Gedenkrede des US-Historikers und Friedenspreisträger des Deutschen Buchhandels, Fritz Stern.

Wer war der eine und wer der andere?

Der nach Jahrzehnten abgelöste Namensgeber Günther Rüdel, so das Potsdamer Militärgeschichtliche Forschungsamt, war nach dem Attentat vom 20. Juli 1944 ehrenamtlicher Richter am Freislerschen Volksgerichtshof und wirkte an vielen Todesurteilen mit. Mit anderen Worten: Während die Bundeswehr alljährlich die Männer des militärischen Widerstands ehrte, ehrte sie in dem Generaloberst und Blutrichter Rüdel auch einen ihrer Mörder.

Feldwebel Anton Schmid, stationiert in Wilna, Litauen, rettete bis zu 300 jüdischen Widerstandskämpfern innerhalb und außerhalb des Ghettos der Stadt das Leben. Dafür wurde er im April 1942 hingerichtet.

Zum Zeugen entsetzlicher Massaker an Juden geworden, versorgte der am 9. Januar 1900 als Sohn eines österreichischen Postbeamten geborene Anton Schmid viele Bedrohte mit Lebensmitteln. Er war sich des Entdeckungsrisikos bewußt und schrieb seiner Frau, daß Tausende von Juden außerhalb Wilnas erschossen worden seien, wobei »die Kinder auf dem Wege dahin gleich an die Bäume geschlagen wurden«. Als er um Fluchthilfe gebeten wurde, sagte er sie zu, schaffte es auch, flog aber auf: Todesurteil. Bevor Anton Schmid hingerichtet wurde, schrieb er Frau und Tochter: »Bitte, bitte verzeiht mir. Ich habe ja nur als Mensch gehandelt und wollte niemandem weh tun.«

In ihrem berühmten Buch »Eichmann in Jerusalem« über den Prozeß von 1961 gegen den »Spediteur des Holocausts«, Adolf Eichmann, erwähnt die weltbekannte jüdische Soziologin und Politologin Hannah Arendt auch die Geschichte dieses Feldwebels der Wehrmacht:

»Anton Schmid befehligte einen Streifendienst in Polen, der verstreute und von ihrer Einheit abgeschnittene deutsche Soldaten aufsammelte. Im Verlauf dieser Tätigkeit war er auf Mitglieder der jüdischen Untergrundbewegung gestoßen, darunter auf Herrn Kovner, ein prominentes Mitglied, und er hatte jüdischen Partisanen mit gefälschten Papieren und Wehrmachtfahrzeugen geholfen. Vor allem aber: ›Er nahm kein Geld dafür.‹ Das währte fünf Monate lang, vom Oktober 1941 bis zum März 1942. Dann wurde Anton Schmid verhaftet und hingerichtet.«

Und weiter in Hannah Arendts Bericht über Zeugenaussagen im Eichmann-Prozeß:

»Während der wenigen Minuten, die Kovner brauchte, um über die Hilfe eines deutschen Feldwebels zu erzählen, lag Stille über dem Gerichtssaal; es war, als habe die Menge spontan beschlossen, die üblichen zwei Minuten des Schweigens zu Ehren des Mannes Anton Schmidt einzuhalten. Und in diesen zwei Minuten, die wie ein plötzlicher Lichtstrahl inmitten dichter, undurchdringlicher Finsternis waren, zeichnete ein einziger Gedanke sich ab, klar, unwiderlegbar, unbezweifelbar: *wie vollkommen anders alles heute wäre, in diesem Gerichtssaal, in Israel, in Deutschland, in ganz Europa, vielleicht in allen Ländern der Welt, wenn es mehr solcher Geschichten zu erzählen gäbe.*«[234] (Hervorhebungen von mir; R. G.)

Da hält auch der Leser den Atem an.

Wie verfehlt muß eine Traditionspraxis sein, die sich selbst einen so krassen Wechsel zuzumuten hat, wie er sich in der Umbenennung der Rendsburger Kaserne ausdrückt? Und was liegt hier anderes vor als ein abermaliger Beweis, daß es sie gibt – die Traditionslüge? Was nicht nur der Schöpfer dieses Begriffs behauptet, sondern inzwischen auch von anderen entdeckt worden ist. Dazu eine Bestätigung, die ich ihrer Herkunft wegen nur als sensationell bezeichnen kann.

»Solchen Bezug aber bietet die Vita des Generalobersten Weise nicht«

Vor mir liegt die Kopie einer mir durch anonymes Zuspiel in die unbefugten Hände gelangten Schrift.

Sie kommt aus der Bundeswehr, ist datiert vom 16. August 1999, mit dem handschriftlichen Signum »Im Auftrag, Reinhardt – Hauptmann« versehen und allein für den internen Dienstgebrauch bestimmt – nicht zufällig, denn ihr Inhalt kann als explosiv bezeichnet werden. Ruft die Schrift doch dazu auf, mit der bisherigen Traditionspraxis Schluß zu machen.

Die Forderung entzündete sich an der Auseinandersetzung um den Namen der Bundeswehrkaserne in Rottenburg an der Laaber, deren Namensgeber seit 1969 der Generaloberst der Wehrmacht Hubert Weise ist. Sie hat aber eine Vorgeschichte, die das lokale Ereignis weit überschreitet.

Am 3. Februar 1989 fordert der Verteidigungsminister der christlich-liberalen Regierung, Rupert Scholz, vom Militärgeschichtlichen Forschungsamt Freiburg unter »Betr.: Namensgebung von Bundeswehrkasernen« eine »Auflistung aller Bundeswehrkasernen, die nach Wehrmachtangehörigen benannt sind. (...) darüber hinaus Kasernenbenennungen nach Persönlichkeiten, deren Traditionswürdigkeit für die Bundeswehr von Teilen der Bevölkerung in Frage gestellt wird.«

Die angeforderten »militärgeschichtlichen Stellungnahmen« werden zwar bis heute unter Verschluß des Bundesverteidigungsministeriums gehalten, mir liegt aber mit Datum vom 9. Mai 1989 die über Generaloberst Weise vor.

Sie zeigt das Bild eines reinen Berufsmilitärs – vom Fahnenjunker 1911–14 und Teilnehmer am Ersten Weltkrieg als Brigadeadjutant und Stabsoffizier der Artillerie über eine Laufbahn im 100 000-Mann-Heer der Reichswehr in der Weimarer Republik bis hin zu Beförderungen in der Wehrmacht zum General der Flakartillerie 1939 und Generaloberst 1940. Damit zählte Weise, seit dem 24. Juni 1940 Ritterkreuzträger, innerhalb der Führungsschicht zum Spitzenpersonal (es gab in der Wehrmacht nur sechzig Generaloberste).

In einer Beurteilung vom 15. März 1939 durch Albert Kesselring, damals General der Flieger und Chef der Luftflotte I, heißt es über Hubert Weise:

»In weltanschaulicher Beziehung fest im Nationalsozialismus verankert; er ist Mittler durch Beispiel. (...) Mit den Staats- und Parteidienststellen arbeitet er reibungslos zusammen.«

Wie alle Offiziere im Rang eines Generalobersts erhielt Weise Geschenke von Hitler. 1945 amerikanische Gefangenschaft, 1947 Entlassung.

Gemessen an den Lebensläufen anderer Generäle der Wehrmacht, ist dieser politisch keineswegs untypisch, aber eher blaß, unspektakulär.

Die Frage, ob Hubert Weise ein traditionswürdiges Vorbild sein könne, verneint die Stellungnahme mit dem Hinweis, daß dabei »Bezüge zur Geschichte von Freiheit und Demokratie vorrangig« zu sein hätten, »die Vita des Generalobersten Weise einen solchen Bezug aber nicht bietet«.

Als dieses negative Urteil gefällt wurde, war Hubert Weise bereits zwanzig Jahre Kasernenpatron – und wird es bleiben.

Doch dreißig Jahre nach der Rottenburger Benennung im Jahr 1969 und zehn Jahre nach dem folgenlosen Ersuchen des Ministers Scholz von 1989 wird der bloß zugedeckte Fall zum Anlaß einer Traditionskritik, wie es sie aus der Bundeswehr mit solcher Rigorosität noch nie gegeben hat.

»Ob dabei Soldaten der Militärgeschichte vor 1956 überhaupt geeignet sind« oder Das Ende der Traditionslüge ist eingeläutet

Hier nun die wichtigsten Zitate aus der mit »Im Auftrag, Reinhardt – Hauptmann« unterzeichneten Schrift vom 16. August 1999:

»*Person Generaloberst Weise hinsichtlich Traditionswürdigkeit für die Bundeswehr sowie der daraus resultierenden Folgerungen der Kasernenbenennung.*

Die Laudatio des damaligen Befehlshabers im Wehrbereich IV, Generalmajor Dr. Stangl, zur ›Generaloberst-Weise-Kaserne‹ in Rottenburg an der Laaber am 07. Juni 1969 enthält einige Passagen, die nicht mehr dem soldatischen Selbstverständnis entsprechen. Sie sind unzeitgemäß und zur weiteren Traditionsbildung ungeeignet, wie auch die damit verbundene Begründung der Namensgebung. In Verbindung mit den nach 1969 gewonnenen umfassenderen Erkenntnissen über die Person Generaloberst Weise und seine Rolle in der Wehrmacht ist deswegen, unbenommen seiner fachlichen Qualifikation als Soldat, eine Weiterführung dieses Namens für eine Bundeswehrkaserne abzulehnen.«

Daß der Fall Hubert Weise von dem Verfasser nicht isoliert gesehen wird, geht aus der folgenden Passage hervor:

»Die entscheidende Frage, die hinter der Thematik der ›Generaloberst-Weise-Kaserne‹ steht, ist auch die nach einer generellen Traditionswürdigkeit von Wehrmacht-Generälen in der Bundeswehr (die Namensgebung von Kasernen ist Verehrung und Ausdruck einer solchen, unbenommen einer individuellen ›Untauglichkeit‹ aufgrund neuer, wissenschaftlich gewonnener Erkenntnisse, wie im Fall Generaloberst Weise). Die Trennung, daß anständige Soldaten einen anständigen Krieg und unanständige Soldaten einen unanständigen Krieg geführt haben, ist nicht durchzuhalten.

Offensichtlich ist man erst jetzt gesellschaftlich (und nicht zuletzt aufgrund rechtsextremistischer Vorfälle und der Wehrmachtausstellung) und damit auch innerhalb der Bundeswehr bereit, diese Diskussion nicht nur zu führen, sondern auch zu einem Ergebnis zu kommen.

In diesem Sinne ist eine sorgfältige und verantwortungsbewußte Auswahl bei Umbenennungen Verpflichtung für die Zukunft, denn sie bedeuten neben einem Bruch mit vergangenen Traditionen vor allem Traditionsbegründung für kommende Soldatengenerationen.«

Und dann kommt es:

»Ob dabei Soldaten der Militärgeschichte vor 1956 aufgrund militärischer Leistungen überhaupt geeignet sind, so sie nicht darüber hinaus ein für die freiheitlich-demokratischen Werte der heutigen Bundeswehr maßgebendes Verhalten (z. B. durch herausragende Einzeltaten) zeigten, kann zumindestens unter dem Aspekt möglicher, zum Zeitpunkt der Benennung evtl. nicht erkennbarer Problematiken bezweifelt werden.

Die Verehrung und Traditionswürdigkeit von Soldaten *allein* aufgrund ihrer ausgeprägten soldatischen Sekundärtugenden (z. B. Tapferkeit, Mut, fachliches Können) steht aufgrund der gesellschaftlichen Veränderungen und dem untrennbar damit verbundenem Leitbild des ›Staatsbürgers in Unform‹ zumindest für Soldaten vor 1956 aus den genannten Gründen zur Debatte.

Sie sind m. E., exklusive der genannten Ausnahmen, wegen der Symbolkraft und Bedeutung der Namensgebung einer Kaserne sowie der damit verbundenen Identifizierung der stationierten Soldaten mit einem soldatischen Vorbild vor diesem Hintergrund ungeeignet.«

Ergänzend und abschließend:

»Der Vorbehalt, Kasernenumbenennungen seien Selbstverleugnungen früheren Selbstverständnisses und opportunistisches Verneinen militärischer Fähigkeiten deutscher Soldaten während des Zweiten Weltkrieges, kann die heutige Bundeswehr nicht mehr treffen.

Daß die zwangsläufig mit der Ausprägung und Weiterentwicklung des neuen Geistes einhergehenden Brüche, wie sie jetzt im Zuge so mancher Kasernenumbenennung offen zutage treten, bei vielen Angehörigen, Kriegsveteranen und anderen auf Unverständnis stoßen und für sie enttäuschend sind, läßt sich nicht verhindern und wird hoffentlich der Einsicht weichen, die die Bundeswehr als eigenständige Armee auf einem freiheitlich-demokratischen Fundament sieht.«

Wer immer diese Philippika gegen alles, was den Wehrmachtapologeten und Traditionalisten wert und teuer ist, verfaßt hat, der oder die Urheber, Auftraggeber, Mitwisser und Mitdenker – sie haben sich verdient gemacht!

Eindringlicher, als es Anstöße von außen je vermöchten, wird hier von innen gefordert, endlich aus dem langen Schatten der Wehrmacht und ihrer Vorgeschichte herauszutreten, also mit anderen Worten bestätigt, was die Charta dieses Buch ist:

»Von Widerstand und Ungehorsam abgesehen, kann es aus der Geschichte des Deutschen Reiches bis 1945 keinerlei Militärtraditionen geben, die von den Streitkräften des demokratischen Deutschlands übernommen werden dürften.

Daß die Bundeswehr sie dennoch auf vielfache Weise in ihr Traditionsverständnis und ihre Traditionspflege einbezogen hat, nenne ich: die Traditionslüge.«

Gesiegt über ihr Beharrungsvermögen haben die Kritiker – Wissenschaftler, Publizisten, Forscher, Bürgerrechtler, Soldaten und Offiziere – noch nicht. Aber das Ende ist eingeläutet und der Wandel im Traditionsverständnis und der Traditionspflege der Bundeswehr unaufhaltsam.

Ein Triumph über Tote und Überlebende der deutschen Kriegsgeschichte will das nicht sein, sondern den schuldlos beladenen Söhnen und Töchtern, Enkelinnen und Enkeln der Gegenwart und der Zukunft eine Hilfe, den hochgetürmten Verdrängungsschutt wegzuräumen, der die Sicht auf das Hauptverbrechen Hitlerdeutschlands so lange verstellt hat: auf den Angriffskrieg, dessen Ziehkind der Vernichtungskrieg war. Und das mit einem Vorlauf, der weit zurückreicht in die Historie der Deutschen.

Um solche Aufklärung war ich ein Leben lang bemüht.

Nachgerechnet: 24 Jahre alt, als ich im November 1947 meine erste publizistische Attacke gegen die Legende vom »sauberen Waffenrock« ritt, ist dieses Buch bei seinem Erscheinen im Jahr 2000 das Werk eines 77jährigen.

Dazwischen liegt mehr als ein halbes Jahrhundert – und der Versuch, jenen Schwur abzutragen, den ich in der Stunde meiner Befreiung am 4. Mai 1945 geleistet habe:

Ein Leben lang derer zu gedenken, die die Befreiung nicht erleben durften.

Postscriptum

Ich habe nie eine Uniform getragen. In der Nazizeit galt ich als »wehrunwürdig«, und für die Bundeswehr war ich zu alt. Es ist eine Erfahrung, die mir verschlossen blieb. Aber ich habe das weder als Verlust empfunden, noch hat es mir die Legitimation genommen, ein Buch zu schreiben, dessen letzter Absatz dieses Bekenntnis ist.

Danksagung

Ich danke dem

- Kaufbeurer Oberstudienrat Jakob Knab, dem unermüdlichen Aufklärer gegen »falsche Glorie« und Autor des gleichbetitelten Buches, mit dem er im Kampf gegen die Traditionslüge Pionierarbeit geleistet hat. Der Verfassungspatriot Knab wird nicht müde weiterzukämpfen. Ohne seine Beratung, umfassenden Kenntnisse und Prüfung hätte mein Buch nicht geschrieben werden können.
- Historiker Wolfram Wette, Waldkirchen-Kollnau (Baden-Württemberg), der mir schon seit den Vorstudien und dann während der langen Arbeit an dem Buch jederzeit mit seinem profunden Wissen zur Verfügung stand.
- Martin Kutz, Dozent an der Hamburger Führungsakademie der Bundeswehr, der mich mit seinen differenzierten Kenntnissen der Bundeswehrgeschichte unterstützte und damit wesentlichen Anteil an meiner Arbeit hat.
- Winfried Vogel, Bad Breisach, der mir in des Wortes buchstäblicher und übertragener Bedeutung mit Rat und Tat unter die Arme griff.
- Und Dank, über das Buch hinaus, dem Nestor der kritischen Militärwissenschaft, Manfred Messerschmidt, der mit seinen bahnbrechenden Werken meiner Entwicklung als kritischer Publizist und Schriftsteller entscheidende Impulse gegeben und mir das Tor zum Buchthema weit aufgestoßen hat.

Literaturhinweise

Detlef Bald, Die Nationale Volksarmee. Beiträge zu Selbstverständnis und Geschichte des deutschen Militärs von 1945–1990, Baden-Baden 1992

Detlef Bald, Nationale Volksarmee – Armee für den Frieden, Baden-Baden 1995

Detlef Bald, Militär und Gesellschaft 1945–1990. Die Bundeswehr der Bonner Republik, Baden-Baden 1994

Omer Bartov, Hitlers Wehrmacht. Soldaten, Fanatismus und die Brutalisierung des Krieges, Reinbek bei Hamburg 1999

Till Bastian, Furchtbare Soldaten. Deutsche Kriegsverbrechen im Zweiten Weltkrieg, München 1997

Horst Boog, Jürgen Förster, Joachim Hoffmann, Ernst Klink, Rolf D. Müller und Gerd R. Ueberschär, Der Angriff auf die Sowjetunion, Frankfurt/Main 1991

Ursula Breymayer u. a. (Hg.), Willensmenschen. Über deutsche Offiziere, Frankfurt/Main 1999

Werner Brill, Spurensuche. Analyse und Dokumentation der »Wehrmachtausstellung« in Saarbrücken 1999, Saarbrücken 1999

Helmut Donat und Arn Strohmeyer (Hg.), Befreiung von der Wehrmacht?, Bremen 1997

Helmut Dubel, Niemand ist frei von der Geschichte. Die nationalsozialistische Herrschaft in den Debatten des Deutschen Bundestages, München und Wien 1999

Jürgen Engert (Hg.), Soldaten für Hitler. Das Buch zur ARD-Serie, Berlin 1998

Hermann Graml, Die Wehrmacht im Dritten Reich, in: Vierteljahreshefte für Zeitgeschichte, Nr. 3/1997

Wassili Grossmann und Ilja Ehrenburg, Das Schwarzbuch. Der Genozid an den sowjetischen Juden, Reinbek bei Hamburg 1995

Norbert Haase und Gerhard Paul (Hg.), Die anderen Soldaten. Wehrkraftzersetzung, Gehorsamsverweigerung und Fahnenflucht im Zweiten Weltkrieg, Frankfurt/Main 1997

Hannes Heer, Stets zu erschießen sind Frauen, die in der Roten Armee dienen. Geständnisse deutscher Kriegsgefangener über ihren Einsatz an der Ostfront, Hamburg 1995

Hannes Heer, Tote Zonen. Die deutsche Wehrmacht an der Ostfront, Hamburg 1999

Jakob Knab, Falsche Glorie. Das Traditionsverständnis der Bundeswehr, Berlin 1995

Paul Kohl, Der Krieg der deutschen Wehrmacht und der Polizei 1941–1944. Sowjetische Überlebende berichten, Frankfurt/Main 1995

Walter Manoschek (Hg.), Es gibt nur eines für das Judentum: Vernichtung. Das Judenbild in deutschen Soldatenbriefen 1939–1944, Hamburg 1995

Dieter Martinez, Der Gaskrieg 1914–1918. Entwicklung, Herstellung und Einsatz chemischer Kampfstoffe, Bonn 1996

Klaus Jürgen Müller, Armee und Drittes Reich 1933–1945, Paderborn 1987

Rolf Dieter Müller und Hans-Erich Volkmann (Hg.), Die Wehrmacht. Mythos und Realität, München 1999

Praxis Geschichte. Wehrmacht und Vernichtungskrieg, Westermann Schulbuchverlag, Braunschweig, Nr. 2/1999

Gerhard Schreiber, Deutsche Kriegsverbrechen in Italien. Täter, Opfer, Strafverfolgung, München 1996

Christian Streit, Keine Kameraden. Die Wehrmacht und die sowjetischen Gefangenen, Stuttgart 1978

Hans-Günther Thiele (Hg.), Die Wehrmachtausstellung. Dokumentation einer Kontroverse, Bremen 1997

Gerd R. Ueberschär, Hitlers militärische Elite. Von den Anfängen des Regimes bis Kriegsbeginn, 1998

Gerd R. Ueberschär, Der Nationalsozialismus vor Gericht. Die alliierten Prozesse gegen Kriegsverbrecher und Soldaten 1943–1952, Frankfurt/Main 1999

Gerd R. Ueberschär und Winfried Vogel, Dienen und Verdienen. Hitlers Geschenke an seine Eliten, Frankfurt/Main 1999

Gerd R. Ueberschär und Wolfram Wette (Hg.), Unternehmen Barbarossa. Der deutsche Überfall auf die Sowjetunion 1941, Paderborn 1984

Gerd R. Ueberschär und Wolfram Wette (Hg.), Stalingrad. Mythos und Wirklichkeit einer Schlacht, Frankfurt/Main 1992
Bernd Ulrich und Benjamin Zieman, Krieg im Frieden. Die umkämpften Erinnerungen an den Ersten Weltkrieg. Quellen und Dokumente, Frankfurt/Main 1997

Gerhard L. Weinberg, Eine Welt in Waffen. Die globale Geschichte des Zweiten Weltkriegs, Stuttgart 1995

Wolfram Wette, Deserteure der Wehrmacht. Feiglinge – Opfer – Hoffnungsträger?, Augsburg 1995

Wolfram Wette, Das Bild der Wehrmacht-Elite nach 1945, in: Gerd R. Ueberschär (Hg.), Hitlers militärische Elite, Bd. 2, Darmstadt 1998

Wolfram Wette, Wehrmachtstraditionen und Bundeswehr. Deutsche Machtphantasien im Zeichen der neuen Militärpolitik und des Rechtsradikalismus, in: Johannes Klotz (Hg.), Vorbild Wehrmacht? Köln 1998

Anmerkungen

1 Der Spiegel, Nr. 34, 1998
2 Jakob Knab, Falsche Glorie – Das Traditionsverständnis der Bundeswehr, Berlin 1995, S. 92
3 Martin Kutz, Reform und Restauration der Offiziersausbildung der Bundeswehr, Baden-Baden 1982, S. 30, Fußnote 54
4 Detlef Bald, Zwischen Gründungskompromiß und Neotraditionalismus. Militär und Gesellschaft in der Bonner Republik, in: Blätter für deutsche und internationale Politik, Nr. 1/1999, S. 99
5 Jakob Knab, Falsche Glorie, a. a. O., S. 120
6 Ernst Klee/Willi Dressen (Hg.), Gott mit uns. Der deutsche Vernichtungskrieg im Osten 1939-1945, Frankfurt/M. 1989 , S. 41-44
7 Martin Kutz, Reform und Restauration der Offiziersausbildung der Bundeswehr, a. a. O., S. 26
8 Ebenda, S. 40
9 Ebenda
10 Ebenda, S. 50
11 Detlef Bald, a. a. O., S. 104, Fußnote 11
12 Martin Kutz, a. a. O., S. 103
13 Detlef Bald, a. a. O., S. 104
14 Detlef Bald, a. a. O., S. 103f.
15 Andreas Broicher, Nebenkriegsschauplatz, in: Truppenpraxis, 1991, S. 296; zitiert nach: Detlef Bald, a. a. O., S. 106, Fußnote 18
16 Detlef Bald, a. a. O., S. 107
17 Martin Kutz, a. a. O., S. 5
18 Ebenda, S. 6
19 Werner Hartmann, Geist und Haltung des deutschen Soldaten im Wandel der Gesellschaft, 1997, S. 141, zitiert nach: Detlef Bald, a. a. O., S. 107, Fußnote 19
20 Detlef Bald, a. a. O., S. 107
21 Martin Kutz, in: Führungsakademie der Bundeswehr, Fachbereich Sozialwissenschaften (Hg.), Beiträge zur Lehre und Forschung, Nr. 5/1998, S. 7
22 Ebenda, S. 11
23 Ebenda, S. 15
24 Ebenda, S. 16
25 Zitiert nach: Joachim F. Weber, Armee im Kreuzfeuer, München 1997, S. 223
26 Jürgen Reichardt, Ein Beispiel geben – Grundzüge der Auftragstaktik und der Dienstaufsicht in der Bundeswehr, in: Frankfurter Allgemeine Zeitung vom 26. März 1998
27 Gerd Schultze-Rhonhof, Vorwort zu Dominik A. Faust, Vertrauenskrise in der Bundeswehr, Gräfelfing 1998, S. 12
28 Wolfram Wette, Neue Form, alter Geist, in: Die Zeit vom 18. März 1999
29 Zitiert nach: Ebenda

30 Zitiert nach: Hermann Glaser, Spießer-Ideologie, Frankfurt/M. 1985, S. 67

31 Ernst Moritz Arndt, Über Volkshaß und über den Gebrauch der deutschen Sprache, Leipzig, 1813, zitiert nach: Die Zeit vom 22. November 1996

32 Zitiert nach: Jörg Schmidt, Fataler Patron, Die Zeit vom 5. November 1998

33 Zitiert nach: Jürgen Schultheis, Aller deutschen Welt zeigen, wes Geistes Kinder wir sind, in: Frankfurter Rundschau vom 17. Mai 1997

34 Ebenda

35 Till Bastian, Furchtbare Soldaten. Deutsche Kriegsverbrechen im Zweiten Weltkrieg, München 1997, S. 17

36 Ebenda, S. 18f.

37 Ebenda, S. 19

38 Zitiert nach: Jakob Knab, a. a. O., S. 32

39 Dieter Martinez, Der Gaskrieg 1914-18. Entwicklung, Herstellung und Einsatz chemischer Kampfstoffe, Bonn 1996, S. 22

40 Ebenda, S. 91

41 Beide Zitate aus: Bernd Ulrich und Benjamin Ziemann, Krieg im Frieden, Frankfurt/M. 1997, S. 27

42 Ralph Giordano, Wenn Hitler den Krieg gewonnen hätte, Hamburg 1989, S. 190f.

43 Ebenda, S. 255

44 Ebenda, S. 193

45 Zitiert nach: Till Bastian, a. a. O., S. 32

46 Ebenda, S. 33

47 Ebenda

48 Zitiert nach: Jakob Knab, a. a. O., S. 24, Anmerkung 8

49 Zitiert nach: Ebenda, S. 95

50 Zitiert nach: Till Bastian, a. a. O., S. 15, Anmerkung 12

51 Zitiert nach: Jakob Knab, a. a. O., S. 49, Anmerkung 95

52 Zitiert nach: Merian, Nr. 11/1994, S. 79

53 Hans-Günter Richard, Hitler und seine Hintermänner. Neue Fakten zur Frühgeschichte der NSDAP, München 1991, S. 137

54 Autorenkollektiv, Der Erste Weltkrieg, Berlin (DDR) 1977, S. 148

55 Theo Schwarzmüller, Generalfeldmarschall von Mackensen, Paderborn 1995, S. 102, 112

56 Ebenda, S. 181

57 Till Bastian, a. a. O., S. 38, Anmerkung 45

58 Theo Schwarzmüller, a. a. O., S. 193

59 Jakob Knab, a. a. O., S. 50

60 Ebenda, S. 70 f.

61 50 Jahre Mackensen-Kaserne in Bad Bergzabern, zitiert nach: Jakob Knab, a. a. O., S. 50, Anmerkung 97

62 Ebenda

63 Jakob Knab, a. a. O., S. 51, Fußnote 99

64 Wolfram Wette (Hg.), unter Mitwirkung von Helmut Donat, Pazifistische Offiziere in Deutschland 1871-1933, Bremen 1999, S. 20, Anmerkung 36

65 Carl Dirks und Karl-Heinz Janßen, Der Krieg der Generäle. Hitler als Werkzeug der Wehrmacht, Berlin 1999, S. 13

66 Ebenda, S. 21, Anmerkung 39

67 Beide Zitate: Hans-Günther Thiele (Hg.), Die Wehrmachtausstellung – Dokumentation einer Kontroverse, Bremen 1997, S. 27f.

68 Hans-Günther Thiele, a. a. O., S. 62f.

69 Werner Brill, Mitleid ist fehl am Platz. Über Vernichtungskrieg und Gewalt, Saarbrücken 1999, S. 104f.

70 Gerhard L. Weinberg, Eine Welt in Waffen. Die globale Geschichte des Zweiten Weltkriegs, Stuttgart 1995, S. 936f.

71 Hellmuth Stieff, Briefe, Hg. von Horst Mühleisen, Berlin 1991, S. 108

72 Gerd R. Ueberschär (Hg.), Hitlers militärische Elite. Von den Anfängen des Regimes bis Kriegsbeginn, Bd. 1, Darmstadt 1998, S. 22f.

73 Wolfgang Schumann, Nacht über Europa, Bd. 2: Die faschistische Okkupationspolitik in Polen 1939-1945, Köln 1989, S. 162

74 Ebenda, Bd. 3, S. 346-352

75 Gerd R. Ueberschär (Hg.), Hitlers militärische Elite. a. a. O., S. 24

76 Christopher Clark, Johannes Blaskowitz. Der christliche General, in: Ronald Smeiser und Enrico Syring (Hg.), Die Militärelite des Dritten Reiches, Berlin-Frankfurt/M. 1995, S. 28-49

77 International Military Tribunal (Nürnberg), Bd. XII, S. 331 f.

78 Helmuth Groscurth, Tagebücher eines Abwehroffiziers, hrsg. von Helmut Krausnick, Stuttgart 1970, S. 538 f.

79 Ebenda

80 Ebenda

81 Ebenda, S. 536

82 Ebenda, S. 541

83 Ebenda, S. 537

84 Wolfgang H. Benz und Walter H. Pehle (Hg.), Lexikon des deutschen Widerstandes, Frankfurt/M. 1994, S. 159

85 Ernst Klee und Willi Dressen (Hg.), Gott mit uns, a. a. O., S. 39

86 Akten zur deutschen auswärtigen Politik 1918-1945, Serie D, Bd. 7, Baden-Baden 1956, S. 171 f.

87 Praxis Geschichte, Wehrmacht und Vernichtungskrieg, Westermann, Heft 2, Braunschweig, März 1999, S. 12

88 Ralph Giordano, Die zweite Schuld oder Von der Last Deutscher zu sein, Hamburg 1987, S. 185

89 Ebenda, S. 186

90 Ebenda

91 Ebenda

92 Ebenda, S.190

93 Ebenda, S. 191

94 Ebenda

95 Ebenda S. 191

96 Werner Brill, a. a. O., S. 66

97 Gerhard L. Weinberg, a. a. O., S. 336

98 Giordano, Die zweite Schuld, a. a. O., S. 192

99 Ebenda, S. 190

100 Ebenda, S. 183

101 Hans Umbreit, Die Verantwortlichkeit der Wehrmacht als Okkupationsarmee, in: Rolf-Dieter Müller und Hans-Erich Volkmann (Hg.), Die Wehrmacht, Mythos und Realität, München 1999, S. 753

102 Praxis Geschichte, a. a. O., S. 24

103 Reinhard Otto, Die Zusammenarbeit von Wehrmacht und Stapo bei der »Aussonderung« sowjetischer Gefangener, in: Rolf-Dieter Müller und Hans-Erich Volkmann (Hg.), Die Wehrmacht, Mythos und Realität, a. a. O., S. 757

104 Praxis Geschichte, S. 25

105 Reinhard Otto, a. a. O., S. 756

106 Praxis Geschichte, a. a. O., S. 25

107 Reinhard Otto, a. a. O., S. 754

108 Ebenda, S. 757

109 Ebenda, S. 779

110 Ebenda, S. 787f.

111 Jürgen Engert, Soldaten für Hitler. Das Buch zur ARD-Serie, Berlin 1998, S. 200

112 Reinhard Otto, a. a. O., S. 801

113 Hermann Graml, Die Wehrmacht im Dritten Reich, in: Vierteljahreshefte für Zeitgeschichte, Nr. 3/1997, S. 384

114 Walter Manoschek, Es gibt nur eins für das Judentum: Vernichtung. Das Judenbild in deutschen Soldatenbriefen 1939-1944, Hamburg 1995

115 Briefe von der Front. Feldpostbriefe 1939-1945, Wien 1997, zitiert nach: Werner Brill, Mitleid ist fehl am Platz, a. a. O., S. 90

116 Jörg Friedrich, Das Gesetz des Krieges, München 1995, S. 780

117 Werner Brill, Mitleid ist fehl am Platz, a. a. O., S. 47

118 Lutz Klinkhammer, Der Partisanenkrieg der Wehrmacht 1941-1944, in: Rolf-Dieter Müller und Hans-Erich Volkmann (Hg.), Die Wehrmacht, Mythos und Realität, a. a. O., S. 815, Fußnote 3

119 Carl Dirks und Karl-Heinz Janßen, a. a. O., S. 205-208

120 Walter Manoschek, Partisanenbekämpfung, in: Hans-Günther Thiele, Die Wehrmachtausstellung, Bremen 1997, S. 51

121 Zitiert nach: Lutz Klinkhammer, a. a. O., S. 832f.

122 Rolf-Dieter Müller und Hans-Erich Volkmann (Hg.), Die Wehrmacht, Mythos und Realität, a. a. O., S. 846

123 Ebenda, Fußnote 68

124 Tim C. Richter, Die Wehrmacht und der Partisanenkrieg in den besetzten Gebieten der Sowjetunion, in: Rolf-Dieter Müller und Hans-Erich Volkmann (Hg.), Die Wehrmacht, Mythos und Realität, a. a. O., S. 857

125 Zitiert nach: Paul Kohl, Der Krieg der deutschen Wehrmacht und Polizei 1941-1944, Frankfurt/M. 1995, S. 226
126 Ebenda, S. 227
127 Ebenda, S. 31
128 Ebenda, S. 227
129 Ebenda, S. 228
130 Ebenda, S. 59
131 Ebenda, S. 51
132 Ebenda, S. 87
133 Ebenda, S. 186 f.
134 Ebenda, S. 191-195
135 Ebenda, S. 190f.
136 Ebenda, S. 191
137 Ebenda
138 Ebenda
139 Ebenda, S. 16f.
140 Tzvetan Todorov, Zehn Jahre ohne Primo Levi, in: Mittelweg 36, Zeitschrift des Hamburger Instituts für Sozialforschung, Oktober/November 1998, S. 11
141 Militärgeschichtliches Forschungsamt Freiburg, Generaloberst Dietl und die Feldstraflager I-III in Finnland, 23. September 1993, S. 5
142 Ebenda, S. 2
143 Jakob Knab, a. a. O., S. 86, Quelle 202
144 Vierteljahreszeitschrift für Sicherheit und Frieden, Nomos, Baden-Baden, Nr. 2/1999, S. 99
145 Jakob Knab, a. a. O., S. 86, Quelle 200
146 Ebenda, S. 131
147 Ebenda
148 Ebenda, S. 133
149 Ebenda, S. 134f.
150 Bundesarchiv-Militärarchiv, Signatur: BA-MA – RH 24-49/161, Anl. 42
151 Ebenda
152 Ebenda
153 Klaus Schönherr, General der Gebirgstruppe Ludwig Kübler. Wissenschaftliche Studie, Militärgeschichtliches Forschungsamt Potsdam, Potsdam 1995, S. 16
154 Praxis Geschichte, a. a. O., S. 19
155 Bundesarchiv-Militärarchiv, Signatur: BA-MA – RH 26-104/15, zitiert nach: Ebenda, S. 21
156 Klaus Schönherr, a. a. O., S. 18
157 Ebenda, S. 16
158 Ebenda, S. 20f.
159 Die Gebirgstruppe. Mitteilungsblatt des Kameradenkreises der Gebirgstruppe, München, Nr. 1/1996
160 Jakob Knab, a. a. O., S. 95f.

161 Ebenda

162 Ernst Klee, Auschwitz, die NS-Medizin und ihre Opfer, Frankfurt/M. 1997, S. 311

163 Alle Zitate: Jakob Knab, a. a. O., S. 78

164 Ebenda, S. 77

165 Ebenda, S. 74

166 Ebenda, S. 75

167 Ernst Obermaier (Hg.), Jagdflieger Oberst Werner Mölders, Stuttgart 1993, S. 197

168 Zitiert nach: Jakob Knab, a. a. O., S. 76

169 Ebenda, S. 77

170 Ebenda, S. 82

171 Alte Kameraden. Organ der Kameradenwerke und Traditionsverbände, Stuttgart, Nr. 8/1990

172 Ebenda

173 Zitiert nach: Jakob Knab, a. a. O., S. 167f.

174 Ebenda, S. 72

175 Beide Zitate nach: Ebenda, S. 73

176 Gerhard Schreiber, Militärsklaven im »Dritten Reich«. Zum Schicksal der entwaffneten italienischen Soldaten nach dem 8. September 1943, in: Wolfgang Michalka (Hg.), Der Zweite Weltkrieg. Analysen, Grundzüge, Forschungsbilanz, München 1989, S. 761-771

177 Till Bastian, a. a. O., S. 91

178 Gerhard Schreiber, Die italienischen Militärinternierten, in: Rolf-Dieter Müller und Hans-Erich Volkmann (Hg.), Die Wehrmacht, Mythos und Realität, a. a. O., S. 806

179 Gerhard Schreiber, Deutsche Kriegsverbrechen. Täter, Opfer, Strafverfolgung, München 1996, S. 41

180 Gerhard Schreiber, a. a. O., S. 74f.; Gustav Strübel, » . . . es sind ja nur Italiener«. Tagebuchreport einer Massenerschießung, in: Die Zeit, 2. März 1990

181 Gerhard Schreiber, a. a. O., S. 245, Anmerkung 165

182 Ebenda, S. 53

183 Ebenda

184 Ebenda, S. 111

185 Ebenda, S. 53

186 Ebenda, S. 54

187 Ebenda, S. 111

188 Ebenda, S. 217

189 Ebenda, S. 29

190 Ebenda, S. 33f.

191 Ebenda, S. 31

192 Ebenda

193 Gerhard Schreiber, Die italienischen Militärinternierten, a. a. O., S. 813

194 Ebenda

195 Gerhard Schreiber, Deutsche Kriegsverbrechen, a. a. O, S. 38
196 Beide Zitate nach: Jakob Knab, a. a. O., S. 81
197 Vierteljahreszeitschrift für Sicherheit und Frieden, a. a. O., Nr. 2/1999, S. 103
198 Hans-Günther Thiele, a. a. O., S. 27f.
199 Ebenda, S. 55
200 Ebenda
201 Ebenda
202 Ebenda, S. 60f.
203 Ebenda, S. 30f.
204 Ebenda, S. 77
205 Ebenda, S. 67
206 Ebenda, S. 69
207 Ebenda, S. 72
208 Ebenda
209 Ebenda, S. 167
210 Ebenda, S. 12
211 Ebenda, S. 159
212 Ebenda, S. 119
213 Ebenda, S. 120
214 Ebenda, S. 130
215 Ebenda, S. 131
216 Jürgen Engert (Hg.), Soldaten für Hitler, a. a. O., S. 98
217 Norbert Haase und Gerhard Paul (Hg.), Die anderen Soldaten. Wehrkraftzer-
    setzung, Gehorsamsverweigerung und Fahnenflucht im Zweiten Weltkrieg,
    Frankfurt/M. 1997
218 Manfred Messerschmidt, Deserteure im Zweiten Weltkrieg, in: Wolfram Wette
    (Hg.), Deserteure der Wehrmacht. Feiglinge – Opfer – Hoffnungsträger, Essen
    1995, S. 64f.
219 Zitiert nach: Norbert Haase und Gerhard Paul, a. a. O., S. 191
220 Die Zeit vom 26. September 1991
221 Manfred Messerschmidt, a. a. O., S. 58f.
222 Ebenda
223 Europäische Ideen, London, Nr. 111/ 1998, S. 23f.
224 Die folgenden Zitate aus der NDR-Sendung nach: Wolfram Wette (Hg.),
    Deserteure der Wehrmacht, a. a. O., S. 295-303
225 Ebenda, S. 302-309
226 Norbert Haase und Gerhard Paul, a. a. O., S. 95
227 Ebenda, S. 96
228 Manfred Messerschmidt, a. a. O., S. 67
229 Zitiert nach: Detlef Bald, Der Paradigmenwechsel der Militärpolitik, in: Mit-
    telweg 36, Zeitschrift des Hamburger Instituts für Sozialforschung, Nr. 5/1999,
    S. 27
230 Ebenda, S. 26
231 Zitiert nach: Jakob Knab, a. a. O., S. 124

232 Zitiert nach: Ebenda, S. 124f.
233 Zitiert nach: Ebenda, S. 129
234 Hannah Arendt, Eichmann in Jerusalem. Ein Bericht von der Banalität des Bösen. München und Zürich, 1995, S. 275ff.

Personenverzeichnis

Ralph Giordano
Die zweite Schuld oder von der Last Deutscher zu sein

KiWi 586

Die zweite Schuld hat die politische Kultur der Bundesrepublik bis auf den heutigen Tag wesentlich mitgeprägt. Ihr Kern ist die kalte Amnestie für jede Art von Naziverbrechern, darunter hohe Repräsentanten des NS-Vernichtungsapparats: Blutrichter und –staatsanwälte, Militärs, Diplomaten, Wirtschaftsführer – die Funktionselite des »Dritten Reichs«, die bis 1958 nahezu lückenlos wieder in die Nachkriegsgesellschaft eingegliedert war. Ralph Giordano nennt das den »großen Frieden mit den Tätern«. Für ihn ein Fundament der bundesdeutschen Staatsexistenz. Das Hauptthema Giordanos sind die Folgen der moralischen Katastrophe, die eintrat, weil das Bekenntnis zur Kollektivschuld ausblieb.

KiWi Paperbacks bei Kiepenheuer & Witsch

Ralph Giordano
Wenn Hitler den Krieg gewonnen hätte

Die Pläne der Nazis nach dem Endsieg

KiWi 587

»Die nordische Rasse hat ein Recht darauf, die Welt zu beherrschen, und wir müssen dieses Recht der Rasse zum Leitstern unserer Außenpolitik machen. Glauben Sie mir, der ganze Nationalsozialismus wäre nichts wert, wenn er sich auf Deutschland beschränkt und nicht mindestens 1000 bis 1200 Jahre lang die Herrschaft der hochwertigen Rasse über die ganze Welt ausübt. «Dieser Satz Hitlers aus dem Jahre 1930 zeugt nicht nur von Größenwahn und Phantasterei. Er war Programm. Und auch das nicht nur. Denn in den Parteiämtern und Behörden des »Dritten Reichs« arbeiteten wenig später intelligente und willfährige Köpfe an der Ausfüllung dieses Programms, an detaillierten Plänen für die Zeit nach dem Endsieg. Wie Deutschland, wie Westeuropa, wie die Welt nach dem gewonnen Krieg aussehen würde, das war beschrieben in zahlreichen Denkschriften, Direktiven, Verordnungen, die nur darauf wateten, aus der Schublade gezogen zu werden...

KiWi Paperbacks bei Kiepenheuer & Witsch

Ralph Giordano
Morris

Geschichte einer Freundschaft

KiWi 588

Erst fünfzehn ist der Ich-Erzähler, als er am Morgen nach der ersten Pogromnacht der Nazis in Hamburg dem Juden Morris begegnet. Vor dem Hintergrund von Deportation, Tod und Verfolgung entsteht eine Freundschaft, die den Krieg, die Bombennächte und alle Gefahr überdauert. Viele eigene Erlebnisse sind eingeflossen in diese Novelle, die Ralph Giordano gleich nach der Befreiung 1945 niederschrieb. So wie Morris musste sich auch Giordano in den letzten Wochen des Krieges in einem Hamburger Ruinenkeller vor der Gestapo verstecken; ähnlich wie Morris erlebte er, wie nahe Verwandte verschleppt wurden. »Morris – das ist die Geschichte jugendlicher Hingabe an Bedrohte, ein Bekenntnis der Anfälligkeit für Schwächere, ohnmächtig gegenüber dem inneren Zwang, ihnen auch unter Gefahr für den eigenen Leib, für das eigene Leben zu helfen«, schreibt Ralph Giordano in seinem Vorwort.

KiWi Paperbacks bei Kiepenheuer & Witsch